李双元法学文丛

本书系国家社科基金重点项目：
全球治理下国际私法的功能定位研究（16AFX022）的成果。

电子商务法 若干问题研究

第二版

李双元　王海浪　著

WUHAN UNIVERSITY PRESS
武汉大学出版社

图书在版编目(CIP)数据

电子商务法若干问题研究:第二版/李双元,王海浪著. —武汉:武汉大学出版社,2016.8
李双元法学文丛
ISBN 978-7-307-18470-1

Ⅰ.电…　Ⅱ.①李…　②王…　Ⅲ.电子商务—法规—研究
Ⅳ.D913.04

中国版本图书馆 CIP 数据核字(2016)第 181839 号

责任编辑:林　莉　辛　凯　　责任校对:汪欣怡　　版式设计:韩闻锦

出版发行:**武汉大学出版社**　（430072　武昌　珞珈山）
（电子邮件:cbs22@ whu. edu. cn　网址:www. wdp. com. cn）
印刷:虎彩印艺股份有限公司
开本:720×1000　1/16　印张:20.25　字数:360 千字　插页:4
版次:2016 年 8 月第 1 版　　2016 年 8 月第 1 次印刷
ISBN 978-7-307-18470-1　　定价:68.00 元

作者简介

　　李双元，男，1927年生，湖南新宁人。湖南师范大学终身教授，武汉大学国际法研究所教授，博士生导师，中国国际私法学会名誉会长，《时代法学》和《国际法与比较法论丛》主编。曾任武汉大学国际法研究所副所长、中国国际私法学会副会长、湖北省国际法研究会总干事、中国法学会理事和中国国际法学会理事、国务院学位委员会（第三届）学科评议组成员、全国高等教育自学考试指导委员会委员、中国国际经济贸易仲裁委员会委员和仲裁员、中国博士后流动站管委会专家组及该管委会基金委员会专家组成员、武汉市政协委员及其法制委员会副主任、湖南省政府参事等学术与社会职务。先后主持完成国家社科基金项目、教育部哲学社会科学博士点基金项目、司法部项目、湖北省及湖南省社科基金一般及重大项目20余项；在《中国社会科学》、《法学研究》、《中国法学》等刊物上发表学术论文100余篇。独著、主编的经典著作主要有《国际私法（冲突法篇）》（已出第3版）、《国际民事诉讼法概论》（第2版为教育部审定的研究生教材）、《中国与国际私法统一化进程》（已出第2版）、《市场经济与当代国际私法趋同化问题研究》、《国际民商新秩序的理论建构》、《中国国际私法通论》（已出第3版）、《比较民法学》、《走向21世纪的国际私法——国际私法与法律的趋同化》（中国法学家自选集）、《国际私法》（全国高等教育自学考试统编教材，已出第3版）、《国际私法》（"十一五"国家级规划教材，已出第4版）、《法学概论》（"十一五"和"十二五"国家级规划教材，已出第11版）等，合译《戴西和莫里斯论冲突法》、萨维尼《现代罗马法体系（第八卷）》和《牛津法律大辞典》等世界法学经典著作。著述中获国家级及省部级一、二、三等奖及湖北省特别奖等奖励十余项。

　　王海浪，男，1975年生，厦门大学法学院教师，2003年获得湖南师范大学法学院国际法学硕士学位，2006年获得厦门大学法学院国际法学博士学位。2013—2014年于美国美利坚大学访学。2006年至今于厦门大学法学院任教，主要研究方向为国际投资法、WTO法、电子商务法；给法学本科、研究生分别教授国际法、条约法、国际投资法等课程。参与撰写学术专著、教材多部。曾在《法律科学》、《国际经济法学刊》、"Manchester Journal of International Economic Law"等多类刊物发表学术论文十多篇，其中有文章被人大复印资料《国际法学》全文刊载以及《中国社会科学文摘》转载。主持国家社科基金课题、教育部课题、福建省社科课题、法学院课题各一项，参与国家级与省部级各类课题多项，曾多次参加国家部委咨询会议并作专题发言。

出版说明

为了庆祝我国著名法学家和法学教育家李双元教授 90 华诞，湖南师范大学法学院组织出版了《李双元法学文丛》。本套丛书共有 15 本，其中 1 本为新书。另外的 14 本皆为已经出版过的，因出版年代跨度较大，我们以保持原书原貌为原则，仅对一些文字标点符号的明显错误做了订正；书中有一些资料和引文因年代久远，已无法一一核查的，仍保持原样。

在已经出版过的 14 本书中，有 8 本书作者未做修改的，版次不予增加，所涉的法律法规也基本保持原样；另 6 本书作者予以了一定的修改，版次予以增加。

武汉大学出版社

2016 年 8 月

总　序

2016 年中秋，我们将迎来我国著名法学家、法学教育家李双元教授 90 华诞。

李先生历任武汉大学教授（已退休）、湖南师范大学终身教授、博士生导师、中国国际私法学会副会长和名誉会长，国务院学位委员会学科评议组（法学组）成员、中国博士后流动站管委会专家组成员、全国高等教育自学考试指导委员会（法学组）委员、中国国际经济贸易仲裁委员会委员和湖南省政府参事等学术与社会职务，为新中国法学教育、研究和实践作出了重要贡献。

李先生在青年时代，即积极参加反对国民党统治的学生运动和湖南新宁县的武装起义。但是在 1957 年却因言获罪，被划为右派分子，在大学从教的权利被完全剥夺。然而他对马克思主义法学理论的探求，却矢志不衰。1979 年武汉大学恢复法律系，他即从华中农学院马列室迅速调回武汉大学，协助韩德培、姚梅镇先生等参加法学院的恢复与发展工作，并在国内最早组建的国际法研究所任副所长。由韩德培教授任主编的第一部《国际私法》国家统编教材，也是在他的积极参与下，迅速完成并出版。在两位老先生的直接领导下，中国国际私法学会和中国国际经济法学会成立大会与它们的第一次研讨会也在武汉大学同时召开。

1993 年，李先生出任湖南师范大学终身教授，负责组建湖南师范大学法律系、法学院以及国际法研究所、环境法研究所。现在，我院已经拥有法学一级学科博士和硕士学位授权点、法学博士后科研流动站和法律硕士专业学位授权点以及教育部首批卓越法律人才教育培养基地和国家级大学生校外实践教育基地，法学学科在第三轮全国学科评估中名列第 21 位。李先生学术视野开阔，在法理学方面也有他个人的理论贡献，其中，他先后提出"国际社会本位理念"、"法律的趋同化走势"和"国际民商新秩序的构建"等理论观点，均在法学界受到重视。

为庆祝李双元教授九十华诞，在武汉大学和湖南师范大学的大力支持下，我们特别选取了李先生的十五本著作，集结为《李双元法学文丛》，隆重推出，以弘扬李先生的治学精神和学术思想，并恭祝李先生永葆学术青春。为保持原书的风格，其中《比较民法学》、《国际民商新秩序的理论建构》、《市场经济与当代国际私法趋同化问题研究》、《中国与国际私法统一化进程》、《21世纪法学大视野——国际经济一体化进程中的国内法与国际规则》、《现代国籍法》、《国际民事诉讼程序导论》和《法律冲突与法律规则的地域和时间范围》未作修改。

鉴于李先生长期在武汉大学执教，加之这套丛书中有六种原来就是由武汉大学出版社出版，因此，我们仍然选择由对法学界出版事业长期提供大力支持的武汉大学出版社出版这套丛书。在此，特别感谢武汉大学出版社和武汉大学法学院的鼎力支持！

湖南师范大学法学院

2016 年 6 月 18 日

序（第二版）

早在 2004 年《中华人民共和国电子签名法》通过之前，电子商务在国内还是新生事物，相关立法几近空白。在这种背景下，我们撰写了《电子商务法》这本书。从 2004 年第一次出版至今已有 12 年。而在这 12 年中，电子商务的发展势头迅猛。国人对电子商务的认识也从陌生到熟悉。例如，在 1999 年某网站组织的"72 小时网络生存测试"活动中，在可通过网络寻找朋友帮助的情况下，仍有选手因无法通过网络购买到食物而退出。现在，与网购绝缘的年轻人则很可能被视为"异类"。与此相适应，针对各行业的电子商务立法大量出现，修订频繁并日趋完善。

无疑，电子商务已成为我们日常生活的一部分。为顺应这一时势，反映中国的电子商务法律规则的新发展，我们对原书进行了修订，对内容作了较大调整，主要体现在以下几个方面：

首先，删减以前属于新事物但现在已近乎常识的内容。在 2004 年，大家对电子商务的基本内容并不熟悉，因此，原书用了较多篇幅介绍电子签名、电子认证的背景知识，详细介绍缔结电子合同、网上付款、网上交易证券等行为的具体流程。现在，网上交易已经常态化。号称"剁手党"的购物达人们几乎每天都会缔结电子合同、进行网上支付，经常使用电子签名与电子认证，网上交易股票也已成常态。换言之，这些背景知识与具体流程已演变为大多数人掌握的日常技能，无须浓墨重彩，花费太多篇幅介绍。因此，对这些内容进行大幅精简。

其次，精简对相关电子商务法律规则之应然状态进行确认的推理过程，同时纳入了新出台的电子商务法律规则。2004 年，大量领域缺乏相应电子商务法的规制，或者是相关法律规则过于原则性或难以适用于现实中的问题。因此，原书用了较多篇幅横向比较国外相关立法，同时结合中国具体情况，提出相关法律规制建议。例如，在最后一章的"电子商务诉讼中的司法管辖"一节中，本书从美国的长臂管辖权理论开始，通过分析最低限度接触标准、交互性测量分析法来探讨"以网址为依据的管辖"之正当性，同时详细介绍与比较运用"以服务器所在地为依据的管辖"、"保护性管辖"以及"非方便法院原则"的利弊。然后，从政府层面提出立法建议：我国应该借鉴以网址的互动性为主同时采多元因素确定管辖依据。现在，2014 年最高法院的司法解释已明确，消费者住所地或收货地法院可对相关争议行使管辖权。这实际上相当于以网址的互动性为管辖依据，与此前本书经大量分析推理得出的结论是相同的。由于司法解释已有了直接规定，故此处修订就直接援引该司法解释，精简了大量横向比较国外立法的内容。当然，保留了从企业与消费者层面提出相应行为建议的内容。又如，在本书出版之后，2005 年的《电子认证服务管理办法》才生效，相关章节的论述也因出版时"无法可依"而主要依赖于横向比较国外相关立法与分析已有研究成果得出结论。故此次修改对此也作了精简，直接纳入该《电子认证服务管理办法》及其先后于 2009 年与 2015 年修订的内容。

再次，在这 12 年间，我国绝大多数电子商务法律规则都历经修改，甚至部分法规已废止，故此次修订对原书中所有援引的国内立法条款逐一查证并进行相应更新。例如，原书详细介绍的 2002 年《广东省电子交易条例》已于 2010 年被废止，故此次修订把全书中所有援引该法的条款删除。再如，2001 年的《网上银行业务管理暂行办法》已被 2006 年的《电子银行业务管理办法》取代，2004 年的《电子签名法》也已于 2015 年修订，故此次修订将相应内容全部更新。

最后，为呼应上述精简与更新，此次修订在章节结构安排上也进行了调整，以使逻辑思路更为严密，前后衔接更为紧凑。对原书的错漏之处也作了修正。

总体而言，此次修订继续坚持深入浅出、理论与实践并重等写作方法。然而，由于能力所限，如有错漏，劳烦广大学友不吝指正。

作者

2016 年 6 月

序（第一版）

没有切实有效法律规制的电子商务就如同中国的"战国时代"，无序混战的结果必然是诚实经营的商人和消费者的权益得不到保障，也就无从树立人们对电子商务的信心，得不到人们信任的电子商务终将是无源之水、无本之木。所以，尽快根据我国的经济特点制定适当的电子商务法律是摆在我国面前的非常迫切的课题。通过法律的方式对电子商务加以引导和规制，已经成为全世界的发展趋势。许多国家（地区）不但早已立法，甚至已经正在针对电子商务法律适用过程当中所出现的新问题加以修订和完善（如新加坡和我国香港地区）。在我国，虽然 2004 年 8 月 28 日第十届全国人大常委会第十一次会议通过了《电子签名法》，其中确立了电子签名、电子认证、数据电文等法律制度，但仍然存在着许多不尽完善之处。比如，没有规定多个不同认证机构之间的交叉认证问题，没有规定对相关当事方的个人数据、商业秘密加以保护等内容，这些都需要根据该法在实践中的应用情况及时作出相应的补充和完善。另外，网上保险、电子商务中的知识产权保护、电子商务发生纠纷时对管辖法院和准据法的确定等法律问题都迫切需要立法加以切实有效的规制。

对于我国企业来说，面对互联网这么一个极具优越性的交易媒介，坐等出台专门的电子商务法来"保驾护航"显然不是第一位的选择。况且，"战国时代"虽然充满着风险，但是也有着无限的机遇。尤其是当面对电子商务中一不小心就会受到国外法院、法律管辖的特点时，掌握电子商务法的相关理论以指导实践甚至了解国外相关立法都非常重要。对于消费者来说，除非不上网，否则总会或早或迟或多或少地参加到电子商务中来。那么，在缺乏直接针对性法律保护的情况下，如何利用现有的相关法律、法规来最大限度地维护自己的权益，是一个非常现实的问题。

这些都呼唤着更多、更好的电子商务法著作的出版。然而，和研究其他法律或者电子商务的大量论著相比较，研究电子商务法的论著无疑还太少，法学界在此领域还任重道远。

本书主要有以下几个特点：

第一，深入浅出，力避晦涩。笔者试图对所述内容全面理解之后用自己语

1

言表达出来，而绝不仅仅是资料的堆砌。和其他法律相比，电子商务法不可避免地涉及更多的技术性问题，理解起来有一定难度。因此，笔者在本书写作当中力图贯彻深入浅出的原则。

第二，理论和实践并重。由于互联网的虚拟性和全球性，我国在进行电子商务立法时为了发挥互联网的优势，肯定要贯彻开放性原则，要在相当程度上和其他国家的有关电子商务立法相协调甚至一致。同时，作为电子商务立法的后来者，又有必要借鉴发达国家电子商务立法的经验。因此，如何在协调和借鉴的过程中贯彻安全性原则，把握好安全性和开放性之间的关系，作出有利于我国电子商务健康发展的法律选择，就成为法学界面对的一个重要课题。另外，还存在许多即使是发达国家也没有解决的电子商务法律问题，这些都迫切需要电子商务法律理论上的指导。为了回应这些需求，本书作了尝试性的探讨，并提出了建议。其中，对许多问题的讨论运用了比较的方法，介绍了国外的相关立法以及案例。同时，对于我国目前已有立法，笔者指出了一些不足。

本书还注重对实用性的讨论，力图让读者在看了本书之后，不仅知道如何参与到电子商务实践中来（如从事网上证券交易、网上购买保险），而且更重要的是知道在具体实践的过程当中应该如何维护自己的应有权益。即使由于电子商务的快速发展，读者在实践中会遇到一些本书中没有提到的问题，但是凭借对本书内容透彻的理解，也能够做到举一反三，知道如何在新情况下维护自己的权益。

第三，本书对许多问题的讨论力求在学界已有成果的基础上有所突破。比如，在讨论电子商务法的基本原则时，许多论著和文章都把一般原则当做电子商务法基本原则来加以讨论，但是，基本原则还是和一般原则有所区别的。基于互联网的开放性优点、交易对安全的内在需求、法律价值发展到一定历史阶段加强保护弱势方权益的自然取向这些认识，笔者通过对有关法条的分析，把电子商务法的基本原则归纳为开放性原则、安全性原则、保护弱势方原则。另外，对于"常设机构原则"、管辖权选择、知识产权保护等问题的讨论也都陈述了我们自己的观点。

当然，由于电子商务还处于快速发展的进程之中，本书的许多观点是否可行，还需要在实践中经受考验。如果本书能够引起读者的共鸣，能对我国电子商务立法、对我国企业和消费者在参与电子商务实践的过程中维护其应有权益起到积极作用，那么笔者将感到无限欣慰，本书的目的也算初步达到了。

作者

2004 年 10 月

目　　录

第一章　绪　　论

第一节　电子商务简述

一、电子商务的含义与发展

电子商务（Electronic Commerce，简称 E-Commerce 或 EC）的名称有多种表述，比如，电子交易、电子商业、电子贸易、电子商贸、网上商务、网上交易以及网上贸易，等等，在香港地区使用得比较多的是电子商贸，在大陆和台湾地区习惯使用电子商务。① 从已有资料来看，对电子商务的理解有 10 多种。② 本书认为，电子商务系指以电子化通信方式进行的交易活动。此处的"电子化通信方式"以互联网为主，还包括电报、传真等多种电子化方式。"电子化通信方式"在效果上等同于联合国国际贸易法委员会《电子商务示范法》第 2（a）条中对"数据电文"的界定："数据电文"系指经由电子手段、光学手段或类似手段生成、储存或传递的信息，这些手段包括但不限于电子数据交换（EDI）、电子邮件、电报、电传或传真。由于"电子化通信方式"由"电子商务"中的"电子"直接引申而出，与"数据电文"相较，更为贴合中文表达习惯。

真正意义上对电子商务的研究和利用始于 20 世纪 70 年代末。可以把从那以后电子商务的发展分为两个阶段：第一是 20 世纪 80 年代中期的 EDI 电子商务，第二阶段是从 20 世纪 90 年代初期发展起来的 Internet 电子商务。③

---

① 相对应的英文名称也有许多不同的表述，比如，Electronic Trade（简称 E-Trade）、Electronic Business（简称 E-Business 或 EB）、Electronic Service（简称 E-Service）、Electronic Money（简称 E-Money）、Cybershopping，等等。

② 关于电子商务概念的详细归纳，请参见李双元、王海浪著：《电子商务法》，北京大学出版社 2004 年版，第 3~5 页。

③ 宋玲、王小延主编：《电子商务实践》，中国金融出版社 2000 年版，第 4 页。

1

在 20 世纪 70 年代末就出现了作为企业间电子商务应用系统雏形的 EDI (Electronic Data Interchange，电子数据交换) 和 EFT (电子资金传送)。在 20 世纪 80 年代，实用的 EDI 商务得到了比较大的发展。EDI 电子商务主要是通过加值网络 VAN (Value-Networks) 实现，通过 EDI 网络，交易双方可以通过预定的标准格式，把交易过程中产生的报价单、订购单、保险单等在双方的计算机系统上进行端对端的数据传送。但是，它建立在大量功能单一的专用软硬件设施的基础上，成本非常高。因此，随着价格低廉的 Internet 技术的突破性发展，电子商务发展到了第二个阶段——Internet 电子商务阶段。

Internet (互联网，也叫因特网) 最早是在冷战时期为了防止核武器的破坏而由美国国防部高级研究计划署 (Advanced Research Projects Agency) 提出的一个军事科研项目。其目的是建立一个互相联系的计算机网络，当该网络的某一部分受到敌方打击而断开时，网络中的计算机可以主动寻找其他连结部分继续传送信息，使得该网络可以继续运转。在前苏联解体后，该科研项目在军事上的重要性和紧迫性大大降低，加上美国在高性能计算机领域的主导地位受到国外竞争威胁等原因，该技术开始转向民用。随着互联网的爆炸性发展，依托于互联网的电子商务技术也就应运而生。它是一种主要以飞速发展的遍及全球的互联网为架构，以交易双方为主体，以银行支付为手段，以客户数据库为依托的全新商业模式。因为价格低廉，所以它能够对各种各样的企业，不分大小，不分"贵贱"提供广阔发展的天地。这样，电子商务慢慢地成为互联网应用的最大热点。

2010 年，物联网被正式列为国家五大新兴战略性产业之一，写入了十一届全国人大三次会议政府工作报告。① 2015 年，李克强总理在第十二届全国人民代表大会第三次会议上《政府工作报告》中认为，要制定"互联网+"行动计划，推动移动互联网、云计算、大数据、物联网等与现代制造业结合，促进电子商务、工业互联网和互联网金融健康发展，引导互联网企业拓展国际市场。② 在这个"万物互联"的新时代中，随着各大行业与互联网的深度融合，电子商务已渐渐成为我们生活中不可或缺的一部分。

---

① 《温家宝总理在十一届全国人大三次会议上的政府工作报告 (摘登)》，《人民日报海外版》，2010 年 3 月 6 日第 3 版。

② 李克强：《政府工作报告》，http://www.wxyjs.org.cn/zyldrhd_547/201503/t20150 317_169093.htm。

二、电子商务的交易类型

按照不同的标准可以对电子商务进行不同的分类。

（一）按照参加交易对象分类

1. 商业机构与商业机构之间的电子商务（Business to Business，简称B2B）

这是电子商务目前应用最重要、最受企业重视的形式。各商业机构之间可以通过互联网寻找其最佳合作伙伴，完成从订购到结算的全部交易行为，包括向供应商订货、签约、接受发票以及使用电子资金、信用证、银行托收等方式付款，或者进行索赔等在商贸过程中发生的其他种种问题。

2. 商业机构和消费者之间的电子商务（Business to Consumer，简称B2C）

这是消费者利用因特网直接参与经济活动的形式。目前，在互联网上有许许多多的虚拟商店和虚拟企业提供各种商品销售以及其他网上服务，如通过网络购买书籍、鲜花、电视等，还可以直接购买数字信息，比如音乐、电影、软件等，或者是远程教育、在线医疗诊断等服务。

3. 个人与个人之间的电子商务（Natural Person to Natural Person，简称P2P）

这种模式也被称为消费者之间的电子商务（Consumer to Consumer，简称C2C）。类似于传统的跳蚤市场，个人与个人之间通过电子化通信方式在网页上或特别的软件中就相关交易对象与交易条件进行协商并且达成协议。

4. 企业与政府方面的电子商务

这种商务活动包含了企业和政府组织间的各项事务。比如，两者之间各种手续的完成；政府在网上完成对企业和电子交易的征税等。

（二）按照交易内容分类

按照电子商务交易所涉及的商品内容分类，可以分为间接电子商务与直接电子商务。

间接电子商务，是指当电子商务所涉及商品是有形的、非数码化的电子订货，如汽车、食品、鲜花等，在网上订立合同后，所交易的标的要通过传统的渠道，如邮政服务、商业快递服务来完成送货，不能完全依靠电子商务方式实现、完成整个交易。因此，间接电子商务需要依靠送货的运输系统等外部因素。这是典型的鼠标加水泥的组合。

直接电子商务，是指当电子商务涉及的商品是无形的货物或服务，比如，当计算机软件、音乐下载服务、付款和全球规模的信息服务时，当事双方在网上订立合同后，包括货物的交付和服务的完成以及付款等整个交易过程都是在信息网络上实现。换言之，可完全通过电子化网络本身就可实现和完成整个交易过程。这种方式能够使双方越过地理空间的障碍直接进行交易，充分发挥全球市场潜力。[①]

（三）按照开展电子交易的范围分类

按照电子交易开展的范围，电子商务可分为国内电子商务与涉外电子商务。当事方与交易标的物都位于同一城区内或国内不同城区都属于国内电子商务。而当事方或交易标的物有一项位于境外时则属于涉外电子商务。

第二节 电子商务法概述

一、电子商务法的含义与特征

所谓电子商务法，是指调整政府、企业和个人等主体之间通过电子化通信方式所产生的、以交易关系为主的法律规范体系。可见，电子商务法的特征主要有：

首先，电子商务的交易主体包括但不限于个人、企业和政府。个人与企业之间进行种种商事活动极为普遍。在商事活动中，政府常常通过政府采购、招标等方式越来越多地参加到市场活动中来。另外，随着经济和科技发展的多样化和全球化，将会产生新的市场主体。比如，联合国的机构、组织会参加到电子商务活动中来。

其次，定义中对交易媒介的表述是"电子化通信方式"，包括口头和传统书面以外的所有电子化通信方式。在智能手机出现之前，各交易主体主要利用电脑连接互联网的方式参加交易。随着智能手机的普及，各交易主体利用智能手机登上相关网站购物已极为常见。可以预见，随着电子技术尤其是智能家居、物联网的发展，智能手表、智能冰箱等我们日常使用的设备都可以作为互联网终端从而被运用于电子商务。同时，网络终端之间互相联系的技术包括一切现有的或者将来可能出现的通信技术。

最后，电子商务法的调整对象以电子化交易关系为主，同时还包括了与相关交易关系紧密相连的其他法律关系。随着经济和网络技术的发展，在网上交易过程中可能会有与交易本身紧密相连的更多法律关系进入我们视野，宜在电

---

① 宋玲主编：《电子商务——21 世纪的机遇与挑战》，电子工业出版社 2000 年版，第 2~3 页。

子商务法的框架内进行规范。比如，消费者的个人数据保护、知识产权保护以及在线争端解决机制，等等。

二、电子商务法与商法、民法、经济法等部门法的关系

和其他部门法相比，电子商务法和经济法、商法以及民法的关系至为密切，有诸多共同之处但又存在区别。

与其他部门法相比，电子商务法与商法间存在特别紧密的联系。电子商务法中的很大部分内容属于商法的一部分。因此，有观点认为，可把广义的电子商务法称为"电子商法"，或者更确切地说，应当是"电子网络环境下的商法"。因为它涉及商法的各个方面，是商法网络化的结果。换言之，该观点把电子商务法的法律地位视为"商法的分支"。[1] 但电子商务法与商法之间又存在区别。与商法所涉及的范围相比，电子商务法的范围更大。例如，对于电子商务活动的征税、域名的管理又超出了商法的范围。

电子商务法与民法之间也存在紧密联系。电子商务法的调整对象是在互联网上进行的商品交易活动，以当事人的意思自治为原则，主要体现当事人之间的财产关系。而民法是调整平等主体之间的财产关系和人身关系的法律。因此，有观点认为，电子商务法仅适用于发生在网络空间、当事人通过电子行为实施的民商事活动，是一种民事特别法。[2] 这种观点与认为"电子商务法属于商法"观点的主要区别是民商合一还是民商分立。但电子商务法与民法之间也存在区别。电子商务法中的政府机构对认证机构管理方面的法律规范是民法所没有的。另外，从基本原则来看，电子商务法中的安全原则特别重要，而民法则推重公平原则。

电子商务法与经济法也有诸多交叉之处。从大经济法的观点看来，电子商务法中关于国家干预的规则体现了国家对经济行为的干预，因此属于经济法的范围。[3] 但电子商务法与经济法之间同样存在区别。电子商务法中包含大量调整平等主体交易的规范，这是经济法所不具有的。

可见，电子商务法与商法、民法、经济法等多个法律部门之间存在着诸多重叠共同之处，但同时又存在较大区别，很难把电子商务法律规范全部归入某

[1] 张楚：《电子商务法》，中国人民大学出版社2001年版，第17~20页。
[2] 齐爱民：《电子商务法原论》，武汉大学出版社2010年版，第24页。
[3] 田文英、宋亚明、王晓燕编著：《电子商务法概论》，西安交通大学出版社2000年版，第39页。

一个法律部门之内。随着电子商务法范围的不断发展，电子商务法会表现出越来越强的独立性，呈现出较强的跨部门法性质。

三、电子商务法的性质

（一）私法和公法的结合

电子商务法的一部分是调整以政府、企业和个人等主体通过电子化通信方式所进行的商事交易行为的规范体系。私法以意思自治为核心，电子商务法中的大量条文体现了交易主体的意思自治。换言之，电子商务法调整的对象部分是一种私法上的关系，应属于私法范畴。但是，在互联网上进行交易又需要安全，安全则体现为国家的必要干预，所以电子商务法中包含一些有关政府管理方面的规范，如政府机构对认证机构的许可和监督等，所以电子商务法又具有公法的性质。因此，电子商务法是自由和安全两种价值互相对立统一的产物。它是公法和私法的融合。①

（二）制定法和行业惯例的统一

电子商务法的表现形式主要是制定法，联合国贸易法委员会制定的《电子商务示范法》是以制定法的形式表现出来。大陆法系国家以制定法为其传统自不必多言，以判例法为特点的英美法系国家也逐渐朝着制定法和判例法相结合的方向发展。美国已经并仍在着手制定有关电子商务的成文法。例如，《2003 年未经请求的色情及行销消息攻击控制法》（简称《反垃圾邮件法》）（Controlling the Assault of Non-Solicited Pornography and Marketing Act of 2003）于 2004 年 1 月 1 日生效，以及 2000 年的《全球及全国商务电子签章法》（Electronic Signature in Global and National Commerce，E-SIGN Act）。可见，制定法是电子商务法的一大特点。

另外，随着新网络技术的发展，电子商务的业务标准也在不断地更新、升级，而电子商务法的制定又不可能完全预见电子商务发展变化的方方面面。这就使得制定过于僵化的法律条款，在某些情况下有可能会羁绊电子商务新领域新交易方式的发展。因此，把行业内普遍通行的某些惯例作为交易行为的规范，也是可行的方式。从这个角度上来说，电子商务法是随着网络通信技术和

---

① 对于这一点，不管是坚持电子商务法属于商法还是认为电子商务法属于独立法律部门的观点都无异议。具体观点可参见田文英、宋亚明、王晓燕编著：《电子商务法概论》，西安交通大学出版社 2000 年版，第 43 页；张楚著：《电子商务法》，中国人民大学出版社 2001 年版，第 25 页。

电子商务业务的发展而不断更新的规范。当然，在当代和未来的电子商务法律规则的新行业标准中，并不能将电子商务的行业规则作为唯一的规范渊源，国际和国内的立法机构还应当予以审查，如果有些行业惯例已经获得普遍接受，则应及时把这些惯例制定为成文法。同时，给当事方增加维护电子交易安全、保护消费者权益等方面的成文法规，把一些维护电子交易安全、维护电子交易公平秩序所必要的规则以成文法的方式确定下来。比如，美国《统一计算机信息交易法》第113条（b）款规定："各方当事人所知道或应该知道的任何商业惯例，可以在当事人之间交易过程和履行过程中被用于确定协议的存在或其含义。"正所谓："大众的观点、惯例和实践同官方解释者的活动之间始终存在着互动关系。"①

因此，电子商务法属于制定法和行业惯例的统一。

（三）全球性和地区性的平衡

电子商务的出现天生就具有开放性和全球性，所以电子商务法也就必须适应这种特性而制定。或者说，对电子商务的规范，必须以全球性的解决方案，为其发展铺平道路。某一国家、某一地区所制定的电子商务法，都只能算做是局域网。互联网环境下理想状态中的电子商务法，则有待于各国电子商务法律的日益趋同。比如，联合国贸法会的《电子签名示范法》第4条规定：在解释《电子签名示范法》时，应本着善意原则，从其国际性因素和有利于促进应用中的统一协调作为出发点。其第7条规定：第一，采纳国可以指定任何个人、团体或者机关作为权力机关（不论是公或者是私的性质），来决定何种电子签名是有效的。第二，该决定应该符合已经被接受的国际标准。第三，不得影响国际私法规则的采用。

另外，鉴于各个国家利益的存在以及国家之间矛盾某种程度上的不可协调，电子商务法又不可避免地具有地区性。比如，由于发达国家的电子商务发展水平比较好，其企业的信誉度、从事电子商务的经验与竞争力比较高，因此，发达国家以企业的自主性为主，主张"国家立法尽量减少干预"。发达国家还主张通过立法对网上交易进行减税甚至免除税收，不要立法去干预企业在电子商务上的自主性，从而让发达国家"从事电子商务的经验与竞争力都比较高的"企业去和发展中国家"从事电子商务的经验与竞争力都比较低的"企业"自由竞争"，以便在发展中国家的市场上获取最大利益。而发展中国家

---

① ［美］E. 博登海默著：《法理学：法律哲学与法律方法》，邓正来译，中国政法大学出版社2004年版，第403页。

为了本国电子商务交易的安全以及国家经济利益等因素的考虑，不可避免地会通过立法以政府的信誉度来补充企业信誉度不足的问题，以政府的适当管理和监督来补充企业在电子商务方面经验不足的缺陷。发展中国家所采取的这些措施不可避免地会对发达国家以及其他发展中国家电子商务企业的跨境进入和运营造成阻碍。这些体现在电子商务法中，就表现为地区性。

因此，电子商务法的发展过程是追求全球性和地区性互相平衡的过程。

第三节　电子商务法的基本原则

电子商务法的基本原则，是指贯穿于整个电子商务立法和司法的过程当中，对各项电子商务法律规范起统率和指导作用的法律精神和指导思想，是这些法律规范的基础和核心。它是电子商务法所调整的社会关系本质特征的集中反映，集中体现了电子商务法区别于其他法律的特征。它不仅是电子商务立法的指导方针，而且是一切电子商务主体应遵循的行为准则。电子商务主体在进行电子商务活动时，不仅要遵循基本的电子商务法律规范，并且要遵循电子商务法的基本原则。在现行法律缺乏相应的具体规范时，应按照电子商务法基本原则的要求行事。电子商务主体的行为，如果违反电子商务法基本原则，则应当承担相应的法律责任。

有观点认为电子商务法的基本原则包括：电子商务主体交易自由原则、电子商务证据的平等性原则、技术中性原则、保护消费者正当权益原则、安全性原则；①有的认为包括：中立原则、自治原则以及安全原则；② 还有的认为包括：尊重当事人意思自治及市场导向原则、检视现行法律以因应网络交易原则。③ 从中可以看出，中立原则和安全性原则得到大多数观点赞同。不过，本书认为，应该把基本原则和一般原则区别开来。一般原则只是适用于电子商务

---

① 田文英、宋亚明、王晓燕编著：《电子商务法概论》，西安交通大学出版社 2000年版，第 56~58 页。

② 张楚著：《电子商务法》，中国人民大学出版社 2001 年版，第 23~25 页。

③ 万以娴著：《论电子商务之法律问题——以网络交易为中心》，法律出版社 2001年版，第 45 页。该书作者通过对美国《全球电子商务纲要》、联合国贸法会《电子商务示范法》以及有关国家的国内法当中归纳出三个原则，除以上两个原则之外还有"赋予电子记录等同书面文件之法律效力原则"，但是认为："诚然合同自由应为至上之原则，但是仍应该考虑到当事人之合法权益应能受到相当程度的保障，若仅追求合同自由而弃当事人利益于不顾，恐非合同自由之目的。"因此，作者对该原则有所保留。

法的某个或者若干领域，而基本原则应在电子商务法的各个领域得到贯彻。许多观点对电子商务法基本原则的认定，实际上并不是适用于电子商务法的各个领域，只能算是"一般原则"。因此，通过对有关电子商务法律规范的分析，本书把电子商务法的基本原则归纳为：开放性原则、安全性原则以及保护弱势方原则。以下对这三大基本原则进行具体阐述。

一、开放性原则

开放性是互联网优越性之体现。该原则所谓的"开放性"，至少包括三个方面：第一，指对其他国家和地区有关电子商务法律规则的开放，即注意和其他国家的实践、国际惯例以及电子商务行业内的惯常做法相协调，和电子商务法以外的其他法律相配套，这也是"国际社会本位"法律理念的体现；第二，指对当事方的开放性，即根据意思自治原则发挥好当事人的主观能动性。第三，是指在技术上的开放，即技术中立和媒介中立。可以说，开放性是电子商务和电子商务法的生命力之所在。

（一）对其他国家和地区有关电子商务法律规则、惯例的开放

这是指在立法和解释时应充分发挥电子化网络的虚拟性和全球性等优势，这一点体现在大量条款中。比如，联合国贸法会的《电子签名示范法》第4条规定：在解释《示范法》时，应本着善意原则，从其国际性因素和有利于促进应用中的统一协调作为出发点。互联网络先天具有无国界的优点。如果各个国家有关电子商务的技术规则和法律规则不能互相协调，甚至互相对立，则将极大地背离网上交易各方的预期，从而使得互联网这种高技术不能对社会资源的全球最佳配置产生其应有的推动作用。因此，各国在电子商务方面法律制度的互相衔接、互相协调应该成为各国电子商务法的基本原则。唯有这样，才符合经济全球化的发展趋势，才能使自己国家进一步融入到经济全球化浪潮当中，最大限度地分享到当代高新技术、经济全球化所带来的利益。

（二）对当事方的开放

至于对当事方的开放，是指允许当事人以协议方式订立交易规则，这是交易法的基本属性。新的网络技术层出不穷，而法律又天生要具有相对的稳定性，从而不可能对将来产生于网络技术上的新型电子商务法律关系预料得一丝不错，因此具有相对滞后性。当事人对新出现的法律关系的反应就更为灵活。所以，在电子商务法的立法与司法过程中，都要为当事人全面表达与实现自己的意愿，预留充分的空间，并提供确实的保障。其实，联合国贸法会《电子商务示范法》中只有六条左右的强行规范，数量很少，目的也在于尽力减少

传统法律带给电子商务的障碍,这样就有助于当事人在电子商务领域里充分运用意思自治原则。这些,也表现在联合国贸法会的《电子签名示范法》第5条中"协议变更"方面,即"规则的法律效力可以相应减弱或者改变,只要在规则采纳国的法律上协议合法或者有效"。其内在含义是:除了强制性的法律规范外,其余条款均可由当事人自行协商制定。当事人使用电子签名而产生的权利义务,完全可以通过合同形式来加以确定。《电子签名示范法》明确支持当事人的意思自治,但并不影响各采纳国因公共政策原因而颁布的强制性法的效力。当事人之间改变《示范法》效力的协议,既可以是明示的,也可以是暗示的。当然,《示范法》采纳国也可以适当限制当事人的约定,以保护第三方的合法权利。

(三) 技术上的开放

技术上的开放具体包括对待电子签名技术上的开放和电子商务媒介上的开放。对待电子签名技术上的开放是指,电子商务法对传统的口令法与非对称性公开密钥加密法以及生物鉴别法等,都不可厚此薄彼,产生歧视。同时,还要给未来技术的发展留下法律空间。对待电子商务媒介上的开放是指,电子商务法对电子商务所利用的电子化媒介、通信手段应该一视同仁,例如,有线通信、无线通信、广播网络、增值网络,等等。随着技术的发展,还会不断产生新的电子化媒介。只要这些通信手段满足相应的安全标准,则相应的交易不仅仅因其属于电子化形式而受到不利影响。1996年联合国《电子商务示范法》提出功能等同原则来表明其对电子商务媒介的开放。

二、安全性原则

安全性是交易的内在要求。一方面,安全性原则指为了保护当事方的交易安全,通过立法制定一系列的强制性规范;另一方面,指为了保护国家利益以及公共秩序,各国可以对电子商务法的调整内容作出取舍。

保障电子商务的安全进行,既是电子商务法的重要任务,又是其基本原则之一。电子商务以其高效、快捷的特点,在各种商事交易形式中脱颖而出,具有较大的生命力。这种高效、快捷的交易工具必须以安全为前提。如果电子化交易不安全,那么,企业和消费者对电子交易就会失去信心,电子交易就成了无源之水、无本之木,没有谁会通过电子化方式进行交易了,电子商务也就不会存在。所以,它不仅需要技术上的安全措施,而且更离不开法律上的安全措施。比如,电子商务法确认强化电子签名的标准,规定认证机构的资格及其职责等具体的制度,都是为了在电子商务条件下,形成一个较为安全的环境,至少其安全程度应与以传统纸面形式交易的安全程度相同。

另外，各国在进行电子商务立法的时候，还出于不同的需要和考虑，以列举的方式将某些内容明确排除在电子商务立法的范围之外。涉及家庭和基层法律关系的行为或者与人身信任密不可分的协议（如订立遗嘱、收养协议、离婚协议、信托、律师授权等），要么不属于商业活动的范围，要么具有特殊的性质，都属于被许多国家的电子商务立法所共同排除的内容。除此之外，各国还根据本国的法律制度和经济发展水平，特别将某些商业活动排除在电子商务立法的范围之外。例如，新加坡从本国的经济发展水平出发，将流通票据和不动产交易排除在其电子商务法适用范围之外，但是不排除随着电子商务的发展和普及再将这些内容纳入该法适用范围的可能。印度 2000 年的《技术信息技术法》与新加坡的做法几乎完全相同。

三、保护弱势方原则

保护弱势方是法律价值发展到一定历史阶段的自然取向。要做到保护弱势方原则，一方面，体现在企业与企业之间，要防止某一方滥用其技术上的优势垄断市场，进行不公平交易；另一方面，要注意保护消费者的正当权益。

前者具体表现在一方滥用其技术优势，利用在网络中技术标准一旦建立，他方就极难进入的特点，限制他方的市场准入，从而使其具有实质上的垄断地位。许多国家在电子商务方面的立法都对此进行了专门规定。

至于后者，随着市场经济的发展，商家越来越处于优势地位，消费者的正当权益越来越得不到合理的保护。为此，各国先后都制定了有关消费者权益保护的法律，努力实现对交易双方的均衡保护。但是，这些保护消费者权益的法律都是对传统交易形式的规定，在利用计算机信息网络进行电子商务的情况下，需要更有力度的规定。因此，许多国家在制定电子商务法律规范时都特别强调制定更有利于保护消费者的规范。

比如，美国统一州法全国委员会在 1999 年 7 月通过的《统一计算机信息交易法》第 105 条规定：（c）除非（d）款另有规定，如果本法与一条消费者保护法（或行政法规）发生冲突，则消费者保护法（或法规）应予适用。第214 条规定："（b）一个这种交易中，对于消费者无意接受，并且是由于电子错误产生的电子信息，如消费者采取了下列行为，即不受其约束：……"另外，美国、欧盟以及我国有关法律都规定消费者在网上订购商品后的一定期限内有无条件的退货权。

四、应该综合运用三大基本原则

在实践中具体运用这三大基本原则时，要使它们优劣互补，加以综合运用。

比如，安全性原则是和开放性原则相对应的。在注意和其他国家的实践、国际惯例、电子商务行业内的惯常做法相协调以及根据意思自治原则发挥好当事人的主观能动性的同时，更要强调电子商务交易过程中的安全。还可以在电子商务法立法范围上作出选择，以保护我国的国家利益和公共秩序不受到国外的过度冲击。

比如，在电子签名方面，不能不管实际效果如何，认为所有的电子签名技术都具有同样的法律效力。在没有当事方约定的情况下，在法定机构或授权机构经过法定程序对该电子签名技术作出评估后，达到一定安全标准的电子签名技术才可由有关当事方加以采用。在涉及国家安全和公共秩序方面的事项时，更加不能一味的中立。联合国国际贸易法委员会通过的《电子签名示范法》就是通过电子签名的预决性来解决安全性问题的，即在电子签名应用之前预先确定其法律地位。采纳国可以通过建立或者授权特定实体，确认电子签名的质量，或者认定电子签名使用的合法有效性。电子签名后果的确定性和可预见性，是促进电子商务发展的必要条件，该预见性通常应该在商事交易人使用之前确定，而不是发生争议诉诸法庭的时候。当某种签名技术满足了可靠性、安全性要求时应该由确定的方法和机构，对这种技术进行评估，并且通过相应的形式作出认定。该条在解决中立原则带来的不足时，同时体现了安全性原则和开放性原则。

美国的《全球电子商务纲要》认为：近 50 年来，各国已就降低关税展开协商，而且由于互联网真正是一种全球性的媒体，因此在因特网上交易的货物和服务征收关税是毫无意义的；所以，针对许多国家试图对全球电子商务征收关税的倾向，美国政府建议世界贸易组织和其他的组织宣布：每当通过互联网提供产品和服务时，互联网作为一个免税区。并建议应当在各国课税之前、在保护这些关税的利益网形成之前确立这一原则。但是，在电子商务方面，发展中国家企业的技术和经验还是不能和西方跨国公司相提并论。如果按照美国提议，对网上交易的许多产品、服务免税，让占据资本、技术、经验等优势的发达国家的企业和公司与发展中国家资本、技术、经验都不足的企业和公司进行"公平"竞争，那么其结果必然是让发达国家的公司、企业控制发展中国家的经济命脉。其实质是变相绕过发展中国家海关的监督和控制，使得发展中国家经过在世贸组织中的艰苦谈判所获得的成果付之东流。所以，反映在电子商务法中，我们要在坚持开放性原则的同时，一定要坚持安全性原则，确保做到在安全的前提下自主进行开放，在开放的过程中保护自己的安全。

在贯彻开放性原则的同时，又要注意以保护弱势方原则为补充。具体来说，一方面，不能任凭优势企业滥用其技术优势，禁止其他企业进入，在事实上取得垄断地位而一味地采取中立或开放；另一方面，不能任凭其利用技术上的优越地位侵害消费者权益。比如，由美国统一州法全国委员会在 1999 年 7 月通过的《统一计算机信息交易法》第 114 条规定："（a）除非本法另有规定，与缔约能力、本人和代理人、禁止反言、欺诈、错误陈述、胁迫、强迫，及其他生效或失效事由有关的法律和衡平原则，包括一州的商人法和普通法为本法的补充。补充本法且未被本法排除的法律包括商业秘密法和反不正当竞争法。"其中特别提到包括反不正当竞争法。第 803 条："（d）双方可以协议排除或者限制后果性损害和附随性损害，除非此种排除或者限制不公平。适用本法的和计算机程序有关的消费者合同如对人身伤害造成的后果性损害作出排除或者限制，即为有失公平的表面证据，……"第 805 条："（b）如果双方的原始协议改变了时效期间，则下列规则使用：（1）双方可以将时效期间减少到诉讼权产生之后的一年时间以下，但是不得延长。（2）在消费者合同中，不得减少时效期间。"

开放性是互联网络优越性之体现，安全性是交易的内在要求，保护弱势方是法律价值发展到一定历史阶段的自然取向。所以，为了充分发挥互联网优越性，增强人们对网上交易的信心，促进电子商务的健康、快速发展，就应该把电子商务法的开放性、安全性、保护弱势方这三大基本原则互相配合加以使用。

总之，要综合运用这几种基本原则，使它们相互补充，不能脱离实际情况只抓住其一而不顾其余，只有这样，我国的电子商务法才能最大限度地发挥其应有的功能，促使电子商务走上正轨。"只有那些以某种具体的和妥当的方式将刚性和灵活性完美结合在一起的法律制度，才是真正伟大的法律制度。"①

---

① ［美］E. 博登海默著：《法理学：法律哲学与法律方法》，邓正来译，中国政法大学出版社 1999 年版，第 405 页。

第四节　国际社会电子商务立法及其重点领域

一、国际上电子商务立法概述

美国作为开展电子商务最早的国家，在立法方面取得的突破为世界瞩目。美国政府在 1997 年 7 月颁布了《全球电子商务纲要》(*A Framework For Global Electronic Commerce*)①，《全球电子商务纲要》是全球第一个官方正式发表的关于电子商务立场的文件，体现了五大原则：(1) 私人企业应居于主导地位。(2) 政府应避免对电子商务做不必要的限制。(3) 当需要政府介入时，政府参与的目的应该在于支持和维护一个可预测的、介入程度最低的、持续的、简单的商业法律环境。(4) 政府应认同互联网的特性。(5) 互联网中的电子商务应在国际化的基础上被推进。1999 年，美国公布了《统一计算机信息交易法》(*The Uniform Computer Information Transactions Act*，简称 UCITA) 和《统一电子交易法》(*Uniform Electronic Transactions Act*，简称 UETA)，供各州在立法时参考。这两者互相配套，主要解决电子交易中产生的各种实际法律问题。1999 年 10 月 13 日，克林顿政府在 2000 年 6 月 30 日正式签署通过了《全球及全国商务电子签名法》(*Electronic Signature in Global and National Commerce*，*E-SIGN Act*)。众议院法制委员会认为，在各州没有根据《统一电子交易法》所规范的标准制定州间电子签名法律以前，必须根据该国家级电子签名立法所颁布的适用规则，各个州不准另行制定法规加以排除适用。② 在隐私 (个人数据) 保护方面，美国联邦贸易委员会在 1999 年 4 月发布了《儿童在线隐私权保护规则》(*Children's Online Privacy Protection Rules*)，并于 2000 年 10 月生效。2000 年 5 月，美国联邦贸易委员会公布了《消费者金融信息隐私规则》。2003 年，美国通过了《2003 年未经请求的色情及行销消息攻击控制法》(简称《反垃圾邮件法》)(*Controlling the Assault of Non-Solicited Pornography and Marketing Act of 2003*)，并于 2004 年 1 月 1 日生效。

欧盟主要有以下几个方面的立法：

(1) 欧盟于 1998 年 11 月发表《发展电子商务法律架构之指令》(*Legal*

---

① http：//www. whitehouse. gov/WH/New/Commerce/read. html.

② http：//techlawjournal. com/internet/19991014. htm.

Framework for the Development of Electronic Commerce)。① 指令要求各会员国调整或者修改其国内法律，凡是会对使用电子媒介订立合同缔结方式造成限制、阻碍或者否定其效力的法律都必须加以检视并且修改。此外，所有设立地在欧盟成员国境内的电子商务业者都将适用此一指令。

（2）为保障欧盟统一大市场在电子签名的法律制度方面得以协调一致，欧盟议会和理事会共同制定并在 1999 年 12 月 13 日颁布了《关于在欧盟范围内建立有关电子签名共同法律框架的指令》。② 指令采取双重政策原则。一方面，指令保证电子签名认证服务市场自由开放，"成员国不得将认证服务业置于预先批准的制度之下"；另一方面，指令授权，"成员国建立或维持旨在改善服务水平的自愿特许制度"。成员国可根据本国情况，在认证服务业授权一个公共的或者私人机构制定行业服务标准，并在申请的基础上，向满足这些标准的认证服务供应商给予特许执业许可，同时对其执业质量给予监督。上述双重政策原则既保障了行业自由，同时又满足了消费者对认证服务质量和安全性能的要求。

（3）欧盟委员会于 1999 年 7 月 14 日正式提交了《关于在民事和商事领域的司法管辖以及相互承认和执行裁决的条例草案》，③ 为欧盟范围内跨国电子商务合同纠纷的司法管辖确定了更加简便的法律制度。该条例重申了被告住所地管辖的一般原则，同时增加了有关消费者合同纠纷管辖的特别规则。根据这一规则，在有消费者参与订立的合同出现纠纷时，消费者可在自己住所地成员国法院或对方住所地成员国法院对合同另一当事方提起诉讼；反之，当消费者作为被告时，诉讼只能由消费者住所地成员国法院管辖。根据这一规定，从事电子商务的企业在同消费者发生合同纠纷时，势必将面临着在各成员国被提起诉讼的局面。因此，又应区别两种情况：一是当事企业所从事的商业活动直接指向消费者所居住的成员国。此时，作为原告，消费者有权选择（本国）法院管辖；二是当事企业得以证明所从事的商业活动并非直接指向该消费者住所地成员国，这时消费者只能接受法定法院的管辖。条例的这一旨在保护消费者权益的条款，在实践中将导致针对电子商务经营者的有差别的、更加严格的

---

① http：//www. ispo. cec. be/Ecommerce/legal. htm#legal.

② 全文为：Directive 1999/93/EC of European Parliament and of the Council of 13 December 1999 on a Community Framework for Electronic Signatures. http：//europa. eu. int/eur-lex/en/lef/dat/1999/en_399L0093. HTML.

③ Proposal for a Council Regulation on Jurisdiction and the Recognition and Enforcement of Judgements in Civil and Commercial Matters.

15

限制性制度，该条例于 2002 年 3 月 1 日生效。①

（4）其他。对于电子商务的税收问题，欧盟的现行政策性文件是由欧盟委员会于 1998 年提出并和欧盟理事会通过的一项《关于电子商务与间接税管理的政策文件》。② 另外，还有于 1997 年生效的《远程契约消费者保护指令》③，以及个人数据保护方面的指令，等等。

中国台湾地区主要有以下几个方面的立法：

（1）2001 年"电子签章法"。该法立法原则是：①技术中立原则：任何可确保数据在传输或储存过程中之完整性及鉴别使用者身份之技术，皆可用来制作电子签章，并不以"非对称型"加密技术为基础之"数字签章"为限，以免阻碍其他技术之应用发展。利用任何电子技术制作之电子签章及电子文件，只要功能与书面文件及签名、盖章相当，皆可使用。②契约自由原则：对于民间之电子交易行为，宜在契约自由原则下，由交易双方当事人自行约定实行何种适当之安全技术、程序及方法作成之电子签章或电子文件，作为双方共同信赖及遵守之依据，并作为事后相关法律责任之基础；所以，不宜以政府公权力介入交易双方之契约原则；交易双方应可自行约定共同信守之技术作成电子签章或电子文件。另认证机构与其使用者之间，亦可以契约方式规范双方之权利及义务。③市场导向原则：政府对于认证机构之管理及电子认证市场之发展，宜以最低必要之规范为限。今后电子认证机制之建立及电子认证市场之发展，宜由民间主导发展各项电子交易所需之电子认证服务及相关标准。

（2）台湾"行政院"为使"电子签章法"规范施行时更为顺利，以及补充相关之细节性及技术性事项，制定了"电子签章法施行细则"。随后，还制定了"外国凭证机构许可办法"和"凭证实务作业基准应载明事项准则"。④

国际经济合作与发展组织（OECD）提出了大量的方针、政策、宣言。

---

① Council Regulation （EC） No44 \ 2001 of 22 December 2000 on Jurisdiction and Recongnition and Enforcement of Judgment in Civil and Commercial Matters, see www. europa. int \ comm \ justice. home \ ejn \ enforce_ judgement_ ec. en. htm.

② 全文为：Commission Communication on Electronic Commerce and Indirect Taxation, http：//www. ispo. cec. be/ecommerce/legal. htm#ecommerce.

③ 其全称为：Directive 97/7/EC of the European Parliament and of the Council of 20 May 1997 on the Protection of Consumers in Respect of Distance Contracts, http：//europa. en. int/ comm/dg24/policy/developments/dist-sell/dist 01 _ cn. html; also see Official Journal L144 of June 1997, 0019-0027.

④ 此处的"凭证机构"、"凭证实务"是指"认证机构"和"认证实务"。

1980 年提出了《保护个人隐私和跨国界个人数据流指导原则》；1985 年发表了《跨国界数据流宣言》；1992 年制定了《信息系统安全指导方针》；1997 年发表了《电子商务：税务政策框架条件》、《电子商务：政府的机遇与挑战》等报告，通过了《全球信息基础结构/全球信息社会（GII/GIS）》和《电信和信息基础结构在推进电子商务方面的作用》的报告，提出许多有关电子商务的建议，制定了《加密政策指导方针》，发表了题为《加密技术管制大全》的背景报告；1998 年发表了《电子商务：因特网上提供的数字化产品的贸易政策问题》、《测度电子商务：软件的国际贸易》等报告。1998 年 10 月，在加拿大渥太华，世界经济合作与发展组织召开了电子商务专题讨论会，推出《全球电子商务行动计划》。1999 年 12 月，经济合作与发展组织制定了《电子商务消费者保护准则》（*OECD Guidelines for Consumer Protection in the Context of Electronic Commerce*），提出保护消费者三大原则：确保消费者网上购物所受到的保护，不低于日常其他购物方式；排除消费者网上交易的不确定性；在不妨碍电子商务发展的前提下，建立和发展网上消费者保护机制。这一准则还提出了保护消费者的七个目标。2000 年 12 月 22 日，OECD 公布了一项关于电子商务经营场所所在地的适用解释，规定将来通过网上进行的电子商务，由该公司经营场所实际所在地的政府征税。

1986 年开始的关贸总协定乌拉圭回合谈判最终制定了《服务贸易总协定》。《服务贸易总协定》的谈判产生了一个电信业附录。这一附录的制定开始了全球范围内电信市场的开放。世界贸易组织建立后，立即开展信息技术的谈判，并先后达成了三大协议：（1）《全球基础电信协议》。该协议于 1997 年 2 月 15 日达成，主要内容是要求各成员方向外国公司开放电信市场并结束垄断行为。（2）《信息技术协议》（ITA）。该协议于 1997 年 3 月 26 日达成，要求所有参加方自 1997 年 7 月 1 日起至 2000 年 1 月 1 日将主要的信息技术产品的关税降为零。2015 年，《信息技术协定》扩围谈判成功，包括中国在内的谈判各方同意在 3 年内对 201 项信息技术产品实施零关税。这是世贸组织 18 年来达成的最大规模关税减让协议，也是全球 IT 产品史上最大规模的减税协议。（3）《开放全球金融服务市场协议》。该协议于 1997 年 12 月 31 日达成，协议要求成员方对外开放银行、保险、证券和金融信息市场。WTO 于 1998 年 2 月主持召开了电子商务讨论会。在 1998 年 5 月召开的 WTO 第二次部长级会议上，全体成员共同发表声明通过了由美国提出的《关于全球电子商务的宣言》，对电子商务的运作不附加新的、歧视性的税项，并就全球电子商务问题建立一个专门工作组。网络贸易税收问题仍将成为新一轮贸易谈判的重点之一。

还有其他国家与地区都制定了相应的电子商务法律规范。例如，新加坡政府在 1998 年 6 月 29 日通过了《1998 电子交易法》(*Electronic Transactions Bill 1998*)，① 又在 1999 年制定了《新加坡电子交易（认证机构）规则》以及《新加坡认证机构安全方针》。澳大利亚联邦法务部(The Attorney-Generals Department)在 1999 年 1 月 28 日公布了《电子交易法》(*Electronic Transactions Act 1999*)。② 中国香港地区政府于 2000 年通过《电子交易条例》，后又于 2004 年修订。同时，于 2004 年 7 月公布《认可核证业务守则（第二版）》。③ 1998 年 7 月 16 日，英国批准了《1998 年数据保护法》，并于 2000 年 3 月 1 日起生效。2000 年 8 月 1 日，英国《电子通信法案 2000》第 7 章生效，确认了电子签名具有与手写签名一样的法律效力。1998 年 12 月，韩国通过了《电子签名法》，1999 年 7 月生效；1999 年 3 月 29 日，韩国通过《电子商务基本法》，1999 年 7 月 1 日起生效。马来西亚于 1997 年颁布《电子签名法》。印度于 1998 年推出《电子商务支持法》，并在 2000 年提出其针对电子商务的免税方案。2000 年 4 月，墨西哥通过电子商务法案。2000 年 6 月，菲律宾总统签署了国会已通过的《电子商务法》。2000 年 7 月，爱尔兰总统签署批准了《电子签名法》。

为避免各国法律不同所可能引发的争议，联合国贸法会（UNCITRAL）在 1996 年 3 月召开的第 29 次会议中，通过了《电子商务示范法》。④ 后又于 2001 年第 34 次会议上审议通过了《电子签名示范法》(*Model Law on Electronic Signatures*)，和《电子商务示范法》一起供各国立法时加以参考。

二、国际上电子商务立法的重点

从电子商务在各国发展的实践以及各国有关电子商务立法的情况来看，至少以下几个方面应该成为电子商务立法的重点：

（一）数据电文法律效力的确认

传统交易法律为了确保交易安全，一般要求交易中的文件具有"书面形

---

① http：//www. ec. gov. sg/ETBmain. html.

② See Electronic Transactions Act 1999 of Australia, http：//www. law. gov. au.

③ http：//www. icct. com. tw/esign/Defaultnews2. asp? sno＝AFMC.

④ See Michael Chissick & Alistair Kelman：Electronic Commerce：Law and Practice, 2th ed. , Sweet & Maxwell, 2000, p. 91.

式"、"签名"、"原件"等要素，而网络的虚拟性导致通过网络传输的文件很难和书面文件挂上钩。所以，对电子商务立法首要问题就是解决数据电文的法律效力。各国一般是通过功能等同原则来完成这一任务。

（二）电子签名技术基本标准的确定

为了防止文件内容不被更改、防止当事方对内容的反悔，在电子商务中迫切需要具有和传统亲笔签名同样功能的技术，这就是电子签名。电子签名的方法有许多种，比如，计算机口令、公开密钥、生物笔迹辨别法、眼虹膜网辨别法，等等。随着科学技术的发展，还将产生新的电子签名方法，有那么多的电子签名方法，那么是否每一种电子签名方法的法律效力都相同呢？是不是都和传统的手写签名具有相等的法律效力呢？这就是电子签名的技术标准问题。

（三）电子认证机构的建立

在电子商务中，买卖双方通过网络来订立合同并完成整个交易过程。但是，因为网络的虚拟性，双方都无法确保对方身份的真实性。电子签名只能够保护数据电文本身的安全，防止其内容的仿冒、更改或否认，并无法确保该电子签名来自于该"电子签名"的真正代表方，而不是别人假冒。在这种情况下，要建立交易双方的信用感和安全感非常困难。于是，人们在实践中发展出一种切实有效的方法来解决这个问题，即寻找一位可靠的第三方当事人，由其负责将某一公钥密码与特定用户联系起来，这就是电子认证。不过，对电子认证机构的组织结构和权利、义务的分配，以及认证机构的设立和监管，认证机构的归责原则及其赔偿责任等问题应如何规定却是个难题。

（四）合同的成立

在网上交易过程中，怎样区分要约和承诺？合同生效的时间如何确定？要约和承诺可不可以撤回？数据电文到达的时间和地点如何确定？这些问题的解决并不同于传统交易中类似问题的解决。这也是各国电子商务法的立法重点。

（五）网上交易过程中消费者的保护

在网上交易中，存在大量的格式合同，这些合同的效力如何？商家又有着什么样的义务？另外，网上购物中，一直到商品运送到家或者下载到硬盘上后，消费者才有机会检查商品，其知情权等权利如何行使？不少国家规定消费者在收到商品 7 日内可以无条件退货。中国也有这种让消费者反悔权的规定，不过现实中消费者行使该权利的话需要承担货物的运输费用。

（六）由网上交易引起的网上税收问题

在实践中，有的国家已经在对网上交易征税，有的还正在制订规则，有的国家还在观望。不过可以看出，征税应该是大方向，区别只在于税种的选择、征收的方法等问题上。这个问题也在许多国家有关电子商务法律中占很大比重。

（七）电子支付问题

电子支付是电子商务的核心环节。只有支付成功，交易才能进行下去。不过，各当事方在电子支付中权利义务的分配，责任风险的划分，是一个困扰各国的难题。还有如何对网上银行进行监管，如何应对电子货币所带来的冲击也是各国的立法重点。

（八）网上证券和网上保险

通过互联网从事证券交易和保险交易已是各国电子商务的重要内容，也是证券业和保险业的发展趋势。但是，如何确定通过互联网从事证券交易和保险交易的安全性，如何对网上证券和网上保险加以有效的监管，尤其是对网上证券和网上保险"举手之劳"就可发生的境外交易进行监管，却是个困扰各国的难题。

（九）其他

还有由网上交易所带来的知识产权问题，网上交易的证据规则，网上交易中法院管辖权和准据法的选择这些问题也属于各国电子商务法中所考虑的重点。

三、我国电子商务立法现状

为了因应电子商务的发展，我国制定了一系列的法律规章制度。在1999年的《合同法》中就增加了有关数据电文的内容，承认电子文件的效力。总的来说，主要有以下一些：

（1）2002年9月29日国务院发布《互联网上网服务营业场所管理条例》，自2002年11月15日起施行，并先后于2011年、2016年进行过修改。其中第7条规定，国家对互联网上网服务营业场所经营单位的经营活动实行许可制度。未经许可，任何组织和个人不得从事互联网上网服务经营活动。第21条规定，互联网上网服务营业场所经营单位不得接纳未成年人进入营业场所。互联网上网服务营业场所经营单位应当在营业场所入口处的显著位置悬挂未成年人禁入标志。

（2）2002年6月27日中国新闻出版总署、原中国信息产业部颁布的《互联网出版管理暂行规定》于2002年实施，并被2016年《网络出版服务管理规定》取代。该《网络出版服务管理规定》第7条规定，从事网络出版服务，必须依法经过出版行政主管部门批准，取得《网络出版服务许可证》。

（3）2000 年 11 月 7 日国务院新闻办公室、信息产业部发布《互联网站从事登载新闻业务管理暂行规定》。其第 7 条规定，非新闻单位依法建立的综合性互联网站，具备本规定第 9 条所列条件的，经批准可以从事登载中央新闻单位、中央国家机关各部门新闻单位以及省、自治区、直辖市直属新闻单位发布的新闻的业务，但不得登载自行采写的新闻和其他来源的新闻。非新闻单位依法建立的其他互联网站，不得从事登载新闻业务。

（4）2001 年 7 月 9 日中国人民银行颁布了《网上银行业务管理暂行办法》，后被银监会的 2006 年《电子银行业务管理办法》所取代。后者第 4 条规定，经中国银监会批准，金融机构可以在中华人民共和国境内开办电子银行业务，向中华人民共和国境内企业、居民等客户提供电子银行服务，也可按照本办法的有关规定开展跨境电子银行服务。

（5）2000 年 7 月 5 日教育部发布《教育网站和网校暂行管理办法》。其中第 8 条规定，凡在中国境内申报开办教育网站和网校，必须向主管教育行政部门申请，经审查批准后方可开办。已开办的教育网站和网校，若未经主管教育行政部门批准的，则应及时补办申请、批准手续。未经主管教育行政部门批准，不得擅自开办教育网站和网校。

（6）为加强药品监督管理，规范互联网药品信息服务活动，保证互联网药品信息的真实、准确，国家食品药品监督管理局在 2004 年 7 月 8 日发布了《互联网药品信息服务管理办法》，并于同日生效。按其规定，各省、自治区、直辖市（食品）药品监督管理局对本辖区内申请提供互联网药品信息服务的互联网站进行审核，符合条件的核发《互联网药品信息服务资格证书》。提供互联网药品信息服务的网站，应当在其网站主页显著位置标注《互联网药品信息服务资格证书》的证书编号。提供互联网药品信息服务的网站发布的药品（含医疗器械）广告，必须经过（食品）药品监督管理部门审查批准。提供互联网药品信息服务的网站发布的药品（含医疗器械）广告要注明广告审查批准文号。

（7）2003 年，文化部制定的《互联网文化管理暂行规定》实施，并先后于 2004 年、2011 年修订。其第 6 条规定，文化部负责制定互联网文化发展与管理的方针、政策和规划，监督管理全国互联网文化活动。省、自治区、直辖市人民政府文化行政部门对申请从事经营性互联网文化活动的单位进行审批，对从事非经营性互联网文化活动的单位进行备案。县级以上人民政府文化行政部门负责本行政区域内互联网文化活动的监督管理工作。县级以上人民政府文化行政部门或者文化市场综合执法机构对从事互联网文化活动违反国家有关法规的行为实施处罚。

（8）我国于2004年8月28日通过了《电子签名法》，并于2005年4月1日生效，然后于2015年对该法进行了修正。该法规定了数据电文的书面形式、原件要求、保存要求、证据性问题、发件与收到的确认、发送和接收的时间与地点，规定了电子签名的含义和条件，规定了认证机构的设立、监管、暂停或终止、有关各方的法律责任等内容。

另外，1996年2月国务院发布《计算机信息网络国际联网管理暂行规定》，并于1997年5月作出修正。1998年2月国务院信息化工作领导小组审定《计算机信息网络国际联网管理暂行规定实施办法》。1999年10月国务院发布了《商用密码管理条例》。

我国还有一系列的地方法规、规章，例如，《广东省电子交易条例》（2002年12月通过，2010年被废止）、《上海市国际经贸电子数据交换管理规定》（1999年1月通过），等等。

第五节　联合国贸法会的《电子商务示范法》

联合国贸法会（UNCITRAL）在1996年3月召开的第29次会议中，通过了《电子商务示范法》。国际商会所颁布的《国际安全数据签名使用规则》（*General Usage in International Digitally ensured Commerce*）中，就大量采用了《电子商务示范法》中有关确认信息和身份认证的规定，并针对电子商务的使用作了进一步的规范。另外，美国和欧盟也在1997年12月召开的高峰会议上发表联合声明指出：应该通过联合国贸法会的途径，与各国共同排除电子商务的法律障碍。从这里，可以充分看出《电子商务示范法》在国际上的重要性。①

一、《电子商务示范法》的目的

为了确保传统交易的安全，世界各国的法律一般都要求在交易中使用符合"书面"、"签名"、"原件"要求的文件。随着网上交易的出现和发展，原本对文件的"书面"、"签名"、"原件"的要求成为网上交易的障碍。因为网络的虚拟性使得"书面"、"签名"、"原件"这样的要求难以实现。

---

① See Richard Hill and Ian Walden, The Draft UNCITRAL Model Law for Electronic Commerce：Issues and Solutions ，http：//www. batnet. com/oikoumene/arbunc. html.

在这种情况下，许多国家对有关法律作了调整。比如，采用对原有法律中的"书面形式"外延进行扩大解释的办法，来弥补其法律规定的不足。这些办法对电子商务的规范化起到了积极的作用，但还不存在整体解决电子商务问题的立法。而互联网的全球性又迫切要求各国对这些问题采取相同或相近的做法，这就要求出台一个"法律模板"，以供各国在制定有关法律时加以参照。这样，《电子商务示范法》就应运而生了。

《电子商务示范法》的目的主要在于解决以下三大法律障碍：

（1）由于许多法律行为都属于书面要式行为，通过电子传输的"资料信息"是否符合书面要求？

（2）在法律规定需要签名时，通过电子传输的信息是否符合"签名"的要求？

（3）通过电子资料传输的信息是否具有证据性？

总之，《电子商务示范法》是为了适应计算机和其他现代技术而引起贸易通信方式的较大变化这一现实而起草的，是为了给各国在建立其本国的电子商务法律制度时，树立一个样板，供各国采纳参照。

二、《电子商务示范法》的适用范围

《电子商务示范法》所规定的条文是针对商务活动中可能遇到的情况所制定的。对于商业活动的形式采取了广义解释，"供应或交换货物或服务的任何贸易交易、分销协议、商业代表或代理；客账代理；租赁；工厂建造；咨询；工程设计；许可贸易；投资；融资；银行业务；保险；开发协议或特许；合营或其他形式的工业或商业合作；空中、海上、铁路或公路的客、货运输"，等等，均包含在内。同时，不反对各国在把《电子商务示范法》的规定转化为国内法时，将其适用范围扩展到非商业活动上。并且建议尽可能扩大本法的适用范围，各国如果要限制其适用范围，则应慎重考虑，因为这些限制与示范法的制定目的相互冲突。

另外，《电子商务示范法》第2条第1款规定了数据电讯的范围："数据电讯，是指以电子手段、光学手段或类似手段生成、发送、接收和储存的信息，这些手段包括但不限于电子数据交换（EDI）、电子邮件、电报、电传或传真。"这个概念与商务活动的概念一样都是开放性的，其手段与形式都具有多样性。

关于《电子商务示范法》的适用与消费者保护的问题，该法并不否定任何意在保护消费者的法律规则。除此之外，该法还在实施指南中对这一问题作了说明：如同联合国贸法会的其他法律文件一样，《电子商务示范法》在起草时，没有特别关注消费者保护方面的问题。考虑到某些国家有调整特定信息系统使用关系的消费者保护法，并且没有理由把针对消费者的保护排除在《电子商务示范法》的一般条款之外，该法承认这类消费者保护法可以优先于《电子商务示范法》的条款。

三、《电子商务示范法》的基本结构

鉴于"电子商务涉及哪些法律问题"、"电子商务法应包括哪些法律规范"这样的问题在国际上还没有定论，许多问题还处于发展过程当中，所以，《电子商务示范法》无法把《电子商务示范法》制定成一部面面俱到的法律。《电子商务示范法》被设计为一个开放性系统，允许根据具体情况的需要不断增加相关章节。这种以解决交易中的实际问题为出发点，及时对电子商务活动中出现的新法律问题采取对策，而不拘泥于法律部门限制的做法体现了英美法实用主义观点。

《电子商务示范法》的开放性，表现为一部分法律文件中的一般规范与具体应用的纵向联结。《电子商务示范法》分为两个部分，即规定电子商务的一般问题和处理电子商务特定领域中的问题。第二部分"电子商务的特定领域"所规定的"货物运输问题"是第一部分电子商务的一般规则在货物运输领域的具体运用。电子商务的其他内容，可以在将来需要时再增加进去。贸法会希望根据观察《电子商务示范法》建立的基础——技术、法律和商务发展的结论，再对《电子商务示范法》条款作出增删或者修改。

《电子商务示范法》的开放性还表现为与其他相关的电子商务法律规范形成网状联结，也就是说，那些在"框架"法上连接的附属性技术规则，并不是单一的文件，而是相互连接成系列性的法律框架。比如，联合国贸法会颁布的《电子资金传输法》、《电子签名示范法》，都可以通过连接而纳入电子商务法内，贸法会在准备《电子签名示范法》的过程中把它们作为《电子商务示范法》的附件，另外，贸法会还决定在适当的时候增加一些更具体的内容。随着电子商务的不断发展，还将联接进新的附属规则。

四、《电子商务示范法》的"功能等同"原则

《电子商务示范法》的起草者认识到，传统纸面文件的法律制度构成了对电子商务发展的障碍。曾经考虑到通过扩大"书面"、"签名"和"原件"等概念外延的方法，以消除国内法对电子商务的使用所造成的负面影响，进而将

商事活动中的通信方式囊括进去。该方法已应用于一些现行的法律文件中，比如，《国际商事仲裁示范法》第 7 条以及《联合国国际货物销售合同公约》第 13 条。一方面，《电子商务示范法》允许各国修改其国内立法，以促进应用于贸易中的通信技术的发展，而不必完全排除纸面要求的法律概念与方法；另一方面，电子数据的成功应用又在某种程度上要求以新的规则予以规范。因为数据电讯和纸面文件有着重要的区别：书面中的文字可被人眼识别，而数据电讯则必须转化为纸面或显示于屏幕，才能被人识别。实际上该法在对书面形式作扩大解释的基础上，进一步将数据电讯另立为独立于口头、书面形式之外的一种交易形式。这为数据电讯制度的建立创造了条件。

《电子商务示范法》上所运用的"功能等同"方法，是将传统书面规范体系分层剖析，从中抽象出功能标准，再从电子商务交易形式中找出具有相应效果的手段，以确定其效力。基于"功能等同"原则，《电子商务示范法》分别对数据电文的"书面形式"、"签名"、"原件"等法律问题提出了解决方案。首先是数据电文的"书面形式"问题。一般认为，书面文件具有以下功能：（1）文件可被所有人阅读、经过长时间保持不变；（2）可以复制，令各方当事人持有相同内容的副本；（3）可通过签名的方法对文章内容进行鉴别；（4）它是法院可接受的证据形式。其中第 2 点特征实际上是数据电文的优点，完全不成问题，所以《电子商务示范法》针对其他几个功能进行了规定。

对于"书面形式"，《电子商务示范法》第 6 条规定："（1）如果法律要求信息须采用书面，则假若一项数据电文所含信息可以调取以备日后查用，即满足了该项要求；（2）无论本条第（1）款所述要求是否采取一项义务的形式，也无论法律是不是仅仅规定了信息不采用书面的后果，该款均将适用。"

关于数据电文的"签名"，《电子商务示范法》第 7 条规定："（1）如果法律要求要有一个人签字，则对于一项数据电文而言，倘若情况如下，即满足了该项要求：（a）使用了一种方法，鉴定了该人的身份，并且表明该人认可了数据电文内含的信息；和（b）从所有各种情况看来，包括根据任何相关协议，所用方法是可靠的，对生成或传递数据电文的目的来说也是适当的。（2）无论本条第（1）款所述要求是否采取一项义务的形式，也无论法律是不是仅仅规定了无签字时的后果，该款均将适用。"

对于数据电文的"原件"问题，《电子商务示范法》第 8 条规定："（1）如果法律要求信息须以其原始形式展现或留存，倘若情况如下，则一项数据电文即满足了该项要求：（a）有办法可靠地保证自信息首次以其最终形式

生成，作为一项数据电文或充当其他用途之时起，该信息保持了完整性；和
（b）如要求将信息展现，可将该信息显示给观看信息的人。（2）无论本条
第（1）款所述要求是否采取一项义务的形式，也无论法律是不是仅仅规定
了不以原始形式展现或留存信息的后果，该款均将适用。（3）为本条第
（1）款（b）项的目的：（a）评定完整性的标准应当是，除加上背书及在通
常传递、储存和显示中所发生的任何变动之外，有关信息是否保持完整，未
经改变；（b）应根据生成信息的目的并参照所有相关情况来评定所要求的
可靠性标准。"

关于数据电文的"证据力"问题，《电子商务示范法》第9条规定：
"（1）在任何法律诉讼中，证据规则的适用在任何方面均不得以下述任何理由
否定一项数据电文作为证据的可接受性：（a）仅仅以它是一项数据电文为由，
或（b）如果它是举证人按合理预期所能得到的最佳证据，则以它并不是原样
为由。（2）对于以数据电文为形式的信息，应给予应有的证据力。在评估一
项数据电文的证据力时，应考虑到生成、储存或传递该数据电文办法的可靠
性，保持信息完整性办法的可靠性，用以鉴别发端人的办法，以及任何其他相
关因素。"

五、《电子商务示范法》的解释原则

《电子商务示范法》的主要目的是通过给各国立法者提供一套范本，以排
除传统法律中的障碍，促进各国电子商务的发展。但是，《电子商务示范法》
不能对任何问题都规定得很详尽，同时，基于国家利益，各国在对有关术语和
条文作出解释时有很大可能仅仅从本国利益出发加以理解。而如果各国都这样
做，则将不利于互联网全球性这一优点的发挥，最终将阻碍国际电子商务的进
步。因此，《电子商务示范法》受《联合国国际货物销售合同公约》第7条的
启发，规定了解释原则，限制只按地方法律概念对《电子商务示范法》条文
进行解释。其第3条规定：

（1）对本法作出解释时，应考虑到其国际渊源，即促进其统一使用和遵
守诚信的必要性。

（2）对于本法管辖的事项，在本法内并没有明文规定解决办法的问题，
应按本法所依据的一般原则解决。

而在确定《电子商务示范法》依据的一般原则时，可考虑以下非尽穷之
列举：（1）在各国之间促进电子商务；（2）使以信息技术方式订立的交易有
效；（3）促进与鼓励使用新信息技术；（4）促进法律的统一；（5）支持商业

惯例。虽然《电子商务示范法》总的目的是促进电子通信方式的使用，但是不应再以任何方式解释为强制适用。

另外，《电子商务示范法》还对合同的订立和有效性、当事各方对数据电文的承认、数据电文的归属和确认收讫以及数据电文发出和收到的时间、地点等的问题作了规定，本书将在后续章节对这些问题加以讨论时予以介绍。

第二章　电子签名

第一节　电子签名简述

一、电子签名的产生

在法律上，文件上的签名意味着相关权利、义务的确立与变更。通常认为，签名主要有三项功能：一是表明文件的来源，即签名者；二是能表明签字者已确认文件的内容；三是能构成证明签字者对文件内容的正确性和完整性负责的证据。签名本身和文件的内容依靠纸张而成为一个整体，能够有效地保证原件内容的完整性，防止改动。伴随着签名发展的，还有盖章。国际上一般认为，盖章有着和签名一样的功能。公司之间签订协议时，一般是加盖本单位的印章，法人同时签名。在文件有许多页时，往往在页与页相连接处，加盖骑缝印章。

随着经济的发展，产生了大量签名和远程签名的需求。于是，传统的手写签名对某些新的公众交易形式而言慢慢变成了一种障碍，因为不可能让某一个人签发所有的文件。比如，现代公司所发行的股票、债券，不可能全部都让董事长亲自签名，而必须以印章、印刷等方式来替代。另外，为了方便贸易，早在1978年《联合国海上货物运输公约》中，对签名制定了开放性条款。其第14条第1款规定："提单上的签名可以是手书的，传真打印，打孔，盖章，使用符号，或通过任何其他机械的和电子的手段，如果这不与提单签发地国家的法律相违背的话，"并且其第1条第8款对"书面"的定义是："除其他方式外，书面包括电报和电传。"

当今网上交易很普遍，特别是网上银行和网上商店的兴起，进一步对传统签名提出了挑战。当事各方通过网络进行交易，如果要求采用传统手写签名的方式，则扫描后通过网络传递的原始签名无法和纸张结合形成原件，故无法达到其应有的三项功能，无法起到防止改动的作用。假如把手写签名后的文件通过邮寄的方式传送给对方的话，则发挥不出互联网快捷、高效的优越性。这就迫使交易参加方去寻找既能适应于互联网交易，又能起到和传统手写签名同样功能的新方法。慢慢地，通过"功能等价原则"，人们把凡是具有和手书签名同样功能的电子技术也叫做签名，这样，电子签名就产生了。

例如，联合国国际贸易法委员会《电子商务示范法》第 7 条规定："如果法律要求要有一个人签字，则对于一项数据电文而言，如果情况如下，即被认为满足该项要求：（1）使用了一种方法，确定该人的身份，并且表明该人认可数据电文内容的信息；（2）从所有各种情况来看，包括根据任何相关协议，所用方法是可靠的，对生成和传递数据电文的目的来说也是适当的。"该第 7 条侧重于签字的基本功能：一是确定一份文件的作者，二是证实该作者同意了该文件的内容，三是所用方法可靠。

1995 年到 1997 年末是电子签名法的立法探索时期，从 1998 年到 1999 年底属于电子签名法的逐渐成熟时期，这一时期产生了诸如《新加坡电子交易法》这样内容全面的立法。从 2000 年开始，是电子签名法的全面传播时期。这一时期各国普遍感到电子签名法意义重大，通过电子签名立法国家的数量急剧增多，立法的深度与质量也有了更缜密的保证。

二、电子签名的定义

对于电子签名，国际上没有一个统一的定义。电子签名涉及较复杂的电子技术，而根据著名的"摩尔定律"，电子技术发展的速度是一日千里，今天的高新科技在两三年后就可能落伍。所以，技术的先进性只是相对的。这就说明，电子签名给所签署的文件提供的完整性和安全性等也只能是相对的。有的电子签名安全性较高而有的则很容易被破解、伪造。所以，许多有关电子签名的定义从两个方面来考虑：一方面，是对一般的电子签名下定义；另一方面，是把能达到一定安全标准、具有传统手写签名一样功能的电子签名另外下一番定义。后者一般叫强化（增强）电子签名（enhanced electronic signature，如 UNCITRAL1999 年《电子签名统一规则》）或安全电子签名（secure electronic signature，如新加坡 1998 年《电子交易法》）或者高级电子签名（advanced electronic signature，如欧盟《关于在欧盟范围内建立有关电子签名共同法律框架的指令》）。

1999 年 6 月 29 日联合国国际贸易法委员会《电子签名统一规则》草案（*Draft Uniform Rule on Electronic Signature*）第 2 条第 1 款对"电子签名"下的定义是：电子签名是指信息以电子方式，或附着于或逻辑地连接于资料信息，以及其他与资料信息有关的方式呈现，可鉴别该资料信息的签名者身份，且能表明该签名者同意呈现该资料信息。第 2 条第 2 款明确定义了"强化电子签名"，以区别于电子签名，并赋予特定的法律效力。该签名系指经由安全程序和方法所显示的签名，且该签名："（1）对该签名人是独特；（2）由签名人制作，并附加于内容末端，且仅由签名人控制，其他人均无法控制；（3）与资料信息相关联，且确保该资料信息具有完整性。"

　　后来，又有意见认为，应避免对不同的电子签名区别对待，因为某种签名可能在具体场合显得简单而缺乏安全性，然而，只要根据当时情况（包括当事人同意使用的情形）是适当的，就可以认定以签署数据信息的签名技术所生成的签名，是足够可靠的。联合国国际贸易法委员会在 2001 年正式通过的《电子签名示范法》中，没有采用"强化电子签名"的提法，只规定了电子签名：指在数据电文中，以电子形式所含、所附或在逻辑上与数据电文有联系的数据，它可用于鉴别与数据电文相关的签字人和表明签字人认可数据电文所含信息。

　　同样，中国台湾地区 1998 年的"电子签章法"草案中，还对"电子签章"和"安全电子签章"分别下了定义，而在 2001 年 11 月正式通过的"电子签章法"中就只对"电子签章"下了定义："依附于电子文件并与其相关联，用以辨识及确认电子文件签署人身份、资格及电子文件真伪者。"没有采用"安全电子签章"的提法。

　　我国 2004 年通过了《电子签名法》，并于 2015 年修订。该法采用了"电子签名"和"可靠的电子签名"两种定义，而两者的法律效力是不同的。根据该法第 14 条的规定，可靠的电子签名与手写签名或者盖章具有同等的法律效力。所以，如果当事方证明其在交易中使用了"可靠的电子签名"，那么，就具有和传统的手写签名或者盖章具有同等的法律效力。如果当事方不能证明其使用的是"可靠的电子签名"，而只是"电子签名"，那么，该当事方在诉讼中就可能面临不利的地位，有可能被裁决签名无效。因此，我们就必须从《电子签名法》对"电子签名"和"可靠的电子签名"的定义中判断出两者的构成条件。

　　该法第 2 条第 1 款对"电子签名"的定义是："本法所称电子签名，是指数据电文中以电子形式所含、所附用于识别签名人身份并表明签名人认可其中内容的数据。"其中的"签名人"，也就是"电子签名人"，按照第 34 条的定义，是指持有电子签名制作数据并以本人身份或者以其所代表的人的名义实施电子签名的人。所谓"电子签名制作数据"，是指在电子签名过程中使用的，将电子签名与电子签名人可靠地联系起来的字符、编码等数据。

从以上"电子签名"的定义可以看出，有以下几个要点：

（1）电子签名是附着在、被包含在数据电文中的数据；

（2）从该电子签名可以识别出签名人的身份；

（3）从该电子签名可以判断出签名人认可包含该电子签名之数据电文的内容。

《电子签名法》第13条规定了"可靠的电子签名"的定义。按照其规定，电子签名同时符合下列条件的，视为可靠的电子签名：

（1）电子签名制作数据用于电子签名时，属于电子签名人专有；

（2）签署时电子签名制作数据仅由电子签名人控制；

（3）签署后对电子签名的任何改动能够被发现；

（4）签署后对数据电文内容和形式的任何改动能够被发现。

另外，该法第13条还规定，当事人也可以选择使用符合其约定的可靠条件的电子签名。对此，我们可以从两个层面来考虑：

第一，与约定之时市场上所普遍使用的"可靠的电子签名"之"可靠条件"相比，当事方约定使用"更加严格标准的、更加可靠"的电子签名。这时当然应该遵循当事方意思自治原则，如果没有使用符合约定可靠条件的电子签名，就可能被认为不具有和手写签名或者盖章同等的法律效力；

第二，当事方所约定使用的"可靠电子签名"之"可靠条件"，低于约定之时市场上所普遍使用的"可靠的电子签名"之"可靠条件"。这时，其约定是否有效？其使用的"可靠电子签名"是否具有和手写签名或者盖章同等的法律效力？如果仅从该条字面来判断，按照当事方意思自治原则，则应该认为有效。而如果从保护消费者、保护弱势方的角度出发，则不应一概而论。更可靠的电子签名，通常意味着更高的成本支出；反之，则不需更高的成本，但要面临更大的风险。如果交易双方力量相当，双方都有足够的知识来对"可靠的电子签名"加以约定，那么在约定更低"可靠条件"之电子签名时，对所面临的风险有着充分的理解。这时，承认其约定是正确的；反之，在一方为消费者的情况下，双方力量悬殊，通常都是通过商家的格式合同来完成交易，如果约定更低"可靠条件"之电子签名，则消费者通常会没有足够的知识来理解由此带来的更大风险。这时，如果按照保护消费者、保护弱势方的基本原则来加以解决，则会更有利于交易环境的稳定和安全。

三、电子签名的种类

随着技术的发展，现在可以通过多种技术方式实现电子签名。不过，目前而言，生理特征签名与数字签名的应用较为引人注目。与生理特征签名相比较，数字签名的应用更加广泛得多，甚至有观点因此把数字签名等同于电子签名。以下拟简要介绍生理特征签名之后，对数字签名加以较详细的介绍。

（一）生理特征签名

生理特征签名是一种基于用户指纹、视网膜结构、手掌掌纹、声音纹、全身形体特征以及脸部特征等独一无二的生理特征的签名方法。

指纹识别技术主要涉及四个过程：读取指纹图像、提取特征、保存数据、对比。首先，通过指纹读取设备读取到人体指纹的图像，再对其进行初步的处理使之更清晰，这个过程称为质量优化。其次，指纹辨识软件建立指纹的特征数据，这个过程可以称为特征提取，该过程是不可逆的，而两枚不同的指纹不会产生相同的特征数据。再次，对这些指纹的特征数据加以保存。最后，在需要认证时，先读取待认证的指纹，提取其特征，和原来已保存的数据互相比较。软件从指纹找到被称为"节点"的数据点，也就是那些指纹纹路的分叉、终止或打圈处的坐标位置，这些点同时具有七种以上的唯一性特征进行比较，计算出它们的相似程度，最终得出两个指纹是否匹配的结果。

视网膜认证技术也是一种有效的认证方法。人眼睛的前部有一个纹理复杂的视网膜。人在两岁后，视网膜就不再发生变化，通过视网膜认证的误识率只有 $1/10^{10}$，比指纹识别还精密。首先用照相机把视网膜照下来，然后保存数据，在身份识别时被识别人只需凝视一下摄像头，就可以把摄像头所拍到的和已保存的视网膜互相比较是否一样，识别过程仅需 2 秒。

生物识别技术与磁卡式的靠持有物认证的方法以及传统的口令认证的方法相比，具有准确、快速和高效的优点，是现代生物科技与计算机科学的结合。可以不必再担心卡或存折被偷，避免了密码记忆，又可以防止内部职员的欺诈行为。

但是要把上述生理特征转化为电子资料的设备以及技术较为昂贵，而且需要事先建立庞大的资料库以供事后确认身份时加以对比，所需要的成本较高；另外，利用这种方式确认身份不太人性化，可能会使人产生排斥心理。

（二）数字签名

数字签名是一种应用非对称密码系统或者说不对称密码系统对信息运作产生的转换体（transformation）。鉴于这种签名目前发展得最为成熟，应用得最为广泛，所以，本书对此详细介绍。

1. 对称加密与不对称加密

数字签名是随着加密术的发展而产生的。简单的加密系统运作原理是：先建立一套加密规则，然后把一段文件根据这一套加密规则转化成密文格式。原文被称为明文，加密后的信息被称为暗文或者密文。如果加密规则是按英文字母逆序排列，那么假设明文是"May"，暗文是"Nzb"；把明文转换成暗文的过程叫加密函数运算。现代加密术里的加密函数是一个非常复杂的数学运算过程。一个软件把密钥和明文结合运算，生成一个密文。密钥是一个很长的，看似随机的数字。它以比特（bit）为单位。① 密钥的唯一性使明文在加密运算后生成唯一的暗文；明文有丝毫的改变，加密后所生的暗文也会相应变化。因为加密和解密采用同一把密钥，所以称之为对称加密。如图 2-1 所示：

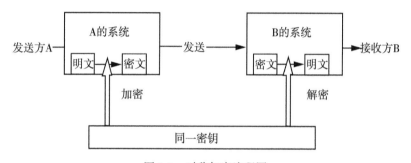

图 2-1　对称加密流程图

商用加密软件里面的密钥使用 40 比特、56 比特、64 比特、128 比特、1024 比特等；比特数目越大，保密的安全性就越强。传统加密术和对称加密术都是使用同一密钥来加密和解密的。这种加密术有着重大的缺陷：加密和解密都是运用同一密钥，该密钥既可以用来加密也可以用来解密。那么，当接收密文方用密钥把密文解密成明文后，对明文作出改动，再用该密钥把明文加密，然后宣称其改动后再加密的内容即为对方原先同意并发送来的内容。在这种情况下，原文的发送方无从证明其原来发送的内容实际上和接收方宣称的不

---

① 编程中的信息基本单元是比特，或者称二进制。因为计算机集成电路只识别两种电流状态，这两种电流状态分别代表基本的二进制开 \ 关，或者 0 \ 1，用来以数字格式进行数据通信。1 比特就是 1 个信息单元。1 个字节由 8 个比特构成。大量的数据都使用千字节（KB）来计量，1KB 为 1024 个字节，或者用 MB 来计量，1MB 为 1048576 个字节。

同, 无从证明接收方的更改。另外, 还可能发生这种情况, 即当多方使用同一密钥的情况下, 发送方和收件方之外的第三方有可能在网络上截获该密文, 解密后作出更改又加密再发送给收件方, 收件方是无从知晓其所收文件已被改动的。

为了克服这一缺陷, 不对称加密技术产生了。与传统加密术不同的是, 它利用两个不同的, 但在数学上有某种联系的密钥。一个密钥是公开的, 可以被公开分发, 不需要保密; 另一个密钥是私钥, 这一私钥必须加以保密, 不能公开。私钥可以用来为资料加密, 然后用公钥密码来解密。因为私钥不能从公钥密码里面推导出来, 因此大量分发公钥密码也不会影响私钥密码本身的保密性。若利用公钥密码加密, 则只有接收方才能解密, 然后把信息传输到只有私钥密码的接受方。当私钥密码持有人把信息进行加密后发送, 利用公钥密码解密的接受方就知道这个信息必然是由拥有私钥的人发出的。不能用公钥加密后再用公钥解密。

如图 2-2 所示:

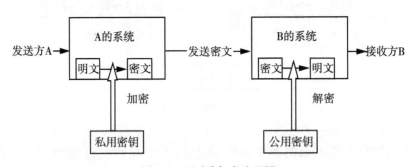

图 2-2   不对称加密流程图

这就防止了前面所述问题的出现。传统加密术有点像我们普通用的锁, 开门和锁门使用同一把钥匙。当几个人都拥有钥匙时, 单纯从门的状态无法判断是否有人进过门。而不对称加密数据就像在开门和锁门时分别使用不同的钥匙。主人拥有锁门的钥匙, 但为了照顾其客人可随时进门拿东西, 把开门的钥匙广为散发。这样, 无论哪个客人进屋后都无法锁门, 无法恢复原状。这样, 主人每次回来都可以知道是否有人进过门了。同样, 即使采用私钥加密后的暗文被拥有公钥的第三方截获, 该第三方使用公钥把暗文解密后, 并不能把解密后的文件加密成和原来一样的暗文, 从而无法再假称其更改后的内容为发送方的本来内容。

2. 数字签名的一般流程

如上所述，采用不对称密码系统有保密性强的优点，但是用该技术对整篇文档加解密要花费大量时间。因此实践中先使用杂凑函数把整篇文档浓缩成"摘要"，再仅仅对"摘要"加密。杂凑函数又称为赫许函数、散列函数或者说哈希函数，所谓赫许函数乃是运用特定的数学计算式，将各种不同长度的信息转换成固定长度的信息串（称之为赫许值，hash value or checksum），并具有不可逆推性质（one-way hash function）的函数。虽然赫许函数的计算依其所采用函数算式的不同而有繁简之别，但我们可以通过以下所举的简单实例来说明赫许函数：假如英文字母 a=1，b=2，c=3，则信息"abba"字串采用最简单的总和算式所求出的赫许值为 1+2+2+1=6，如果这个信息被篡改成"abbc"字串，那么赫许值将变成 1+2+2+3=8，我们便可以发现信息字串被改变了。

赫许函数在应用方面具有三个重要特征：（1）不可逆性，即收讯人或其他第三人无法由收信人的"公钥"和该"信息字串"反向推算出发信人的私钥；（2）不同的信息字串将产生的不同的赫许值，几乎可以说是不会重复；（3）赫许将信息字串压缩，使信息字串在网络上传输更有效率，达到无时间差的电子交易要求。

一般而言，数字签名的具体程序是：在发送文件时，发件人必须先把所有需要签署的文件内容通过一杂凑函数的运算，转换成长度通常为128bit的资料摘要。然后再对这个资料摘要利用私人密钥作加密运算，所得就是原文资料的数字签名。然后，把该数字签名和文件的原文发送给收件方。收件方在收到这些资料后，先对原文采用相同的杂凑函数重新进行运算，得到一个资料摘要。同时，验证方把所收到的数字签名用发件方公布的公开密钥作解密运算，得到发件方送出的原资料摘要。验证方把两个资料摘要加以对比，如果相同就可以确认该文件确实是由该公开密钥所对应的私人密钥所签署，那么也就表示所收到的资料确实是发件方所签署、发送的文件。

这一过程如图2-3所示：

数字签名的运用可以达到以下效果：（1）完整性。因为它提供了一项用以确认电子文件完整性的技术和方法，可认定文件为未经更改的原件。（2）可验证性。可以确认电子文件的来源。由于发件人以私钥产生的电子签名唯有与发件人的私钥对应的公钥方能解密，所以可以确认电子文件的来源。（3）不可否认性。由于只有发文者拥有私钥，所以其无法否认该电子文件非由其所发送。即使第三人在电子文件传输的过程中将信息拦截下来，也只能所得一串

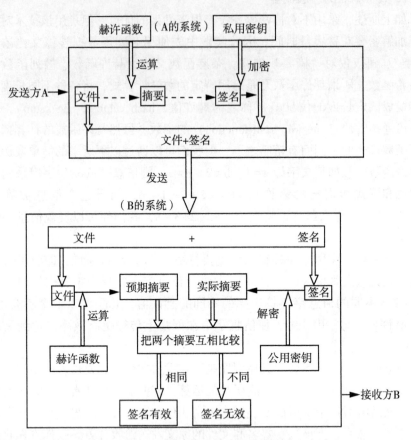

图 2-3 数字签名的一般流程图

没有意义的乱码（此乱码就是电子文件的信息摘要）。更重要的是，第三人无法将此乱码还原为电子文件的原文，因此可以间接地达到传统签名的目的。

四、电子签名技术方案的选择

目前，有许多种可用于电子签名的技术，而且随着技术的发展，还不断有新的签名技术产生。那么，是不是在电子商务实践中随便采用哪一种技术来用于电子签名，都有相同的法律效力呢？这就是电子签名技术方案的选择问题，对此国际上主要有以下三种观点和实践：

（一）技术特定化方案

这一方案起源于美国犹他州。其理由是：口令的安全系数不够，对称密钥加密不适应开放性市场的需要，而笔迹和眼虹膜网等辨别技术应用成本过高。只有数字签名（也叫公开密钥加密）方法，既安全可靠，又能够适应开放性市场密钥分发的需要，而且成本也不太高，比较理想。因而应该作为法定的电子签名技术，只有使用公开密钥加密术作出的电子签名，才具有和手书签名一样的法律效力。

这种观点影响较大，甚至有许多法律直接认为电子签名就是数字签名，两种名称可以互换。比如，1997 年美国得克萨斯州《数字签名法》将数字签名界定为与手写签名具有同一来源与效力的电子对应物。即使是把数字签名看作是电子签名之一的法律，在分别对电子签名、安全电子签名作了定义后，常常另行对数字签名作出定义。例如，我国台湾地区于 2001 年 11 月通过的"电子签章法"在第 2 条第 2 款中除了对"电子签章"定义外，还在该条第 3 款中专门把数字签章定义为：将电子文件以数学算法或其他方式运算为一定长度之数字数据，以签署人之私密金钥对其加密，形成电子签章，并得以公开金钥加以验证者。

而另一种主张技术特定化方案的观点认为，公共密钥说到底只是一串数据密码的转换，随着技术的发展，公共密钥的破译只是时间问题，只有利用生物特征签名，才具有唯一性，既无法破译，也无法仿造。因此，应该把生物特征签名技术作为唯一的法定签名。

实际上，某种电子签名技术方案的选择标准背后，往往有企业集团利益在推动着。比如，美国律师协会颁布的《数字签名指南》，是由电子商务法律专家博穆（Michael Baum）作为编辑委员会主席主持编定的。该指南把公开密钥加密术确定为标准的安全电子签名技术，而这位主席却同时在一研究公开密钥加密术的公司担任顾问，该编辑委员会主席似乎是作为证书签名公司的代言人出现的。另外，另一位电子商务法律专家，年鉴型专著《电子商务法》的作者本杰明怀特（Benjamin Wright）反对将公开密钥加密技术特定化，主张采用生物笔迹鉴别法，而他本人恰好就是一专门研究笔迹证书公司的特别顾问。此外，美国有位电子商务法律教授在谈到州一级的电子商务立法比全国性立法快的原因时曾说过："高技术商务是地区之间竞争的一个核心因素，刺激了领先地位的竞赛而不是合作。"[1]

---

[1]　Amelia Boss：Electronic Commerce & the Symbiotic Relationship Between International and Domestic Law Reform, Tulane Law Review, Vol. 72, 1998, p. 1932.

（二）技术非特定化方案

技术特定化方案的出现带来了许多批评，其反对者认为：第一，在电子签名问题上的技术特定化，限制了其他同类技术的发展，是技术开发和应用上的不正当竞争；第二，采用公开密钥加密，将密钥被冒领的责任风险全部推到了相对方（一般是消费者）身上，不利于对消费者进行保护，不利于电子商务市场的大众化，会阻碍电子商务的发展；第三，技术的进步性是相对的，用更先进的技术武装起来的黑客将轻而易举地破译原来大家都以为是安全的技术；第四，在电子商务市场开始形成、还不成熟的情况下，就把某种技术标准化，为时过早。

所以公开密钥加密技术的特定化，无论从技术上，从市场公平理念上，从时机上讲都是站不住脚的。由此，导致了技术非特定化方案的出现，这种方案认为：电子签名技术手段的使用，应该由市场和用户作出选择，立法者只需要规定原则性的标准，政府直接对具体的技术作出选择，风险过大。

（三）折中方案

这种方案认为，技术特定化方案具有前述缺点，而技术非特定化方案虽然可以包括各种电子签名的技术手段，但是由于它过于宽泛。其中包括一些不具备传统签名基本功能或者缺乏安全可靠性的电子签名手段，以至于很难在电子商务实践中具体应用。

如果采取技术特定化方案，会妨碍电子签名技术的公平竞争；如果采取技术非特定化方案，则不利于充分保护当事方交易的安全；因此，折中方案就比前两者有着更高的优越性，在可以享有电子签名法律效力和不享有电子签名法律效力之间确定一个安全标准，只有在法定机构经过法定程序评估后的电子签名技术才享有法律效力。这样，既可以保证当事方交易的安全，又可以让各种电子签名技术公平竞争，以产生安全程度更高、程序更简便而成本更低的电子签名技术。这实际上是开放性原则和安全性原则在这个领域的具体体现和运用。

这种方案已被越来越多的国家和地区所接受。具体表现为在法律中分别规定电子签名和安全电子签名。符合安全电子签名条件的任何签名技术都具有同样的法律效力。我国的《电子签名法》分别规定了"电子签名"和"可靠的电子签名"，并分别规定了条件，规定可靠的电子签名与手写签名或者盖章具有同等的法律效力。因此，该《电子签名法》实际上也是采取折中方案的。

第二节 我国《电子签名法》的法律规则

一、《电子签名法》简述

2004 年 8 月 28 日，在第十届全国人大常委会第十一次会议上，通过了《中华人民共和国电子签名法》，并自 2005 年 4 月 1 日起施行。十年后，第十二届全国人民代表大会常务委员会第十四次会议通过了《中华人民共和国电子签名法》（2015 年版）的修订版本。① 此次修订对《中华人民共和国电子签名法》的改动不大，只有两个条款：（1）第 17 条增加一项，作为第一项："（1）取得企业法人资格。"（2）删去第 18 条第 2 款。② 这第 17 条与第 18 条都是关于电子认证的内容，本书拟在后面电子认证章中一并讨论。

《电子签名法》共 5 章 36 条，包括：总则、数据电文、电子签名与认证、法律责任、附则。在第一章"总则"中，规定了电子签名和数据电文的定义以及该法的适用范围。

在第二章"数据电文"中，规定了数据电文的书面形式，数据电文的原件形式要求，数据电文的保存要求，数据电文的证据问题，数据电文之发件人以及收到的确认，数据电文的发送、接收的时间和地点等六个主要问题。由于这些问题主要与电子合同的法律问题相关，因此，本书将在后文"电子合同"一章中加以介绍和讨论。

在第三章"电子签名与认证"中，规定了可靠的电子签名、电子签名人的责任、电子认证机构的设立、对电子认证机构的监管、电子认证机构的暂停或者终止等内容。对于其中电子认证机构的设立、对电子认证机构的监管、电子认证机构的暂停或者终止这些内容，本书将在后文"电子认证"一章中加以介绍和讨论。

在第四章"法律责任"中，规定了电子签名人的法律责任、电子认证机构的法律责任以及负有监管职责之部门的工作人员的法律责任。对于后二者，本书将在后文"电子认证"一章中加以介绍。

在第五章"附则"中，规定了"电子签名人"、"电子签名依赖方"、"电子签名认证证书"、"电子签名制作数据"、"电子签名验证数据"的含义。

---

① http：//www. miit. gov. cn/n11293472/n11294912/n11296092/16817369. html.

② http：//www. gov. cn/zhengce/2015-04/25/content_ 2853649. htm.

前文所述的三个电子商务基本原则在《电子签名法》中得到了很好的贯彻。例如，《电子签名法》没有具体指定必须确立哪一种电子签名技术，而只是对可靠的电子签名及其认证机构所需达到的条件作出要求，这贯彻了开放性基本原则。同时，为了确保电子交易的安全，《电子签名法》对电子认证服务机构设立了市场准入制度，规定了电子签名各方的权利和义务等，充分体现了安全性基本原则。另外，在举证责任上，《电子签名法》采取过错推定的归责原则，规定在电子认证服务提供者不能证明自己无过错时，应当依法承担相应的民事责任。这是保护弱势方基本原则的体现。

该《电子签名法》的颁布意义十分重大，对我国电子商务的发展无疑有着巨大的促进作用。其立法思想较为先进，既参考了别国的相关立法，又考虑到了我国的实际情况。当然，在《电子签名法》中也存在不足。除了在具体制度上有许多不周延的地方以外，还存在以下几个大的空白：（1）没有规定保护用户隐私和商业秘密方面的内容；（2）没有规定多个不同认证机构间的交叉认证问题。

二、《电子签名法》的适用范围

《电子签名法》第1条开宗明义道出其制定之目的是："为了规范电子签名行为，确立电子签名的法律效力，维护有关各方的合法权益，制定本法。"其第2条分别规定了"电子签名"和"数据电文"的含义。电子签名是指数据电文中以电子形式所含、所附用于识别签名人身份并表明签名人认可其中内容的数据。数据电文是指以电子、光学、磁或者类似手段生成、发送、接收或者储存的信息。

《电子签名法》第3条对该法之适用范围作了界定，即"民事文书"。第3条第1款规定："民事活动中的合同或者其他文件、单证等文书，当事人可以约定使用或者不使用电子签名、数据电文。"可见，《电子签名法》适用于"民事活动中的合同或者其他文件、单证等文书"。其第35条又规定："国务院或者国务院规定的部门可以依据本法制定政务活动和其他社会活动中使用电子签名、数据电文的具体办法。"所以，"政务活动和其他社会活动中使用电子签名、数据电文"需另行制定。

另外，并不是所有的"民事活动中的合同或者其他文件、单证等文书"都可以使用电子签名，按照《电子签名法》第3条第3款的规定，还存在以下例外：

（1）涉及婚姻、收养、继承等人身关系的。因此，涉及婚姻、收养、继承等人身关系的民事文书不得使用电子签名，仍然需要采用传统的书面方式。

（2）涉及土地、房屋等不动产权益转让的。因此，涉及土地、房屋等不动产权益转让的民事文书不得使用电子签名，仍然需要采用传统的书面方式。

（3）涉及停止供水、供热、供气、供电等公用事业服务的。因此，涉及停止供水、供热、供气、供电等公用事业服务的民事文书不得使用电子签名，仍然需要采用传统的书面方式。

（4）法律、行政法规规定的不使用电子文书的其他情形。在实践当中，可能还会出现一些其他的不宜适用电子签名的法律文书，为了在法律层面上能及时作出反应，保护当事方的权益，法律和行政法规可以根据具体情况适时作出规定，把有关不宜适用电子签名的法律文书排除在《电子签名法》的适用范围之外。

《电子签名法》第3条第2款规定："当事人约定使用电子签名、数据电文的文书，不得仅因为其采用电子签名、数据电文的形式而否定其法律效力。"这就确立了电子签名、数据电文文书的法律效力，当事方可以根据其他理由来否定电子签名、数据电文文书的法律效力。但是，不能以这些文书采用了电子签名、以数据电文形式存在作为否定其效力的唯一理由。

三、《电子签名法》第3条第1款的含义

《电子签名法》第3条第1款规定："民事活动中的合同或者其他文件、单证等文书，当事人可以约定使用或者不使用电子签名、数据电文。"从中可以看出，当事方可以约定不使用电子签名、数据电文的方式来订立文书。在当事方已经约定不使用电子签名、数据电文的前提下，如果某一方仍然使用了电子签名、数据电文的方式，则另一方当事人可以主张这些文书无效。规定当事各方可以约定不使用电子签名、数据电文很有必要，这是因为：

首先，目前，电子签名在我国仍然属于新鲜事物，电子签名仍然处于飞速发展过程当中。当事人可能对电子签名的可靠性没有足够的信心，可能不愿意采用电子签名来订立合同。在这种情况下，如果强制当事方接受电子签名的法律文书，会不利于民事交往的稳定和安全。

其次，当事方可能缺乏电子签名、电子认证方面的必备知识。在这种情况下，如果强制当事方接受电子签名的法律文书，就有可能出现差错，有可能会损害当事方的应有权益。

最后，当事方之间所订立的民事法律文书在特定环境下可能具有特殊性，不适合使用电子签名。这时，当事方把电子签名、数据电文的方式排除在其民

事法律文书之外，有利于民事活动的安全。

但是，在该第 3 条第 1 款中还存在一些问题需要加以澄清。该款规定："当事人可以约定使用或者不使用电子签名、数据电文。"所以，如果当事人约定使用电子签名、数据电文，则使用电子签名、数据电文的民事文书当然有效；如果当事人约定不使用电子签名、数据电文，则使用电子签名、数据电文的民事文书无效。这里就出现一个问题：如果当事人对是否使用电子签名、数据电文没有作出约定，而一当事方又在民事文书中使用了电子签名、数据电文，那么，该民事文书是否具有法律效力？

如果单纯从字面上来看，第 1 款并没有对这种"没有对电子签名作出约定而使用电子签名"的情况作出规定。那么，是否可以认为，在这种情况下使用电子签名的民事文书没有法律效力？我们再来看第 2 款。第 3 条第 2 款规定："当事人约定使用电子签名、数据电文的文书，不得仅因为其采用电子签名、数据电文的形式而否定其法律效力。"言下之意似乎是：如果当事人没有约定使用电子签名、数据电文的文书，那么，当事方就可以仅仅因为该文书采用了电子签名、数据电文形式而否定其法律效力。所以，把第 1 款和第 2 款综合起来考虑，似乎可以得出结论：如果当事方没有约定，那么，使用电子签名、数据电文的民事法律文书就没有法律效力。

但是，如果该条的真实含义是这样的话，那么，在立法时，对该第 3 条第 1 款就应该作出更加明确的规定。单纯从"当事人可以约定使用或者不使用电子签名、数据电文"的表述并不能推出"约定"是使用"电子签名、数据电文"之必要前提的判断。

我国台湾地区"电子签章法"规定当事方"使用电子签名、数据电文之前须经相对人同意"，也就是要先"约定"。该法第 4 条第 1 和第 2 项规定："经相对人同意者，得以电子文件为表示方法。依法令规定应以书面为之者，如其内容可完整呈现，并可于日后取出供查验者，经相对人同意，得以电子文件为之。"但是其第 3 项接着规定："前二项规定得依法令或行政机关之公告，排除其适用或就其应用技术与程序另为规定。但就应用技术与程序所为之规定，应公平、合理，并不得为无正当理由之差别待遇。"第 9 条规定："依法令规定应签名或盖章者，经相对人同意，得以电子签章为之。前项规定得依法令或行政机关之公告，排除其适用或就其应用技术与程序另为规定。但就应用技术与程序所为之规定，应公平、合理，并不得为无正当理由之差别待遇。"

如上所述，即使规定"使用电子签名、数据电文之前须约定"，也是在过渡期内的临时办法，而不可能永远如此。一旦时机成熟，电子签名和电子认证被社会所广泛接受和认可，则可以"依法令或行政机关之公告，排除其适用或就其应用技术与程序另为规定"，也就是排除使用前必须先"约定"的规定。如果前述我国《电子签名法》第3条第1款的真实含义是"使用电子签名、数据电文之前须约定"，那么，可以借鉴台湾地区"电子签章法"当中的做法，即在时机成熟时"依法令或行政机关之公告"排除必须"经相对人同意"的规定。而且，表述要明确具体，比如，像我国台湾地区"电子签章法"第4条和第9条当中的"经相对人同意"的表述非常明确，而不能仅仅简单地采用"当事人可以约定使用或者不使用电子签名、数据电文"这种模糊不清的表述。

另外，如果对该第3条第1款不理解为"使用电子签名、数据电文前必须约定"的话，那么，正确的理解就应该是：对于民事文书（《电子签名法》第3条第3款规定的例外除外），如果当事方没有对电子签名预先约定，则当事方有权使用电子签名，相对方不得仅仅因为使用了电子签名、数据电文的形式而主张有关文书无效；如果当事方预先约定不使用电子签名、数据电文形式，则当事方不得使用电子签名，相对方可以以该约定为由，主张使用了电子签名、数据电文形式的文书无效。

换言之，如果当事方不想使用电子签名，就需预先约定；如果当事方想使用电子签名，则不需要预先约定。当然，在使用电子签名的情况下，并不会禁止当事方对某些事项预先加以约定。不过，其约定之内容却有所不同。因此，如照此理解，对仅仅"使用电子签名"本身之"约定"的规定纯属画蛇添足，反而容易引起误解；对"使用什么样的电子签名"之"约定"的规定则很有必要。

然而，如果认为该第3条第1款的真实含义是"使用电子签名、数据电文前无须约定"，那么，第3条第2款的规定又让人非常困惑："当事人约定使用电子签名、数据电文的文书，不得仅因为其采用电子签名、数据电文的形式而否定其法律效力。"难道没有约定，就可以仅因为其采用电子签名、数据电文的形式而否定其法律效力？

所以，对该第3条第1款的真实含义，似乎不管从哪个方面理解都存在问题。对此，迫切需要通过司法解释的方式来加以澄清，并在以后对《电子签名法》修订时加以改正。

四、电子签名人的责任

电子签名人，是指持有电子签名制作数据并以本人身份或者以其所代表的人的名义实施电子签名的人。如前节所述,《电子签名法》分别规定了"电子签名"和"可靠的电子签名",可靠的电子签名与手写签名或者盖章具有同等的法律效力。电子签名人应当妥善保管电子签名制作数据。当电子签名人知悉电子签名制作数据已经失密或者可能已经失密时,应当及时告知有关各方,并终止使用该电子签名制作数据。如果电子签名人知悉电子签名制作数据已经失密或者可能已经失密未及时告知有关各方,并终止使用电子签名制作数据,未向电子认证服务提供者提供真实、完整和准确的信息,或者有其他过错,给电子签名依赖方、电子认证服务提供者造成损失的,则承担赔偿责任。

另外,不得伪造、冒用、盗用他人的电子签名。如果伪造、冒用、盗用他人的电子签名,构成犯罪的,则依法追究刑事责任;给他人造成损失的,依法承担民事责任。为了减少和防止伪造、冒用、盗用现象的发生,电子签名人应该通过安全方式分发其电子签名验证数据,如通过专人呈送或者电子认证机构的方式分发。电子签名验证数据,是指用于验证电子签名的数据,包括代码、口令、算法或者公钥等。电子签名需要第三方认证的,由依法设立的电子认证服务提供者提供认证服务。

五、政府机构在确定安全电子签名中的作用

我国《电子签名法》规定可靠的电子签名与手写签名或者盖章具有同等的法律效力。换言之,我国《合同法》和其他法规中要求签订"书面合同"、要求签名的地方,采用可靠的(安全)电子签名进行签署具有同等法律效力。这就使得我们在实践中只有采用可靠的(安全)电子签名。

《电子签名法》规定了可靠的(安全)电子签名的条件,这方便了当事方在实践中加以判断。但是,在当事各方对某一电子签名是否属于可靠的(安全)电子签名无法达成一致意见时,以谁的意见为准?协商不一致时怎么办?

让当事方在实践中针对每一次交易所采用的可靠的(安全)电子签名进行协商,有以下弊端:

(1)和每一个客户进行每一次交易都要如此协商,浪费当事方的时间。

(2)在当事方之间的实质地位不一致时,弱势方的意见常常无法真正在协商结果中体现,或者弱势方缺乏这一方面的专业知识,当弱势方属于消费者时更是如此。

(3)随着技术的发展,原来的"可靠的(安全)电子签名"可能变得不安全,这时由谁来加以判断?如果要等到发生破解、伪造事实才能更换"可靠的(安全)电子签名",则付出的代价太大。

（4）当某一方的技术能破解和伪造"可靠的（安全）电子签名"的时候，该人大肆运用其破解能力，更改其与他人之间的合同，给他人带来损失，这时谁来对该技术进行检验？

这些问题都不是单个的交易方（尤其是消费者）所能解决的。《电子签名法》与《条例》也没有涉及，这不能不说是个遗憾。

这时，政府可以很好地发挥作用。政府可以设立或者授权某机构。当研究电子签名技术的公司或者研究机构认为其某项电子签名达到可靠的（安全）电子签名的要求，欲向市场推广时，可以向该机构提出申请，由该机构的专业技术人员按照法定程序采用标准测试方法对所申请的电子签名进行测试。如果通过，符合各项标准，则可以用法定方式予以公布。自此开始，该电子签名属于可靠的（安全）电子签名，各当事方可以自由选择采用。

同时，可以采取定期测试和当事方报告相结合的方式来确定可靠的（安全）电子签名的安全性。一方面，该机构定期对其公布的可靠的（安全）电子签名进行技术测试；另一方面，如果接到报告某可靠的（安全）电子签名出现问题，则随时应该进行测试。所有测试的结果都予以公开，并对所测试的可靠的（安全）电子签名作出结论，是否维持其可靠的（安全）电子签名的地位。

第三节　联合国贸法会的《电子签名示范法》

联合国贸法会在《电子签名统一规则草案》(*Draft Uniform Rules on Electronic Signatures*) 1998 年、1999 年以及 2000 年几个版本草案的基础上，于 2001 年 6 月 25 日—7 月 13 日的第 34 次会议上审议通过了《电子签名示范法》(*Model Law on Electronic Signatures*), [1] 这是继《电子商务示范法》后的又一部重要示范法。本书希望通过对《电子签名示范法》的介绍，能对我国电子商务领域相关法律的制定和修改，起到积极作用。

该《电子签名示范法》对各个国家并没有强制拘束力，只是为各个国家的立法起到示范作用，供各个国家加以采纳。在采纳的过程中，各国可以对有关条文进行修改或者排除。学习《电子签名示范法》的意义体现在：

（1）到现在为止，已经有许多国家和地区在对电子签名进行立法时明确表示采纳《电子签名示范法》。我国已经成为 WTO 成员，对外经济交往越来

---

[1]　http：//www. uncitral. org/english/workinggroups/wg_ec/wg4-wp99-e. pdf.

越多，跨境电子商务的发展也会越来越快。如果根据冲突法确定某一外国法律作为准据法，同时该国关于电子签名的立法又是明确根据该《电子签名示范法》制定的，那么，学习该《电子签名示范法》对于我们理解该外国的电子签名法律制度，保护我国权益是极其有利的。

（2）如果各国基本上都采取《电子签名示范法》的规定，对电子签名基本上都采取相似的做法，那么这种做法渐渐地就会形成国际商务惯例。从目前来看，《电子签名示范法》关于电子签名的规定，正在被越来越多的国家所采纳，其成为国际惯例的趋向越来越明显。在这种情况下，系统学习《电子签名示范法》，对于保护我国对外经济交往中的应有权益是很有助益的。

（3）电子商务先天固有的开放性、全球性，使得我国电子商务法的制定，不可能脱离其他国家的实践和国际惯例以及电子商务的行业做法而闭门造车、自成一体。我们肯定要参照其他国家的实践和行业惯例，尤其是该《电子签名示范法》。所以，系统地学习好该《电子签名示范法》，一方面，有利于我国根据国际上的现实情况以及我国的现实基础制定出更合适的电子商务法；另一方面，为了应对将来的国际国内竞争，可以让我们的企业、公司尽早做好技术、设备，以及人员方面的准备。

一、《电子签名示范法》的适用范围

《电子签名示范法》适用于需要使用电子签名的各种商业活动中。

"商业"这一术语应该作广义解释，以涵盖各种产生于商业性关系的事项，不论这些事项是否具有合同性质。具有商业性质的关系包括，但不限于下列的交易：供应或交换货物或服务的任何贸易交易；分销协议；商务代表或代理；客账代理；租赁；工厂建造；咨询；工程设计；许可贸易；投资；融资；银行业务；保险；开发协议或特许；合营或其他形式的工业或商务合作；空中、海上、铁路或公路的客货运输。

二、《电子签名示范法》的基本原则

从《电子签名示范法》中可以归纳出以下基本原则：

1. 平等对待签名技术原则

除了当事人协议外，其他规定都不得用于排除、限制或者取消一种生成电子签名方法的法律效力，只要该方法满足了《电子签名示范法》第6条的要求或者各国内法的规定。从中可以看出，对于电子签名技术方案的选择，《电子签名示范法》采取的是折中方案。

2. 保持国际协调性原则

《电子签名示范法》第 4 条规定：在解释《电子签名示范法》时，应本着善意原则，从其国际性因素和有利于促进应用中的统一协调作为出发点。

3. 尊重当事人意愿原则

该原则表现在《电子签名示范法》第 5 条 "协议变更" 方面，即 "本规则可经由协议而加以删减或改变其效力，除非根据适用的法律，该协议无效或不具有效力"。当事人使用电子签名而产生的权利义务，完全可以合同形式来加以确定。《电子签名示范法》明确支持当事人的意思自治。但并不影响各采纳国因公共政策原因而颁布的强制性法的效力。

当事人之间改变《电子签名示范法》效力的协议，既可以是明示的，也可以是暗示的，当然，《电子签名示范法》采纳国也可以适当限制当事人的约定权，以保护第三方的合法权利。

三、电子签名的基本要求

《电子签名示范法》为检验电子签名的可靠性提供了标准，其目的在于确保可靠的电子签名具有与手写签名同样的法律效果。《电子签名示范法》第 6 条主要规定了以下内容：

（1）凡法律规定要求有一人的签字时，如果根据各种情况，包括根据任何有关协议，使用电子签名既适合生成或传送数据电文所要达到的目的，而且也同样可靠，则对于该数据电文而言，即满足了该项签名要求。

（2）不禁止任何人为了满足第 1 款中所提到的要求，以任何其他方式来确信某电子签名的可靠性，或者证实某电子签名的不可靠。

（3）电子签名应该被视为是可靠的，只要：①在使用电子签名的情形下，签字制作数据只与签名人相关，而非他人；②在签名的时候，签字制作数据处于签名人而非他人的控制之下；③任何在电子签名后作出的篡改都是有迹可查的；④在对电子签名的法律要求是为了保证与之相关信息的完整性的情形下，任何对签署后信息所作出的篡改，都有迹可查。

四、电子签名的预决性

《电子签名示范法》第 7 条规定：

第一，采纳国可以指定任何个人、团体或者机关作为权力机关（不论是公或者是私的性质），来决定何种电子签名是否满足本《电子签名示范法》第 6 条的要求。

第二，依照第 1 款所作出的任何决定应该符合已经被接受的国际标准。

第三，本条中任何规定不得影响国际私法规则的采用。

这里要注意这么几点：

（1）不一定必须由官方机构来充当确认电子签名质量和有效性的实体。

（2）所谓"国际标准"，不应该局限于已经有的官方标准，应该作广义解释，工商业中的习惯和惯例，一些国际组织，如国际商会、联合国贸法会发布的文件都可以包括在内。

（3）维护正常国际私法的运作，避免采纳国以不符合相关机构所设立的标准为由，对外国的电子签名区别对待。

在电子签名应用之前预先确定其法律地位，是保证电子签名效力的重要措施。采纳国可以通过建立或者授权特定实体，确认电子签名的质量，或者认定电子签名使用的合法有效性。电子签名后果的确定性和可预见性，是促进电子商务发展的必要条件，该预见性通常应该在商事交易人使用之前确定，而不是发生争议诉诸法庭的时候。当某种签名技术满足了可靠性、安全性要求时，应该由确定的机构以确定的方法对这种技术进行评估，并且通过相应的形式加以公布。

应该注意，只要当事人协商一致，既可决定使用没有达到第 6 条要求的先进技术，也可以在仲裁庭或法庭前证实所选择使用的签名方法确实达到了要求，尽管该方法的效果事先没有得到认定。

五、签署方、相对方及其认证方的义务

（一）电子签名签署者的义务

《电子签名示范法》对签署者规定了以下义务：

第一，合理的注意义务，避免其签名设施被无权使用。

第二，只要签署者知道其签名设施已经受到损害，或者只要相关环境使签署者知晓签名设施已经产生受损的实质风险，那么，该签署者就应该通知他可以合理预料到的信赖其签名或者为其签名提供技术支持的人，并且不应该有任何不合理的拖延。

第三，在证书证明电子签名的情形下，签署者应该履行合理的注意义务，在证书的整个有效期内，保证所有和证书有关的，或者将要被包括在证书内的重要陈述，具有准确性和完整性。

签署者应该对未能履行上述要求而造成的损失负赔偿责任。

（二）相对方的义务

相对方应该：

第一，采取合理的步骤确认签名的真实性。

第二，在电子签名有证书证明的情况下，采取合理的步骤，确认证书是否合法有效、是否被中止签发或者被撤销，并遵守任何有关证书的限制。

相对方确认电子签名或者证书的合法有效性义务的作用在于，如果相对方没有履行确认要求，而且经过合理的查证没有发现签名或者证书是无效的，那么相对方不能推卸对该证书或者签名的接受。

（三）认证方的义务

电子签名必须由独立的第三方提供认证服务，以确保签名的真实性，因此认证方的权利义务是确保认证方勤勉和负责工作的关键。《电子签名示范法》第9条规定，认证方的义务包括以下五项：

（1）勤勉义务。即认证方必须按照其关于自身政策和行为的表述行事。

（2）保证认证证书准确和完整义务：在证书使用期内，尽合理注意保证它所作的一切与证书有关的或包括于证书之中的具体表述的准确性和完整性。

（3）确认义务。提供合理可行的方式使信赖一方能够从证书中或其他方面验证与签署人、认证机构有关的内容。例如，认证机构的身份、所表明的签名人在签发证书时拥有对签名制作数据的控制、在证书签发之日或之前签名制作数据有效、鉴别签名人的方法、签名制作数据或证书的可能用途或使用金额上的任何限制、认证机构规定的责任范围或程度上的任何限制、是否失效以及相关的通知、撤销服务等。

（4）撤销义务。确保及时的撤销服务的有效性。

（5）保障服务义务。在进行服务时使用可信赖的系统、程序和人力资源。

认证方如未能履行上述义务，应负法律责任。

六、电子签名的可信赖性

对电子签名的信赖在很大程度上取决于对电子认证机构的信赖，而在决定证书服务者所使用的系统、程序和人员的可信赖程度时，《电子签名示范法》第10条规定，下列因素应该予以考虑：

（1）财力与人力资源，包括现有资产；

（2）软件与硬件系统的质量；

（3）证书生成与申请的步骤以及相关记录的保留；

（4）证书所证明的签署者以及潜在的相对方的有关信息的可获得性；

（5）是否由独立的第三方进行审计以及审计的经常性和范围；

（6）采纳国、资格鉴定机构或者证书服务提供者是否有声明上述条件的遵守情况或者上述条件存在与否；或者

（7）任何其他相关因素。

对于上述规定，我们可以总结出对认证方的几个基本要求：

（1）对认证方自身条件的要求，如财务状况、人力资源、技术水平和系统质量等；

（2）对认证程序的要求，如制作、处理证书以及保存记录的程序、签名各方对认证信息的可获得性等；

（3）对认证方进行监管的要求，如对审批、证明、声明等方面的要求。

七、外国证书和签名的承认

《电子签名示范法》第 12 条规定，在决定一证书或电子签名是否具有法律效力或在多大程度上具有法律效力时，不得考虑以下因素：（1）发出证书或电子签名生成或被使用的地理位置；（2）证书的发出者或签名人的营业地的地理位置。

如果一项证书能够提供实质上相同的可靠性，那么在法律制定国以外发出的证书，在法律制定国内应当具有与在该国国内发出的证书相同的法律效力。与此相对应，如果一个电子签名能够提供实质上相同的可靠性，那么在法律制定国以外生成或使用的电子签名，在法律制定国内应当具有与该国国内生成或使用的电子签名相同的法律效力。在对这种实质上相同的可靠性加以确定时，应该考虑到公认的国际标准或者任何其他相关因素。虽然有前述规定，若当事各方之间约定使用某些类别的电子签名或者证书，则仍然应当承认该协议足以成为跨国境承认的依据，除非根据适用法律该协议无效或者不具有效力。

应该指出，认证机构会根据证书的用途而签发不同可靠程度的证书。视各自的可靠程度，证书和电子签名可能会在本国和国外产生不同的法律效力。在运用前述"实质上相同的可靠性"时，应该牢记是功能上可作比较的证书之间的"实质上相同的可靠性"。实际上，法院或者仲裁庭在需要就外国证书的法律效力作出决定时，通常将根据每一证书的具体情况加以考虑，并且尽量把该证书与采纳国内对应关系最接近的那一等级等同起来。示范法没有具体指明参加国可能采取哪种法律手段（如一项单边声明或者条约）事先承认符合外国法律的证书和签名的可靠性，这将由采纳国自己决定。该项规定充分体现了电子商务的国际属性，为消除国家之间的法律歧视确立了基础。

第三章 电子认证

第一节 电子认证概述

一、电子认证的产生

如前所述，在对称加密的情况下，发送方和接收方采用的是同一把密钥。这时，通信的安全除了依赖于密钥本身的安全程度以外，还依赖于双方的共同保密行为。或者说，在一定程度上依赖于对相对方保密的信任，信任对方不会把密钥泄露给其他人。

在不对称加密的情况下，通信的安全主要依赖于密钥本身的安全程度。私用密钥由发送方自己保存，不发送给其他人，不需要依赖于其他人的保密行为，只要自己采取足够的措施加以保密就行。而公用密钥则尽量散发给文件的接收方，并不要求保密，只要求保证公开密钥的完整性。换言之，不能让其他人有机会把公开密钥替换掉。因为公开密钥是文件的接收方信赖文件真实性、完整性的依据。如果公开密钥不完整、被伪造或者被替换，接收方就会错误地依据该"公开密钥"认可被篡改文件的真实性和完整性。例如，A 正在对一份文件的签名进行验证，该文件本身表明是由 B 发送出来。但是，这份文件实际上是由 C 伪造的，并且采用 C 自己的私用密钥加以数字签名。同时，C 截获了 B 发送给 A 的公用密钥，并把 C 自己的公用密钥假冒"B 发送给 A 的公用密钥"之名义发送给 A。这样，A 依据错误的公用密钥作出了错误的判断。因此，公用密钥的分发具有非常重要的意义。

以上是采用数字签名的情况。在采用其他电子签名方式的情况下，也存在相同的问题。比如，生理特征签名，接收方在收到文件后，要把文件中生理特征签名所包括的生理特征和事先保存的生理特征相比较。这时，如何保证其事先保存的生理特征的安全分发也非常重要。

对于小范围的交易方来说，可以通过手工分发的方式比较容易地达到以上要求。比如，派出专业人员互相交换保存着公用密钥等的磁盘。但是，当文件的接收方遍布全国或者全世界时，手工分发就有点不切实际了，而且，也不能充分发挥网络的高效率的优点。

换言之，在电子商务中，买卖双方通过网络来订立合同并完成整个交易过程。但是，因为网络的虚拟性，双方都无法确保对方身份的真实性，无法确保和自己交易的对方在事实上是该名称所代表的对方本人，而不是其他人冒充。在这种情况下，要建立交易双方的信用感和安全感非常困难。于是，人们在实践中发展出一种切实有效的方法来解决这个问题，即寻找一位可靠的第三方当事人，由其负责将某一公钥密码与特定用户联系起来，这就是电子认证。简而言之，电子认证是以特定的机构对电子签名及其签署者的真实性进行验证的具有法律意义的服务。在电子认证过程中，有一个把电子签名和特定的人或者实体加以联系的专门管理机构，这个特定的机构就是"认证机构"。

"认证机构"一词，是由英文 Certification Authority（简称 CA）翻译过来。从字面上来看，应该叫做"证书机构"。有的称之为"认证中心"、"核证机构"、"凭证机构"等。如单纯从字面上来看，凡是可以颁发认证证书的机构，都可叫做认证机构。但是，本书的认证机构，指的是在电子商务中对用户的电子签名颁发认证证书的机构。

CA 作为电子商务交易中受信任的第三方，承担公钥的合法性检验的责任。CA 中心为每个使用公开密钥的用户发放一个认证证书，认证证书的作用是证明证书中列出的用户合法拥有证书中列出的公开密钥。根据我国《电子签名法》第 5 章"附则"当中的定义，电子签名认证证书，是指可证实电子签名人与电子制作数据有联系的数据电文或者其他电子记录。而所谓电子签名制作数据，是指在电子签名过程中使用的，将电子签名与电子签名人可靠地联系起来的字符、编码等数据。CA 负责产生、分配并管理所有参与网上交易的个体所需的认证证书，因此是安全电子交易的核心环节。由此可见，成立证书授权中心，是开拓和规范电子商务市场必不可少的一步。

电子签名和电子认证都是电子商务的保障。但两者又具有很大的区别。电子签名的目的是保护数据电文的安全，防止其内容的仿冒、更改或否认。电子签名方面的法律规则强调对电子签名安全技术标准的认定。电子认证的目的是把电子签名和交易方联系起来，确保对方得到的电子签名来自于该"电子签名"的真正代表方，而不是别人假冒。电子认证方面的法律规则强调电子认证机构的组织结构和权利、义务的分配，强调认证机构的设立和监管，强调认证机构的归责原则及其赔偿责任。换言之，电子签名主要用于数据电讯本身的安全，使之不被否认或篡改，是一种技术手段上的保证；电子认证，是以特定的机构对电子签名及其签署者的真实性进行验证服务，主要应用于交易关系的信用安全方面，保证交易人的真实与可靠，主要是一种组织制度上的保证。

二、电子认证的程序

目前在开放性网络中数字签名使用得最广泛，故本书拟通过对数字签名的认证为例来说明电子认证的程序。

申请进行认证的人被称为用户，一个利用认证证书来确认电子签名的人被称为信赖方或者依赖方。例如，我国《电子签名法》第 5 章"附则"当中的定义："电子签名法依赖方，是指基于对电子签名认证证书或者电子签名的依赖从事有关活动的人。"我国工业和信息化部于 2015 年修订的《电子认证服务管理办法》第 2 条规定："本办法所称电子认证服务，是指为电子签名相关各方提供真实性、可靠性验证的活动。本办法所称电子认证服务提供者，是指为需要第三方认证的电子签名提供认证服务的机构。"

电子认证的具体操作程序为：

（1）发件人在实施电子签名前，利用密钥制造系统产生公私密钥对，密钥对中的私人密钥由当事人自己保管。

（2）发件方把他的身份信息和公共密钥送给一个经合法注册、具有从事电子认证服务许可证的第三方，也就是 CA 认证中心，申请该认证中心登记并由其签发电子证书。

（3）认证机构根据有关的法律规定和认证规则以及自己和当事方之间的约定，对申请进行审查。如果符合要求，即发给申请方（即发件方）一个"认证证书"，证明申请方的身份、公开密钥以及其他有关的信息。

（4）发件方把电子签名文件和电子证书一起发送给收件方。

（5）收件方接到电子签名文件和电子证书后，根据电子证书中的内容，向相应的认证机构提出申请，请求认证机构将对方的公开密钥发给自己。

（6）收件方通过对公用密钥和电子签名的验证，即可确信电子签名文件的真实性和可信性。由此可见，在电子文件环境中，CA 认证中心起到一个行使具有权威性、公正性第三人的作用。而经 CA 认证中心颁发的电子证书就是证明签署者和他所用的电子签名之间的对应关系的电子资料。

认证机构为公用密钥和私用密钥的持有者发放认证证书，每个证书包括了证书主体的一个公钥值以及身份确认信息，认证机构用自己的私用密钥对证书进行数字签名，如图 3-1 所示：

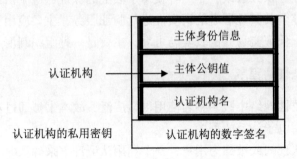

图 3-1　电子认证的操作程序图

在电子交易的全过程中，当事各方在各个环节都需要进行电子认证。受要约方接到要约后，需要对该要约本身的电子签名和认证证书进行验证，以确认要约中所表明的要约发送方身份和事实上要约发送方的身份一致。受要约方在向要约方发出承诺后，接受承诺方需要对承诺本身的电子签名和认证证书进行验证，以确认承诺中所载明的承诺发送方和事实上该承诺的发送方身份相符。在支付等各个环节中，都要对随着数据一起发送过来的电子签名和认证证书进行验证。

信赖方通过向认证机构验证其所收到的电子签名和认证证书而产生对签署者的信任，这实际上是因其对认证机构的信任而间接产生对签署者的信任。但是，如果该认证机构本身是信赖方所不熟悉的、不信任的，就无从解决签署者的信用问题了。这时，可以采取向该认证机构的上一级认证机构加以认证的办法来解决该认证机构本身的信任问题。而如果上一级认证机构也不是信赖方所信任的，那么，可以向更高层次的 CA 申请认证，由上一级 CA 的认证证书使用户与信赖方确信其并非假冒的 CA。在 CA 层次中最高点的 CA 被称为"根认证机构"，政府可以提供 CA 的"根认证"服务，减低欺诈性 CA 的可能。根认证机构的公用密钥，对所有各方公开。上一级认证机构负责下一级认证机构认证证书的申请、签发以及管理工作。通过一个完整的认证机构体系，可以有效地实现对认证证书的验证。每一份认证证书，都和上一级的认证证书互相关联，最终通过安全认证链，追寻到一个已知的可信任的机构。由此就可以对各级认证证书的有效性进行验证。例如，我们要认证 D 公司的数字签名，其过程如图 3-2 所示：

在该过程当中，公钥用户要验证 D 公司的电子签名，于是使用所获得的 D 公司的公钥加以验证。而对该公钥的信任又依赖于认证证书，可是该信赖方不

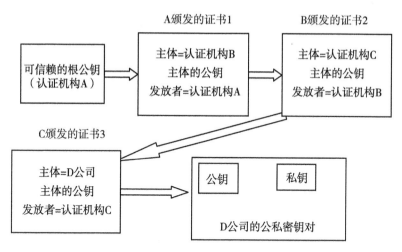

图 3-2　信赖方验证 D 公司签名的过程

信任给 D 公司颁发认证证书的认证机构 C。所以信赖方在该认证证书中找出其中所包括的对 C 的认证签名公钥加以认证的认证机构 B，然后又找出给 B 的认证证书中的电子签名加以认证的认证机构 A，如果用户相信 A，则可以不再向上追查验证，这时，D 公司和其最初文件之间的唯一关联性就得到验证。

三、认证机构的功能、内外部架构

一个典型、完整、有效的认证机构必须能够实现如下功能：注册、发证、证书管理、证书废止、密钥的备份和恢复、自动更新密钥、支持交叉认证，等等。也有的把提供这些功能的系统称为公钥基础设施（Public Key Infrastructure，简称 PKI）。① 或者说，从广义上来看，所有提供公钥加密和数字签名服务的系统都可称为 PKI 系统。通过采用 PKI 框架管理密钥和证书，可以建立一个安全的网络环境。②

我国《电子认证服务管理办法》第 15、16 条规定，电子认证服务机构应

----

① 从本质上来讲，PKI 是多重认证机构相互合作以满足任意规模用户团体需要的基础技术。参见［美］沃里克·福特、迈克尔·鲍姆著：《安全电子商务——为数字签名和加密构造基础设施》，劳帼龄等译，人民邮电出版社 2002 年版，第 153 页。

② 芮廷先、钟伟春、郑燕华著：《电子商务安全与社会环境》，上海财经大学出版社 2000 年版，第 46～47 页。

当按照工业和信息化部公布的《电子认证业务规则规范》的要求，制定本机构的电子认证业务规则，并在提供电子认证服务前予以公布，向工业和信息化部备案。电子认证业务规则发生变更的，电子认证服务机构应当予以公布，并自公布之日起 30 日内向工业和信息化部备案。电子认证服务机构应当按照公布的电子认证业务规则提供电子认证服务。第 17 条规定，电子认证服务机构应当保证提供下列服务：（1）制作、签发、管理电子签名认证证书；（2）确认签发的电子签名认证证书的真实性；（3）提供电子签名认证证书目录信息查询服务；（4）提供电子签名认证证书状态信息查询服务。

CA 认证体系从功能上分，其内部结构核心部分有：（1）证书发放审核部门或者注册部门（Registry Authority，RA）。负责对证书申请者所提供的资料加以审查，并且决定是否同意发放证书，承担因为审核虚假或者错误所引起的后果。有的直接接受证书申请请求。（2）证书发放的操作部门（Certificate Processor，CP）。负责为已授权的申请者制作、发放和管理证书。承担因为证书发放操作错误所产生的后果。包括失密和为没有授权者发放证书等。它可以由审核授权部门自己担任，也可委托给第三方担任。（3）证书作废表或者叫证书撤销表（Certificate Revocation List，CRL）。其中，记录尚未过期但已声明作废的用户证书序列号，供证书信赖方在确定对方证书是否作废、是否有效时加以查询。用户在验证证书时负责检查该证书的序列号是否在 CRL 之列。CRL 一般存放在目录系统中。证书的作废处理必须在安全及可验证的情况下进行，系统还必须保证 CRL 的完整性。

认证机构的外部层次有多种，即基本层次以及由此扩展开来的树形层次与森林层次架构。此处仅以基本层次为例说明认证机构的外部层次架构。

由于 CA 系统面向的用户群很大，一两个认证机构的设立，并不能够满足电子商务的需要，所以必然存在着数目众多的认证机构。为了让众多的认证机构所签发的证书在电子商务中发挥应有的作用，就有必要对认证机构之间的关系，也就是认证机构的外部层次加以确定。另外，证书的信赖方在对某一证书进行验证时，可能并不真正信赖颁发该证书的认证机构 A，于是，其对认证机构 A 的信赖依赖于给认证机构 A 颁发认证证书的上一级认证机构 B，如果信赖方对认证机构 B 本身还不信赖，那么信赖方可以对认证机构 B 的上一级认证机构 C 给认证机构 B 所颁发的证书加以验证，如此，信赖方可以一直验证下去，直到找到一个他所信赖的那个认证机构或者是根认证机构为止。

一般而言，认证机构最基本的外部层次是：

（1）根认证机构（root CA，根 CA），此即为最上层的认证机构，属国家级认证机构，它制定政策并对下级认证机构授权。比如，中国人民银行组织国内商业银行联合建立的金融认证中心就是我国金融领域的根 CA。

（2）基本认证机构（Public Primary Certificate Authority，PCA），即为经过根 CA 授权并核发证书的机构（中国银行目前的认证机构从理论上就属于这类）。

（3）区域认证机构（Region CA，RCA），这是最下一层的认证机构，这一个层面才是开始真正对客户的请求进行运作的认证机构。

如图 3-3 所示：

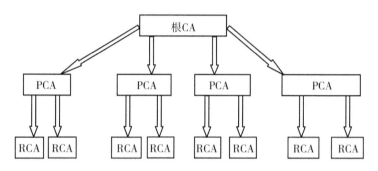

图 3-3 认证机构的基本外部层次

这一模型有很强的扩充能力。在每一条认证路径中包含的认证机构数目不会超过 3 个。也就是说，我们对任何一个客户公钥认证证书的真伪的检验，完全可以在 3 个检验步骤以内完成。对在顶层的"根认证机构"而言，被危及的后果非常严重。黑客甚至可以伪造全世界任何人的电子签名。

四、证书的生成、更新、中止和撤销

（一）证书的生成

一般认为，证书申请人应该亲自到场提出申请，予以注册。申请人亲自到场，有利于注册机构或者工作人员能够证实证书申请人的存在并且了解其特点，比如可以评价申请人是成年人还是未成年人，能否理解证书语言以及对证书申请人的要求。一般当面确定了之后，对大部分电子签名活动来说，就不再需要申请人亲自到场。[1] 此外，还可以通过在线申请以及邮递申请。

---

[1] ［美］沃里克·福特、迈克尔·鲍姆著：《安全电子商务——为数字签名和加密构造基础设施》，劳帼龄等译，人民邮电出版社 2002 年版，第 120 页。

根据我国《电子认证服务管理办法》的规定，电子认证服务机构受理电子签名认证申请后，应当与证书申请人签订合同，明确双方的权利义务。其第21条规定，电子认证服务机构在受理电子签名认证证书申请前，应当向申请人告知下列事项：（1）电子签名认证证书的使用条件；（2）服务收费的项目和标准；（3）保存和使用证书持有人信息的权限和责任；（4）电子认证服务机构的责任；（5）证书持有人的责任；（6）其他需要事先告知的事项。

我国《电子认证服务管理办法》第28条规定，电子签名认证证书应当准确载明下列内容：（1）签发电子签名认证证书的电子认证服务机构名称；（2）证书持有人名称；（3）证书序列号；（4）证书有效期；（5）证书持有人的电子签名验证数据；（6）电子认证服务机构的电子签名；（7）工业和信息化部规定的其他内容。

（二）认证证书更新、中止或者撤销的原因

公钥认证证书的生命周期是有限的，可以持续几年或者几个月，甚至几小时。认证证书的更新是由于相关资料信息的变化，对证书中的信息进行修改。认证证书的中止是在认证证书中加入了停止使用的记号，使得该证书暂时没有效力。认证证书的撤销是指证书在某个特定的时刻以后被永久撤销，不能再加以使用。在这两种情况下，其他当事方不能再信赖该证书的内容，不能再信赖该证书所证明的公用密钥，认证机构以及用户都有可能不再对公用密钥的安全性负责。

我国《电子认证服务管理办法》第29条规定，有下列情况之一的，电子认证服务机构可以撤销其签发的电子签名认证证书：（1）证书持有人申请撤销证书；（2）证书持有人提供的信息不真实；（3）证书持有人没有履行双方合同规定的义务；（4）证书的安全性不能得到保证；（5）法律、行政法规规定的其他情况。

以上因素同样可以是引发认证机构更新、中止相关认证证书的原因。另外，如果用户名称发生变更，用户和认证机构的关系发生变化，则同样可能会引起认证证书的中止或者撤销。

（三）认证证书更新、中止或者撤销的公告

我国《电子认证服务管理办法》第31条规定，电子认证服务机构更新或者撤销电子签名认证证书时，应当予以公告。换言之，在作出了更新、中止或者撤销证书的决定后，认证机构必须通知可能的证书用户以及有关信赖方。

公告证书撤销的方法主要有以下几种：（1）定期证书撤销表，这是一个包含有被撤销证书的列表，经认证机构的电子签名后定期公布在认证机构的网站上。局限性是撤销证书的时间间隔会使得传递信息不够及时。（2）广播证书撤销表。当有新的证书撤销被公布时，认证机构会立即将证书撤销表通知证书使用系统。其不足是需要逐个判断并一一通知相应证书使用系统，工作量大。（3）在线状态检查。公钥使用系统通过认证机构的在线事务处理程序，随时检查相应证书的撤销状态信息。（4）间接证书撤销表，指某一个认证机构所发放的证书撤销表当中包括了其他认证机构所发放的证书。

第二节　电子认证中各方的法律关系

一、认证机构和签署方之间的权利和义务

签署人和认证机构之间的关系，一方面，可以视做认证服务机构和客户（也就是消费者）之间的服务关系，可以从有关消费者保护方面的法律规则中找到双方的权利义务规定；另一方面，双方的法律关系又是根据认证合同建立起来的，所以，双方的权利义务可以从合同方面的法律规则以及合同本身的约定中找到依据。

（一）认证机构的义务

（1）提供可靠系统的义务。证书信赖方对电子签名的验证完全有赖于通过电子认证机构的系统完成。所以，提供可靠的系统是完成认证机构和签署方之间合同的必要条件。同时，认证机构还应该建立认证系统的备份机制和紧急事件处理程序，确保在人为破坏或者发生自然灾害时认证系统和认证证书使用的安全。

（2）谨慎审核义务。对认证证书申请者所提交的有关材料的真实性，认证机构应该谨慎地加以审核。因为证书的发布、信赖方的信赖都依赖于对这些材料真实性的审查。我国《电子签名法》第20条规定，电子签名人向电子认证服务提供者申请电子签名认证证书，应当提供真实、完整和准确的信息。电子认证服务提供者收到电子签名认证证书申请后，应当对申请人的身份进行查验，并对有关材料进行审查。我国《电子认证服务管理办法》第30条规定，有下列情况之一的，电子认证服务机构应当对申请人提供的证明身份的有关材料进行审查：①申请人申请电子签名认证证书；②证书持有人申请更新证书；③证书持有人申请撤销证书。

（3）颁发证书的义务。一旦认证证书申请方的材料通过审核，认证机构就应该按照有关规定，颁发认证证书。我国《电子签名法》第21条以及《电

子认证服务管理办法》第 28 条都规定，电子认证服务提供者签发的电子签名认证证书应当准确无误，并应当载明下列内容：①电子认证服务提供者名称；②证书持有人名称；③证书序列号；④证书有效期；⑤证书持有人的电子签名验证数据；⑥电子认证服务提供者的电子签名；⑦国务院信息产业主管部门规定的其他内容。

（4）中止证书的义务。针对影响认证安全的紧急事件，经请求，认证机构应该中止证书的效力。中止证书只是暂时阻却证书的使用，待需要调查处理的事宜处理完后，再决定证书的最终命运。

（5）撤销证书的义务。证书的有效期是有限制的，通常标示在证书的签署部分，指示了起始与期满的时间。然而，在某些情况下，用户必须在有效期满之前停止对证书的使用。这些情况包括发生私钥泄露的危险、主体名称或与认证机构关系的改变等。在这种情况下，认证机构应该撤销证书。

（6）披露信息的义务。认证机构应该把其所颁发的证书予以公布。因为如果只有用户知道证书的存在而交易公众并不知道，就不能使证书起到其应有的作用。另外，申请认证证书应该符合什么条件、申请的程序、应提交的材料、哪些证书已被中止、撤销、终止等事项都应该予以公布。

（7）妥善保存信息的义务。我国《电子签名法》第 24 条规定："电子认证服务提供者应当妥善保存与认证相关的信息，信息保存期限至少为电子签名认证证书失效后五年。"这样的规定有利于认证机构为交易双方因证书而提起的相关诉讼提供证据。实际上，这既是对签署方的义务，也是对信赖方所应负的义务。

（8）保护签署方的商业秘密和个人隐私的义务。我国《电子认证服务管理办法》第 20 条规定："电子认证服务机构应当遵守国家的保密规定，建立完善的保密制度。电子认证服务机构对电子签名人和电子签名依赖方的资料，负有保密的义务。"

（二）签署方义务

（1）真实陈述的义务。签署方对其身份、地址、营业范围、证书信赖等级的真实陈述，是证书可信赖性产生的前提，这是其应履行的基本义务。我国《电子签名法》第 20 条第 1 款规定，电子签名人向电子认证服务提供者申请电子签名认证证书，应当提供真实、完整和准确的信息。

（2）交纳费用的义务。

（3）妥善保管私密钥和证书的义务。私人密钥必须由签署人自己严加保存，否则认证机构即使再认真审核、公正发布信息都无法保证电子签名的安全性。我国《电子签名法》第 15 条第 1 句规定，电子签名人应当妥善保管电子签名制作数据。

（4）及时通知义务。在发生私钥泄露或其他有可能影响到电子签名真实性的事件时，签署方应该及时通知认证机构，以便认证机构及时采取措施，减小损失。我国《电子签名法》第 15 条第 2 句规定，电子签名人知悉电子签名制作数据已经失密或者可能已经失密时，应当及时告知有关各方，并终止使用该电子签名制作数据。很显然，该条当中的"有关各方"应当包括为该电子签名人提供电子认证服务以及已知的信赖方在内。

（三）电子认证机构的权利

和签署方的义务相对应，电子认证机构的权利主要有：

（1）要求申请者提供真实信息的权利。电子认证在电子商务中的目的是为了把某个电子签名和特定签名主体联系起来，为了达到这个目的，认证机构就必须掌握电子签名签署方的详细真实信息。

（2）收取费用的权利。认证机构提供服务，当然享有收取费用的权利。

（3）及时获得通知的权利。认证机构在电子商务中的主要任务就是证明电子签名签署方的真实身份，如果签署方的身份信息发生某种程度上的变化，则应及时通知认证机构；否则，认证机构在证明签署方真实身份的时候，就可能对证书信赖方造成误导并损害其利益。

（4）单方撤销或者中止证书的权利。我国《电子认证服务管理办法》第 29 条规定，有下列情况之一的，电子认证服务机构可以撤销其签发的电子签名认证证书：①证书持有人申请撤销证书；②证书持有人提供的信息不真实；③证书持有人没有履行双方合同规定的义务；④证书的安全性不能得到保证；⑤法律、行政法规规定的其他情况。

（四）签署人的权利

和电子认证机构的义务相对应，签署人的权利有：（1）获得电子证书的权利。（2）申请中止证书的权利。（3）申请变更证书的权利。（4）申请撤销证书的权利。

二、认证机构和证书信赖方之间的权利和义务

（一）认证机构的义务

根据我国《电子签名法》与《电子认证服务管理办法》，认证机构对证书信赖方所应负的义务，首先，确保证书内容在有效期内完整、准确的义务，保证电子签名依赖方能够证实或者了解电子签名认证证书所载内容及其有关事项

(《电子签名法》第 22 条)。同样，我国《电子认证服务管理办法》第 18 条规定，电子认证服务机构应当履行下列义务：（1）保证电子签名认证证书内容在有效期内完整、准确；（2）保证电子签名依赖方能够证实或者了解电子签名认证证书所载内容及其他有关事项；（3）妥善保存与电子认证服务相关的信息。

其次，认证机构有保密义务。《电子认证服务管理办法》第 20 条规定："电子认证服务机构应当遵守国家的保密规定，建立完善的保密制度。电子认证服务机构对电子签名人和电子签名依赖方的资料，负有保密的义务。"

最后，认证机构有及时通知的义务。《电子认证服务管理办法》第 31 条规定：电子认证服务机构更新或者撤销电子签名认证证书时，应当予以公告。

联合国贸法会的《电子签名示范法》当中的规定更加系统化，对证书服务者设定了以下义务：

（1）兼顾行业政策和惯例，严格依据其所作的声明行事。

（2）运行合理的注意义务，在证书的整个有效期内，保证所有和证书有关的，或者已包括在证书内的重要陈述具有准确性和完整性。

（3）提供合理的查证途径，使相对方能够通过证书确认：①证书服务者的身份；②证书所标明人在签名时已经控制着签名设施；③签名设施在证书签发时运行正常。

（4）提供合理的查证途径，使相对方能够通过证书及相关资料确认：①用以识别签署者身份的方法；②对签名设施及使用到的证书的目的和价值的限制；③签名设施运行正常，没有受到损害；④证书服务者约定的对责任范围或者程度的限制；⑤是否为签署者提供签名设施受损的通知方式；⑥是否提供及时的撤销服务。

（5）为签署者提供签名设施受损的通知方式，并确保可获得及时地撤销服务。

（6）使用可靠的系统、程序和人员来完成其服务。

（二）信赖人的义务

（1）遵守认证机构的要求，采取合理的步骤确认签名的真实性。按照认证机构规定的程序获取证书相关信息，确认证书的有效性，没有被中止、撤销等的情况。

（2）遵守任何有关证书的限制，在证书所载的可信赖度以内从事交易，把证书用于规定的用途。如果信赖方超出了认证机构建议范围，没有按证书等级进行交易，那么，认证机构不对其超出证书可靠性建议范围的交易额负责。

（三）认证机构的权利

和信赖方的义务相对应，认证机构的权利主要有：（1）要求信赖方按一定程序对电子签名进行确认；（2）对信赖方提出以证书为基础的交易范围。

（四）信赖方的权利

和认证机构的义务相对应，信赖方的权利主要有：（1）要求认证机构谨慎地保证证书中内容的真实性，否则，可以求得赔偿；（2）要求认证机构尽信息披露的义务，可以就不明事宜向认证机构询问。

三、认证机构的法律责任

电子认证机构在认证过程中会面临许多潜在风险：（1）技术故障使得电子记录丢失；（2）对信息没有进行严格审查致使证书包含虚假陈述；（3）没有经过合理适当的辨别即中止或者撤销证书；（4）由于服务器故障或者周期性维护而中断认证服务；（5）内部人员制作虚假证书或者涂改证书记录；（6）服务器被黑客攻陷。

由上述认证机构面临的风险可以看出，电子认证机构极有可能在某些场合给证书持有人或者证书信赖人造成损失。那么，认证机构应承担什么样的法律责任呢？

（一）认证机构对用户与证书信赖人的法律责任

就认证机构所主要面临的法律关系来说，认证机构和证书持有人（证书用户）之间是认证合同关系。我国《电子签名法》第28条规定："电子签名人或者电子签名依赖方因依据电子认证服务提供者提供的电子签名认证服务从事民事活动遭受损失，电子认证服务提供者不能证明自己无过错的，承担赔偿责任"。这就建立了以推定过错归责原则为基础的错证损害赔偿制度，这是符合我国电子商务发展现状及法律环境特点的。这种过错推定责任，有利于保护证书用户、证书信赖人的利益。因为认证业务是一种专业性非常强的信息服务，通常证书用户、证书信赖人只了解认证机构的对外功能，不一定完全了解其内部操作规范以及技术标准。在出现错误认证时，要由证书用户、信赖人拿出确切的证据来证明对方有过错是很困难的。因此，这时实行责任倒置，让认证机构承担证明自身无过错的义务比较合理。另外，如果认证机构泄露客户个人资料，就可能违反《刑法》从而构成泄露商业秘密罪，应该依法承担相应的刑事责任。

那么，到底什么是认证机构有过错？一般认为，这需要看认证机构的实际操作是否违反其业务规则。我国《电子认证服务管理办法》第15条规定，电

63

子认证服务机构应当按照工业和信息化部公布的《电子认证业务规则规范》的要求，制定本机构的电子认证业务规则，并在提供电子认证服务前予以公布，向工业和信息化部备案。电子认证业务规则发生变更的，电子认证服务机构应当予以公布，并自公布之日起 30 日内向工业和信息化部备案。此外，第 16 条还规定，电子认证服务机构应当按照公布的电子认证业务规则提供电子认证服务。

业务规则内容可包括：（1）签发认证证书前，认证机构对申请人的身份查验程序；（2）认证机构对密钥制造、认证证书签发、废止、查核、档案保管等所采取的安全措施；（3）保护密码密钥的安全措施；（4）任何其他有关信息。如果认证机构事先没有与证书信赖人订立合同，那么这些业务规则就是认证机构的责任范围。在证书信赖人因信赖其认证而受到损害的情况下，认证机构如有违反相应规定，就应该承担责任。

认证机构应承担责任的错证行为应包括有虚假或错误陈述的认证证书（可能是由于未对信息尽合理谨慎的审核义务、内部人员故意颁发虚假陈述或篡改证书记录等原因）、不合理的中止或撤销证书的行为、不合理的延长证书有效期的行为、证书等级和使用限制限定不明、服务非正常中断等。

美国犹他州《数字签名法》第 46-3-303（1）条中有关法定责任的规定值得我们借鉴。首先，经批准成立的认证机构，对证书所载的申请人签发的证书必须作出下列担保：（1）该证书没有认证机构所知道的虚假信息；（2）该证书符合本章规定的所有实质条件；（3）该认证机构在签发该证书时没有超越其权限。其次，认证机构不得拒绝或者限制上述担保。所以，如果认证机构违反以上的担保义务，使得签署人受到损害，那么，即使他们所签订的合同没有这样的约定，在这种情况下，签署人仍然可以按照有关法律向认证机构请求损害赔偿。

（二）交互认证中认证机构的法律责任

不同认证体系中的认证机构彼此签发认证证书，这被称为交互认证（cross-certification）。认证机构和其他认证机构之间通常具有合同关系，所以认证机构愿意为其他认证机构所签发认证证书的正确性以及有效性进行"背书担保"。如果因为其他认证机构所签发的认证证书错误的情形发生以致提供背书的认证机构受到损害，那么该受损害一方可以根据合同约定向另外一认证机构行使求偿权。

（三）存在的问题

对于认证机构所承担的法律责任，我国《电子签名法》以及《电子认证服务管理办法》存在以下问题，应该在以后的司法解释或者修订中加以详细规定。

1. 超过认证证书对交易范围与交易额的使用限制问题

认证机构就其认证证书所载信息的真实可靠性向社会公众承担责任，通常还会对其认证证书明文规定一些使用限制，规定基于对证书的信赖所进行的交易应限于一定的范围与交易额。如果证书用户和证书信赖方在知晓这些限定的情况下，其交易范围与交易额仍然超过认证证书所明文规定的使用限制，就此所遭受的损失，认证机构可在多大范围内免除其相应责任。

所以，在认证机构对证书用户和证书信赖方的责任中，应该首先把对证书的不合理信赖排除在责任范围之外，然后再根据推定过错归责原则来处理。

2. 认证机构所承担的责任是否包括间接损失

由于认证机构的过错而导致证书用户和证书信赖方的损失，该认证机构除了对直接损失负赔偿责任外，是否还应对间接损失加以赔偿？如果不对间接损失加以赔偿，那么，对于某些故意行为所导致的损失，如认证机构内部人员的欺诈性签名，也就无法充分地保护当事方的权益，无法对认证机构给予有效的惩罚。

3. 对于证书用户违反义务而给证书信赖方所造成的损失，认证机构是否应负连带责任

证书中信息的真实性、准确性以及有效性由认证机构和证书用户共同承担法定义务。如果证书用户违反义务，因此对信赖方造成损失，证书用户应该对信赖方承担责任。不过，信赖方是基于对认证机构的信赖和签署方进行交易的，而且它并不掌握签署方更详细的资料。相反，认证机构居于专业型服务机构地位，不仅掌握着证书用户资料，而且负有核实的义务。因此，虽然最终责任可能在证书用户，但是不是可以由认证机构负连带责任会更加合适？对信赖方的赔偿责任，是否可以由认证机构先行承担，然后再进一步向证书用户追偿？在这种情况下，是否应限定认证机构的连带赔偿额度？

第三节　电子认证机构的设立、管理和终止

鉴于认证机构在电子交易中的重要作用，一个随随便便设立，不受监管、自主运营的认证机构在一味追逐利益的驱动下，很容易损害证书信赖方的应有权益。一旦交易方对于电子交易的安全失去了信任，那么电子商务将无从发展。因此，认证机构的设立必须符合一定的标准，才能保证其运营能够符合电

子商务的需要。认证机构的运营受到切实有效的监督，才能最大限度地维护证书申请方和证书信赖方的权益。

一、电子认证机构的设立

（一）需具备的条件

根据我国《电子签名法》第 17 条以及《电子认证服务管理办法》第 5 条的规定，电子认证服务机构应当具备下列 7 项条件：

（1）具有独立的企业法人资格。

（2）从事电子认证服务的专业技术人员、运营管理人员、安全管理人员和客户服务人员不少于 30 名。

（3）注册资金不低于人民币 3000 万元。除了营业所需的资金外，担保金也是一个值得考虑的问题，即根据其业务的规模和类型，向主管部门提供一定金额的担保。当认证机构因自身的过错，给证书用户或证书信赖方造成损失时，应以此担保金负责赔偿。比如，美国犹他州《数字签名法》就规定，除了政府官员或者机关申请经营 CA 业务外，其他申请者必须提供营业担保。其《实施细则》规定在申请注册时，应交纳 7.5 万美元的担保金。我国的《电子签名法》以及《电子认证服务管理办法》没有作出这方面的规定。

（4）具有固定的经营场所和满足电子认证服务要求的物理环境。

（5）具有符合国家有关安全标准的技术和设备。鉴于电子技术产品的升级换代速度很快，所需要的电子设备应具备什么样的要求才算符合"国家安全标准"，主要考虑两方面的因素：一是要能应付大批量用户、信赖方的在线申请；二是安全程度达到有关国家标准，能有效阻挡黑客、病毒的攻击。

（6）具有国家密码管理机构同意使用密码的证明文件。提供电子认证服务，就应当依据国家密码管理局颁布的《电子认证服务密码管理办法》申请《电子认证服务使用密码许可证》。根据该办法，申请《电子认证服务使用密码许可证》应当具备下列条件：①具有符合《证书认证系统密码及其相关安全技术规范》的电子认证服务系统；②电子认证服务系统由具有商用密码产品生产资质的单位承建；③电子认证服务系统采用的商用密码产品是国家密码管理局认定的产品；④电子认证服务系统通过国家密码管理局安全性审查。

（7）法律、行政法规规定的其他条件。

（二）设立程序

我国《电子认证服务管理办法》第 4 条规定，中国工业和信息化部依法对电子认证服务机构和电子认证服务实施监督管理。所以，审查认证机构设立申请以及监督管理的是工业和信息化部。

我国《电子签名法》第 18 条以及《电子认证服务管理办法》第 6～14 条规定了许可的程序。要设立认证机构，就需遵循以下步骤：

（1）从事电子认证服务，应当向工业和信息化部提交下列材料：①书面申请；②证明具有与提供电子认证服务相适应的专业技术人员和管理人员的证明材料；③企业法人营业执照副本及复印件；④证明具有与提供电子认证服务相适应的资金和经营场所的证明材料；⑤国家有关检测机构出具的技术设备、物理环境符合国家有关安全标准的凭证；⑥国家密码管理机构同意使用密码的证明文件。⑦法律、行政法规规定的其他条件。

（2）工业和信息化部对提交的申请材料先进行形式审查，依法作出是否受理的决定。申请材料不齐全或者不符合法定形式的，应当当场或者在五日内一次告知申请人需要补正的全部内容。如果形式审查通过，那么，工业和信息化部将对决定受理的申请材料进行实质审查。需要对有关内容进行核实的，指派两名以上工作人员实地进行核查。同时，工业和信息化部对与申请人有关事项书面征求商务部等有关部门的意见。工业和信息化部自接到申请之日起 45 日内作出许可或者不予许可的书面决定。不予许可的，说明理由并书面通知申请人；准予许可的，颁发《电子认证服务许可证》，并公布下列信息：①《电子认证服务许可证》编号；②电子认证服务机构名称；③发证机关和发证日期。另外，电子认证服务许可相关信息发生变更的，工业和信息化部应当及时公布。《电子认证服务许可证》的有效期为 5 年。

（3）电子认证服务机构在《电子认证服务许可证》的有效期内变更公司名称、住所、法定代表人、注册资本的，应当在完成工商变更登记之日起 15 日内办理《电子认证服务许可证》变更手续。《电子认证服务许可证》的有效期届满要求续展的，电子认证服务机构应在许可证有效期届满 30 日前向工业和信息化部申请办理续展手续，并自办结之日起 5 日内公布相关信息。

二、电子认证机构的管理

作为企业，对电子认证机构的管理当然也要依据对企业加以规制的法律规定。而作为电子认证机构，又要遵循一些特殊规则。根据我国《电子签名法》以及《电子认证服务管理办法》的规定，对认证机构的管理，主要包括以下几个方面：

（1）信息披露制度。取得认证资格的电子认证服务机构，在提供电子认证服务之前，应当通过互联网公布下列信息：①机构名称和法定代表人；②机构住所和联系办法；③《电子认证服务许可证》编号；④发证机关和发证日期；⑤《电子认证服务许可证》有效期的起止时间。

（2）认证机构的自我控制制度。电子认证服务机构应当建立完善的安全管理和内部审计制度，并接受工业和信息化部的监督管理。电子认证服务提供者应当制定、公布符合国家有关规定的电子认证业务规则，并向国务院信息产业主管部门备案。电子认证业务规则应当至少包括以下事项：①责任范围。通过业务规则，认证机构可以对自己所颁发的证书作出种种限制，比如，证书用户和证书信赖方基于证书的交易范围、交易额度，对超过业务规则所限交易范围、交易额度而造成的损失不承担责任。②作业操作规范。在作业操作规范中，详细、周密地对认证流程作出规定，以确保安全、可靠地完成认证行为，在出现问题时可以快速高效地查出问题的根源并采取改正方案。③信息安全保障措施。规定将采用什么样的安全措施，以防范网络上的黑客、病毒的攻击，采用什么样的备份措施，在出现问题时如何在最短时间内恢复服务，等等。

（3）禁止非法转让许可证。电子认证服务机构不得倒卖、出租、出借或者以其他形式非法转让《电子认证服务许可证》。

（4）维持设立条件制度。取得电子认证服务许可的电子认证服务机构，在电子认证服务许可的有效期内不得降低其设立时所应具备的条件。

（5）培训制度。电子认证服务机构应当对其从业人员进行岗位培训。

（6）送检制度。电子认证服务机构应当按照工业和信息化部信息统计的要求，按时和如实报送认证业务开展情况及有关资料。

（7）年检制度。工业和信息化部对电子认证服务机构进行年度检查并公布检查结果。年度检查采取报告审查和现场核查相结合的方式。工业和信息化部根据监督管理工作的需要，可以委托有关省、自治区和直辖市的信息产业主管部门承担具体的监督管理事项。

（8）对境外认证证书的核准。我国《电子签名法》第26条以及《电子认证服务管理办法》第42条规定了对境外认证证书的核准问题：经工业和信息化部根据有关协议或者对等原则核准后，中华人民共和国境外的电子认证服务机构在境外签发的电子签名认证证书与依照本法（办法）设立的电子认证服务机构签发的电子签名认证证书具有同等的法律效力。

在这里要注意核准的两个条件：一是经国务院工业和信息化部根据有关协议核准；二是经国务院工业和信息化部根据对等原则核准。而被核准的认证证书也有两个特征，不仅是境外的电子认证服务提供者所签发的，而且是在境外签发的。

（9）处罚方法。我国《电子签名法》以及《电子认证服务管理办法》都规定了一些处罚方法：

①对未经许可提供电子认证服务的处罚。未经许可提供电子认证服务的，由国务院信息产业主管部门责令停止违法行为；有违法所得的，没收违法所得；违法所得30万元以上的，处违法所得1倍以上3倍以下的罚款；没有违法所得或者违法所得不足30万元的，处10万元以上30万元以下的罚款。

②对不遵守认证业务规则的处罚。电子认证服务提供者不遵守认证业务规则、未妥善保存与认证相关的信息，或者有其他违法行为的，由国务院信息产业主管部门责令限期改正；逾期未改正的，吊销电子认证许可证书，其直接负责的主管人员和其他直接责任人员10年内不得从事电子认证服务。吊销电子认证许可证书的，应当予以公告并通知工商行政管理部门。

认证机构如果没有按照公布的电子认证业务规则提供电子认证服务，或者拒绝根据工业和信息化部的安排承接其他机构开展的电子认证服务业务，那么，由工业和信息化部依据职权责令限期改正，并处警告或1万元以下的罚款，或者同时处以以上两种处罚。

③对隐瞒有关情况、提供虚假材料的处罚。电子认证服务机构向工业和信息化部隐瞒有关情况、提供虚假材料或者拒绝提供反映其活动的真实材料的，由工业和信息化部依据职权责令改正，并处警告或者5000元以上1万元以下罚款。

④对降低设立条件的处罚。在电子认证服务许可的有效期内如果降低其设立时所应具备的条件，由工业和信息化部依据职权责令限期改正，并处3万元以下罚款。

⑤对监督管理工作部门工作人员的处罚。工业和信息化部和省、自治区和直辖市的信息产业主管部门的工作人员，不依法履行监督管理职责的，由工业和信息化部或者省、自治区和直辖市的信息产业主管部门依据职权视情节轻重，分别给予警告、记过、记大过、降级、撤职、开除的行政处分；构成犯罪的，依法追究刑事责任。

三、电子认证机构的暂停、终止

我国《电子签名法》第23条和第30条以及《电子认证服务管理办法》第23~27条规定了认证机构暂停或者终止时的注意事项。主要有以下内容：

1. 相关事项的通知

电子认证服务机构拟暂停或者终止电子认证服务的，应在暂停或者终止电子认证服务 90 日前，就业务承接及其他有关事项通知有关各方。

2. 业务的承接

电子认证服务提供者《电子认证服务许可证》的有效期内拟暂停或者终止电子认证服务的，应当在暂停或者终止电子认证服务 60 日前向工业和信息化部报告，并与其他电子认证服务机构就业务承接进行协商，作出妥善安排。

如果电子认证服务机构未能就业务承接事项与其他电子认证服务机构达成协议，则应当申请工业和信息化部安排其他电子认证服务机构承接其业务。电子认证服务机构有根据工业和信息化部的安排承接其他机构开展的电子认证服务业务的义务。电子认证服务机构被依法吊销电子认证服务许可的，其业务承接事项的处理按照工业和信息化部的规定进行。

3. 注销或者变更

电子认证服务机构在《电子认证服务许可证》的有效期内拟终止电子认证服务的，除应在终止服务 60 日前向工业和信息化部报告之外，还应该同时向工业和信息化部申请办理证书注销手续，并持工业和信息化部的相关证明文件向工商行政管理机关申请办理注销登记或者变更登记。如果未在暂停或者终止服务 60 日前向国务院工业和信息化部报告的，则由国务院工业和信息化部对其直接负责的主管人员处 1 万元以上 5 万元以下的罚款。

第四章　电子合同

电子化通信方式的全球性与虚拟性大大增加了订立电子合同的机会，降低了成本。同时，这些便捷性也带来了法律上的问题：电子合同的成立时间与成立地点应该如何判定？当事方的行为能力、电子错误、电子格式合同对电子合同的效力有着什么样的影响？电子合同的履行有着什么样的特点？本章拟讨论这些问题。

第一节　电子合同概述

一、电子合同的概念与特征

我国《合同法》第 2 条规定："合同是平等主体的公民、法人、其他组织之间设立、变更、终止债权债务关系的协议。"借用此模式，我们可以把电子合同界定为：电子合同是公民、法人、其他组织等各主体之间通过电子化通信方式达成的，设立、变更、终止债权债务关系的协议。此处的电子化通信方式或曰数据电文形式，是指以电子、光学、磁或者类似手段生成、发送、接收或者储存的信息。①

与传统合同形式相比，电子合同具有自身的特征，但也正是这些特征带来了法律难题：

（1）电子合同当事方的虚拟性。双方当事人可以足不出户、互不谋面，只要借助于网络终端在国际互联网上活动即可完成电子合同的签订，甚至还可

---

① 在电子商务发展的初期阶段，电子合同概念专指由 EDI 方式拟定的合同。联合国贸易法委员会在 1996 年《电子商务示范法》中对 EDI 作了如下定义："电子数据交换（EDI）系指电子计算机之间信息的电子传输，而且使用某种商定的标准来处理信息的结构。"或者说，EDI 方式的电子合同就是指按照双边或多边协议，对具有一定结构特征的标准数据信息，经过电子数据通信网络，在交易伙伴的计算机应用系统之间进行数据交换和自动处理。不过，随着互联网与物联网的发展，现在的电子合同概念超越了 EDI 的范围。

71

以通过预先设置让计算机自动订立电子合同。这样，一方面，节省了双方为了传统方式下面对面的谈判而从一个地方到另一个地方所发生的费用和时间；另一方面，也避免了旅行中可能发生的意外。比如，在 2003 年的"非典"期间，为了避免外出旅行的可能感染，各公司都尽可能地减少人员外出，最大限度地利用网络完成交易。不过，也正是这种虚拟性，导致了以下问题：①当事人的身份、信用度如何，对方是否是合格的民事主体，有无民事责任能力等，通过网络终端本身是难以确认真实情况的。②一方收到的信息是否为对方当事人真实的意思表示，对方是否确认了自己的信息内容，接收方也是很难认定的。

（2）电子合同信息传递的快速性。电子合同由于是采用数据信息的传输形式签订，速度极快，有利于当事方在市场行情千变万化的情况下，抓住机遇，最大限度地减少时间浪费。但是，信息传递的快速也带来一些问题。比如，当事人发出的要约或承诺通知在瞬间即可到达对方，即使发现错误也难以撤回或撤销。此外，限制行为能力人或无权代理人所签的合同，在未经法定代理人或本人追认之前，相对人又应该如何行使撤销权呢？所以，民法关于意思表示的撤回或撤销制度在这里将面临很大困难。

（3）电子合同成立地点的广泛性。由于互联网的全球性，使得电子合同成立的地点得到极大的扩展。同时，也给电子合同成立的地点与时间的判定带来极大的困难。这对电子合同的履行地点、寻求救济的法院管辖权、适用法律的确定方面都有着极大的影响。

二、数据电文的归属

在传统交易中，当事方对于有关交易材料、文件来源的判断，不会存在较大问题。而在电子交易过程中，由于互联网的虚拟性和全球性，如何确定电子文件的来源就变得尤为敏感而重要，这就是数据电文的归属（attribution of data message）问题，即如何认定数据电文的发出者问题。从法律上讲，一项行为总是与一定的行为主体联系在一起。不能明确法律行为作出者，显然就不明确该行为的责任承担者与权利享有者。数据电文归属问题同样是确立数据电文的法律后果，包括法律权利与法律责任的先决条件。

解决数据电文归属问题最有效的方法就是运用电子签名技术确定数据电文的完整性，确定签名人对内容的认可，同时运用电子认证技术确定数据电文确实是该签名人发出的。

但是，任何技术都有被攻破的可能，当基于主观或客观种种原因发生纠纷时，应该按照什么规则来判断数据电文的归属，就需要法律对此作出调整。毫无疑问，如果数据电文是由发件人本人发出的，那么当然由该发件人承担责任。不过，还存在其他不是由发件人本人亲自发出但也应由发件人承担责任的情况，我国《电子签名法》第 9 条对这些情况作了规定。数据电文有下列情形之一的，视为发件人发送：

（1）经发件人授权发送的。这规定了数据电文由发件人以外的、被发件人所授权的人发送的情况。不过它仅在于确定数据电文的归属，并不决定发件人的权利义务状况。至于发送执行人是否事实上或法律上有权代表发件人行事，则应按照《电子签名法》以外的适当法律规则（如代理方面的法律规则）加以处理。

（2）发件人的信息系统自动发送的。数据电文不是由发件人本人亲自发出，而是由发件人所设计的或他人代为设计的一个自动信息系统发送。这种系统常被叫做"电子代理人"。

（3）收件人按照发件人认可的方法对数据电文进行验证后结果相符的。这是从接收人的角度所作出的规定。在发件人及其代理人，或"电子代理人"都不明确的情况下，接收人可按该方法推定一项数据电文的归属。"按照发件人认可的方法"应该包括两种情形：一种是发件人与收件人已经商定好一种核对程序，收件人按该核对程序对数据电文进行验证后结果相符的，把该数据电文视为发件人发送；另一种情形是发件人单方面认可或经过与某一中间人的协议确定了一种程序，并同意凡符合该程序的要求条件的数据电文，均承担受其约束的义务，这就包括了发件人并非通过直接向收件人所作出的认可在内。

（4）对于发件人的确定方法，如果当事人另有约定，则从其约定。这是当事方意思自治原则的体现。

如果符合以上条件，那么，收件人有权将所收到的相关数据电文视为发件人所发送的电文，并按此推断行事。不过，《电子签名法》对数据电文发件人的确定方法还不够细致，还应该作出更详细的规定。比如，还应该对以下几个方面的内容作出规定：

（1）当事方都有照顾好自己信息系统的义务，所以，不管是发送方疏忽还是他人盗用发送方系统所发送的数据电文，收件方有权把该数据电文视为拥有该信息系统的发件方的意思表示，并按此行事。然而，这时要遵从后文关于电子错误的相关规则。

（2）依照以上规则，如果某项数据电文被视为某发件人所发送，那么，自收件人收到发件人的通知，获悉有关数据电文并非该发件人的数据电文时起，发件人可免除受电文的约束。收件方也不得再把所收到的有关数据电文视为由该发件方发送，并不得再据此行事。但收件人应该要有合理的时间采取相应行动。例如，假若要求按时供货，应让收件人有合理时间来调整其生产环节。

收件方从已知或应知某数据电文不是该发件方发送之时起，收件方不得据此行事。

（3）当收件人只要适当加以注意或使用任何商定程序便知道或理应知道所收到的数据电文不是由该发件人所发送或者该数据电文在传递中出现错误时起，收件方也不得再把所收到的有关数据电文视为由该发件方发送，并不得据此行事。

不过，在更详细的司法解释出台之前，我们可以根据民法的"诚实信用"原则推断出以上内容。

第二节 电子合同的成立

一、电子合同的要约、要约邀请和承诺

（一）传统合同中的要约、要约邀请和承诺

要约是希望和他人订立合同的意思表示，该意思表示应当符合两个条件：一是要内容具体明确；二是要表明经受要约人承诺，要约人即受该意思表示约束（《合同法》第14条）。所谓内容具体明确，是要求要约的内容应当具备合同成立所必需的条款，即只要受要约人作出承诺，合同就成立了。在合同成立所应具备的条款方面，可考虑《合同法》第12条中的8项要素："合同的内容由当事人约定，一般包括以下条款：（1）当事人的名称或者姓名和住所；（2）标的；（3）数量；（4）质量；（5）价格或者报酬；（6）履行期限、地点和方式；（7）违约责任；（8）解决争议的方法。当事人可以参照各类合同的示范文本订立合同。"

所谓要约邀请，又称为"引诱要约"，我国《合同法》第15条规定："要约邀请是希望他人向自己发出要约的意思表示。寄送的价目表、拍卖公告、招标公告、招股说明书、商业广告等为要约邀请。商业广告的内容符合要约规定的，视为要约。"从法律性质上来看，要约邀请不是一种意思表示，而是一种事实行为，也就是说，要约邀请是当事人订立合同的预备行为。在发出要约邀请时，当事人仍处于订约的准备阶段，要约邀请只是引诱他人发出要约，它既

不能因相对人的承诺而成立合同，也不能因自己作出某种承诺而约束要约人。在发出要约邀请以后，要约邀请人撤回邀请，只要没有给善意相对人造成信赖利益的损失，要约邀请人一般不承担法律责任。因此，要约与要约邀请可有如下区分标准：（1）根据法律规定。法律明确规定为要约邀请的应当是要约邀请。（2）根据内容来确定。内容具体明确，已达到合同成立所具备的条件的，是要约。（3）根据发送人的意图来确定。发送人有约束自己条款的，是要约；表明不受约束的，是要约邀请。（4）根据交易惯例来确定。如售票处的列车价目表在我国认为是要约邀请。虽然在理论上可以较容易区分，但在实践中对某些情况还要具体问题具体分析。

承诺是受要约人作出的接受要约而使合同成立的意思表示。我国《合同法》第21条规定："承诺是受要约人同意要约的意思表示。"一般认为，合格的承诺必须具备下列条件：第一，承诺必须由受要约人作出。第二，承诺必须向要约人作出。第三，承诺的内容应当与要约的内容一致。《合同法》把对要约的变更划分为实质性变更和非实质性变更，认为在受要约人对要约进行了实质性变更的情况下，构成新要约；而受要约人对要约的内容进行非实质性变更的，除非要约人及时表示反对或者要约表明承诺不得对要约的内容作出任何变更的以外，该承诺有效，合同的内容以承诺的内容为准。对于合同标的、数量、质量、价款或者报酬、履行期限、履行地点和方式、违约责任和解决争议方法等的变更，是对要约内容的实质性变更。第四，承诺必须在要约的存续期间内作出。通过电子信息发出的承诺也必须符合这样几个条件。

（二）要约、要约邀请和承诺在电子交易中的界定

买家进入商家页面，浏览商品，将选中的商品放入购物车，然后进入结账页面。买家可以看到购买物品的清单，在点击确定后，商家提供若干种付款方式供消费者选择。第一种是在线支付，离线交货；第二种是离线交货，货到付款；第三种是在线支付，在线下载所购商品。前面两种方式适用于传统实物产品，第三种方式适用于数字信息产品。

在现实社会，当我们步入商店，标明价格正在出售的商品构成要约，买家支付款项则构成承诺。而在网站页面上销售商品时，通常也会把相关信息详细公布，页面上陈列的商品是不是要约？目前国内并没有出台法律规则直接规定这些情况下何者属于要约，何者属于承诺。网上商店如果本身没有对此详细规定，那么可借鉴《合同法》第14条对此进行分析。不少网上商店在陈列商品时，通常详细说明卖家品牌商标、标的型号、外观颜色与大小规格、详细功能与用法、质量保障条件、库存数量、当前价格等，这就符合《合同法》第14

条所言要约条件之一"内容具体明确"。同时，网上商店还会在商品边上放上种种促销信息，例如详细标明："本商品支持在线信用卡支付、货到付款、满99元免运费。"或者标明"16：00点前完成下单，预计某月某日送达"；或者是在商品边上放上倒计时提示："离优惠价格结束时间还剩1小时"，等等。这些促销信息表明：只要买方下单，则卖家会按照网页所示完成送达义务与所附优惠条件。这就满足了《合同法》第14条所言之要约条件之二："表明经受要约人承诺，要约人即受该意思表示约束。"

如上，要约的两个条件都满足之后，网上商店陈列商品的行为则构成要约。之后，买家把所购货品加入购物车、填写并确认发送订单之行为构成承诺，还是其在线付款之行为构成承诺？如果把买家付款之行为视为承诺，那么在买家把货品加入购物车、填写好收货信息、确认发送订单之后与完成付款行为之前的这段期间，双方间的合同尚未成立。那么，卖家在此期间取消订单、修改相应优惠条件之行为并不会受到尚未成立之合同的约束。这对于作为消费者的买家是非常不利的。因此，把买家确认发送订单之行为视为承诺，有利于保护消费者。电子合同成立后，买家根据其在填写订单中所选择的在线付款或者是货到付款方式，来履行其付款义务。如果买家选择的是在线付款方式，那么卖家通常会在付款方式选项后提示其在之后的半小时或者24小时内完成付款行为；若过期，则取消订单。如果买家选择的是货到付款，则卖家会要求送货员在交付商品的同时收取货款。

不过，目前国内较大的几家网上商城都通过格式合同的方式约定网上商品的陈列只构成要约邀请，买家发送的订单构成要约，而卖家的发货行为才构成承诺。例如，京东商城的《京东用户注册协议》明确表示"只有在销售方发货（以商品出库为标志）时才建立了交易关系"。[1] 再如，亚马逊在注册用户时的《使用条件（2016版）》规定："只有当我们向您发出发货确认的电子

---

[1] 京东商城的《京东用户注册协议》第6.2条规定："本站上销售方展示的商品和价格等信息仅仅是交易信息的发布，……系统生成的订单信息是计算机信息系统根据您填写的内容自动生成的数据，仅是您向销售方发出的交易诉求；销售方收到您的订单信息后，只有在销售方将您在订单中订购的商品从仓库实际直接向您发出时（以商品出库为标志），方视为您与销售方之间就实际直接向您发出的商品建立了交易关系；如果您在一份订单里订购了多种商品并且销售方只给您发出了部分商品时，那么您与销售方之间仅就实际直接向您发出的商品建立了交易关系；只有在销售方实际直接向您发出了订单中订购的其他商品时，您和销售方之间就订单中该其他已实际直接向您发出的商品才成立交易关系……"

邮件或短信，才构成我们对您的订单的接受，我们和您之间的订购合同才成立。"①

2005 年通过并于 2013 年生效的《联合国国际合同使用电子通信公约》也把网站页面上陈列商品的行为都视为要约邀请。该公约第 11 条 "要约邀请" 规定：通过一项或多项电子通信提出的订立合同提议，凡不是向一个或多个特定当事人提出，而是可供使用信息系统的当事人一般查询的，包括使用互动式应用程序通过这类信息系统发出订单的提议，应当视做要约邀请，但明确指明提议的当事人打算在提议获承诺时受其约束的除外。②

由于网上商城在格式合同中明确约定网上陈列商品的行为属于要约邀请，因此国内较大的网上商城在实践中都出现过据此单方面取消消费者订单的系列案件。为在互相竞争中占得优势，网上商城争相发布优惠力度大的促销信息。消费者根据促销信息的提示下单并付款后，却被网上商城告知缺货或价格标错并被取消订单、退回已付货款。这种通过格式条款获得单方面撤销订单权的效力问题在现实中可能会根据不同情况而遭到挑战。

2014 年国家工商行政管理总局《网络交易管理办法》把《合同法》第 39 条以及《消费者权益保护法》第 26 条中关于格式条款的规定吸收进来，在第 17 条规定如下："网络商品经营者、有关服务经营者在经营活动中使用合同格式条款的，应当符合法律、法规、规章的规定，按照公平原则确定交易双方的权利与义务，采用显著的方式提请消费者注意与消费者有重大利害关系的条款，并按照消费者的要求予以说明。网络商品经营者、有关服务经营者不得以

---

①　亚马逊在注册用户时的《使用条件（2016 版）》中 "合同缔结" 部分的内容是："如果您通过本网站订购商品，那么本网站上展示的商品和价格等信息仅仅是要约邀请，您的订单将成为订购商品的要约。收到您的订单后，我们将向您发送一电子邮件或短信确认我们已收到您的订单，其中载明订单的细节，但该确认不代表我们接受您的订单。只有当我们向您发出发货确认的电子邮件或短信，通知我们已将您订购的商品发出时，才构成我们对您的订单的接受，我们和您之间的订购合同才成立。如果您在一份订单里订购了多种商品，而我们只向您发出了其中部分商品的发货确认电子邮件或短信，那么我们和您之间的订购合同仅就该部分商品成立。"

②　2005 年 11 月 23 日，联合国大会第 60 届会议以 21 号决议（A/RES/60/21）通过了《联合国国际合同使用电子通信公约》（*the United Nations Convention on the Use of Electronic Communications in International Contracts*），该公约自 2006 年 1 月 1 日起开放供各国签署。我国政府参加了公约案的起草工作并已经签署了该公约。该公约被认为是有关电子商务的第一个专门性公约。http://www.uncitral.org/uncitral/zh/uncitral_texts/electronic_commerce/2005Convention.html.

合同格式条款等方式作出排除或者限制消费者权利、减轻或者免除经营者责任、加重消费者责任等对消费者不公平、不合理的规定，不得利用合同格式条款并借助技术手段强制交易。"可见，格式条款需要"采用显著的方式提请消费者注意与消费者有重大利害关系的条款"，并且不得"排除或者限制消费者权利、减轻或者免除经营者责任、加重消费者责任等对消费者不公平、不合理的规定"。

如上所述，目前各大网上商城的方法都类似于京东商城与亚马逊商城，在用户注册协议中以格式条款之方式规定以其发货行为视为承诺。而且相关用户注册协议在用户注册页面是以链接方式存在的。用户并不需要打开该链接并阅读注册协议即可完成全部注册程序。实践当中，用户急着完成购物程序，通常并不会点击该链接并在新页面中一字一句阅读完长长的注册协议全文。"以发货行为作为承诺"之规定实际上让卖家拥有了"发货前随时撤销订单权"。尤其是，该让卖家拥有"发货前随时撤销订单权"的格式条款只是在用户注册之时才以链接方式夹杂在长长的注册协议中出现过一次，此后的所有购物程序中并不会给予提示。即便是在申请成为用户时点击过相关链接并阅读过该注册协议，作为没有法律背景的普通消费者，在几年之后并不一定仍然准确记得协议内容。这种格式条款在"免除经营者责任"的同时并没有"采用显著方式提请消费者注意"。故其效力易受到质疑与挑战。例如，有买家以优惠价下订单后被亚马逊网站以缺货为由单方取消订单，买家不服诉至法院。法院经审理认为，亚马逊公司并未就"使用条件"的格式条款以合理的方式提请消费者注意，故该条款无效，双方合同自买方提交订单即告成立。因此，法院支持买家要求亚马逊继续履行交货的请求。①

实际上，经营者如能在消费者每次下订单时提醒卖家拥有"发货前随时撤销订单权"，则可避免大多数的此类争端。而且经营者可以极低的成本轻易做到这一点，只需要增加几行代码即可。有的淘宝卖家会在网页商品旁边声明：库存不足，请在付款前先咨询卖家，不然可能会不发货。此时，由于不满足《合同法》第 14 条"经受要约人承诺，要约人即受该意思表示约束"这一要件，网页商品陈列不属于要约而只属于要约邀请。为了节省时间，淘宝网上有不少卖家在网页明确声明：由于商品库存充足，而且人手不足，请买家直接点击购买，不需咨询卖家；卖家收到货款后则直接发货。此时，网页商品陈列

---

① 该案案情请参见：http://www.chinalawinfo.com/News/NewsFullText.aspx? NewsId =42849。

当然构成要约，而买家的付款行为构成承诺。虽然从可能性上来说，当有多数人同时点击同一商品时，该图形所表示的商品可能会立刻售完。但商家可以通过简单的技术手段，对库存商品以及已销售商品的数量作出即时统计。如果已经售完，那么，在消费者支付货款时，可以作出相关提示，并让消费者选择放弃支付款项或者继续完成支付并等待商家再次进货。

二、要约和承诺的撤回

要约的撤回，是指要约人在发出要约后，到达受要约人之前，取消其要约的行为。《合同法》第17条规定："要约可以撤回。撤回要约的通知应当在要约到达受要约人之前或者与要约同时到达受要约人。"如果要约人以邮寄信件的方式发出要约，那么在要约到达受要约人之前，可以用电话将之撤回。但是，要约人采用快速通信的方法发送信息，就很难撤回了。例如，要约人向受要约人发传真，在发出的同时，受要约人也就收到了，此时，不存在撤回的余地。要约一旦达到受要约人后，就发生效力，要约人便不能撤回要约。

承诺的撤回是指承诺人阻止承诺发生法律效力的一种意思表示。英美法系国家采"投邮主义"，主张承诺一旦送交邮电局或者投入邮筒就生效，投邮之时就是合同成立时，投邮之地就是合同成立地，所以承诺无法撤回。承诺人如果后悔，则可以按照解除合同的规则处理。在大陆法系国家或者地区，对于非对话要约采取到达主义，承诺在到达要约人时生效。因此，承诺人可以撤回承诺，只要撤回承诺的通知比承诺更先到达要约人或者同时到达就可以。《联合国国际货物销售合同公约》和《国际商事合同通则》对于非对话式承诺也采取了这种方式。我国《合同法》也是采取这种到达主义原则，其第27条规定："承诺可以撤回。撤回承诺的通知应当在承诺通知到达要约人之前或者与承诺通知同时到达要约人。"

对于电子合同中要约的撤回问题，有观点认为，设定撤回期限从法理上是可行的，但从交易时间看没有必要。因为要约人一旦通过电子化手段发出要约，该信息几乎同时到达受要约人，实际上不存在撤回的机会。要约人撤回要约的通知，几乎不可能先于或者同时于要约到达受要约人手中。法律上即使规定了撤回的期限，也没有实现的机会。所以，这种观点认为应该采取英美法上的"投邮主义"，使得承诺一经发出，马上生效。

本书认为，应该具体情况具体分析。当通过EDI方式订约，则整个订约过程都可能是在计算机自动操作下进行，甚至不存在当事人面对面的谈判和协商过程。这时，要约人或承诺的撤回几乎是不可能的。而当通过电子邮件交易时，电子邮件在互联网上的传输受客观条件影响较大，要约和承诺的撤回并不是不可能。一些客观条件，如线路故障、网络病毒等因素都可能使得要约、承诺不能够及时到达。而在这短时间内，如果要约方、承诺方发现市场有变化，想撤回要约或承诺，则还是可以使一份撤回通知先于或者同时到达相对人以保护其利益。比如，某人利用某一网络向对方当事人发出一份电子邮件形式的要约/承诺，但由于此网络服务器发生故障，或者说受要约人/受承诺人所在网络的服务器发生故障，没有如通常情形快速送达。要约人/承诺人突然发现要约/承诺的错误，便立即通过另一正常运行的网络向受要约人/受承诺人的另一约定电子邮件信箱发出撤回要约/承诺的通知，或通过电话直接通知相对方，在此情况下，完全可能实现撤回要约/承诺的通知先于或同时到达受要约人/受承诺人。此时，从尊重契约自由原则和维护法律的一致性出发，自然应认可要约人/承诺人撤回，以使电子合同的成立要件既不优于，也不劣于以其他方式订立合同。而且，随着科技的发展，也有可能出现比电子数据的传输速度更快的信息传输方式，到那时，如果在技术上可以撤回要约/承诺，但是因为法律上已经不承认要约/承诺的撤回而无法保护自己的应有权益，那么，对要约人/承诺人是不公平的。另外，要约/承诺的撤回作为要约人/承诺人的一项权利，也不应该随意加以剥夺，权利的暂时不能行使或者行使的困难并不影响权利的存在。

三、要约的撤销

要约的撤销是指在要约生效后使要约失效的行为。我国《合同法》第18条规定："要约可以撤销。撤销要约的通知应当在受要约人发出承诺通知之前到达受要约人。"在线交易中，要约能否撤销取决于交易的具体方式。从我国《合同法》的规定来分析，受要约人在收到要约后有一个考虑期，此期限的长短由要约人决定或由交易习惯确定，在考虑期满前即受要约人承诺前，要约人可以撤销要约。因此，考虑期的时间长度和受要约人的回应速度是要约人能否撤销的关键。如果当事人采用电子自动交易系统从事电子商务，承诺的作出是即刻的，要约人没有机会撤销要约；如果当事人在网上协商，这与口头方式无异，要约人在受要约人作出承诺前是可以撤销的；如果通过电子邮件发出要约，则也可以撤销。

还有学者提出承诺的撤销问题。在电子商务中，当事人采取点击成交的方式，点击过程非常短暂，甚至是在瞬间完成的，点击方在点击时，可能会因为各种原因发生错误，也可能因为点击时间短暂而没有对合同条款仔细思考，因此点击成交时，承诺人的意思表示可能并不完全真实。虽然消费者可以以重大误解为由请求撤销合同，但也只能在法院提起诉讼，不仅手续烦琐，而且费用较大。许多学者建议在点击成交以后，应当给消费者一段时间考虑是否最终决定增加的期限，如果在该期限内，消费者不愿成交，则也可以撤销承诺；如果愿意成交，则不必再作出任何表示。但是，这种做法会使的网络经营者承担极大的风险，因为网络经营者在点击成交以后，将要从事一些履约的准备，如准备货物，如果允许消费者在一段相当长的时间内撤销承诺，则网络经营者承担的风险太大。所以，该观点认为，可以考虑在点击成交以后允许消费者在短暂的期限内（如1天以内）有权决定是否撤销承诺，在该期限内，消费者可以不必付款，而经营者也不负有任何履约的义务。这样即使消费者享有撤销承诺的权利，也不会损害网络经营者的利益。①

本书以为，这种观点听起来似乎各方面的利益都照顾到了，实际上并不可行。因为，在消费者承诺之后，如果合同各方在一定时间内（即使这段时间很短）都不负有任何履约义务，那么，还如何发挥电子商务的快捷性优势呢？

该观点的两个理由是"点击方在点击时，可能会因为各种原因发生错误，也可能因为点击时间短暂而没有对合同条款进行仔细的思考"。本书认为，这两个理由都不能够导致"在该期限内，消费者可以不必付款，而经营者也不负有任何履约的义务"的必要。如果是为了解决"点击方发生错误"这一问题，则可以通过本书"电子错误"当中的讨论加以解决；如果是为了解决"点击时间短暂而没有对合同条款进行仔细的思考"这一问题，则可以通过设立"消费者无条件的退货权"来加以解决。而"消费者无条件的退货权"和上述观点"经营者也不负有任何履约的义务"的解决方案完全不同。"消费者无条件的退货权"的解决方案是指消费者发出承诺后，商家就要承担按时履约义务，而消费者却享有在一段期间内（如1周）如果对商品不满意就可以无条件退货的权利。当然，在这种情况下，商家有可能承担比较大的风险，但是，则是在电子交易这种信息不对称的情况下对消费者来说是必需的补救措施。

四、要约的生效

关于非对话式要约的生效时间，理论上有表意主义（表示主义）、发信主义（投邮主义）、到达主义（受信主义）和了解主义等观点。表意主义认为，

---

① 王利明：《民商法研究（第五辑）》，法律出版社2001年版，第297页。

要约人只要作出要约的意思表示，要约就开始生效；发信主义认为，要约人发出要约后，只要要约处于要约人控制范围之外，要约即生效；到达主义认为，要约到达受要约人时生效；了解主义认为，要约被受要约人了解时生效。但大陆法系国家或地区立法绝大多数采取到达主义。①

我国《合同法》第 16 条采纳了这一到达主义观点，而未采纳发信主义。该条认为："要约到达受要约人时生效。采纳数据电文形式订立合同，收件人指定特定系统接收数据电文的，该数据电文进入该特定系统的时间，视为到达时间；未指定特定系统的，在数据电文进入收件人的任何系统的首次时间，视为到达时间。"我国《电子签名法》第 11 条对数据电文接收时间的确定作了同样的规定，并区分为以下三种情况：

（1）数据电文进入发件人控制之外的某个信息系统的时间，视为该数据电文的发送时间。

（2）收件人指定特定系统接收数据电文的，数据电文进入该特定系统的时间，视为该数据电文的接收时间；未指定特定系统的，数据电文进入收件人的任何系统的首次时间，视为该数据电文的接收时间。

（3）当事人对数据电文的发送时间、接收时间另有约定的，从其约定。

不过，该条还遗漏了这种情况：如果收件人指定了接收数据电文的特定系统，而数据电文却进入了收件人的其他系统，那么这时，该如何确定其接收时间呢？对此，本书拟在后文讨论电子合同成立的时间时一并加以分析。

如果采用电子邮件方式交易，那么要约人必须准确设定其接收承诺的邮箱地址，包括：

（1）邮件表头信息中的邮箱地址。如果发件人在表头信息中自行输入发件人的电子邮箱地址，那么计算机一般会将其视为该计算机默认的邮箱地址，该地址同样应当认定为收件人的指定回邮地址。如果邮件表头信息中已有发件人的邮箱地址，而邮件正文或者附件中又指定了别的邮箱地址的，这种情况属于发件人有特别指定，那么应当以指定的该邮箱地址为准。

（2）网络广告或者网站上指定的邮箱地址。电子商务服务商的网站通常会同时使用多个邮箱地址。常见的有商务邮箱和网管（webmaster）邮箱之分。商务邮箱是服务商作为商业活动之用，网管邮箱则一般作为服务商管理网站、解决技术问题之用，尤其是在服务器托管的情况下，网管很可能不是该服务商的员工，而更可能是服务商聘请的技术公司。所以发给网管邮箱的，不应认定

---

① 胡长清：《中国民法总论》，中国政法大学出版社 1997 年版，第 109~200 页。

为指定系统。但是如果网站上只给出一个邮箱地址，则可认定为收件人的任何系统。

（3）收件人指定第三方邮箱地址。有些服务商常常为用户提供转发电子邮件的服务，设置多个邮箱用作不同用途。所以，收件人有时会指定第三方的邮箱地址。此时，无论收件人的真实邮箱地址是否与指定地址相吻合，只要该地址由收件人指定，应以第三方的邮箱地址为收件人的指定地址。

如果无从预期的大量广告性电子邮件和垃圾邮件进入其电子邮件信箱，以致其电子邮件信箱一时无从接收电子邮件，则风险应如何划分？另外，如果储存、传送及接收电子邮件资料时发生技术上的干扰，以致电子邮件灭失或迟延到达，则此意思表示的风险如何分配？

这些问题，当事方可通过"要约或承诺的送达确认"的方式予以解决。

五、要约和承诺的送达确认

由于互联网的开放性，发送方的要约和承诺发出之后，和传统方式相比，被他人截获的可能性更大；由于互联网技术的复杂性，就如现在软件厂商在许可证中作出的"如因本软件造成损失，厂商概不负责"这一类免责声明一样，没有人能保证所发出的要约和承诺在任何情况下都绝对能完整按时到达收件方。因此，为了给电子交易增加一层保险，产生了要约和承诺的送达确认。实际上这也适用于任何一条数据电文的送达确认，所以，也叫数据电文的确认。其含义是指接收方收到发端人发送给他的数据电文后，根据双方达成的协议，采取一定的行动对收到电文这一事实予以确认，也被称之为"收讫确认"（Acknowledgement of receipt）或"信息确认"。当然，这里的信息确认只是指证实收到了原始信息，与接收方是否同意信息内容是两回事。我国《合同法》第 33 条规定："当事人采用信件、数据电文等形式订立合同的，可以在合同成立之前要求签订确认书。签订确认书时合同成立。"该条专门规定以数据电文方式订立合同，可以签订确认书，实际上鼓励当事人尽可能地采用确认的方式。但是，这样的规定无疑太过简陋。在实践中，还有赖于当事方的协商。比如，要不要进行确认？确认的期限和方式？通过电子邮件、电话、传真还是书面信函确认？在没收到确认的情况下，要约和承诺是否视为没有发出从而无效？这些问题在我国《合同法》中还没有详细的规定，所以只有依靠当事方在事前尽量详细的约定。

但是，依赖当事方约定会出现一系列的问题，如约定不明确、有关当事方滥用优势地位等。有观点认为，鉴于电子合同的特殊性以及维护电子商务安全的必要性，有关电子商务的立法应当对一些特殊的网上交易行为进行确认作出强制性规定。对于依法要求签订确认书的，当事人点击成交以后只是完成了初步协议，合同最终应当以当事人确认书的签订而宣告成立。所以我国应该在以后的立法和司法解释中对此加以规定。① 本书认为这种观点很有道理，只是对确认的强制性规定应限于很小的特殊范围，不能盲目扩大。

我国《电子签名法》第 10 条规定："法律、行政法规规定或者当事人约定数据电文需要确认收讫的，应当确认收讫。发件人收到收件人的收讫确认时，数据电文视为已经收到。"该法对收讫确认的规定太过于抽象，在以后的司法解释中还应该对以下问题作出更加详尽的规定：在没有约定时当事方可以通过什么方式加以确认？可否通过行为加以确认？如果当事方没有声明或者约定有关数据电文的效力取决于确认，而仅仅声明或者约定了确认，那么这时，如果没有收到确认，则是否可以认为发件方绝对地不受该数据的约束？对确认有没有时间限制？对约定时间以外所收到的确认如何处理？在什么情况下发件方应该通知收件方有关没有收到之情事，并且定出收到确认的宽限期？以下有关国家和国际组织的规定可供我国借鉴。

《欧洲 EDI 示范协议》第 5 条规定，如需确认，则收件人应在收到电文后"一个营业日内"作出确认。当事人在技术附录中对确认期限另有约定的除外。如果发端人在该期限内未收到对其发出的电文的确认，那么他可以通知收件人，声明该电文已无效，或者确定一个新的确认期限。一旦收件人在新的期限内还未予以确认，则该电文绝对作无效处理。②

另外，新加坡 1998 年的《电子交易法》第 14 条规定：

"（1）在发出电子记录或通过电子记录方式的同时或此前的时间内，第（2）、（3）、（4）款的规定适用于发送人要求或事先同意接收人以某种特定的方式或通过特定的方法作出收受确认的意思表示。

（2）如果发送人并未同意接收人以某种特定的方式或通过特定的方法作出收受的确认表示，确认可通过：（a）接收人采用的任何确认通知方式，包括自动的和其他的方式；（b）接收人的任何行为，该行为足以向发送人表明已收到电子记录。

（3）若发送人声明电子记录的效力取决于收受确认，则电子记录在未收

---

① 王利明：《民商法研究（第五辑）》，法律出版社 2001 年版，第 296 页。

② See Art. 5. 3, 5. 4 of European Model EDI Agreement, in The EDI Law Review, Vol. 2 No. 2 1995, p. 128.

到任何确认以前，应视同从未发送。

（4）发送人如未声明电子记录的效力取决于收受确认，且在发送人声明或同意的时间内未收到接收确认，发送人可以：（a）通知接收人尚未收到确认，并指定收受确认的合理时间；（b）如果在 a 项指定的合理时间内未收到确认，则发送人可以在告知接收人的同时，将该电子记录视同从未发送，或可以行使任何其他权利。

（5）若发送人已收到接收人的确认，则除非有相反的证据出现，相关电子记录已被接收。但这一原则并不保证电子记录的内容与收到的记录相符。

（6）如果收受确认表明电子记录符合双方一致同意的或一致使用的标准中的技术要求，则除非有相反的证据出现，电子记录应视为符合技术要求。

（7）除上文所指的电子记录的发送与接收，本部分规定不能用于解决电子记录或收受确认可能产生的法律后果。"

联合国贸法会的《电子商务示范法》对数据电文的确认收讫问题所作的规定则更为详细。其第 14 条规定：

"（1）本条第（2）款至第（4）款适用于发端人发送一项数据电文之时或之前，或通过该数据电文，要求或与收件人商定该数据电文需确认收讫的情况。

（2）若发端人未与收件人商定以某种特定形式或某种特定方法确认收讫，则可通过足以向发端人表明该数据电文已经收到的：（a）收件人任何自动化传递或其他方式的传递，或（b）收件人的任何行为来确认收讫。

（3）若发端人已声明数据电文须以收到该项确认为条件，则在收到确认之前，数据电文可视为从未发送。

（4）若发端人并未声明数据电文须以收到该项确认为条件，而且在规定或商定时间内，或在未规定或商定的情况下，在一段合理的时间内，发端人并未收到此项确认时：（a）可向收件人发出通知，说明并未收到其收讫确认并定出必须收到该项确认的合理时限；（b）如果在（a）项所规定的时限内仍未收到确认，发端人可在通知收件人之后，将数据电文视为从未发送，或行使其所拥有的其他权利。

（5）若发端人收到收件人的收讫确认，则可推定有关数据电文已由收件人收到。这种推断并不含有该数据电文与所收电文相符的意思。

（6）若所收到的收讫确认指出有关数据电文符合商定的或在商定的或在适用标准中规定的技术要求，则可推定这些要求业已满足。

（7）除涉及数据电文的发送或接收外，本条无意处理源自该数据电文或其收讫确认的法律后果。"

六、电子合同成立的时间

承诺生效的时间就是成立合同的时间。在以非对话方式订立合同的情况下，承诺总是需要一定的时间才能到达要约人。承诺在不同的时间生效，就会发生不同的法律效果。而在电子合同中，如何确定合同成立的时间，会遇上传统合同中所没有的困难。

就承诺的生效时间，英美法采投邮主义。① 大陆法系采到达主义。就到达主义而言，承诺的"到达"，应满足以下条件：(1) 承诺的意思表示已进入要约人的支配范围。例如，邮件或电报已投入要约人的信箱，或将书信放置于要约人回来时易见的处所，又如，写字台，或在其住所交付于其家人，或交付于其居住的旅馆的收发室，而期待其能了解。要约人接受邮局通知领取，亦生到达的效力，但挂号邮件因要约人不在，邮递员未留通知而带回者则不为到达。承诺书信交付与相对人同居之亲属、家人、受雇人者，不须这些人有受领之权限，即可发生到达之效力。(2) 承诺的意思表示已脱离承诺人的支配范围。在采用书面或其他物体具体化的承诺的情况，如不将其书面或其他物件交付于要约人，由承诺人自己占有，而仅采用提示于要约人使其阅读的方法，仍不构成承诺的到达。(3) 承诺的意思表示处于可期待要约人能了解的状态。承诺的意思表示不仅应进入要约人的支配范围，而且应处于可期待要约人能了解的状态。因此，假如承诺人秘密地将承诺的信件放人要约人的口袋之内，则在要约人发现之前，不产生"到达"的效力。在为订立私人合同而作出承诺的信件情况，如承诺的信件载有要约人的公务地址，则该信件送至要约人的办公处所时不生到达的效力。②

---

① 就承诺的生效时间，存在四种不同的学说：(1) 表意主义，指表意人为承诺的意思表示一旦具备了外在的形态，承诺就应生效，如承诺的信件已经写完。(2) 投邮主义，又称发信主义，指为承诺的意思表示不仅已经作成，而且已经发出，始生效力，如把承诺的信件投入邮箱。(3) 到达主义，又称受信主义，指为承诺的意思表示到达要约人处的时间为承诺的生效时间。(4) 了解主义，指要约人必须在了解承诺的内容后，承诺才能生效。此说要求要约人承担的风险最小，他只需承担错误地理解承诺的内容的风险。在上述四种学说中，表意主义与了解主义均过于极端，因此各国法律在承诺生效的问题上，或采投邮主义，或采到达主义。史尚宽著：《民法总论》，中国政法大学出版社 2000 版，第 449页。

② 史尚宽著：《民法总论》，中国政法大学出版社 2000 版，第 445~446 页。

如果对"到达"作如此解释，则不论是对纸面合同，还是对电子合同，不论在现实空间，还是在虚拟空间，到达主义能够最恰当地在要约人与承诺人间分配风险。① 要约人仅承担源于他自己领域的风险，如秘书没有将承诺信件交给他批阅，或他的子女用火点燃了信箱内的东西，或他未开机去看是否有承诺的电子邮件。而对承诺的意思表示承担主要责任的承诺人，则不仅承担他自己领域产生的风险，而且还要承担承诺的意示表示在其支配的范围与要约人支配的范围这两个领域间传送时的风险。如承诺的纸面信件在从承诺人送达到要约人的途中灭失，或由于计算机系统的故障，承诺的电子邮件未能通过互联网传送至要约人等。

按照功能等同原则，在电子合同的情况下，承诺生效的时间也应指承诺到达要约人在虚拟空间的支配范围，如电子邮箱、计算机系统等。由于电子商务的虚拟性，这些信息系统既可能处于发件人所在国，也可能处于收件人所在国，还可能处于第三国。在现实空间不一定处于要约人的支配范围，但是，他可以随时打开计算机查看是否有承诺的电子邮件，就如同他到现实空间的信箱去看是否有纸面承诺的信件一样。

按照我国《合同法》第 25 条的规定，承诺生效时合同成立。《合同法》第 26 条规定："承诺通知到达要约人时生效。承诺不需要通知的，根据交易习惯或者要约的要求作出承诺的行为时生效。采用数据形式订立合同的，承诺到达的时间适用本法第 16 条第 2 款的规定。"《合同法》第 16 条第 2 款规定："采用数据电文形式订立合同，收件人指定特定系统接收数据电文的，该数据电文进入该特定系统的时间，视为到达时间；未指定特定系统的，该数据电文进入收件人的任何系统的首次时间，视为到达时间。"这也是采用到达主义。

从主观上看，如果要约人已指定了信息系统，则他理应对该信息系统的信息有合理的注意义务；如果要约人未指定信息系统，则他理应对其任一信息系统有合理的注意义务。虚拟空间"指定的信息系统"和"未指定某一信息系统时的任一信息系统"与现实空间的"信箱"、"收发室"、"办公室"、"亲属"等对要约人具有同样的意义。

---

① 即便是在传统上采投邮主义英国，学者也认识到电子合同应采到达主义。英国著名的丹宁法官（Denning）在 1955 年的一个案例中指出："当事人间采用迅即通信手段的规则应与投邮主义有所不同。在这种情况下，合同应于要约人收到承诺之时才能成立。"丹宁法官提出的这项规则也许可以用来确定通过计算机技术订立的合同的成立的时间。参见冯大同主编：《国际货物买卖法》，对外贸易教育出版社 1993 年版，第 301 页。

所以，依我国《合同法》电子合同成立的时间应该是承诺进入收件人所指定系统的时间或者没指定特定系统时，所进入的收件人任一系统的时间。我国《电子签名法》对于数据电文的发送、收到时间作了规定，其中当然也包括要约的发送时间、到达并生效时间以及承诺的发送时间、到达并生效时间在内。该法第 11 条从以下几个方面作了规定：

（1）数据电文进入发件人控制之外的某个信息系统的时间，视为该数据电文的发送时间。

（2）收件人指定特定系统接收数据电文的，数据电文进入该特定系统的时间，视为该数据电文的接收时间；未指定特定系统的，数据电文进入收件人的任何系统的首次时间，视为该数据电文的接收时间。

（3）当事人对数据电文的发送时间、接收时间另有约定的，从其约定。

与上述规定相似又不同的，是联合国贸法会的《电子商务示范法》第 15 条，分别对数据电文发送与接收的时间予以了详细的规定：

（1）除非发端人与收件人另有协议，一项数据电文的发出时间以它进入发端人或代表发端人发送数据电文的人控制范围之外的某一信息系统的时间为准。

（2）除非发端人与收件人另有协议，数据电文的到达时间按下述办法确定：①如收件人为接收数据电文而指定了某一信息系统：（a）以数据电文进入该指定信息系统的时间为到达时间；或（b）如数据电文发给了收件人的一个信息系统但不是指定的信息系统，则以收件人检索到该数据电文的时间为到达时间。②收件人并未指定某一信息系统，则以数据电文进入收件人的任一信息系统的时间为到达时间。

我国《合同法》和《电子签名法》只规定了两种情况：一是数据电文进入所指定的特定系统；二是在没有指定特定系统的情况下，数据电文进入收件方的任一系统。这里，忽略了还有第三种情况，即收件方指定了特定系统，但数据电文没进入该特定系统而进入了收件方的其他接收系统，这时该怎么办？该数据电文算不算接收到？而《电子商务示范法》则更具体，规定在这种情况下，以收件人检索到数据电文的时间为到达时间。

本书认为，在该第三种情况下，除了可以采取"承诺的到达确认"等技术手段来解决这个问题之外，应该以要约方知悉收到该邮件的时间为宜。理由有：首先，该第三种情况下，要约人并无过错。承诺人没有把承诺发往要约人所指定的接收系统，存在一定程度上的过错。其次，互联网当中信息的传输和现实空间相比，其不确定性更大。当事方在网络上可能会有多个接收系统，当事方没有特别注意或者维护的接收系统和现实空间当中的固定场所相比，其接收信息的稳定性要差很远，没有收到承诺或者虽然收到承诺但是在要约方阅读以前丢失的可能性要大得多。再次，网络上的垃圾邮件可能在短期内就会将当事方的电子邮箱填满，使得该电子邮箱再也不能接收到任何信息，而现实中的场所并不会发生这种情况。在现实场所中，知悉收到邮件的家人、朋友会告知要约方该邮件的存在，而要约方没有主动浏览的、未指定的电子邮箱在通常情况下却不会主动告知相关邮件的存在。

2005 年通过的《联合国国际合同使用电子通信公约》第 10 条 "发出和收到电子通信的时间和地点" 前面两款也有类似规定："（1）电子通信的发出时间是其离开发件人或代表发件人发送电子通信的当事人控制范围之内的信息系统的时间，或者，如果电子通信尚未离开发件人或代表发件人发送电子通信的当事人控制范围之内的信息系统，则为电子通信被收到的时间。（2）电子通信的收到时间是其能够由收件人在该收件人指定的电子地址检索的时间。电子通信在收件人的另一电子地址的收到时间是其能够由该收件人在该地址检索并且该收件人了解到该电子通信已发送到该地址的时间。当电子通信抵达收件人的电子地址时，即应推定收件人能够检索该电子通信。"

七、电子合同成立的地点

在传统交易中，承诺生效的地点为合同成立的地点。然而，在电子交易中，收件人收到数据电文的信息系统或者检索到数据电文的信息系统所在地常常和收件人所在地并不是一个地方。因此，为了确保一个信息系统的地点不作为决定性因素，确保收件人与作为收到地点的所在地有着某种合理的联系，确保发端人可以随时查到该地点，各国法律都采取了把数据电文接收地的确定和有关营业地紧密联系起来的做法，而不是把收到数据电文的信息系统所在地作为数据电文的发送地或收到地。

我国《电子签名法》也是如此规定，其第 12 条规定了以下内容：（1）发件人的主营业地为数据电文的发送地点，收件人的主营业地为数据电文的接收地点；（2）没有主营业地的，其经常居住地为发送或者接收地点；（3）当事人对数据电文的发送地点、接收地点另有约定的，从其约定。

该法首先承认当事人的意思自治，而在缺乏当事人协议时，采用 "主营业地" 作为判别标准。当不存在主营业地的情况下，则以 "经常居住地" 作为数据电文的发出或收到地。之所以以 "主营业地" 作为发出或收到地，主要是基于使合同等行为与行为地有实质性联系，从而避免以"信息系统"作为收到地所可能造成的不稳定性。这种将行为的时间与地点分别界定的方法既适应了现代科技的需要，又照顾了传统法律的实际。

联合国《电子商务示范法》第 15 条规定："除非发端人与收件人另有协议，数据电文应以发端人设有营业地的地点为其发出地点，而以收件人设有营业地的地点视为其收到地点。就本款的目的而言：（1）如果发端人或收件人有一个以上的营业地，则应以对基础交易具有最密切联系的营业地为准，如果并无任何基础交易，则以其主要的营业地为准；（2）如果发端人或收件人没有营业地，则以其惯常居住地为准。"我国香港地区于 2000 年通过的《电子交易条例》第 19 条第 5 款也是如此规定：（a）若发讯者或收讯者有多于一个业务地点，则业务地点指与有关电子记录所涉及的交易有最密切联系的业务地点，若没有涉及任何交易，则指发讯者或收讯者的主要业务地点（视属何情况而定）；（b）若发讯者或收讯者没有业务地点，则业务地点为发讯者或收讯者的通常居住地点。

和我国《电子签名法》第 12 条的规定相比而言，联合国《电子商务示范法》和我国香港地区《电子交易条例》中的做法更为妥当：首先强调以与基础交易具有最密切联系的营业地为准，如无基础交易再以主要营业地为准。

不过，关于"营业地"最合理的规定，是 2005 年《联合国国际合同使用电子通信公约》第 10 条。它增加了当事方可指定营业地以及另一方提出反对的权利，值得我们借鉴："……电子通信将发件人设有营业地的地点视为其发出地点，将收件人设有营业地的地点视为其收到地点，营业地根据第六条确定……"第 6 条"当事人的所在地"规定："（1）就本公约而言，当事人的营业地推定为其所指明的所在地，除非另一方当事人证明该指明其所在地的当事人在该所在地无营业地。（2）当事人未指明营业地并且拥有不止一个营业地的，依照本条第 1 款，就本公约而言，与有关合同关系最密切的营业地为其营业地，但须考虑到双方当事人在合同订立前任何时候或合同订立时所知道或所设想的情况。（3）自然人无营业地的，以其惯常居所为准。（4）一所在地并不仅因以下两点之一而成为营业地：①系一方当事人订立合同所用信息系统的支持设备和技术的所在地；②系其他当事人可以进入该信息系统的地方。（5）仅凭一方当事人使用与某一特定国家相关联的域名或电子信箱地址，不能推定其营业地位于该国。"

第三节　特殊情况下电子合同的效力

一、当事方的行为能力

(一) 非完全民事行为能力的情况

在纸面交易中，我们可以通过查验身份证，鉴别营业执照，核对授权委托书以及谈话来判断对方当事人是否具有相应的缔约能力，或者通过长期的交易伙伴关系，或是通过对他方的资信状况等可见指标来建立一种最起码的信任关系。然而在电子交易中，当事人中一方如何能得知他方具有相应的行为能力？这确实存在判断上的困难。比如，一个9岁的男孩经常上网，某日在购物网站以其父亲的身份证号注册订购了一台冰箱。结果购物网站在把货送到家后，才发现是他订的，其父母表示很抱歉但拒绝买下。这时，购物网站该如何处理这类问题？

依据我国《民法通则》第11、12、13条的规定，18岁以上的公民、16周岁以上不满18周岁但以自己的劳动收入为主要生活来源的公民是完全民事行为能力人，可以独立进行民事活动；不满10周岁的未成年人，不能辨认自己行为的精神病人是无民事行为能力人，不能独立进行民事活动；10周岁以上的未成年人、不能完全辨认自己行为的精神病人是限制民事行为能力人，只能从事与其年龄、智力、精神状况相适应的民事活动。我国《合同法》第9条规定："当事人订立合同，应当具有相应的民事权利能力和民事行为能力。"我国《合同法》第三章（合同的效力）第47条的规定："限制民事行为能力人订立的合同，经法定代理人追认后，该合同有效。但纯获利益的合同或者与其年龄、智力、精神健康状况相适应而订立的合同，不必经法定代理人追认。相对人可以催告法定代理人在1个月内予以追认。法定代理人未作表示的，视为拒绝追认。合同被追认之前，善意相对人有撤销的权利。撤销应当以通知的方式作出。"这些规定也适用于电子商务合同。

所以，在前述例子中，如果小孩的父母亲不加以追认，则小孩所作出的订购行为无效。不过，购物网站所花费的送货费用该由谁负担？对此，各国目前还没有切实有效的办法可加以防止。只有在电子商务合同要约邀请中明确规定对方当事人的年龄，或是在合同履行过程中不与无相应民事行为能力人进行交易，等等。对家长或其他监护人来讲，应该告知家中的儿童和心智不成熟的其他非完全民事行为能力人，不能上网签订电子商务合同或只能上网签订特定的小额、简单的电子商务合同。

在目前这种情况下，购物网站在送货之前，最好多通过电话或其他方式和买方联系，以增大确定对方的行为能力的把握，从而避免送货上门时被对方监护人拒绝的情况出现。另外，可以让家长或其他监护人补偿购物网站送货所花的部分费用，以示其监护不力的小小惩罚。

2014 年国家工商行政管理总局《网络交易管理办法》第 16 条规定消费者在收货起 7 天内有无理由退货权，这在很大程度上解决了本问题："网络商品经营者销售商品，消费者有权自收到商品之日起 7 天内退货，且无须说明理由，但下列商品除外……退回商品的运费由消费者承担……"

（二）消费者匿名交易的情况

在电子合同中，许多当事人以虚拟主体出现。客户进入网站以后登录的身份常常和真实的身份不相符。在这种情况下，是否可以因为合同当事人不存在而宣告合同不成立？有观点认为，尽管存在着虚拟主体现象，但是应当区分两种情况：一是以纯粹虚拟的身份进行交易，也就是说客户登录的姓名与密码等都是虚假的，登录的资料和信息完全是虚构的。在这种情况下，首先应当查明是谁虚拟了该当事人，如果能够查明，则可以认为该当事人以化名进行交易，其进行交易的意思表示是真实的；但是如果不能发现客户是谁，则只能认为该合同仅仅具有一方当事人，而不能够成立。二是完全假冒他人的名义从事交易，也就是说当事人用他人的姓名与密码登录并从事了交易，登录的资料和信息是真实的。在此情况下，另一方当事人可以根据无权代理的规定行使追索权和撤销权，如果在以后，本人拒绝确认的，则该合同无效；如果本人承认，则该合同有效。①

在以上第一种情况下，该观点认为，如果商家能够查明该当事人的真正身份，则合同成立；如果不能查明客户的真正身份，则合同就不能够成立。本书对此有不同看法。在购物过程当中，商家是否有必要查明客户的真实身份，实际上属于客户是否具有匿名权利的问题。

在现实中，交易不太复杂的情况下，消费者看中了所要购买的商品之后，直接交钱取货（有时开具发票）即完成交易。只有在少数情况下购买商品或者服务才需要提供自己的真实身份，如购买房屋等。为了保护消费者的权益，商家必须提交自己的真实身份，并在发票当中予以表明。在以后发生商品质量问题纠纷时，消费者只要持有证明商家真实身份、证明交易确实存在的发票就

---

① 王利明：《民商法研究（第五辑）》，法律出版社 2001 年版，第 284 页。

可据以向商家进行交涉，并没有必要提交自己的身份证才可以和商家交涉从而维护自己的消费者权益。有谁听说过，消费者去超级市场购物、美容、健身或者去看电影、吃饭还需要提交自己的身份证明？商家在意的是收取货款或者服务费，并不试图花费太多努力来了解消费者的个人具体情况。而消费者也并不想把自己在什么时间购买了什么货物或者服务的具体情况让其他人知道，也不想让商家知道，尤其是在购买一些个人敏感商品的时候更是如此，如女性用品、掩盖生理缺陷用品等。此时基本只有用来联系的电话号码是真的，而姓名与具体门牌号码都故意虚构。当然，商家可以通过消费者的言行举止来判断其行为能力如何，但是，这种判断仅仅是一种表面判断，并不需要具体知晓消费者的姓名和年龄。在许多情况下，消费者还可以拒绝商家对自己姓名和年龄的询问，因为这已属于个人隐私权的范畴。

如果认为商家不能查明消费者真正身份则合同不能够成立，那么，在目前已经普遍存在的匿名交易当中，消费者的权益就得不到法律的有效保护。而如果让消费者在网上购买任何一件商品或者服务都需要提交自己的姓名和年龄，以证明自己的行为能力，那么，在消费者的隐私权得不到有力保护的信息时代里，其隐私权的最后一层自主保障都将被剥夺。而且，这样一来，许多消费者都将尽量减少通过互联网购买货物或者商品的次数，这对于电子商务的发展是极其不利的。

所以，对于一些权利和义务比较简单的电子交易，消费者应该可以不提供真实身份。在成立电子合同的过程当中，商家可以把消费者所填写的数据、上网购物行为作为其具有行为能力的初步证据。如果在进一步的交往中发现消费者属于非完全民事行为能力者，则可以按照前一部分的讨论加以解决。如果不存在这个问题，则可以认为，商家和匿名消费者之间所成立的合同有效。

二、电子代理人法律问题

(一) 电子代理人的含义

网上商家在电子商务中多采用智能化交易系统，自动发送、接收和处理交易定单，即电子代理人。这些电子交易系统，具有按照预先设定好的程序自动发出要约、承诺，并具有审单判断的功能，自动完成合同订立的过程，而且在许多情况下可以自动履行合同，较少需要，甚至不需要人工的介入。当事人通常需要在阅读清单时，才知道这些合同的详细发生情况。电子代理人既不是自然人，也不是法人或者其他任何机构，而是一些计算机程序和自动化手段，是一种能够执行人的意思的、智能化的交易工具，能够在没有人进行干预的情况下去完成某些行为，起到了代理人的作用，因此叫做电子代理人。

联合国国际贸易法委员会在起草《电子商务示范法》时，还没有提到这个概念。美国法学会在制定《统一计算机信息交易法》时，第一次使用了这个概念。此后，欧洲一些国家也相继采用这一概念。美国《统一计算机信息交易法》第 102 条"定义"部分认为："所谓电子代理人，指的是不需要个人加以干预就能独立地用来启动某个行为，对电子记录或者履行作出回应的计算机程序、电子手段或者其他自动化手段。"①

美国《统一计算机信息交易法》第 202 条肯定了电子代理人作为订约方式的合理性。该条规定，合同可以以任何足以说明存在合意的方式订立，包括要约和承诺、当事人双方的行为或者承认合同关系的电子代理人的运作。该法第 107 条对使用电子代理人的法律效力也作了规定，可以利用其电子代理人来进行认证、履约或者表示同意，即使没有谁意识到代理人的运作或者对代理人的运作或者运作的结果作出审查，也是如此。第 206 条的规定，当事人可以通过电子代理人的方式订立合同，也可以通过电子代理人之间的相互作用而订立。

2005 年《联合国国际合同使用电子通信公约》第 12 条"自动电文系统在合同订立中的使用"规定："通过自动电文系统与自然人之间的交互动作或者通过若干自动电文系统之间的交互动作订立的合同，不得仅仅因为无自然人复查这些系统进行的每一动作或者由此产生的合同而被否认有效性或可执行性。"

（二）电子代理人责任的分担

对于一方是电子代理人、一方是自然人达成的合同，澳大利亚《电子交易法》则规定还需满足一定的条件：（1）个人有理由知道其正在同一个电子代理人作交易；（2）个人还要有理由知道电子代理人对其及时的表述作出反应的能力存在何种限制；（3）该个人还要明白，其作出的举动将使作为相对方的电子代理人完成某项交易。② 这是因为，如果这些要求没有满足，那么，作为自然人的这一方在订立合同时，由于其对相对方为电子代理人的情况并不了解，其意思表示会存在一定的缺陷。此外，自然人对于电子代理人的信息处理权限并不清楚，因而，使用电子代理人的一方就有义务将该电子代理人具体信息处理权限告知相对方。

---

① 美国《统一计算机信息交易法》第 102 条"定义"部分第 28 个定义。
② 澳大利亚《电子交易法》第 401（c）（2）条。

在使用电子代理人时，可以从以下几个方面来考虑责任的分担：

（1）电子代理人的信息自动交流和处理都是遵从用户预先设定好的程序作出反应，且使用人也可以在程序运行过程中随时予以介入。因此，电子代理人的意思正好是使用人意思的全面反映。通过电子代理人订立合同与自然人之间直接进行信息交流而订立的合同一样，也具有合同当事人的合意，电子代理人行为的后果由其程序使用人承担。

（2）自动交易系统都是由商家提供的，如果该系统没有提供必要的纠错设施，那么，由于电子错误而产生的责任就不能由交易相对人承担，而应当由电子代理人的本人承担。

（3）在电子代理人发生错误时，一当事方遵守约定继续执行合同但另一当事方没有继续执行，在如果后者遵守约定执行合同就可以检测到电子代理人错误的情况下，前者可撤销该发生错误的合同，即使合同已经成立。①

（4）如果当事方没有约定，一当事方 A 检测到自己的电子代理人发生错误，则应该及时通知另一方 B，后者应该在合理的时间里对此加以确认。确认后，发生错误方 A 可以撤销产生错误的合同。当事方 B 否定存在错误时，当事方 A 应该证明错误的存在。如果不能证明，则不能撤销合同。

我国目前还没有关于电子代理人的法律规定。如果在实践中遇到这样的问题，则可以根据以上分析，从法律原则、法律理论来推导出电子代理人的法律效力。以上澳大利亚和美国的做法比较妥当，值得借鉴。

三、电子错误

（一）电子错误的含义

在订立电子合同过程当中，所出现的错误可以分为以下几种情况：一是信息系统的使用者，在使用系统的过程当中输入了错误的指令，从而发出了错误的信息；二是信息系统本身出现错误，产生了错误的信息并加以发送；三是信息在传输的过程当中发生了错误。在上述第二、第三种情况下，所产生的错误并不会因为交易相对方的不同而有所区别。而在以上第一种情况下，如果交易相对方是消费者，对电子错误所带来的结果就应该采取不同的处理方法。所以，本书所讲的电子错误，主要是针对以上所列的第一种情况。

由于订立电子合同严重依赖于信息系统的处理，而信息系统的操作又仅需

---

① 赵云：《试论电子合同中电子代理人的法律地位》，载李双元主编：《国际法与比较法论丛（第八辑）》，中国方正出版社 2003 年版，第 257 页。

键盘、鼠标的"举手之劳",客户很可能因为疏忽大意而操作错误。同时,由于信息系统的处理速度非常快,在非常短的时间内就可以把信息传送给对方,这样很可能就会订立客户意料之外的合同而无法挽回。所以,在订立电子合同的过程当中提供检测并纠正或避免错误的合理方法就非常重要。

在 B2B 交易的情况下,当事方所使用的信息处理系统一般都是根据自己的需要、要求而购买或者定制的。一般来说,采取什么样的信息处理系统,在信息处理系统当中加入什么样的防止误操作步骤,采取什么样的措施最大限度地防止出错,当事方都可以预先仔细加以选择。所以,在以上所列错误的情况下,一般都由当事方自己承担责任。

而在 B2C 交易的情况下,一般来说,所使用的信息处理系统都是由商家根据自己的判断而购买或者定制的。采取什么样的信息处理系统,在信息处理系统当中加入什么样的防止误操作步骤,采取什么样的措施最大限度地防止出错,都是由商家根据自己需要加以选择,消费者并没有预先选择并确定的机会。所以商家就有义务提供检测并纠正或避免错误的合理方法。因此,在出现了电子错误的情况下,就要按照保护弱势方的原则加以处理,如果商家没有提供检测并纠正或避免错误的合理方法,那么,在符合一定条件的情况下,消费者可以不受这种意料之外合同的约束。

电子错误主要有以下几个要素:

(1)是相对于经营者的消费者一方发生的错误;

(2)使用信息处理系统时产生的电子信息错误;这里的"信息处理系统"指的应是交易的另一方当事人所提供的交易平台,而非电脑终端用户自己的信息处理系统。

(3)经营者没有提供合理方法纠正或避免错误才会产生的错误。电子错误产生的根本原因是缘于系统本身设计的缺陷,一是没有提供检测错误的合理方法;二是即使提供检测错误的合理方法,也就是说即使检测出错误,但是由于没有提供纠正或避免错误的合理方法而导致最终出错。这仍然是电子错误,仍然要按照电子错误的归责原则来追究信息处理系统的提供方的责任。在使用电脑终端发生错误并没有意识到输入错误的情况下,消费者把信息发送出去,这时候如果交易系统不给消费者提供确认的机会,则该错误就属于电子错误。尽管最初是由于客户的疏忽输入错了数字,但最终还是电子信息处理系统没有提供改正错误的机会而导致的。信息系统在客户发送信息时,提醒客户是否确认。客户确认后,这种错误就不应该再是电子错误。因为信息处理系统已经给提供改错的机会。由此可见,电子错误的规则更多地是从保护处于较弱地位的消费者角度设置的。

（二）电子错误的产生和处理

在互联网上，一两次点击就可能发出要约或者作出承诺。尤其是在后一种情况下，就可能成立有拘束力的合同。我们对电脑的操作都是通过鼠标的不断点击来完成，一天下来，要完成无数次地点击，甚至会引发"鼠标手"的病症。所以，手指头的一次点击，完全可能是在下意识的情况下作出，而本人并没有真正意识到由此带来的后果，或者是没有看清楚"确定"按钮前的说明而作出。例如，许多网站宣称提供免费服务，网站首先提供一整个版面的功能说明，当用户浏览并点击"下一步"的按钮后，网站再提供一整个版面的免责声明，用户浏览并点击"下一步"的按钮后，网站再提供一整个版面的表格供用户填写，其间夹杂着大量的广告，只有当用户点击"确定"或者"取消"才会消失，如是三番五次，很容易造成用户看见"确定"就加以点击的冲动，而当用户在点击一个"确定"按钮的同时，注意到按钮的后面还有两行小字："某种服务费用的计算请查阅某某网页"，并附加一个超链接。可是，该"确定"按钮是用户完成承诺的最后按钮。点击确定之后承诺已经发出，通常该承诺在几秒钟后会被对方接受，合同就可能会成立。不过，按照"某某网页"的说明，用户所享受的某种服务会从用户所输入的手机号码上扣除多少金额。

在预先知晓其免费服务仅仅限于众多服务当中的一小类别，其他服务仍要付费时，通常消费者并不会订立这种合同。但是因为上述原因，当意识到时却为时已晚，错误的信息已经发出。为了使消费者的购物更加简便，许多网站使用了非常高效率的购物程序。比如，运用于网上购物的"一次点击"、"二次点击"的商业方法专利，意思是消费者只要点击一次或者两次就可以完成整个的购物过程，非常高效。这更增加了由于错误点击而成立意料之外合同的可能性。

目前的信息系统在第一次填写密码或者更改密码的程序当中，通常都需要用户重复输入两次密码。如果两次输入的密码中有任何一个数字或者字母不相同，则提示输入无效，提示用户再次输入。只有用户两次所输入的密码完全一致，信息系统才把用户所输入的该密码作为用户以后输入密码正确与否的判断标准。这种方法基本上可以起到避免用户输入错误密码的作用。另外，有少数一些信息系统在用户每一次按确定按钮的同时，会弹出一个对话框加以提示"本次确定不是最终确定，用户在按下本'确定'按钮之后，如果认为数据填写错误，可以按'上一步'或者'取消'按钮再次填写"。在用户按下发送信息以前的最后一个"确定"按钮之前，信息系统会弹出一个对话框加以提示"本次确定是最终确定，本次确认之后信息将马上发出，信息无法更改，请再次确认所填信息是否正确无误"，或者提示"本次确定是最终确定，本次确认之后信息将马上发出，请再次确认所填信息是否正确无误，如果仍然发现错误来不及更改，则可以在多少时间以内通过某种方式联系"，同时，信息系统把用户所填写的全部数据在一个版面之内列举出来，并在其判断可能出现错误的地方加以高亮度或者其他颜色提示。在采取这些措施之后，因为消费者错误的操作而订立其意料之外的合同的可能性就大大降低。

除了这些方法以外，商家还可以在信息系统当中设立其他的程序来达到此目的。如果此错误属交易相对人理应知道或在已知的情况下仍依此错误行事，则由交易相对人自己承担责任。

产生电子错误的重要原因在于商家在其信息系统当中没有提供检测并纠正或避免错误的合理方法，商家存在过错，消费者可以不受这些错误信息的约束。但是，如果在这种情况下不对消费者附加某些义务，则对于商家又会不公平。这些义务至少是：（1）消费者在知道错误产生的时候，尽快通知商家。因为商家在收到错误信息时，又可能并不知道这些信息并不是消费者的真实意思，并不知道消费者不受约束。消费者在享有不受错误信息约束权利的同时，承担尽快通知的义务，有利于减少商家不必要的损失，增加交易的公平性。（2）消费者没有从该错误信息当中获得利益。因为权利和义务应该是对等的，消费者不受错误信息的约束，当然也没有权利从错误信息当中获得利益。消费者也不得将这种利益向第三方转让。

2005年《联合国国际合同使用电子通信公约》第14（1）条"电子通信中的错误"只规定了自然人在与另一当事方的电子代理人订立合同时发生电子错误的处理办法，其内容为："一自然人在与另一方当事人的自动电文系统往来的电子通信中发生输入错误，而该自动电文系统未给该人提供更正错误的机会，在下列情况下，该人或其所代表的当事人有权撤回电子通信中发生输入错误的部分：该自然人或其所代表的当事人在发现错误后尽可能立即将该错误通知另一方当事人，并指出其在电子通信中发生了错误；而且该自然人或其所代表的当事人既没有使用可能从另一方当事人收到的任何货物或服务所产生的任何重要利益或价值，也没有从中受益。"

（三）国外相关立法

国外的电子商务立法主要从两个方面加以规制，一是从经营者的角度规定义务，比如预先设置检测并纠正或避免错误的程序、方法，并详尽具体地告知给潜在使用人；二是从消费者的角度规定必要的事后补救措施和步骤。

比如，美国 1999 年《统一计算机信息交易法》第 214 条对电子错误的规定是：（1）在本款中，"电子错误"指如没有提供检测并纠正或避免错误的合理方法，消费者在使用一个信息系统时产生的电子信息中的错误。（2）在一个自动交易中，对于消费者无意接受，并且是由于电子错误产生的电子信息，如消费者采取了下列行为，即不受其约束：在获知该错误时，立即将错误通知另一方；以及将所有的信息拷贝交付给另一方，或按照从另一方收取的合理指示，将所有的信息拷贝交付给第三人，或销毁所有的信息拷贝，且未曾使用该信息，或从该信息中获得任何利益，也未曾使信息可为第三方获得。（3）如果（2）款不适用，则电子错误的法律效果由其他法所决定。

欧盟《电子商务指令》主要从信息服务提供商承担的告知义务角度，要求各成员国立法应规定：提供商需说明的情况应包括"纠正人为错误的方法"。英国《2002 年电子商务条例》第 9（1）（c）条按照欧盟指令的要求，明确了信息服务提供商向服务接受方提供信息的义务，有关信息应在接受方发出订单之前向其提供，且必须以清楚、全面和明确无误的方式提供。有关信息包括"在发出订单之前识别并纠正输入错误的技术手段"。加拿大《统一电子商务法》第 17 条关于与电子代理人交易时的错误的规定是："自然人与另一人的电子代理人订立的电子文件，如该自然人在文件中犯了实质性错误，且存在下列情形，则该电子文件没有法律效力并不可执行：（a）电子代理人没有向该自然人提供防止或纠正错误的机会；（b）该自然人在知悉错误后实际可行地尽快通知另一人，自己在电子文件中犯了错误；（c）该自然人采取了合理措施，包括按照另一人关于返还有关对价所指示的步骤返还对价，如果由于错误产生了对价，或依指示毁灭了该对价；且（d）该自然人并未利用或接受从另一人收到的代价中产生的任何实质性好处或价值，如果有的话。"加拿大法的上述规定确立的电子错误规则更为清楚、明了。

更正错误的合理程序主要取决于商业环境，目前，这方面的立法还无法具体规定在设定程序时，采取什么样的设计才符合"合理程序"的要求。因此，为了避免在这方面产生纠纷，公司在设定程序时，需要尽可能地考虑到各种因素。比如，对于一些标的额比较重大的、花费时间比较长的交易，可以增加一道通过电话、电子邮件或者书面函件等等方式加以"交易确认"的程序，而对瞬间即可完成的小额在线交易，可以额外增加一道确认提示按钮。在此只要求合理的程序，并不要求最合理或最有效的程序，如果尽可能地考虑到了各种因素，就符合"合理程序"的要求。

四、电子格式合同法律问题

（一）电子格式合同问题的产生

1. 网站包装合同

在网络交易中，商家常常会预先制定合同条款。消费者如果需要购买某物品或者服务，按照商家预先设定的购买操作步骤，消费者会先看到商家预先制定的合同条款，在合同条款的末尾有同意以及不同意两个按钮。消费者只有在按下同意按钮后，才能进行下一步操作。如果不按下同意按钮或者按下不同意按钮，就无法完成购买行为。因为消费者对于该预先制定的合同的具体内容无从表达不同意见，只有同意或者不同意的选择。所以，这是典型的格式合同。

在这个过程中，消费者只要按下同意按钮，即视为已经完全阅读、理解并且同意整个合同的内容，所以有的把这种合同叫做点选合同（point and click contract）或点选包装合同（click-wrap contract），有的把它叫做网站包裹契约，或者叫做网路拆封包装合约，或者叫做网站包装合同。本书也称为网站包装合同。

这种网站包装合同对某些网络交易而言是必需的，体现了电子商务低成本、高效率的特点。消费者通过网络购物，是希望能够节省时间和精力。如果要求消费者和商家对于每一笔交易都要对每一个合同条款进行协商，则是不现实的。借助标准化的合同条款，可以加快消费者和商家的交易速度，降低交易的协商成本，提高交易效率。

但是，网站包装合同也会带来种种问题。在这种广泛采用网站包装合同的网络交易中，由于合同内容由商家单方面制定，消费者只有选择同意或者不同意的权利，在缺乏替代商品或者服务的情况下，消费者对于这种合同中的不合理条款往往不得不接受；而且，由于网站包装合同的条款显示在显示屏上，有的长达多个页面，在看完一个页面后需要按下一个页面的按钮才能够阅读下一页内容，不能够把几个页面内容像书面文件一样摆在一起互相对照，还有的在一个屏幕中显示一个小框架，框架里显示着网站包装合同的一小部分，要用鼠标按住框架右边的小按钮往下拉，才能看到合同的其他内容。这种阅读习惯和我们平常的书面阅读习惯是有区别的，因此，许多人在事实上可能会没有全部理解甚至不会仔细阅读这种网站包装合同的详细内容。在这些情况下，如何判定这些网站包装合同的效力？

2. 软件拆封授权合同

除了网站包装合同外，还存在软件拆封授权合同问题。拆封授权合同是一种常见的软件授权形式，它是指在软件的包装或者封面上或者封面内常常印刷或者记载着合同条款，这些合同条款不需要消费者签署，其中会载明："当消费者拆开本包装使用本软件时，即视为消费者接受该授权之全部条款。"

软件授权的另一种方式是在软件的安装过程中，会出现一个软件授权协议。在协议的末尾，有同意和不同意两个按钮，用户只有按下同意的按钮，才能完成整个安装过程。这实际上也类似于网站包装合同，因此，这种软件授权的法律效力也可以参照网站包装合同加以确定。

还有一种情况，通过网络购买软件，在合同成立后，使用下载方式把软件下载到购买方的电脑中。软件下载的时间可能比较长，购买方要等到软件安装完毕后，才可以看到软件中所包括的安装授权协议。这种安装授权协议对购买方有没有约束力？购买方在软件下载前的网站包装合同中按下同意按钮是否等于他们已同意了软件安装中的所有协议？如果购买方不同意协议中的某些条款，则是否可以否认合同的成立？

（二）电子格式合同的含义

我国台湾地区有学者认为，格式条款"系指契约当事人之一方，为与不特定之多数相对人订立契约之用，而预先就契约内容所拟定之交易条款"。① 我国大陆有学者认为格式条款是指"由当事人一方预先拟定，相对方只能对该拟定好的合同概括地表示全部同意接受或者全部不予接受，而不能讨价还价的合同类型"。② 《国际商事合同通则》第 2 条、第 19 条第 2 款给格式条款下的定义是："一方为通常和重复使用的目的而预先准备的条款，并在使用时未与对方谈判。"③

格式条款在德国法中称为一般交易条款；在法国法中称为附合条款；在英美法中称为不公平条款；在日本法中称为普通条款。④ 在我国《合同法》颁布前学界就有一般交易条款、格式合同、附合契约、定式合同等称呼。尽管从语意上讲，各国的称呼表达的含义大同小异，但是只有英美的不公平合同条款才最直接地揭示出了立法对格式条款进行规制的原因：不是格式条款本身天然有问题，而是格式条款存在"不公平合同条款"的极大可能性。所以各国立法的核心，也仅在于规制该种"不公平条款"。尽管人们对格式条款所下定义

---

① 詹森林：《消费者保护法与预售屋买卖定型化契约》，载《国立台湾大学法学论丛》第 27 卷第 1 期，第 99 页。

② 杨立新主编：《合同法的执行与运用》，吉林人民出版社 1999 年版，第 60 页。

③ 陈伯诚、王伯庭主编：《合同法重点难点问题解析与适用》，吉林人民出版社 2000年版，第 79 页。

④ 王泽鉴著：《民法学说与判例研究》，中国政法大学出版社 1997 年版，第 36 页。

不完全相同，名称也不完全一致，但都包含有格式条款的一些共同特征：一是由一方为反复使用而预先拟定；二是订立合同时未与对方协商；三是存在潜在的不公平性。①

与传统交易相比，在网上交易中格式合同使用得更加广泛。网络上对消费者不利的格式条款在表现形式上，往往被经营者故意置于合同的尾部或非主页的中间或夹杂于其他条款之中；或用小字或模糊字体展现使消费者难以发现；或被制定得晦涩难懂，让消费者不知所云。对消费者不公平的格式条款在内容上主要有以下几种类型：（1）经营者减轻或免除自己的责任；（2）加重消费者的责任；（3）限制或剥夺消费者的权利，如规定消费者在所购商品存在瑕疵时，只能要求更换，不得解除合同或减少价款，也不得要求赔偿损失；（4）不合理地分配风险，如规定系统故障、第三人行为、不可抗力等因素产生的风险由消费者负担；（5）缩短法定的瑕疵担保期限；（6）转移法定的举证责任；（7）约定有利于自己的纠纷解决条款。可见，这些格式条款的使用剥夺或限制了消费者的合同自由，使消费者面临不利的境地。②

（三）我国法律对电子格式合同的限制

本章第二节"电子合同的成立"中"电子合同的要约、要约邀请和承诺"部分，讨论过电子格式合同问题。根据《合同法》第 39 条、《消费者权益保护法》第 26 条以及 2014 年国家工商行政管理总局《网络交易管理办法》第 17 条的规定，电子格式条款需要"采用显著的方式提请消费者注意与消费者有重大利害关系的条款"，并且不得"排除或者限制消费者权利、减轻或者免除经营者责任、加重消费者责任等对消费者不公平、不合理的规定"。另外，《合同法》、《消费者权益保护法》其他条款也应适用于电子格式合同。③ 尤其

---

① 参见杜年著：《格式合同研究》，群众出版社 2001 年版，第 128~130 页。

② 参见刘德良：《论网络消费者合同中的格式条款与消费者保护问题》，载《新疆大学学报》2001 年第 4 期，第 67~68 页。

③ 我国《合同法》第 39 条第 1 款规定："采用格式条款订立合同的，提供格式条款的一方应当遵循公平原则确定当事人之间的权利和义务，并且采取合理的方式提请对方注意免除或者限制其责任的条款，按照对方的要求，对该条款予以说明。"第 2 款规定："格式条款是当事人为了重复使用而预先拟定，并在订立合同时未与对方协商的条款。"第 40 条规定："格式条款具有本法第 50 条和第 53 条规定情形的，或者提供格式条款一方免除其责任、加重对方责任、排除对方主要权利的，该条款无效。"我国的《消费者权益保护法》第 26 条规定："经营者不得以格式合同、通知、声明、店堂告示等方式，作出排除或者限制消费者权利、减轻或者免除经营者责任、加重消费者责任等对消费者不公平、不合理的规定，不得利用格式条款并借助技术手段强制交易。格式合同、通知、声明、店堂告示等含有前款所列内容的，其内容无效。"

是《合同法》第41条规定："对格式条款的理解发生争议的，应当按照通常理解予以解释。对格式条款有两种以上解释的应当作出不利于提供格式条款一方的解释。"

这些限制当然适用于包括网络包装合同和软件拆封授权合同在内的电子格式合同。从这些条文可以看出我国法律对格式合同的态度是，承认格式合同的效力，但加以以下限制：（1）以合理方式提请对方注意免除或者限制责任的条款；（2）免除格式合同提供方责任，加重相对方责任，排除相对方主要权利的条款无效；（3）有多种解释时以对相对方有利为准。（4）不得对有消费者不公平不合理的规定。在这四条限制中，对于第一条限制，很容易会让人推导出"不是免除、限制责任的条款就不需要提请对方注意"的结论。正确的做法应该是，任何格式条款都应由提供方以合理方式提请相对方的注意，对于其中的免责条款，应更加予以强调和突出，确保相对方理解。

为保护消费者的正当利益不被电子格式合同限制，可考虑让保护消费者机构对网上商城的电子格式合同进行评价与建议。电子格式合同拟定方可以多考虑以下几个方面的内容：（1）使用简单语言标题引起对通知的注意；（2）使用易于阅读的字体和字号；（3）留下足够的页边空白和行距、使用黑体或斜体表示关键词；（4）为了鼓励卷屏以浏览全部内容，使用文本和可视的提示鼓励将该页面拖到底部，并且确保网址上的其他内容（如文本、画面、超链接，以及声音等）不至于分散相对方的注意力；（5）在消费者经常访问的屏幕上设置链接；（6）尽可能以明确、清楚的句子、段落和章节表示；（7）尽量使用简短的句子解释和说明；（8）避免多重否定；（9）尽量避免高度专门化的法律和商业术语；（10）避免不明确的解释以及容易造成不同理解的解释。

另外，我们还可借鉴美国与欧盟对电子格式合同的限制。

（四）美国与欧盟立法对电子格式合同的限制

1. 美国

美国案例法已接受电子格式合同的效力。[①] 为了加强相对方的保护，又对格式条款作出了限制。比如，要能引起用户足够的注意，不能显失公平，等等。基于合同解释的客观理论，法院通过判定争议中的条款即使是一个理性人仔细阅读了也无法明白其内容的话，就能够限制格式合同的执行。如果控制格

---

① 参见林合民：《拆封授权约款的法律效力》，（台湾）《资讯法务透析杂志》，1997年1月，第17页。

式合同的一方当事人将这一有争议的条款放置在不明显的位置，如一份格式合同的背面或以小号字体印制，则法院就更有理由作出这样的判决。如果预先印制的格式合同位于一个理性的当事方根本无法期望发现合同的地方，则法院可能判决包含有这类条款的要约根本不存在。按照这种推理，法院已经判决以小号字体印制在一个领取寄存物品凭证的纸版存根背面的内容不构成一项要约，但是以小号字体在一张仓储收据背面印制的内容就构成要约。①

根据美国《统一计算机信息交易法》的规定，格式许可合同是指用于大规模市场交易的标准许可合同，包括消费者合同及其他适用于最终用户的许可合同。计算机信息的提供者拟定的这类合同面向广大公众，基于基本相同的条款提供基本相同的信息。为了保护格式合同相对人（即用户和消费者）的利益，《统一计算机信息交易法》对这种合同的约束力作出了专门的规定。

该法第111条（有失公平的合同或条款）（a）款规定："如果一个法院按照法律的规定发现一个合同或其中的某一条款于制定时有失公平，则法院可以拒绝执行该合同，或执行该合同中除去有失公平条款之外的其余条款，或限制该有失公平条款的适用以避免造成有失公平的结果。"

该法第112条（意为同意的表示，审查的机会）（e）款规定："关于审查的机会，应适用以下规则：（1）只有在某一记录或条款是以一种应该能引起常人的注意并允许其审查的方式所提供的情况下，才可认为某人有对该记录或条款进行审查的机会。（2）只有在某一记录或条款是以一种能够使合理设置的电子代理人对其作出反应的方式提供的情况下，才可认为该电子代理人具有对该记录或条款进行审查的机会。（3）若是某一记录或条款只有在某人负有付款义务或开始履约之后才可审查，则只有在该人如拒绝该记录时有退还请求权的情况下才可认为该人有对该记录或条款进行审查的机会。"

该法第209条（大众市场许可证）（b）款规定："若提供一件大众市场许可证或其拷贝的方式使被许可方（用户、消费者）在其负有付款义务之前无法取得进行审查的机会，且被许可方在获得审查机会后对该许可不予同意，则被许可方有权根据第112条行使退还请求权，以及（1）要求按照许可方的指示退还或销毁计算机信息过程中发生的任何合理费用，或在缺乏此种指示时，在退还计算机信息过程中所发生的邮费或类似的合理费用；以及（2）要求补偿为恢复被许可方的信息处理系统以消除由于安装而引起系统设置过程中的任

---

① ［美］简·考夫蔓·温、本杰明·赖特著：《电子商务法》，张楚、董涛、洪永文译，北京邮电大学出版社2002年版，第144页。

何合理的、可预见的费用，如果：（a）由于信息必须另以安装才能对许可证进行审查而进行安装，并且（b）安装改变了系统或其中的信息但在被许可方拒收该项许可证并删除安装的信息之后并不使系统或信息恢复到原有状态。"

2. 欧盟

欧盟在消费者保护方面最重要的行动之一就是制定了《关于消费者合同中不公平条款的指令》（*Directive on Unfair Terms in Consumer Contracts*）。该《指令》适用于网上供应货物、提供服务。《指令》提出了很重要的一点，即卖方、供应商与消费者缔结的合同中不得含有任何不公平条款。

该《指令》附件第 1 条列举了一份非穷尽的不公平条款："凡具有以下目的或效果的条款均属不公平条款：（1）由于卖方、供应商的行为、疏忽而造成消费者死伤时，开脱、限制卖方、供应商法律责任的；（2）卖方、供应商全部或部分不履行合同义务，或履行合同义务不当时，相对于卖方、供应商或另一当事方而言，不适当地剥夺、限制消费者的合法权利的，包括选择通过放弃消费者可向卖方、供应商主张的权利而抵消所欠卖方、供应商的债务；（3）卖方、供应商提供服务依赖其自身意志即可完成，却作出约束消费者的协议；（4）消费者决定不缔结合同、不履行合同时允许卖方、供应商保留消费者所付款项的，卖方、供应商撤销合同时没有规定消费者从卖方、供应商处得到同等数额退款补偿的；（5）消费者不能履行义务时要求其支付过高赔偿额的；（6）允许卖方、供应商随意取消合同而消费者却不具有此权利的，卖方、供应商取消合同却允许自己保留尚未提供的服务款项的；（7）卖方、供应商没有合理通知就终止不定期限的合同的（有充分理由的除外）；（8）给予消费者表达不延长合同的最后期限设得过早，消费者没有以其他方式表示同意就自动延长固定期限合同的；（9）使消费者不得不接受合同缔结前其无法实际知道的条款约束的；（10）没有有效理由使卖方、供应商有权单方变更所提供产品、服务的任何特性的；（11）规定货物价格在交货时才确定的，或者允许货物卖方、服务供应商提高货物、服务价格，而最终价格远远高于合同缔结时的议定价格却不给予消费者以合同撤消权的；（12）给予卖方、供应商决定提供的货物、服务是否与合同相符的权利的，或者给予卖方、供应商解释合同条款的排他性权利的；（13）对卖方、供应商承担其代理商产生的责任的义务予以限制的，或者使其责任要符合特定格式的；（14）卖方、供应商不履行义务却要求消费者履行所有义务的；（15）卖方、供应商可以不经消费者同意转让合同项下的权利义务，而降低消费者保障的；（16）剥夺、阻止消费者起诉、寻求其他法律救济的权利，尤其要求消费者只把争端付诸仲裁，不当阻止消费者获取证据或把举证责任强加于消费者的（依准据法，应合同另一方负举证责任）。"

需要指出的是，上述（7）、（9）、（11）三款规定不适用于：可转让证券、金融工具交易及价格由卖方、供应商无法控制的股票交易时价、交易指数、金融市场汇率决定的其他产品、服务交易；外汇、旅行支票、外币国际汇票买卖合同。

第四节　电子合同的履行

电子合同的履行表现为当事双方的权利和义务。买卖双方的权利和义务是对等的。卖方的义务就是买方的权利；反之，亦然。另外，目前网上商城多采取在自营的同时，给第三方提供交易平台的方式提供服务。这些网上商城作为第三方交易平台时，也应承担相应的义务。以下分别介绍这三者的义务。

一、卖方的义务

在电子商务环境下，卖方应当承担的义务主要有以下五项：

（1）信息披露义务。与交易有关的信息都应该明确披露，不得隐瞒。2014年国家工商行政管理总局《网络交易管理办法》第11条规定："网络商品经营者向消费者销售商品或者提供服务，应当向消费者提供经营地址、联系方式、商品或者服务的数量和质量、价款或者费用、履行期限和方式、支付形式、退换货方式、安全注意事项和风险警示、售后服务、民事责任等信息，采取安全保障措施确保交易安全可靠，并按照承诺提供商品或者服务。"

（2）按照合同的规定提交标的物及相应单据。提交标的物和单据是电子商务中卖方的一项主要义务。《网络交易管理办法》第12条规定："网络商品经营者销售商品或者提供服务，应当保证商品或者服务的完整性，不得将商品或者服务不合理拆分出售，不得确定最低消费标准或者另行收取不合理的费用。"该办法第13条规定："网络商品经营者销售商品或者提供服务，应当按照国家有关规定或者商业惯例向消费者出具发票等购货凭证或者服务单据；征得消费者同意的，可以以电子化形式出具。电子化的购货凭证或者服务单据，可以作为处理消费投诉的依据。消费者索要发票等购货凭证或者服务单据的，网络商品经营者必须出具。"为划清双方的责任，标的物实物交付的时间、地点和方法应当明确规定。如果合同中对标的物的交付时间、地点和方法未做明确规定的，则应按照有关合同法或商业惯例、国际公约的规定办理。

标的物和单据的交付可以有两种方式。一种方式是所购商品为有形商品以及以有形媒介为载体的信息商品，通过线下交付的方式完成。这和传统的动产买卖在交付时间与交付地点的确定并无多大区别。我国《合同法》第 139 条："当事人没有约定标的物的交付期限或者约定不明确的，适用本法第 61 条、第 62 条第 4 项的规定。"第 61 条规定："合同生效后，当事人就质量、价款或者报酬、履行地点等内容没有约定或者约定不明确的，可以协议补充；不能达成补充协议的，按照合同有关条款或者交易习惯确定。"第 62 条的第 3 款、第 4 款规定："……（三）履行地点不明确，给付货币的，在接受货币一方所在地履行；交付不动产的，在不动产所在地履行；其他标的，在履行义务一方所在地履行。（四）履行期限不明确的，债务人可以随时履行，债权人也可以随时要求履行，但应当给对方必要的准备时间。……"第 140 条规定："标的物在订立合同之前已为买受人占有的，合同生效的时间为交付时间。"第 141 条规定："出卖人应当按照约定的地点交付标的物。当事人没有约定交付地点或者约定不明确，依照本法第 61 条的规定仍不能确定的，适用下列规定：（一）标的物需要运输的，出卖人应当将标的物交付给第一承运人以运交给买受人。（二）标的物不需要运输，出卖人和买受人订立合同时知道标的物在某一地点的，出卖人应当在该地点交付标的物；不知道标的物在某一地点的，应当在出卖人订立合同时的营业地交付标的物。"

另一种方式是无形商品直接通过网络下载至买方电脑的硬盘里。这时如何确定交付的时间和地点呢？一般来说，买方按约定在线上支付价款之前或之后即可下载，所以交付时间并不是问题；支付地的确定涉及使用最密切联系原则对准据法选择的确定以及税收管辖权的确定。对于交付地点，如果按传统方法，则为"履行义务一方所在地"，即提供无形商品一方的所在地。

不过，最高人民法院 2014 年"关于适用《中华人民共和国民事诉讼法》的解释"第 20 条专门针对"信息网络方式"交易情况下规定了如何判断履行地："以信息网络方式订立的买卖合同，通过信息网络交付标的的，以买受人住所地为合同履行地；通过其他方式交付标的物的，收货地为合同履行地。合同对履行地有约定的，从其约定。"

（3）对标的物的质量、权利承担担保义务。和传统交易一样，不管是在线交付还是线下交付，不管是有体商品还是无形商品，卖方都应保证标的物质量符合规定。卖方交付的标的物的质量应符合国家规定的质量标准或双方约定的质量标准，不应存在不符合质量标准的瑕疵。

如标的物是有形商品，与传统的交易相同，卖方仍然应当是标的物的所有人或经营管理人，以保证将标的物的所有权或经营管理权转移给买方。卖方应保障对其所出售的标的物享有合法的权利，承担保障标的物的权利不被第三人追索的义务，以保护买方的权益。当第三人提出对标的物的权利，并向买方提出收回该物时，卖方有义务证明第三人无权追索，必要时应当参加诉讼，出庭作证。如标的物是无形商品，即属于软件或者信息，在这种情况下，商品提供方一般向买方转移使用权，但是保留所有权。当然，在专为顾客定做的无形商品的情况下，也会转移所有权。

（4）对消费者承担七天内退货义务。《网络交易管理办法》第16条规定："网络商品经营者销售商品，消费者有权自收到商品之日起7天内退货，且无须说明理由，但下列商品除外：①消费者定作的；②鲜活易腐的；③在线下载或者消费者拆封的音像制品、计算机软件等数字化商品；④交付的报纸、期刊。除前款所列商品外，其他根据商品性质并经消费者在购买时确认不宜退货的商品，不适用无理由退货。消费者退货的商品应当完好。网络商品经营者应当自收到退回商品之日起7天内返还消费者支付的商品价款。退回商品的运费由消费者承担；网络商品经营者和消费者另有约定的，按照约定。"

（5）对消费者信息承担限制收集、限制使用及其保密义务。根据《网络交易管理办法》第18条的规定，首先，网络商品经营者、有关服务经营者在经营活动中收集、使用消费者或者经营者信息，应当遵循合法、正当、必要的原则，明示收集、使用信息的目的、方式和范围，并经被收集者同意。其次，网络商品经营者、有关服务经营者收集、使用消费者或者经营者信息，应当公开其收集、使用规则，不得违反法律、法规的规定和双方的约定收集、使用信息。再次，网络商品经营者、有关服务经营者及其工作人员对收集的消费者个人信息或者经营者商业秘密的数据信息必须严格保密，不得泄露、出售或者非法向他人提供。网络商品经营者、有关服务经营者应当采取技术措施和其他必要措施，确保信息安全，防止信息泄露、丢失。在发生或者可能发生信息泄露、丢失的情况时，应当立即采取补救措施。最后，网络商品经营者、有关服务经营者未经消费者同意或者请求，或者消费者明确表示拒绝的，不得向其发送商业性电子信息。

二、买方的义务

在电子商务环境下，买方应当承担的义务主要有以下三项：

（1）买方应承担按照合同约定的时间、地点和方式接受标的物的义务。如果是线下交付，则和传统接收没区别。由买方自提标的物的，买方应在卖方通知的时间内到预定的地点提取。由卖方代为托运的，买方应按照承运人通知的期限提取。由卖方运送的，买方应做好接受标的物的准备。如果是在线交付，则一般是接收方保留了无形商品复本和实现了预定的利益就算完成了接受；如果无形商品由多个部分构成，那么整体的接收才算接收完成。

另外，买方在收货时会对标的物进行验收。通常，消费者收到货时在送货员面前拆开包装检查外观有无损坏、配件是否有所缺少。如果肉眼可见损坏，则当面退还给送货员，然后联系卖家退还已交款项。如果没发现问题则在快递单据上签字收货，那么再进一步慢慢检测是否符合网页所标示功能与用途。如果所交付的商品为大众化的软件，在线下交付的情况下，因为每个复本数量、质量都一致，则通过检验包装、标识等，判断是否属于正版。如果通过在线下载，则检验能否正常安装，并试运行。

（2）买方应承担按照约定支付货款的义务。可以选择在下订单的同时通过在线方式支付，如采用信用卡、智能卡、电子钱包等方式。也可选择货到付款，在收到标的物时，把货款交给快递员。

（3）在实施7天内退货权时的义务。根据《网络交易管理办法》第16条的规定，网络商品经营者销售商品，消费者有权自收到商品之日起7天内退货，且无须说明理由。但退货的商品应当完好，而且退回商品的运费由消费者承担。当然，网络商品经营者和消费者另有约定的，按照约定处理。例如，不少淘宝卖家在陈列商品旁边注明，该商品已代消费者购买了退货险。消费者如在7天内退货，保险公司将返还给消费者一定数额的退货运费。

三、第三方交易平台经营者的义务

《网络交易管理办法》对第三方交易平台经营者规定了其应遵守的义务。第三方交易平台经营者应当是经工商行政管理部门登记注册并领取营业执照的企业法人，是在网络商品交易活动中为交易双方或者多方提供网页空间、虚拟经营场所、交易规则、交易撮合、信息发布等服务，供交易双方或者多方独立开展交易活动的信息网络系统。目前国内网上商城多采取在自营的同时，给第三方提供交易平台的方式，如天猫、京东、亚马逊等均是如此。这些网上商城应当以显著方式对自营部分和平台内其他经营者经营部分进行区分和标记，避免消费者产生误解。

根据该《网络交易管理办法》，第三方交易平台经营者承担的义务主要有以下几项：

（1）对第三方真实信息进行审查与登记的义务。第三方交易平台经营者应当对申请进入平台销售商品或者提供服务的法人、其他经济组织或者个体工商户的经营主体身份进行审查和登记，建立登记档案并定期核实更新，在其从事经营活动的主页面醒目位置公开营业执照登载的信息或者其营业执照的电子链接标识。如果第三方属于尚不具备工商登记注册条件、申请进入平台销售商品或者提供服务的自然人，交易平台经营者应该对其真实身份信息进行审查和登记，则应当建立登记档案并定期核实更新，核发证明个人身份信息真实合法的标记，加载在其从事经营活动的主页面醒目位置。

（2）与第三方订立协议、明确双方权利与义务。第三方交易平台经营者在审查和登记时，应当使对方知悉并同意登记协议，提请对方注意义务和责任条款。交易平台经营者应当与申请进入平台销售商品或者提供服务的经营者订立协议，明确双方在平台进入和退出、商品和服务质量安全保障、消费者权益保护等方面的权利、义务和责任。交易平台经营者修改其与平台内经营者的协议、交易规则，应当遵循公开、连续、合理的原则，修改内容应当至少提前7天予以公示并通知相关经营者。平台内经营者不接受协议或者规则修改内容、申请退出平台的，交易平台经营者应当允许其退出，并根据原协议或者交易规则承担相关责任。交易平台经营者拟终止提供第三方交易平台服务的，应当至少提前3个月在其网站主页面醒目位置予以公示并通知相关经营者和消费者，采取必要措施保障相关经营者和消费者的合法权益。

（3）建立、实施与监控平台交易相应制度之义务。第三方交易平台经营者应当采取必要的技术手段和管理措施保证平台的正常运行，提供必要、可靠的交易环境和交易服务，维护网络交易秩序。交易平台经营者还应当建立平台内交易规则、交易安全保障、消费者权益保护、不良信息处理等管理制度。各项管理制度应当在其网站显示，并从技术上保证用户能够便利、完整地阅览和保存。

第三方交易平台经营者应当对通过平台销售商品或者提供服务的经营者及其发布的商品和服务信息建立检查监控制度，发现有违反工商行政管理法律、法规、规章的行为的，应当向平台经营者所在地工商行政管理部门报告，并及时采取措施制止，必要时可以停止对其提供第三方交易平台服务。工商行政管理部门发现平台内有违反工商行政管理法律、法规、规章的行为，依法要求第三方交易平台经营者采取措施制止的，第三方交易平台经营者应当予以配合。交易平台经营者应当采取必要手段保护注册商标专用权、企业名称权等权利，对权利人有证据证明平台内的经营者实施侵犯其注册商标专用权、企业名称权等权利的行为或者实施损害其合法权益的其他不正当竞争行为的，应当依照

《侵权责任法》采取必要措施。

第三方交易平台经营者应当建立消费纠纷和解和消费维权自律制度。消费者在平台内购买商品或者接受服务，发生消费纠纷或者其合法权益受到损害时，消费者要求平台调解的，平台应当调解；消费者通过其他渠道维权的，平台应当向消费者提供经营者的真实的网站登记信息，积极协助消费者维护自身合法权益。鼓励第三方交易平台经营者设立消费者权益保证金。消费者权益保证金应当用于对消费者权益的保障，不得挪做他用，使用情况应当定期公开。交易平台经营者与平台内的经营者协议设立消费者权益保证金的，双方应当就消费者权益保证金提取数额、管理、使用和退还办法等作出明确约定。

（4）审查、保存相关信息的义务。第三方交易平台经营者应当采取电子签名、数据备份、故障恢复等技术手段确保网络交易数据和资料的完整性和安全性，并应当保证原始数据的真实性。交易平台经营者应当审查、记录、保存在其平台上发布的商品和服务信息内容及其发布时间。平台内经营者的营业执照或者个人真实身份信息记录保存时间从经营者在平台的登记注销之日起不少于2年，交易记录等其他信息记录备份保存时间从交易完成之日起不少于2年。交易平台经营者应当积极协助工商行政管理部门查处网上违法经营行为，提供在其平台内涉嫌违法经营的经营者的登记信息、交易数据等资料，不得隐瞒真实情况。鼓励第三方交易平台经营者为交易当事人提供公平、公正的信用评价服务，对经营者的信用情况客观、公正地进行采集与记录，建立信用评价体系、信用披露制度以警示交易风险。

第五章 电子银行

第一节 电子银行概述

一、电子银行的含义

20 世纪五六十年代是计算机在银行系统的初步应用阶段。计算机诞生后在银行中只是单机使用，用于代替手工记账、清算，以提高财务处理能力和减轻人力负担。从 20 世纪 60 年代开始进入计算机联机管理阶段。计算机在银行业中联机使用，通信系统也更为发达完善，西方主要发达国家银行之间的存款、贷款、汇兑等业务实现电子化连接管理。20 世纪 80 年代中期到 90 年代中期进入电子银行阶段。银行借助会员机系统（ATM）、销售终端系统（POS）提供的服务变成了全天候、全方位和开放型的金融服务。20 世纪 90年代中期开始，随着个人电脑与互联网的普及，进入网络银行阶段。这是银行业发展过程中的一次变革，是迄今为止银行业发展的最高阶段。而随着智能手机与物联网的发展，网络终端的多样化，网上银行的应用更是随时随地可获得。

根据中国银监会 2006 年《电子银行业务管理办法》第 2 条的规定，电子银行业务是指商业银行等银行业金融机构利用面向社会公众开放的通信通道或开放型公众网络，以及银行为特定自助服务设施或客户建立的专用网络，向客户提供的银行服务。电子银行业务包括利用计算机和互联网开展的银行业务（即网上银行业务），利用电话等声讯设备和电信网络开展的银行业务（即电话银行业务），利用移动电话和无线网络开展的银行业务（即手机银行业务），以及其他利用电子服务设备和网络，由客户通过自助服务方式完成金融交易的银行业务。此处的"手机银行业务"指的是利用智能手机终端通过互联网登录银行的网站来完成相应服务的业务，与利用电话语音系统的"电话银行业务"并不相同。

可见，电子银行包括两个大的类别，第一大类是通过计算机、智能手机等任何互联网终端设备登录银行网页完成相应银行服务的业务，又称网上银行、在线银行、虚拟银行等；第二大类是通过电话银行、POS 机、自动柜员机等电子服务设备完成的银行业务。对于通过电话银行、POS 机、自动柜员机完成银行业务的第二大类而言，根据银监会新闻发言人关于《电子银行业务管理办法》的观点，"由于自助银行和电子银行外部服务设施的管理，已经有相关规定。为保持相关规章制度的连续性和稳定性，《办法》对自助银行和电子银行外部服务设施的管理分成了两个层面：一是在业务管理层面，仍按原有的管理规定执行；二是在安全和技术风险等风险管理层面，参照本办法。"[1]

因此，《电子银行业务管理办法》重点从第一大类电子银行的业务管理与风险管理角度进行调控。对于第二大类电子银行，只是在安全和技术风险等风险管理层面，会参照与第一大类电子银行的同等规则进行管理。

二、电子银行的组织模式

此处的组织模式，主要是针对第一大类电子银行的角度进行分类。第一大类主要以互联网为通信方式，因此根据银行是否设置物理性分支机构或分支机构的多寡，可以将提供网上银行服务的机构分为三类：纯网上银行、以互联网为主的银行和分支型网上银行。

（一）纯网上银行（Internet-only Bank）

纯网上银行又称为纯因特网银行或者虚拟银行（Virtual Bank），第一家纯网上银行是美国 1995 年开业的"安全第一网络银行"（Security First Network Bank, SFNB）。纯网上银行是为专门提供网上银行服务而设立的，一般只设一个办公地址，无分支机构，也没有营业网点，几乎所有业务都通过网上进行。[2] 这种银行开户与传统银行不同，客户只要在网页上填一张电子银行开户表，键入自己的姓名、住址、联系电话以及开户金额等基本信息发送给银行，并用打印机打出开户表，签上名字后连同存款支票一并寄给银行即可。几天后顾客便可收到一张电子银行的银行卡。[3]

---

[1] http：//www.cbrc.gov.cn/chinese/home/docView/2243.html.

[2] 王华庆主编：《网上银行风险监管原理与实务》，中国金融出版社 2003 年版，第 25~27 页。

[3] 尹龙著：《网络金融理论初探——网络银行与电子货币的发展及其影响》，西南财经大学出版社 2003 年版，第 14~15 页。

　　处于不同发展阶段的纯网上银行，其主要业务也不相同。在初级阶段，纯网上银行一般不提供信用业务；在成熟阶段，纯因特网银行几乎具有传统银行所有的产品与服务。但由于没有物理网点，因此只能通过与其联网的其他银行柜员机来提取现金。或者把资金转汇到客户在其他银行开立的账户。由于成本很低，纯网上银行以极低廉的交易费用实时处理各种交易，提供更优惠的存贷款利率。

　　（二）以互联网为主的网上银行（Internet-primary Bank）

　　这类银行主要通过互联网提供服务，但拥有有限功能的分支机构，以及不被视作分支机构的物理设施（有限设施银行），如自动柜员机等。这类银行是纯网上银行的发展形式，克服了纯网上银行无法收付现金的缺点。各国和地区监管当局均将纯因特网银行和以互联网为主的银行作为独立、完整的银行机构进行监管，需要经过与设立传统银行一样的审批程序。①

　　我国香港金融管理局还特别要求，设立纯网上银行或以互联网为主的银行，其总行必须要有有形的实体机构，有具体的办公地点。香港金融管理局于2000年发布并于2011年修订的《虚拟银行的认可》实际上就是针对这种以互联网为主的网上银行的。也有许多著作对纯网上银行采取虚拟银行的提法。

　　（三）分支型网上银行

　　分支型网上银行又称分支型因特网银行，还有的称为"水泥加鼠标"型银行，是指传统银行利用互联网作为新的服务渠道，建立交易型网站，提供网上服务而设立的网上银行。这些通过互联网提供的网上银行服务，相当于传统银行的一个特殊分支机构或营业点，因而又被称为"网上分行"、"网上柜台"、"网上分理处"等。与"纯网上银行"的诞生基本同步，分支型网上银行能够独立开展各类银行业务，包括网上开户、网上贷款、电子支票、外汇买卖等。现在基本上所有的传统银行都已开展了网上银行服务，都属于此类。

三、电子银行的多样化终端

　　（一）计算机或智能手机终端

　　这是前面所说的第一大类电子银行业务终端，通常由消费者自行配置。网上银行客户目前普遍利用计算机或智能手机等终端设备。智能手机越来越具有类似于计算机的功能，能登录上网上银行网页进行操作。为了保证资金安全，

---

　　①　王华庆主编：《网上银行风险监管原理与实务》，中国金融出版社2003年版，第25~27页。

银行都实行将卡的自动柜员机（ATM）取款密码、销售设备终端（POS）消费密码与网上银行密码进行区分的策略，所以客户应先到银行柜台注册取得网上支付密码后方能进行网上支付。

各个网上银行根据自己的优势所提供的服务都各自有所侧重。不过，一般都具有以下三个基本功能：（1）交易类业务服务功能。包括账务查询以及支付服务等。账务查询服务包括查询余额以及历史明细账目。如果转账的金额在预先约定的限额以内，系统将正式执行支付指令。（2）客户个人信息服务。包括修改客户资料、修改密码、更新客户证书等。（3）获得在线帮助。

（二）自动柜员机、POS 机、电话银行与无人银行

这是前面所指的第二大类电子银行终端，通常由银行或商家提供。自动柜员机 ATM（Automatic Teller Machine）系统是一种多功能、全天候的自动服务系统。ATM 目前的主要功能有存款、取款、查询、修改密码、转账、小额贷款的偿还等。通常需要插入银行卡，再输入密码，才能继续操作。

销售点终端设备（Point of Sales，POS）通常可以安装在商店、宾馆、餐厅、超市等地方，也可由送货员随身携带。消费者通过刷卡方式输入卡号，再输入密码后，通过同银行主机联网，进行转账支付，还能查询余额并打印输出账单等。

电话银行（Telephone Banking System，TBS）指通过电话语音系统完成银行服务功能。电话银行系统结构同原有银行业务处理系统并没有多大的变化，只是增加了一台语音机，完成语音和数字的转换。客户要办理电话银行业务必须先向银行提出申请，经银行审核批准后，提供给用户专用账号和密码，能完成查询、修改密码、挂失、转账等功能。既可利用银行提供的电话系统，也可利用普通个人所有的电话语音系统来完成相应服务。

无人银行（Un-manned Banking），或称自助银行，指通过包括上述终端在内的各种电子自动化设备来提供金融服务，使银行客户全天 24 小时在没有银行人员协助的情况下，随时能自助完成某些柜台业务交易。例如，存取现金、转账、对账单打印、账户余额查询、公共服务缴费，等等。无人银行一般配置有：自动柜员机、现金存款机、账户查询服务终端、公共事务交费服务机、电话银行、计算机终端，等等。

第二节 电子银行的监管

为加强网上银行国际监管合作，有效发挥各国的网上银行监管力量，提出

广泛适用的网上银行风险监管指导原则，国际银行监管规则的权威制定机构——巴塞尔银行监管委员会也积极对网上银行监管进行了研究，先后出台若干个指引性文件，成为各国监管当局进行风险管理和监管的重要指导。巴塞尔委员会对网上银行业务监管的研究成果包括：1998 年的《电子银行业务与电子货币活动风险管理》、2000 年的《电子银行工作组行动与白皮书》、2001 年的《电子银行业务风险管理原则》、2003 年的《跨境电子银行业务活动的管理与监督》，等等。

《电子银行业务风险管理原则》阐述了 14 条风险监管原则。这 14 条原则分为三大部分：第一部分是董事会和管理层监督（《原则》第 1~3 条）；① 第二部分是安全控制（《原则》第 4~10 条）；② 第三部分是法律和声誉风险管理（《原则》第 11~14 条）。③ 另外，2003 年《跨境电子银行业务活动的管理与监督》有两条专门针对跨境电子银行业务的监管原则：（1）银行业机构在从事跨境电子银行业务之前，应该进行适当的风险评估，并制订有效的风险管理计划；（2）从事跨境电子银行业务的银行业机构应该在网站上披露充分的信息，使得潜在客户可以确定该银行的身份，确定其母国以及获得许可的信息。

为了有效地对网上银行进行规制，中国人民银行于 2001 年发布了《网上银行业务管理暂行办法》与《关于落实〈网上银行管理暂行办法〉有关规定

---

① 在董事会与管理层的监管方面，有三条原则：（1）对于电子银行业务的相关风险，董事会和高级管理层应该建立包括特定责任、政策以及控制制度在内的有效监管制度；（2）董事会和高级管理层应该对银行安全控制程序的关键部分加以审查、批准，必须确保网上银行具备综合性的、高效的业务安全规则；（3）董事会和高级管理层应该确立一套管理银行外部联系以及第三方附属关系的持续性合理审慎监管的综合性程序。

② 七条原则是：（1）身份和授权确认原则。银行应该采取适当措施对网上客户的身份和授权加以确认；（2）不可否认原则。银行应该采用能够增加交易的不可否认性的交易方法；（3）职责分离原则。银行应该采取合理措施来促使在电子银行系统、数据库以及应用程序中实现职责分离；（4）授权控制原则。银行应该确保对电子银行系统、数据库以及应用程序的进入具有合理的授权控制能力；（5）数据和交易的完整性原则。银行应该采取适当措施确保电子银行交易、记录和信息的数据完整；6. 追踪审计原则。银行应该确保对全部电子银行交易加以追踪审计监督；7. 关键信息保密原则。银行应该采取和信息的敏感度相适应的适当措施为关键信息保密。

③ 分别是：（1）信息披露原则。银行应该在网站上披露充分的信息，使得潜在用户可以判断银行身份以及受管制状况等等；（2）客户隐私权保护原则；（3）银行应该具备有效的业务容量、业务连续性和应急计划，以确保电子银行业务的可利用；（4）银行应该制定适当的应急计划，以管理、控制、减少意外事件所带来的后果。

的通知》。2003 年，国务院确定由中国银行业监督管理委员会（即银监会）履行原由中国人民银行履行的审批、监督管理银行、金融资产管理公司、信托投资公司及其他存款类金融机构等的职责及相关职责。银监会发布了《电子银行业务管理办法》并于 2006 年生效。随后，中国人民银行废止了上述《网上银行业务管理暂行办法》。

在中国境内设立的金融资产管理公司、信托投资公司、财务公司、金融租赁公司以及经中国银监会批准设立的其他金融机构，开办具有电子银行性质的电子金融业务，都要遵守该《电子银行业务管理办法》（以下简称《办法》）对金融机构开展电子银行业务的有关规定。以下介绍该《办法》中的监管规则。

一、电子银行业务的准入监管

（一）电子银行的准入、终止与暂停

电子银行的准入采取审批制与报告制相结合的方法。根据《办法》第 12 条与第 22 条的规定，金融机构申请开办电子银行业务，根据电子银行业务的不同类型，分别适用审批制和报告制：（1）利用互联网等开放性网络或无线网络开办的电子银行业务，包括网上银行、手机银行和利用掌上电脑等个人数据辅助设备开办的电子银行业务，适用审批制；（2）利用境内或地区性电信网络、有线网络等开办的电子银行业务，适用报告制；（3）利用银行为特定自助服务设施或与客户建立的专用网络开办的电子银行业务，法律法规和行政规章另有规定的遵照其规定，没有规定的适用报告制。另外，金融机构"增加或者变更"以下电子银行业务类型，适用审批制：（1）有关法律法规和行政规章规定需要审批但金融机构尚未申请批准，并准备利用电子银行开办的；（2）金融机构将已获批准的业务应用于电子银行时，需要与证券业、保险业相关机构进行直接实时数据交换才能实施的；（3）金融机构之间通过互联电子银行平台联合开展的；（4）提供跨境电子银行服务的。

根据《办法》第 15 条的规定，金融机构向中国银监会或其派出机构申请开办电子银行业务，应提交以下文件、资料：（1）由金融机构法定代表人签署的开办电子银行业务的申请报告；（2）拟申请的电子银行业务类型及拟开展的业务种类；（3）电子银行业务发展规划；（4）电子银行业务运营设施与技术系统介绍；（5）电子银行业务系统测试报告；（6）电子银行安全评估报告；（7）电子银行业务运行应急计划和业务连续性计划；（8）电子银行业务风险管理体系及相应的规章制度；（9）电子银行业务的管理部门、管理职责，以及主要负责人介绍；(10) 申请单位联系人以及联系电话、传真、电子邮件信箱等联系方式；(11) 中国银监会要求提供的其他文件和资料。

根据《办法》第 28、29、30 条的规定，已开办电子银行业务的金融机构按计划决定终止全部电子银行服务或部分类型的电子银行服务时，应提前 3 个月就终止电子银行服务的原因及相关问题处置方案等，报告中国银监会，并同时予以公告。金融机构按计划决定停办部分电子银行业务类型时，应于停办该业务前 1 个月内向中国银监会报告，并予以公告。金融机构终止电子银行服务或停办部分业务类型，必须采取有效的措施保护客户的合法权益，并针对可能出现的问题制定有效的处置方案。

金融机构因电子银行系统升级、调试等原因，需要按计划暂时停止电子银行服务的，应选择适当的时间，尽可能减少对客户的影响，并至少提前 3 天在其网站上予以公告。受突发事件或偶然因素影响非计划暂停电子银行服务，在正常工作时间内超过 4 个小时或者在正常工作时间外超过 8 个小时的，金融机构应在暂停服务后 24 小时内将有关情况报告中国银监会，并应在事故处理基本结束后 3 日内，将事故原因、影响、补救措施及处理情况等，报告中国银监会。金融机构终止电子银行服务或停办部分业务类型后，需要重新开办电子银行业务或者重新开展已停办的业务类型时，应按照相关规定重新申请或办理。

(二) 开办电子银行业务所需具备的条件

根据《办法》第 9 条的规定，金融机构开办电子银行业务，应当具备下列条件：

(1) 金融机构的经营活动正常，建立了较为完善的风险管理体系和内部控制制度，在申请开办电子银行业务的前一年内，金融机构的主要信息管理系统和业务处理系统没有发生过重大事故；

(2) 制定了电子银行业务的总体发展战略、发展规划和电子银行安全策略，建立了电子银行业务风险管理的组织体系和制度体系；

(3) 按照电子银行业务发展规划和安全策略，建立了电子银行业务运营的基础设施和系统，并对相关设施和系统进行了必要的安全检测和业务测试；

(4) 对电子银行业务风险管理情况和业务运营设施与系统等，进行了符合监管要求的安全评估；

(5) 建立了明确的电子银行业务管理部门，配备了合格的管理人员和技术人员；

(6) 中国银监会要求的其他条件。

另外，根据《办法》第 10 条的规定，金融机构开办以互联网为媒介的网上银行业务、手机银行业务等电子银行业务，除应具备上述条件外，还应具备以下条件：

（1）电子银行基础设施设备能够保障电子银行的正常运行；

（2）电子银行系统具备必要的业务处理能力，能够满足客户适时业务处理的需要；

（3）建立了有效的外部攻击侦测机制；

（4）中资银行业金融机构的电子银行业务运营系统和业务处理服务器设置在中华人民共和国境内；

（5）外资金融机构的电子银行业务运营系统和业务处理服务器可以设置在中华人民共和国境内或境外。设置在境外时，应在中华人民共和国境内设置可以记录和保存业务交易数据的设施设备，能够满足金融监管部门现场检查的要求，在出现法律纠纷时，能够满足中国司法机构调查取证的要求。

二、电子银行的风险管理体系与内部控制体系

根据美国财政部货币总监署（OCC）《总监手册——互联网银行业务》对网络银行风险所作的定义，主要有以下9类：（1）信用风险。它是指由于债务人未能按照与银行所签的合同条款履约或其资本造成的风险。（2）利率风险。它是指随着利息率运动变化而变化的对银行收益或资本造成的风险。（3）流动性风险。它是指银行在其所作承诺到期时，不承担难以接受的损失就无法履行这些承诺，从而对银行收益或资本造成的风险。（4）价格风险。它是指因交易完毕的金融票据价值发生了变化而对银行收益或资本造成的风险。（5）外汇风险。当一笔贷款或贷款组合以外汇计价，或以借入外汇作为资金来源，外汇风险就会产生。（6）交易风险。它是指因欺诈、差错、无力提供产品或服务，或在保持竞争态势以及管理信息当中，对银行收益和资本造成的现实和长远的风险。（7）合规性风险。它是指银行因为违反或没有执行法律、法则、法规、订明的做法或行业标准而对收益或资本形成的风险。（8）战略风险。它是指经营决策错误，或决策执行不当，或对行业变化束手无策，对银行的收益或资本形成现实和长远的影响。（9）声誉风险。它是指负面的公众观点对银行收益和资本所产生的现实和长远的影响。这种风险影响着银行建立新客户关系或服务渠道，以及继续为现有客户服务的能力，会使银行面临诉讼、金融损失或者客户流失的局面。

电子银行最大的优点在于其虚拟性，电子银行无须考虑银行的物理结构，只需设置虚拟的互联网站点。整个交易过程几乎全部在网上完成，突破了时间

和地域的限制，大大减少了金融机构服务人员的数量，提高了银行业务的操作速度和操作水平，降低了服务成本，减少服务差错，提高服务质量，无限地延长了营业时间。但是，这种虚拟性的达成依赖于自动化程度较高的技术和设备。而这些复杂的技术和设备又不可能绝对不出问题。这就直接或者间接地导致了电子银行的特殊风险。比如，电子银行系统受到网络内部或者外部的攻击，电子银行系统死机、停机、数据丢失等的不确定因素导致。所选择的电子银行系统本身的设计、运行不良所产生的风险。电子银行系统依赖第三方服务商的技术支持，而该第三方服务商不具备必要的专业技能或者不能及时实现技术的更新换代所带来的风险。客户的错误操作、使用所产生的风险。

根据第 31、32、33 条的规定，金融机构应当将电子银行业务风险管理纳入本机构风险管理的总体框架之中，并应根据电子银行业务的运营特点，建立健全电子银行风险管理体系和电子银行安全、稳健运营的内部控制体系。金融机构的电子银行风险管理体系和内部控制体系应当具有清晰的管理架构、完善的规章制度和严格的内部授权控制机制，能够对电子银行业务面临的战略风险、运营风险、法律风险、声誉风险、信用风险、市场风险等实施有效的识别、评估、监测和控制。金融机构针对传统业务风险制定的审慎性风险管理原则和措施等，同样适用于电子银行业务，但金融机构应根据电子银行业务环境和运行方式的变化，对原有风险管理制度、规则和程序进行必要的和适当的修正。

金融机构应当针对电子银行不同系统、风险设施、信息和其他资源的重要性及其对电子银行安全的影响进行评估分类，制定适当的安全策略，建立健全风险控制程序和安全操作规程，采取相应的安全管理措施。对各类安全控制措施应定期检查、测试，并根据实际情况适时调整，保证安全措施的持续有效和及时更新。

和传统银行相比较，技术方面的风险是网上银行所面临的最大、最特殊的风险。其中，又可以分为互相联系的三个层面：第一个层面是单纯的技术风险，即所采用的软件、硬件是否可靠的问题；第二个层面是指用户操作上的风险，即银行是否已经向用户详细说明其有关软件、硬件的操作方法。如果用户在操作上失误并带来损失，则最终将影响到电子银行的信誉，影响到用户的信心；第三个层面是针对单纯的技术风险、操作风险，电子银行的管理方法和系统是否能够应付？也就是对复杂技术、复杂系统的管理风险。

针对电子银行的这些单纯技术风险、操作风险和管理风险，《办法》第 3 章专门从这三个方面规定了风险管理的内容。

（一）技术风险方面的内部控制规则

金融机构应当保障电子银行运营设施设备，以及安全控制设施设备的安全，对电子银行的重要设施设备和数据，采取适当的保护措施。

（1）有形场所的物理安全控制，必须符合国家有关法律法规和安全标准的要求，对尚没有统一安全标准的有形场所的安全控制，金融机构应确保其制定的安全制度有效地覆盖可能面临的主要风险；

（2）以开放型网络为媒介的电子银行系统，应合理设置和使用防火墙、防病毒软件等安全产品与技术，确保电子银行有足够的反攻击能力、防病毒能力和入侵防护能力；

（3）对重要设施设备的接触、检查、维修和应急处理，应有明确的权限界定、责任划分和操作流程，并建立日志文件管理制度，如实记录并妥善保管相关记录；

（4）对重要技术参数，应严格控制接触权限，并建立相应的技术参数调整与变更机制，并保证在更换关键人员后，能够有效防止有关技术参数的泄露；

（5）对电子银行管理的关键岗位和关键人员，应实行轮岗和强制性休假制度，建立严格的内部监督管理制度。

（6）金融机构应采用适当的加密技术和措施，保证电子交易数据传输的安全性与保密性，以及所传输交易数据的完整性、真实性和不可否认性。金融机构采用的数据加密技术应符合国家有关规定，并根据电子银行业务的安全性需要和科技信息技术的发展，定期检查和评估所使用的加密技术和算法的强度，对加密方式进行适时调整。

（二）客户操作风险方面的内部控制规则

金融机构应当与客户签订电子银行服务协议或合同，明确双方的权利与义务。在电子银行服务协议中，金融机构应向客户充分揭示利用电子银行进行交易可能面临的风险，金融机构已经采取的风险控制措施和客户应采取的风险控制措施，以及相关风险的责任承担。金融机构应采取适当的措施和采用适当的技术，识别与验证使用电子银行服务客户的真实、有效身份，并应依照与客户签订的有关协议对客户作业权限、资金转移或交易限额等实施有效管理。

（三）银行风险管理方面的内部控制规则

为了应对上述技术风险、客户操作风险，电子银行在管理方法方面还应该遵循下列内部控制规则：

（1）金融机构应当建立相应的机制，搜索、监测和处理假冒或有意设置类似于金融机构的电话、网站、短信号码等信息骗取客户资料的活动。金融机构发现假冒电子银行的非法活动后，应向公安部门报案，并向中国银监会报告。同时，金融机构应及时在其网站、电话语音提示系统或短信平台上，提醒客户注意。

（2）金融机构应尽可能使用统一的电子银行服务电话、域名、短信号码等，并应在与客户签订的协议中明确客户启动电子银行业务的合法途径、意外事件的处理办法，以及联系方式等。已实现数据集中处理的银行业金融机构开展网上银行类业务，总行（公司）与其分支机构应使用统一的域名；未实现数据集中处理的银行业金融机构开展网上银行类业务时，应由总行（公司）设置统一的接入站点，在其主页内设置其分支机构网站链接。

（3）金融机构应建立电子银行入侵侦测与入侵保护系统，实时监控电子银行的运行情况，定期对电子银行系统进行漏洞扫描，并建立对非法入侵的甄别、处理和报告机制。

（4）金融机构开展电子银行业务，需要对客户信息和交易信息等使用电子签名或电子认证时，应遵照国家有关法律法规的规定。金融机构使用第三方认证系统，应对第三方认证机构进行定期评估，保证有关认证安全可靠和具有公信力。

（5）金融机构应定期评估可供客户使用的电子银行资源充足情况，采取必要的措施保障线路接入通畅，保证客户对电子银行服务的可用性。

（6）金融机构应制订电子银行业务连续性计划，保证电子银行业务的连续正常运营。金融机构电子银行业务连续性计划应充分考虑第三方服务供应商对业务连续性的影响，并应采取适当的预防措施。

（7）金融机构应制订电子银行应急计划和事故处理预案，并定期对这些计划和预案进行测试，以管理、控制和减少意外事件造成的危害。

（8）金融机构应定期对电子银行关键设备和系统进行检测，并详细记录检测情况。

（9）金融机构应明确电子银行管理、运营等各个环节的主要权限、职责和相互监督方式，有效隔离电子银行应用系统、验证系统、业务处理系统和数据库管理系统之间的风险。

（10）金融机构应建立健全电子银行业务的内部审计制度，定期对电子银行业务进行审计。

（11）金融机构应采取适当的方法和技术，记录并妥善保存电子银行业务数据，电子银行业务数据的保存期限应符合法律法规的有关要求。

（12）金融机构应采取适当措施，保证电子银行业务符合相关法律法规对客户信息和隐私保护的规定。

（13）金融机构应针对电子银行业务发展与管理的实际情况，制订多层次的培训计划，对电子银行管理人员和业务人员进行持续培训。

三、电子银行的数据交换与转移管理

《办法》第4章规定了数据交换时的管理规则。所谓电子银行业务的数据交换与转移，是指金融机构根据业务发展和管理的需要，利用电子银行平台与外部组织或机构相互交换电子银行业务信息和数据，或者将有关电子银行业务数据转移至外部组织或机构的活动。

首先，金融机构根据业务发展需要，可以与其他开展电子银行业务的金融机构建立电子银行系统数据交换机制，实现电子银行业务平台的直接连接，进行境内实时信息交换和跨行资金转移。同时，所有参加数据交换或电子银行平台连接的金融机构都应当建立、参加联合风险管理委员会，负责协调跨行间的业务风险管理与控制，共同制定并遵守联合风险管理委员会的规章制度和工作规程。

其次，金融机构在确保电子银行业务数据安全并被恰当使用的情况下，可以向非金融机构转移部分电子银行业务数据：

（1）金融机构由于业务外包、系统测试（调试）、数据恢复与救援等为维护电子银行正常安全运营的需要而向非金融机构转移电子银行业务数据的，应当事先签订书面保密合同，并指派专人负责监督有关数据的使用、保管、传递和销毁；

（2）金融机构由于业务拓展、业务合作等需要向非金融机构转移电子银行业务数据的，除应签订书面保密合同和指定专人监督外，还应建立对数据接收方的定期检查制度，一旦发现数据接收方不当使用、保管或传递电子银行业务数据，应立即停止相关数据转移，并应采取必要的措施预防电子银行客户的合法权益受到损害，法律法规另有规定的除外；

（3）金融机构不得向无业务往来的非金融机构转移电子银行业务数据，不得出售电子银行业务数据，不得损害客户权益利用电子银行业务数据谋取利益。

金融机构在向非银行业金融机构直接交换或转移部分电子银行业务数据时，应签订数据交换（转移）用途与范围明确、管理职责清晰的书面协议，并明确各方的数据保密责任。金融机构在为电子商务经营者提供网上支付平台时，应严格审查合作对象，签订书面合作协议，建立有效监督机制，防范不法

机构或人员利用电子银行支付平台从事违法资金转移或其他非法活动。

最后，未经电子银行业务数据转出机构的允许，数据接收机构不得将有关电子银行业务数据向第三方转移。法律法规另有规定的除外。

四、电子银行的业务外包管理规则

《办法》第 5 章规定了业务外包时的管理规则。电子银行业务外包，是指金融机构将电子银行部分系统的开发、建设，电子银行业务的部分服务与技术支持，电子银行系统的维护等专业化程度较高的业务工作，委托给外部专业机构承担的活动。金融机构在进行电子银行业务外包时，应根据实际需要，合理确定外包的原则和范围，认真分析和评估业务外包存在的潜在风险，建立健全有关规章制度，制定相应的风险防范措施。

首先，金融机构在选择外包服务供应商时，应充分审查、评估外包服务供应商的经营状况、财务状况和实际风险控制与责任承担能力，进行必要的尽职调查。还应当与外包服务供应商签订书面合同，明确双方的权利、义务。在合同中，应明确规定外包服务供应商的保密义务、保密责任。

其次，金融机构应充分认识外包服务供应商对电子银行业务风险控制的影响，并将其纳入总体安全策略之中。金融机构应建立完整的业务外包风险评估与监测程序，审慎管理业务外包产生的风险。电子银行业务外包风险的管理应当符合金融机构的风险管理标准，并应建立针对电子银行业务外包风险的应急计划。金融机构应与外包服务供应商建立有效的联络、沟通和信息交流机制，并应制定在意外情况下能够实现外包服务供应商顺利变更，保证外包服务不间断的应急预案。

最后，金融机构对电子银行业务处理系统、授权管理系统、数据备份系统的总体设计开发，以及其他涉及机密数据管理与传递环节的系统进行外包时，应经过金融机构董事会或者法人代表批准，并应在业务外包实施前向中国银监会报告。

五、电子银行的跨境业务活动管理

《办法》第 6 章规定了跨境业务活动管理规则。电子银行的跨境业务活动，是指开办电子银行业务的金融机构利用境内的电子银行系统，向境外居民或企业提供的电子银行服务活动。金融机构的境内客户在境外使用电子银行服务，不属于跨境业务活动。

金融机构提供跨境电子银行服务，除应遵守中国法律法规和外汇管理政策等规定外，还应遵守境外居民所在国家（地区）的法律规定。境外电子银行监管部门对跨境电子银行业务要求审批的，金融机构在提供跨境业务活动之前，应获得境外电子银行监管部门的批准。

金融机构开展跨境电子银行业务，除应向中国银监会提出申请外，还应当向中国银监会提供以下文件资料：（1）跨境电子银行服务的国家（地区），以及该国（地区）对电子银行业务管理的法律规定；（2）跨境电子银行服务的主要对象及服务内容；（3）未来三年跨境电子银行业务发展规模、客户规模的分析预测；（4）跨境电子银行业务法律与合规性分析。

金融机构向客户提供跨境电子银行服务，必须签订相关服务协议。金融机构与客户的服务协议文本，应当使用中文和客户所在国家或地区（或客户同意的其他国语言）两种文字，两种文字的文本应具有同等法律效力。

六、对电子银行业务实施非现场监管、现场检查和安全监测

《办法》第7章规定了对电子银行业务的监督检查规则。中国银监会依法对电子银行业务实施非现场监管、现场检查和安全监测，对电子银行安全评估实施管理，并对电子银行的行业自律组织进行指导和监督。

（一）非现场监管

开展电子银行业务的金融机构应当建立电子银行业务统计体系，并按照相关规定向中国银监会报送统计数据。金融机构应定期对电子银行业务发展与管理情况进行自我评估，并应每年编制《电子银行年度评估报告》，于下一年度的3月底之前报送中国银监会。该报告应至少包括以下几个方面内容：（1）本年度电子银行业务的发展计划与实际发展情况，以及对本年度电子银行发展状况的分析评价；（2）本年度电子银行业务经营效益的分析、比较与评价，以及主要业务收入和主要业务的服务价格；（3）电子银行业务风险管理状况的分析与评估，以及本年度电子银行面临的主要风险；（4）其他需要说明的重要事项。

金融机构应当建立电子银行业务重大安全事故和风险事件的报告制度，并保持与监管部门的经常性沟通。对于电子银行系统被恶意攻破并已出现客户或银行损失，电子银行被病毒感染并导致机密资料外泄，以及可能会引发其他金融机构电子银行系统风险的事件，金融机构应在事件发生后48小时内向中国银监会报告。

（二）现场检查

中国银监会根据监管的需要，可以依法对金融机构的电子银行业务实施现

场检查，也可以聘请外部专业机构对电子银行业务系统进行安全漏洞扫描、攻击测试等检查。在实施现场检查时，除应按照现场检查的有关规定组成检查组并进行相关业务培训外，还应邀请被检查机构的电子银行业务管理和技术人员介绍其电子银行系统架构、运营管理模式以及关键设备接触要求。

金融机构的总行（公司），以及已实现数据集中处理的金融机构分支机构电子银行业务的现场检查，由中国银监会负责；未实现数据集中处理的金融机构的分支机构，外资金融机构的分支机构，以及地区性金融机构电子银行业务的现场检查，由所在地银监局负责。

中国银监会聘用外部专业机构对金融机构电子银行系统进行检查时，应与被委托机构签订书面合同和保密协议，明确规定被委托机构可以使用的技术手段和使用方式，并指派专人全程参与并监督外部机构的监测测试活动。银监局与拟聘用的外部专业机构签订合同之前，应报请银监会批准。

（三）安全监测

电子银行安全评估是金融机构开办或持续经营电子银行业务的必要条件，也是金融机构电子银行业务风险管理与监管的重要手段。金融机构应定期对电子银行系统进行安全评估，并将其作为电子银行风险管理的重要组成部分。金融机构电子银行安全评估工作，应当由符合一定资质条件、具备相应评估能力的评估机构实施。具体方法参照 2006 年中国银监会制定的《电子银行安全评估指引》。

第三节　银行实施电子支付的法律规则

2005 年，中国人民银行制定了《电子支付指引（第一号）》（以下简称《指引》），用来规制境内银行业金融机构（以下简称银行）开展电子支付业务。该《指引》明确规定，电子支付指令与纸质支付凭证可以相互转换，二者具有同等效力。这就解决了书面形式与证据力问题。

电子支付是指单位、个人（以下简称客户）直接或授权他人通过电子终端发出支付指令，实现货币支付与资金转移的行为。电子支付的类型按电子支付指令发起方式分为网上支付、电话支付、移动支付、销售点终端交易、自动柜员机交易和其他电子支付。银行开展电子支付业务应当遵守国家有关法律、行政法规的规定，不得损害客户和社会公共利益。银行与其他机构合作开展电子支付业务的，其合作机构的资质要求应符合有关法规制度的规定，银行要根据公平交易的原则，签订书面协议并建立相应的监督机制。

《指引》对几个关键术语进行了界定：（1）"发起行"，是指接受客户委托发出电子支付指令的银行。（2）"接收行"，是指电子支付指令接收人的开户银行；接收人未在银行开立账户的，指电子支付指令确定的资金汇入银行。（3）"电子终端"，是指客户可用以发起电子支付指令的计算机、电话、销售点终端、自动柜员机、移动通信工具或其他电子设备。

一、电子支付业务的申请

《指引》第2章规定了申请办理电子支付业务的要求。办理电子支付业务的银行应公开披露以下信息：（1）银行名称、营业地址及联系方式；（2）客户办理电子支付业务的条件；（3）所提供的电子支付业务品种、操作程序和收费标准等；（4）电子支付交易品种可能存在的全部风险，包括该品种的操作风险、未采取的安全措施、无法采取安全措施的安全漏洞等；（5）客户使用电子支付交易品种可能产生的风险；（6）提醒客户妥善保管、使用或授权他人使用电子支付交易存取工具（如卡、密码、密钥、电子签名制作数据等）的警示性信息；（7）争议及差错处理方式。

银行应根据审慎性原则，确定办理电子支付业务客户的条件。客户可以在其已开立的银行结算账户中指定办理电子支付业务的账户。该账户也可用于办理其他支付结算业务。客户未指定的银行结算账户不得办理电子支付业务。客户利用电子支付方式从事违反国家法律法规活动的，银行应按照有权部门的要求停止为其办理电子支付业务。

当银行要求客户提供有关资料信息时，应告知客户所提供信息的使用目的和范围、安全保护措施，以及客户未提供或未真实提供相关资料信息的后果。银行应认真审核客户申请办理电子支付业务的基本资料，并以书面或电子方式与客户签订协议。银行应按会计档案的管理要求妥善保存客户的申请资料，保存期限至该客户撤销电子支付业务后5年。

银行为客户办理电子支付业务，应根据客户性质、电子支付类型、支付金额等，与客户约定适当的认证方式，如密码、密钥、数字证书、电子签名等。认证方式的约定和使用应遵循《电子签名法》等法律法规的规定。有以下情形之一的，客户应及时向银行提出电子或书面申请：（1）终止电子支付协议的；（2）客户基本资料发生变更的；（3）约定的认证方式需要变更的；（4）有关电子支付业务资料、存取工具被盗或遗失的；（5）客户与银行约定的其他情形。

客户与银行签订的电子支付协议应包括以下内容：（1）客户指定办理电

子支付业务的账户名称和账号；（2）客户应保证办理电子支付业务账户的支付能力；（3）双方约定的电子支付类型、交易规则、认证方式等；（4）银行对客户提供的申请资料和其他信息的保密义务；（5）银行根据客户要求提供交易记录的时间和方式；（6）争议、差错处理和损害赔偿责任。

二、电子支付中银行的安全控制义务

《办法》第 3 章规定了电子支付指令的发起与接收规则，第 4 章规定了安全控制。银行开展电子支付业务采用的信息安全标准、技术标准、业务标准等应当符合有关规定。银行应针对与电子支付业务活动相关的风险，建立有效的管理制度。银行应确保电子支付业务处理系统的安全性，保证重要交易数据的不可抵赖性、数据存储的完整性、客户身份的真实性，并妥善管理在电子支付业务处理系统中使用的密码、密钥等认证数据。银行应建立电子支付业务运作重大事项报告制度，及时向监管部门报告电子支付业务经营过程中发生的危及安全的事项。另外，《办法》还对银行规定了以下义务。

（一）银行在电子支付指令发起与接收中的义务

客户应按照其与发起行的协议规定，发起电子支付指令。发起行应采取有效措施，在客户发出电子支付指令前，提示客户对指令的准确性和完整性进行确认。发起行应确保正确执行客户的电子支付指令，对电子支付指令进行确认后，应能够向客户提供纸质或电子交易回单。发起行执行通过安全程序的电子支付指令后，客户不得要求变更或撤销电子支付指令。

电子支付指令的发起行应建立必要的安全程序，对客户身份和电子支付指令进行确认，并形成日志文件等记录，保存至交易后 5 年。发起行、接收行应确保电子支付指令传递的可跟踪稽核和不可篡改。发起行、接收行之间应按照协议规定及时发送、接收和执行电子支付指令，并回复确认。

电子支付指令需转换为纸质支付凭证的，其纸质支付凭证必须记载以下事项：（1）付款人开户行名称和签章；（2）付款人名称、账号；（3）接收行名称；（4）收款人名称、账号；（5）大写金额和小写金额；（6）发起日期和交易序列号。

（二）电子支付额度的限制

银行应根据审慎性原则并针对不同客户，在电子支付类型、单笔支付金额和每日累计支付金额等方面作出合理限制。银行通过互联网为个人客户办理电子支付业务，除采用数字证书、电子签名等安全认证方式外，单笔金额不应超过 1000 元人民币，每日累计金额不应超过 5000 元人民币。当然，采用数字证

书、电子签名等安全认证方式后，是不受此限制的。

银行为客户办理电子支付业务，单位客户从其银行结算账户支付给个人银行结算账户的款项，其单笔金额不得超过 5 万元人民币，但银行与客户通过协议约定，能够事先提供有效付款依据的除外。银行应在客户的信用卡授信额度内，设定用于网上支付交易的额度供客户选择，但该额度不得超过信用卡的预借现金额度。境内发生的人民币电子支付交易信息处理及资金清算应在境内完成。

（三）电子支付交易数据的完整性与可靠性

银行应采取必要措施保护电子支付交易数据的完整性和可靠性：（1）制定相应的风险控制策略，防止电子支付业务处理系统发生有意或无意的危害数据完整性和可靠性的变化，并具备有效的业务容量、业务连续性计划和应急计划；（2）保证电子支付交易与数据记录程序的设计发生擅自变更时能被有效侦测；（3）有效防止电子支付交易数据在传送、处理、存储、使用和修改过程中被篡改，任何对电子支付交易数据的篡改能通过交易处理、监测和数据记录功能被侦测；（4）按照会计档案管理的要求，对电子支付交易数据，以纸介质或磁性介质的方式进行妥善保存，保存期限为 5 年，并方便调阅。

（四）客户信息、交易数据的提供、使用与保密

银行应与客户约定，及时或定期向客户提供交易记录、资金余额和账户状态等信息。银行使用客户资料、交易记录等，不得超出法律法规许可和客户授权的范围。银行应依法对客户的资料信息、交易记录等保密。除国家法律、行政法规另有规定外，银行应当拒绝除客户本人以外的任何单位或个人的查询。银行应采取必要措施为电子支付交易数据保密：（1）对电子支付交易数据的访问须经合理授权和确认；（2）电子支付交易数据须以安全方式保存，并防止其在公共、私人或内部网络上传输时被擅自查看或非法截取；（3）第三方获取电子支付交易数据必须符合有关法律法规的规定以及银行关于数据使用和保护的标准与控制制度；（4）对电子支付交易数据的访问均须登记，并确保该登记不被篡改。

（五）业务处理人员权限的授权控制以及第三方责任

银行应确保对电子支付业务处理系统的操作人员、管理人员以及系统服务商有合理的授权控制：（1）确保进入电子支付业务账户或敏感系统所需的认证数据免遭篡改和破坏。对此类篡改都应是可侦测的，而且审计监督应能恰当地反映出这些篡改的企图。（2）对认证数据进行的任何查询、添加、删除或更改都应得到必要授权，并具有不可篡改的日志记录。

银行应采取有效措施保证电子支付业务处理系统中的职责分离：（1）对电子支付业务处理系统进行测试，确保职责分离；（2）开发和管理经营电子支付业务处理系统的人员维持分离状态；（3）交易程序和内控制度的设计确保任何单个的雇员和外部服务供应商都无法独立完成一项交易。

银行可以根据有关规定将其部分电子支付业务外包给合法的专业化服务机构，但银行对客户的义务及相应责任不因外包关系的确立而转移。银行应与开展电子支付业务相关的专业化服务机构签订协议，并确立一套综合性、持续性的程序，以管理其外包关系。

银行采用数字证书或电子签名方式进行客户身份认证和交易授权的，提倡由合法的第三方认证机构提供认证服务。如果客户因依据该认证服务进行交易遭受损失，认证服务机构不能证明自己无过错，则应依法承担相应责任。

三、电子支付中的差错处理规则

《办法》第 5 章规定了差错处理规则。电子支付业务的差错处理应遵守据实、准确和及时的原则。银行应指定相应部门和业务人员负责电子支付业务的差错处理工作，并明确权限和职责。

银行应妥善保管电子支付业务的交易记录，对电子支付业务的差错应详细备案登记，记录内容应包括差错时间、差错内容与处理部门及人员姓名、客户资料、差错影响或损失、差错原因、处理结果等。由于银行保管、使用不当，导致客户资料信息被泄露或篡改的，银行应采取有效措施防止因此造成客户损失，并及时通知和协助客户补救。

因银行自身系统、内控制度或为其提供服务的第三方服务机构的原因，造成电子支付指令无法按约定时间传递、传递不完整或被篡改，并造成客户损失的，银行应按约定予以赔偿。因第三方服务机构的原因造成客户损失的，银行应予赔偿，再根据与第三方服务机构的协议进行追偿。接收行由于自身系统或内控制度等原因对电子支付指令未执行、未适当执行或迟延执行致使客户款项未准确入账的，应及时纠正。

客户发现自身未按规定操作，或由于自身其他原因造成电子支付指令未执行、未适当执行、延迟执行的，应在协议约定的时间内，按照约定程序和方式通知银行。银行应积极调查并告知客户调查结果。银行发现因客户原因造成电子支付指令未执行、未适当执行、延迟执行的，应主动通知客户改正或配合客户采取补救措施。因不可抗力造成电子支付指令未执行、未适当执行、延迟执行的，银行应当采取积极措施防止损失扩大。

客户应妥善保管、使用电子支付交易存取工具。有关电子支付业务资料、存取工具被盗或遗失，应按约定方式和程序及时通知银行。非资金所有人盗取他人存取工具发出电子支付指令，并且其身份认证和交易授权通过发起行的安全程序的，发起行应积极配合客户查找原因，尽量减少客户损失。

第四节　非银行支付机构实施电子支付法律规则

2010 年中国人民银行发布了《非金融机构支付服务管理办法》。非金融机构支付服务，是指非金融机构在收付款人之间作为中介机构提供下列部分或全部货币资金转移服务：（1）网络支付，即依托公共网络或专用网络在收付款人之间转移货币资金的行为，包括货币汇兑、互联网支付、移动电话支付、固定电话支付、数字电视支付等；（2）预付卡的发行与受理，预付卡是指以营利为目的发行的、在发行机构之外购买商品或服务的预付价值，包括采取磁条、芯片等技术以卡片、密码等形式发行的预付卡；（3）银行卡收单，即通过销售点（POS）终端等为银行卡特约商户代收货币资金的行为；（4）中国人民银行确定的其他支付服务。然而，支付机构之间的货币资金转移应当委托银行业金融机构办理，不得通过支付机构相互存放货币资金或委托其他支付机构等形式办理。支付机构不得办理银行业金融机构之间的货币资金转移，经特别许可的除外。

此处非金融机构提供的"网络支付"也称为"电子支付"，与"预付卡支付"一起，属于电子货币在国内使用较多的两种形式。为了规范第一种电子货币，中国人民银行于 2015 年发布了《非银行支付机构网络支付业务管理办法》，并于 2016 年实施。以下先从非银行支付机构入手，介绍电子货币的含义。然后，根据《非金融机构支付服务管理办法》与《非银行支付机构网络支付业务管理办法》的规定，介绍电子货币的第一种表现形式，即对非银行支付机构实施电子支付时进行调控的法律规则。关于电子货币的第二种表现形式"预付卡支付"，拟在下文第五节中进行介绍。

一、非银行支付机构与电子货币

根据中国人民银行 2015 年的《非银行支付机构网络支付业务管理办法》，非银行支付机构，是指依法取得《支付业务许可证》，获准办理互联网支付、移动电话支付、固定电话支付、数字电视支付等网络支付业务的非银行机构。此处的网络支付业务，是指收款人或付款人通过计算机、移动终端等电子设备，依托公共网络信息系统远程发起支付指令，且付款人电子设备不与收款人特定专属设备交互，由支付机构为收付款人提供货币资金转移服务的活动。"收款人特定专属设备"，是指专门用于交易收款，在交易过程中与支付机构业务系统交互并参与生成、传输、处理支付指令的电子设备。

目前从事电子商务的网上商城都开发有自己的电子货币（Electronic Cash/Digital Money）。例如淘宝网的"支付宝"属于此类，京东商城则直接用用户名的"余额"栏目显示可用金额。这些从事电子商务的网上商城通常不属于金融机构。故本书也主要从非银行机构发行的电子货币来介绍。

电子货币的用法通常是，用户先从银行账户把款项转移到电子货币账户，并从该电子货币账户付款至卖家在网上商城开立的电子货币账户。当网上商城销售自营商品时，其自己就是卖家。当网上商城销售第三方商品时，该第三方是卖家。这种在电子货币账户内以电子数据形式显示的货币即为电子货币，又可称为电子现金、数字货币等。它模拟了现实世界中的货币功能，具有多用途、灵活性、快速简便的特点，无须直接与银行连接便可使用，适用于小额交易。其主要好处是可以提高效率，方便用户使用。

（一）电子货币的类别

可以按不同的标准将电子货币分为以下几类：

1. "数基"电子货币和"卡基"电子货币

按照载体不同，电子货币可以分为"数基"电子货币和"卡基"电子货币。"数基"电子货币完全基于数字的特殊编排，依赖软件的识别与传递，不需特殊的物理介质，存储于用户在发行方开立的账户内。只要能连接上网，电子货币的持有者就可以随时随地通过特定的数字指令完成支付。例如淘宝网的支付宝即属于此类。

"卡基"电子货币的载体是各种物理卡片，包括智能卡、电话卡、礼金卡等。消费者在使用这种电子货币时，必须携带特定的卡介质，电子货币的金额需要预先储存在卡中。

2. 封闭式和开放式电子货币

根据储值卡（智能卡）应用的广泛程度，它可以分为封闭式和开放式两种类型。

封闭式储值卡是最简单的一种形式，它的发行人同时也是货物或者服务的提供者，同时兼有发行人和售货人两种身份。持卡人从发行人处购买代表金钱价值的储值卡，然后再用该卡从发行人处购买货物或服务。例如，学校里使用的饭卡、打电话用的 IC 卡、某些城市公共汽车上使用的乘车卡，等等。持卡人出示卡片，在特定的识读器（reader）上扫描或者由出售货物的人输入应付金额，持卡人就得到相应的物品或服务。

开放式储值卡涉及的当事人至少有三方，电子货币发行人，购买货物或服务的人，提供货物或服务的人。发行人发行电子货币，买方用这种货币支付货物或服务的价值，卖方接受该货币，同时或随后从发行人处回赎货币，与发行人进行结算。

3. 其他分类

根据交易时是否需要同中央数据库相联系，可把电子货币分为联机型和脱机型电子货币。目前以计算机为基础的电子货币一般都采用联机方式，而以卡类为基础的电子货币都采用脱机方式。鉴别脱机型电子货币的真伪依靠储值卡、销售点终端本身的技术，他们通常都采用一定的加密技术和电子签名技术，来保证电子货币的真伪。

另外，根据电子货币发行人数目，可以分为只有单一发行人的电子货币和有多个发行人的电子货币。根据使用寿命的长短，电子货币分为一次性的和可以重复充值使用的电子货币，这种分类主要用于智能卡。根据电子货币装置中存储货币的种类，可以分为单一币种的电子货币和多币种的电子货币。

（二）电子货币和其他电子支付工具的区别

虽然借记卡、信用卡等同电子货币一样也是利用电子手段完成支付，但二者存在较大区别。例如，电子货币中的资金没有利息回报，但存储卡中的资金属于活期储蓄，需要支付利息。在支付程序上，有些电子货币的价值转移无须在线操作，买卖双方当面即可完成，存在一定程度的匿名性。但借记卡在脱离了银行等中介机构的支持则无法支付。电子货币代表的是电子货币发行者的一般债务，其最终能否赎回依赖于发行人自己的信用保证。而结算卡与银行特定账户相联系，通常由存款保险制度来确保其安全性。

（三）电子货币的性质

电子货币主要有以下三个性质：①

1. 电子货币实现了货币的"流通手段"与"价值尺度"、"储藏手段"等其他职能的分离

电子货币与其他电子支付手段相比，具有货币的一般性特征，但是，它却不是一种"价值尺度"。电子货币对商品价值度量的标准，仍然遵循中央银行

---

① 尹龙：《网络金融理论初探——网络银行与电子货币的发展及其影响》，西南财经大学出版社 2003 年版，第 105~107 页。

货币的统一"价值尺度"标准，所有的电子货币都以中央银行货币单位作为自己的计价单位。

电子货币也不是有效的"价值储藏手段"。利用货币"储藏"价值的先决条件之一，是货币积累所代表的价值积累没有风险，或者风险极低。比如，人们储存中央银行的货币，不用担心中央银行是否会破产倒闭，也不用担心所储存的货币是否会在某一天不被他人所接受。但如同一般商品往往带有生产者特有的标志一样，目前的电子货币不仅在名称和形式上有所区别，而且在使用范围、功能和流通方式等方面也不尽相同。他们对于商品交易的媒介，一般取决于发行者的市场目标、消费者对特定商品交易的需求和市场环境。今天被普遍接受的电子货币，不一定在5年以后、10年以后还会被普遍接受。2001年中国电信就出现过这样一个案例：1995年以前，中国电信发行的电话卡为磁记录电话卡，客户可以用这种电话卡在街道上的公用电话上购买"通话"服务。1995年以后，中国电信发行了另一种电话卡——IC卡，并对公用电话系统进行了改造。2001年，中国电信发文公告称，不再接受"磁卡"，并制定了一个相当短的"磁卡"兑换"IC卡"的时间表。如果错过这一时间，则"磁卡"所"储藏"的价值就会化为乌有。尽管类似案例只发生在特定国家的特定行业，但这种案例本身说明了利用电子货币作为价值"储藏手段"的风险。

电子货币是高效的"流通手段"，是在统一价值尺度下对流通手段的替代。利用电子货币媒介商品交易，速度快、费用低。如果解决了电子货币的安全问题，并且使用电子货币的设备大大简化并在全社会普及，那么电子货币就完全可以取代现行的纸币体系，成为主要的支付工具。

2. 电子货币是一种"竞争性"货币，具有"内在价值"

传统理论认为，"符号"货币是一般等价物，其本身不具备"内在价值"。所谓"内在价值"是指，如果剔除了货币所代表的价值量，则货币实体自身的使用价值近乎于零。因而，货币是一种非竞争性"商品"，传统上由中央银行或货币当局统一供给。电子货币从本质上说，也是一种"符号"货币，它将原来印在纸质介质上的文字符号转换成储存在电子介质中的数字符号。但是，电子货币却是一种"竞争性"的货币。由于电子货币具有非强制接受的属性，消费者购买哪一种电子货币，取决于电子货币发行者的竞争能力。信誉好、资产规模大、产品或服务与人们日常生活关系密切的企业发行的电子货币，要比人们不太了解的企业发行的电子货币更容易被接受。

电子货币的竞争性使它具有了内在价值。由于所有的电子货币都与中央银行货币保持等额的兑换关系，消费者选择哪种电子货币取决于他们对电子货币内在价值的判断。电子货币的内在价值主要表现在两个方面：一是电子货币对交易费用的节约程度，取决于电子货币的支付效率、可媒介的商品种类与范围等；二是电子货币附带的额外服务的价值，如免费奉送的相关信息价值、可获得的价格优惠等。

3. 电子货币是一种"市场货币"，天然地带有部分"世界货币"的属性

"市场货币"是指电子货币的供求是一种市场行为，其数量和"价格"取决于电子货币的生产者与电子货币需求者之间形成的供求均衡。电子货币源于市场的性质，使电子货币天然地带有部分"世界货币"的特征。不同于传统意义上的所谓"脱掉了国家和地区标志"的金块，也不同于国际机构统一制订的标准货币单位（如特别提款权）和强势国家发行的"硬货币"，电子货币的国际性来源于"生产"这种"产品"的发行者所具有的跨国经营方式。电子货币的扩展范围，随跨国公司业务经营范围和商誉的变化而变化。

就目前来看，电子货币还不是完全独立的通用货币，现有电子货币是以既有货币为基础的电子化衍生物，故不能作为一种完全独立的通货。[1] 或者说，电子货币是以已有通货为根据的二次性货币。[2]

二、非银行支付机构的申请与许可

非金融机构提供支付服务，应当取得《支付业务许可证》，成为支付机构。支付机构依法接受中国人民银行的监督管理。未经中国人民银行批准，任何非金融机构和个人不得从事或变相从事支付业务。支付机构应当遵循安全、效率、诚信和公平竞争的原则，不得损害国家利益、社会公共利益和客户合法权益。支付机构应当遵守反洗钱的有关规定，履行反洗钱义务。

中国人民银行负责《支付业务许可证》的颁发和管理。申请《支付业务许可证》的，需经所在地中国人民银行分支机构（中国人民银行副省级城市中心支行以上的分支机构）审查后，报中国人民银行批准。

《支付业务许可证》的申请人应当具备下列条件：（1）在中华人民共和国境内依法设立的有限责任公司或股份有限公司，且为非金融机构法人；（2）有符合要求的注册资本最低限额；（3）有符合要求的出资人；（4）有5名以上熟悉支付业务的高级管理人员；（5）有符合要求的反洗钱措施；（6）有符合要求的支付业务设施；（7）有健全的组织机构、内部控制制度和风险管理

---

① 张楚著：《电子商务法》，中国人民大学出版社 2001 年版，第 269 页。
② 齐爱民、陈文成著：《网络金融法》，湖南大学出版社 2002 年版，第 47 页。

措施；（8）有符合要求的营业场所和安全保障措施；（9）申请人及其高级管理人员最近 3 年内未因利用支付业务实施违法犯罪活动或为违法犯罪活动办理支付业务等受过处罚。

申请人拟在全国范围内从事支付业务的，其注册资本最低限额为 1 亿元人民币；拟在省（自治区、直辖市）范围内从事支付业务的，其注册资本最低限额为 3000 万元人民币。注册资本最低限额为实缴货币资本。所谓全国范围内从事支付业务，包括申请人跨省（自治区、直辖市）设立分支机构从事支付业务，或客户可跨省（自治区、直辖市）办理支付业务的情形。外商投资支付机构的业务范围、境外出资人的资格条件和出资比例等，由中国人民银行另行规定，报国务院批准。

申请人的主要出资人应当符合以下条件：（1）为依法设立的有限责任公司或股份有限公司；（2）截至申请日，连续为金融机构提供信息处理支持服务 2 年以上，或连续为电子商务活动提供信息处理支持服务 2 年以上；（3）截至申请日，连续盈利 2 年以上；（4）最近 3 年内未因利用支付业务实施违法犯罪活动或为违法犯罪活动办理支付业务等受过处罚。此处主要出资人，包括拥有申请人实际控制权的出资人和持有申请人 10% 以上股权的出资人。

申请人应当向所在地中国人民银行分支机构提交下列文件、资料：（1）书面申请，载明申请人的名称、住所、注册资本、组织机构设置、拟申请支付业务等；（2）公司营业执照（副本）复印件；（3）公司章程；（4）验资证明；（5）经会计师事务所审计的财务会计报告；（6）支付业务可行性研究报告；（7）反洗钱措施验收材料；（8）技术安全检测认证证明；（9）高级管理人员的履历材料；（10）申请人及其高级管理人员的无犯罪记录证明材料；（11）主要出资人的相关材料；（12）申请资料真实性声明。

申请人应当在收到受理通知后按规定公告下列事项：（1）申请人的注册资本及股权结构；（2）主要出资人的名单、持股比例及其财务状况；（3）拟申请的支付业务；（4）申请人的营业场所；（5）支付业务设施的技术安全检测认证证明。

中国人民银行分支机构依法受理符合要求的各项申请，并将初审意见和申请资料报送中国人民银行。中国人民银行审查批准的，依法颁发《支付业务许可证》，并予以公告。《支付业务许可证》自颁发之日起，有效期 5 年。支付机构拟于《支付业务许可证》期满后继续从事支付业务的，应当在期满前 6 个月内向所在地中国人民银行分支机构提出续展申请。中国人民银行准予续展的，每次续展的有效期为 5 年。

三、对非银行支付机构的监督与管理

支付机构应当按照《支付业务许可证》核准的业务范围从事经营活动，不得从事核准范围之外的业务，不得将业务外包。支付机构不得转让、出租、出借《支付业务许可证》。支付机构的分公司从事支付业务的，支付机构及其分公司应当分别到所在地中国人民银行分支机构备案。

支付机构应当按照审慎经营的要求，制定支付业务办法及客户权益保障措施，建立健全风险管理和内部控制制度，并报所在地中国人民银行分支机构备案。支付机构应当按规定向所在地中国人民银行分支机构报送支付业务统计报表和财务会计报告等资料。尤其重要的是，支付机构应当具备必要的技术手段，确保支付指令的完整性、一致性和不可抵赖性，支付业务处理的及时性、准确性和支付业务的安全性；具备灾难恢复处理能力和应急处理能力，确保支付业务的连续性。此外，支付机构还应该遵守以下规则。

（一）信息披露、保护及其记载义务

支付机构应当制定支付服务协议，明确其与客户的权利和义务、纠纷处理原则、违约责任等事项。支付机构应当公开披露支付服务协议的格式条款，并报所在地中国人民银行分支机构备案。支付机构应当确定支付业务的收费项目和收费标准，并报所在地中国人民银行分支机构备案。支付机构应当公开披露其支付业务的收费项目和收费标准。

支付机构应当按规定妥善保管客户身份基本信息、支付业务信息、会计档案等资料。支付机构应当依法保守客户的商业秘密，不得对外泄露。法律法规另有规定的除外。支付机构应当按规定核对客户的有效身份证件或其他有效身份证明文件，并登记客户身份基本信息。支付机构明知或应知客户利用其支付业务实施违法犯罪活动的，应当停止为其办理支付业务。

支付机构应当在客户发起的支付指令中记载下列事项：（1）付款人名称；（2）确定的金额；（3）收款人名称；（4）付款人的开户银行名称或支付机构名称；（5）收款人的开户银行名称或支付机构名称；（6）支付指令的发起日期。客户通过银行结算账户进行支付的，支付机构还应当记载相应的银行结算账号。客户通过非银行结算账户进行支付的，支付机构还应当记载客户有效身份证件上的名称和号码。

（二）客户备付金的管理

支付机构接受的客户备付金不属于支付机构的自有财产。支付机构只能根据客户发起的支付指令转移备付金。禁止支付机构以任何形式挪用客户备付

金。支付机构接受客户备付金时，只能按收取的支付服务费向客户开具发票，不得按接受的客户备付金金额开具发票。

支付机构接受客户备付金的，应当在商业银行开立备付金专用存款账户存放备付金。中国人民银行另有规定的除外。支付机构只能选择一家商业银行作为备付金存管银行，且在该商业银行的一个分支机构只能开立一个备付金专用存款账户。支付机构应当与商业银行的法人机构或授权的分支机构签订备付金存管协议，明确双方的权利、义务和责任。支付机构应当向所在地中国人民银行分支机构报送备付金存管协议和备付金专用存款账户的信息资料。支付机构的分公司不得以自己的名义开立备付金专用存款账户，只能将接受的备付金存放在支付机构开立的备付金专用存款账户。

支付机构调整不同备付金专用存款账户头寸的，由备付金存管银行的法人机构对支付机构拟调整的备付金专用存款账户的余额情况进行复核，并将复核意见告知支付机构及有关备付金存管银行。支付机构应当持备付金存管银行的法人机构出具的复核意见办理有关备付金专用存款账户的头寸调拨。

备付金存管银行应当对存放在本机构的客户备付金的使用情况进行监督，并按规定向备付金存管银行所在地中国人民银行分支机构及备付金存管银行的法人机构报送客户备付金的存管或使用情况等信息资料。对支付机构违反相关规定使用客户备付金的申请或指令，备付金存管银行应当予以拒绝；发现客户备付金被违法使用或有其他异常情况的，应当立即向备付金存管银行所在地中国人民银行分支机构及备付金存管银行的法人机构报告。

支付机构的实缴货币资本与客户备付金日均余额的比例，不得低于10%。本办法所称客户备付金日均余额，是指备付金存管银行的法人机构根据最近90日内支付机构每日日终的客户备付金总量计算的平均值。

（三）现场检查与非现场检查

中国人民银行及其分支机构依据法律、行政法规、中国人民银行的有关规定对支付机构的公司治理、业务活动、内部控制、风险状况、反洗钱工作等进行定期或不定期现场检查和非现场检查。支付机构应当如实提供有关资料，不得拒绝、阻挠、逃避检查，不得谎报、隐匿、销毁相关证据材料。中国人民银行及其分支机构可以采取下列措施对支付机构进行现场检查：（1）询问支付机构的工作人员，要求其对被检查事项作出解释、说明；（2）查阅、复制与被检查事项有关的文件、资料，对可能被转移、藏匿或毁损的文件、资料予以封存；（3）检查支付机构的客户备付金专用存款账户及相关账户；（4）检查支付业务设施及相关设施。

发现支付机构有下列情形之一的，中国人民银行及其分支机构有权责令其停止办理部分或全部支付业务：（1）累计亏损超过其实缴货币资本的 50%；（2）有重大经营风险；（3）有重大违法违规行为。

四、客户支付账户的开立

支付机构应当遵循主要服务电子商务发展和为社会提供小额、快捷、便民小微支付服务的宗旨，为客户开立支付账户提供网络支付服务。此处的支付账户，是指获得互联网支付业务许可的支付机构，根据客户的真实意愿为其开立的，用于记录预付交易资金余额、客户凭以发起支付指令、反映交易明细信息的电子簿记。支付账户不得透支，不得出借、出租、出售，不得利用支付账户从事或者协助他人从事非法活动。

支付机构应当遵循"了解你的客户"原则，建立健全客户身份识别机制。支付机构为客户开立支付账户的，应当对客户实行实名制管理，登记并采取有效措施验证客户身份基本信息，按规定核对有效身份证件并留存有效身份证件复印件或者影印件，建立客户唯一识别编码，并在与客户业务关系存续期间采取持续的身份识别措施，确保有效核实客户身份及其真实意愿，不得开立匿名、假名支付账户。

支付机构应当与客户签订服务协议，约定双方责任、权利和义务，至少明确业务规则（包括但不限于业务 功能和流程、身份识别和交易验证方式、资金结算方式等），收费项目和标准，查询、差错争议及投诉等服务流程和规则，业务风险和非法活动防范及处置措施，客户损失责任划分和赔付规则等内容。支付机构为客户开立支付账户的，还应在服务协议中以显著方式告知客户，并采取有效方式确认客户充分知晓并清晰理解下列内容："支付账户所记录的资金余额不同于客户本人的银行存款，不受《存款保险条例》保护，其实质为客户委托支付机构保管的、所有权归属于客户的预付价值。该预付价值对应的货币资金虽然属于客户，但不以客户本人名义存放在银行，而是以支付机构名义存放在银行，并且由支付机构向银行发起资金调拨指令。"支付机构应当确保协议内容清晰、易懂，并以显著方式 提示客户注意与其有重大利害关系的事项。

获得互联网支付业务许可的支付机构，经客户主动提出申请，可为其开立支付账户；仅获得移动电话支付、固定电话支付、数字电视支付业务许可的支付机构，不得为客户开立支付账户。支付机构不得为金融机构，以及从事信贷、融资、理财、担保、信托、货币兑换等金融业务的其他机构开立支付账户。

五、支付账户的分类管理制度

支付机构向客户开户银行发送支付指令，扣划客户银行账户资金的，支付机构和银行应当执行下列要求：（1）支付机构应当事先或在首笔交易时自主识别客户身份并分别取得客户和银行的协议授权，同意其向客户的银行账户发起支付指令扣划资金；（2）银行应当事先或在首笔交易时自主识别客户身份并与客户直接签订授权协议，明确约定扣款适用范围和交易验证方式，设立与客户风险承受能力相匹配的单笔和单日累计交易限额，承诺无条件全额承担此类交易的风险损失先行赔付责任；（3）除单笔金额不超过 200 元的小额支付业务，公共事业缴费、税费缴纳、信用卡还款等收款人固定并且定期发生的支付业务，以及"评定为 A 类的支付机构"以外，支付机构不得代替银行进行交易验证。

支付机构应根据客户身份对同一客户在本机构开立的所有支付账户进行关联管理，并按照下列要求对个人支付账户进行分类管理：

（1）对于以非面对面方式通过至少一个合法安全的外部渠道进行身份基本信息验证，且为首次在本机构开立支付账户的个人客户，支付机构可以为其开立 I 类支付账户，账户余额仅可用于消费和转账，余额付款交易自账户开立起累计不超过 1000 元（包括支付账户向客户本人同名银行账户转账）；

（2）对于支付机构自主或委托合作机构以面对面方式核实身份的个人客户，或以非面对面方式通过至少三个合法安全的外部渠道进行身份基本信息多重交叉验证的个人客户，支付机构可以为其开立 II 类支付账户，账户余额仅可用于消费和转账，其所有支付账户的余额付款交易年累计不超过 10 万元（不包括支付账户向客户本人同名银行账户转账）；

（3）对于支付机构自主或委托合作机构以面对面方式核实身份的个人客户，或以非面对面方式通过至少五个合法安全的外部渠道进行身份基本信息多重交叉验证的个人客户，支付机构可以为其开立 III 类支付账户，账户余额可以用于消费、转账以及购买投资理财等金融类产品，其所有支付账户的余额付款交易年累计不超过 20 万元（不包括支付账户向客户本人同名银行账户转账）。客户身份基本信息外部验证渠道包括但不限于政府部门数据库、商业银行信息系统、商业化数据库等。其中，通过商业银行验证个人客户身份基本信息的，应为 I 类银行账户或信用卡。

支付机构办理银行账户与支付账户之间转账业务的，相关银行账户与支付账户应属于同一客户。支付机构应按照与客户的约定及时办理支付账户向客户本人银行账户转账业务，不得对Ⅱ类、Ⅲ类支付账户向客户本人银行账户转账设置限额。

支付机构应当确保交易信息的真实性、完整性、可追溯性以及在支付全流程中的一致性，不得篡改或者隐匿交易信息。交易信息包括但不限于下列内容：（1）交易渠道、交易终端或接口类型、交易类型、交易金额、交易时间，以及直接向客户提供商品或者服务的特约商户名称、编码和按照国家与金融行业标准设置的商户类别码；（2）收付款客户名称，收付款支付账户账号或者银行账户的开户银行名称及账号；（3）付款客户的身份验证和交易授权信息；（4）有效追溯交易的标识；（5）单位客户单笔超过5万元的转账业务的付款用途和事由。

因交易取消（撤销）、退货、交易不成功或者投资理财等金融类产品赎回等原因需划回资金的，相应款项应当划回原扣款账户。对于客户的网络支付业务操作行为，支付机构应当在确认客户身份及真实意愿后及时办理，并在操作生效之日起至少5年内，真实、完整保存操作记录。客户操作行为包括但不限于登录和注销登录、身份识别和交易验证、变更身份信息和联系方式、调整业务功能、调整交易限额、变更资金收付方式，以及变更或挂失密码、数字证书、电子签名等。

六、风险管理与客户权益保护制度

支付机构应当充分尊重客户自主选择权，不得强迫客户使用本机构提供的支付服务，不得阻碍客户使用其他机构提供的支付服务。支付机构应当公平展示客户可选用的各种资金收付方式，不得以任何形式诱导、强迫客户开立支付账户或者通过支付账户办理资金收付，不得附加不合理条件。

支付机构应当综合客户类型、身份核实方式、交易行为特征、资信状况等因素，建立客户风险评级管理制度和机制，并动态调整客户风险评级及相关风险控制措施。支付机构应当根据客户风险评级、交易验证方式、交易渠道、交易终端或接口类型、交易类型、交易金额、交易时间、商户类别等因素，建立交易风险管理制度和交易监测系统，对疑似欺诈、套现、洗钱、非法融资、恐怖融资等交易，及时采取调查核实、延迟结算、终止服务等措施。

（一）多要素验证身份与交易限额制度

支付机构可以组合选用下列三类要素，对客户使用支付账户余额付款的交易进行验证：（1）仅客户本人知悉的要素，如静态密码等；（2）仅客户本人持有并特有的，不可复制或者不可重复利用的要素，如经过安全认证的数字证书、电子签名，以及通过安全渠道生成和传输的一次性密码等；（3）客户本人生理特征要素，如指纹等。支付机构应当确保采用的要素相互独立，部分要素的损坏或者泄露不应导致其他要素损坏或者泄露。

支付机构采用数字证书、电子签名作为验证要素的，数字证书及生成电子签名的过程应符合《电子签名法》、《金融电子认证规范》（JR/T 0118-2015）等有关规定，确保数字证书的唯一性、完整性及交易的不可抵赖性。支付机构采用一次性密码作为验证要素的，应当切实防范一次性密码获取端与支付指令发起端为相同物理设备而带来的风险，并将一次性密码有效期严格限制在最短的必要时间内。支付机构采用客户本人生理特征作为验证要素的，应当符合国家、金融行业标准和相关信息安全管理要求，防止被非法存储、复制或重放。

支付机构应根据交易验证方式的安全级别，按照下列要求对个人客户使用支付账户余额付款的交易进行限额管理：（1）支付机构采用包括数字证书或电子签名在内的两类（含）以上有效要素进行验证的交易，单日累计限额由支付机构与客户通过协议自主约定；（2）支付机构采用不包括数字证书、电子签名在内的两类（含）以上有效要素进行验证的交易，单个客户所有支付账户单日累计金额应不超过5000元（不包括支付账户向客户本人同名银行账户转账）；（3）支付机构采用不足两类有效要素进行验证的交易，单个客户所有支付账户单日累计金额应不超过1000元（不包括支付账户向客户本人同名银行账户转账），且支付机构应当承诺无条件全额承担此类交易的风险损失赔付责任。

当然，上述交易限额只是针对客户从支付机构开立的支付账户付款所施加的限制。如果客户交易资金要求超过此一数额限制，则可通过其在银行开立的金融账户来付款。因此，这一限额要求并不会限制电子商务的支付发展，只是对支付账户施加了额外的安全保障。

（二）支付机构的设施要求与备份制度

支付机构网络支付业务相关系统设施和技术，应当持续符合国家、金融行业标准和相关信息安全管理要求。如未符合相关标准和要求，或者尚未形成国家、金融行业标准，支付机构应当无条件全额承担客户直接风险损失的先行赔付责任。

支付机构应当在境内拥有安全、规范的网络支付业务处理系统及其备份系统，制定突发事件应急预案，保障系统安全性和业务连续性。支付机构为境内交易提供服务的，应当通过境内业务处理系统完成交易处理，并在境内完成资金结算。

（三）风险准备金制度和交易赔付制度

支付机构应当建立健全风险准备金制度和交易赔付制度，并对不能有效证明因客户原因导致的资金损失及时先行全额赔付，保障客户合法权益。支付机构应于每年1月31日前，将前一年度发生的风险事件、客户风险损失发生和赔付等情况在网站对外公告。支付机构应在年度监管报告中如实反映上述内容和风险准备金计提、使用及结余等情况。

（四）客户安全教育制度与相关信息保护制度

支付机构应当向客户充分提示网络支付业务的潜在风险，及时揭示不法分子新型作案手段，对客户进行必要的安全教育，并对高风险业务在操作前、操作中进行风险警示。支付机构为客户购买合作机构的金融类产品提供网络支付服务的，应当确保合作机构为取得相应经营资质并依法开展业务的机构，并在首次购买时向客户展示合作机构信息和产品信息，充分提示相关责任、权利、义务及潜在风险，协助客户与合作机构完成协议签订。

支付机构应当制定有效的客户信息保护措施和风险控制机制，履行客户信息保护责任。支付机构不得存储客户银行卡的磁道信息或芯片信息、验证码、密码等敏感信息，原则上不得存储银行卡有效期。因特殊业务需要，支付机构确需存储客户银行卡有效期的，应当取得客户和开户银行的授权，以加密形式存储。支付机构应当以"最小化"原则采集、使用、存储和传输客户信息，并告知客户相关信息的使用目的和范围。支付机构不得向其他机构或个人提供客户信息，法律法规另有规定，以及经客户本人逐项确认并授权的除外。

支付机构应当通过协议约定禁止特约商户存储客户银行卡的磁道信息或芯片信息、验证码、有效期、密码等敏感信息，并采取定期检查、技术监测等必要监督措施。特约商户违反协议约定存储上述敏感信息的，支付机构应当立即暂停或者终止为其提供网络支付服务，采取有效措施删除敏感信息、防止信息泄露，并依法承担因相关信息泄露造成的损失和责任。

（五）交易确认制度、纠错制度以及信息披露制度

支付机构应当采取有效措施，确保客户在执行支付指令前可对收付款客户名称和账号、交易金额等交易信息进行确认，并在支付指令完成后及时将结果通知客户。因交易超时、无响应或者系统故障导致支付指令无法正常处理的，支付机构应当及时提示客户；因客户原因造成支付指令未执行、未适当执行、延迟执行的，支付机构应当主动通知客户更改或者协助客户采取补救措施。

支付机构应当通过具有合法独立域名的网站和统一的服务电话等渠道，为

客户免费提供至少最近 1 年以内交易信息查询服务，并建立健全差错争议和纠纷投诉处理制度，配备专业部门和人员据实、准确、及时处理交易差错和客户投诉。支付机构应当告知客户相关服务的正确获取途径，指导客户有效辨识服务渠道的真实性。支付机构应当于每年 1 月 31 日前，将前一年度发生的客户投诉数量和类型、处理完毕的投诉占比、投诉处理速度等情况在网站对外公告。

支付机构因系统升级、调试等原因，需暂停网络支付服务的，应当至少提前 5 个工作日予以公告。支付机构变更协议条款、提高服务收费标准或者新设收费项目的，应当于实施之前在网站等服务渠道以显著方式连续公示 30 日，并于客户首次办理相关业务前确认客户知悉且接受拟调整的全部详细内容。

七、监督管理

（一）及时报告制度

支付机构提供网络支付创新产品或者服务、停止提供产品或者服务、与境外机构合作在境内开展网络支付业务的，应当至少提前 30 日向法人所在地中国人民银行分支机构报告。支付机构发生重大风险事件的，应当及时向法人所在地中国人民银行分支机构报告；发现涉嫌违法犯罪的，同时报告公安机关。

（二）支付机构的行业自律管理

支付机构应当加入中国支付清算协会，接受行业自律组织管理。中国支付清算协会应当根据本办法制定网络支付业务行业自律规范，建立自律审查机制，向中国人民银行备案后组织实施。自律规范应包括支付机构与客户签订协议的范本，明确协议应记载和不得记载事项，还应包括支付机构披露有关信息的具体内容和标准格式。中国支付清算协会应当建立信用承诺制度，要求支付机构以标准格式向社会公开承诺依法合规开展网络支付业务、保障客户信息安全和资金安全、维护客户合法权益、如违法违规自愿接受约束和处罚。

（三）对支付机构的动态分类监管

中国人民银行可以结合支付机构的企业资质、风险管控特别是客户备付金管理等因素，确立支付机构分类监管指标体系，建立持续分类评价工作机制，并对支付机构实施动态分类管理。评定为"A"类且Ⅱ类、Ⅲ类支付账户实名比例超过 95% 的支付机构，可以采用能够切实落实实名制要求的其他客户身份核实方法，经法人所在地中国人民银行分支机构评估认可并向中国人民银行备案后实施。

动态分类监管有以下内容：

1. 对个人客户的管理

评定为"A"类且Ⅱ类、Ⅲ类支付账户实名比例超过95%的支付机构，可以对从事电子商务经营活动、不具备工商登记注册条件且相关法律法规允许不进行工商登记注册的个人客户（以下简称个人卖家）参照单位客户管理，但应建立持续监测电子商务经营活动、对个人卖家实施动态管理的有效机制，并向法人所在地中国人民银行分支机构备案。支付机构参照单位客户管理的个人卖家，应至少符合下列条件：（1）相关电子商务交易平台已依照相关法律法规对其真实身份信息进行审查和登记，与其签订登记协议，建立登记档案并定期核实更新，核发证明个人身份信息真实合法的标记，加载在其从事电子商务经营活动的主页面醒目位置；（2）支付机构已按照开立Ⅲ类个人支付账户的标准对其完成身份核实；（3）持续从事电子商务经营活动满6个月，且期间使用支付账户收取的经营收入累计超过20万元。

2. 对不同客户账户间的转账管理

评定为"A"类且Ⅱ类、Ⅲ类支付账户实名比例超过95%的支付机构，对于已经实名确认、达到实名制管理要求的支付账户，在办理银行账户与支付账户之间转账业务时，相关银行账户与支付账户可以不属于同一客户。但支付机构应在交易中向银行准确、完整发送交易渠道、交易终端或接口类型、交易类型、收付款客户名称和账号等交易信息。

3. 适格账户支付限额的提高

评定为"A"类且Ⅱ类、Ⅲ类支付账户实名比例超过95%的支付机构，可以将达到实名制管理要求的Ⅱ类、Ⅲ类支付账户的余额付款单日累计限额，提高至本节第五部分所介绍限额的2倍。评定为"B"类及以上，且Ⅱ类、Ⅲ类支付账户实名比例超过90%的支付机构，可以将达到实名制管理要求的Ⅱ类、Ⅲ类支付账户的余额付款单日累计限额，提高至本节第五部分所述限额的1.5倍。

评定为"A"类的支付机构可与银行根据业务需要，通过协议自主约定由支付机构代替进行交易验证的情形，但支付机构应在交易中向银行完整、准确发送交易渠道、交易终端或接口类型、交易类型、商户名称、商户编码、商户类别码、收付款客户名称和账号等交易信息；银行应核实支付机构验证手段或渠道的安全性，且对客户资金安全的管理责任不因支付机构代替验证而转移。

对于评定为"C"类及以下、支付账户实名比例较低、对零售支付体系或社会公众非现金支付信心产生重大影响的支付机构，中国人民银行及其分支机构可适度提高公开披露相关信息的要求，并加强非现场监管和现场检查。

4. 人民银行的适时调整权

中国人民银行及其分支机构对照上述分类管理措施相应条件，动态确定支付机构适用的监管规定并持续监管。中国人民银行及其分支机构可以根据社会经济发展情况和支付机构分类管理需要，对支付机构网络支付业务范围、模式、功能、限额及业务创新等相关管理措施进行适时调整。

第五节　调控支付机构预付卡的法律规则

为规范支付机构预付卡业务管理，防范支付风险，维护持卡人合法权益，人民银行制定的《支付机构预付卡业务管理办法》（以下简称《管理办法》）于 2012 年 11 月生效。此处的支付机构，是指取得《支付业务许可证》，获准办理"预付卡发行与受理"业务的发卡机构和获准办理"预付卡受理"业务的受理机构。预付卡是指发卡机构以特定载体和形式发行的、可在发卡机构之外购买商品或服务的预付价值。支付机构不得以股权合作、业务合作及其他任何形式，出租、出借、转让或变相出租、出借、转让预付卡业务资质。

一、对支付机构的限制与监督

对支付机构的限制主要体现在对其发行预付卡的限制。

（一）记名预付卡和不记名预付卡的区别

预付卡分为记名预付卡和不记名预付卡。记名预付卡是指预付卡业务处理系统中记载持卡人身份信息的预付卡。不记名预付卡是指预付卡业务处理系统中不记载持卡人身份信息的预付卡。

两者限额不同。单张记名预付卡资金限额不超过 5000 元，单张不记名预付卡资金限额不超过 1000 元。中国人民银行可视情况调整预付卡资金限额。另外，记名预付卡应当可挂失，可赎回，不得设置有效期。不记名预付卡通常不挂失，不赎回，除非另有规定。不记名预付卡有效期不得低于 3 年。预付卡不得具有透支功能。发卡机构在发行销售预付卡时，应向持卡人告知预付卡的有效期及计算方法。超过有效期尚有资金余额的预付卡，发卡机构应当提供延期、激活、换卡等服务，保障持卡人继续使用。

（二）大额度购买的限制

首先是实名的限制。个人或单位购买记名预付卡或一次性购买不记名预付卡 1 万元以上的，应当使用实名并提供有效身份证件。发卡机构应当登记购卡人姓名或单位名称、单位经办人姓名、有效身份证件名称和号码、联系方式、购卡数量、购卡日期、购卡总金额、预付卡卡号及金额等信息。对于记名预付卡，发卡机构还应当在预付卡核心业务处理系统中记载持卡人的有效身份证件信息、预付卡卡号、金额等信息。发卡机构应当留存有效身份证件的复印件或影印件。代理他人购买预付卡的，发卡机构应当采取合理方式确认代理关系，核对代理人和被代理人的有效身份证件，登记代理人和被代理人的身份基本信息，并留存代理人和被代理人的有效身份证件的复印件或影印件。

其次是付款方式限制为转账。单位一次性购买预付卡 5000 元以上，个人一次性购买预付卡 5 万元以上的，应当通过银行转账等非现金结算方式购买，不得使用现金。购卡人不得使用信用卡购买预付卡。采用银行转账等非现金结算方式购买预付卡的，付款人银行账户名称和购卡人名称应当一致。发卡机构应当核对账户信息和身份信息的一致性，在预付卡核心业务处理系统中记载付款人银行账户名称和账号、收款人银行账户名称和账号、转账金额等信息。

（三）卡面信息要求以及相关信息的披露与保护

预付卡卡面应当记载预付卡名称、发卡机构名称、是否记名、卡号、有效期限或有效期截止日、持卡人注意事项、客户服务电话等要素。

发卡机构应当向购卡人公示、提供预付卡章程或签订协议。预付卡章程或协议应当包括但不限于以下内容：（1）预付卡的名称、种类和功能；（2）预付卡的有效期及计算方法；（3）预付卡购买、使用、赎回、挂失的条件和方法；（4）为持卡人提供的消费便利或优惠内容；（5）预付卡发行、延期、激活、换发、赎回、挂失等服务的收费项目和收费标准；（6）有关当事人的权利、义务和违约责任；（7）交易、账务纠纷处理程序。发卡机构变更预付卡章程或协议文本的，应当提前 30 日在其网点、网站显著位置进行公告。新章程或协议文本中涉及新增收费项目、提高收费标准、降低优惠条件等内容的，发卡机构在新章程或协议文本生效之日起 180 日内，对原有客户应当按照原章程或协议执行。

发卡机构应当采取有效措施加强对购卡人和持卡人信息的保护，确保信息安全，防止信息泄露和滥用。未经购卡人和持卡人同意或没有法律法规授权，不得用于与购卡人和持卡人的预付卡业务无关的目的。

（四）预付卡的用途限制

支付机构为客户办理本机构发行的预付卡向支付账户转账的，应当按照《管理办法》对预付卡转账至支付账户的余额单独管理，仅限其用于消费，不得通过转账、购买投资理财等金融类产品等形式进行套现或者变相套现。

（五）预付卡的销售方式限制

发卡机构应当按照实收人民币资金等值发行预付卡，严格按照有关规定开具发票。发卡机构应当通过实体网点发行销售预付卡。除单张资金限额200元以下的预付卡外，不得采取代理销售方式。发卡机构委托销售合作机构代理销售的，应当建立代销风险控制机制。销售资金应当直接存入发卡机构备付金银行账户。发卡机构应当要求销售合作机构在购卡人达到本办法实名购卡要求时，参照相关规定销售预付卡。发卡机构作为预付卡发行主体的所有责任和义务不因代理销售而转移。

（六）预付卡的安全性要求

支付机构办理预付卡发行业务活动获得和产生的相关信息，应当保存至该预付卡实收人民币资金全部结算后5年以上；办理预付卡受理、使用、充值和赎回等业务活动获得和产生的相关信息，应当保存至该业务活动终止后5年以上。

支付机构应当依法维护相关当事人的合法权益，保障信息安全和交易安全。支付机构应当严格按照《支付业务许可证》核准的业务类型和业务覆盖范围从事预付卡业务，不得在未设立省级分支机构的省（自治区、直辖市、计划单列市）从事预付卡业务。同时，支付机构应当严格执行中国人民银行关于支付机构客户备付金管理等规定，履行反洗钱和反恐怖融资义务。

发卡机构应当在境内拥有并自主运行独立、安全的预付卡核心业务处理系统，建立突发事件应急处置机制，确保预付卡业务处理的及时性、准确性和安全性。预付卡核心业务处理系统包含但不限于发卡系统、账务主机系统、卡片管理系统及客户信息管理系统。

（七）监督制度与自律制度

中国人民银行及其分支机构依法对支付机构的预付卡业务活动、内部控制及风险状况等进行非现场监管及现场检查。支付机构应当按照中国人民银行及其分支机构的相关规定履行报告义务。支付机构及其分支机构违反本办法的，中国人民银行可依据《非金融机构支付服务管理办法》等法律、法规、规章的规定，给予警告、限期改正、罚款、暂停部分或全部业务等处罚；情节严重的，依法注销其《支付业务许可证》。支付机构违反本办法规定，涉嫌犯罪的，依法移送公安机关处理。

支付机构应当加入中国支付清算协会。中国支付清算协会应当组织制定预付卡行业自律规范，并按照中国人民银行有关要求，对支付机构执行中国人民银行规定和行业自律规范的情况进行检查。

二、对特约商户的限制与监督

对于接受相关预付卡的特约商户，有以下限制要求：

1. 对特约商户资质的限制

发卡机构、受理机构不得发展非法设立、非法经营或无实体经营场所的特约商户。发卡机构、受理机构拓展特约商户时应当严格审核特约商户营业执照、税务登记证、法定代表人或负责人的有效身份证件，留存相关证件的复印件或影印件，并对商户的经营场所进行现场核实、拍照留存。发卡机构应当为其发行的预付卡提供受理服务，其自行拓展、签约和管理的特约商户数不低于受理该预付卡全部特约商户数的70%。

2. 发卡机构应当与特约商户签订预付卡受理协议

受理协议应当包括但不限于以下内容：①特约商户基本信息；②收费项目和标准；③持卡人用卡权益的保障要求；④卡片信息、交易数据、受理终端、交易凭证的管理要求；⑤特约商户收款账户名称、开户行、账号及资金结算周期；⑥账务核对、差错处理和业务纠纷的处置要求；⑦相关业务风险承担和违约责任的承担机制；⑧协议终止条件、终止后的债权债务清偿方式。

3. 特约商户退货的限制

特约商户向持卡人办理退货，只能通过发卡机构将资金退回至原预付卡。无法退回的，发卡机构应当将资金退回至持卡人提供的同一发卡机构的同类预付卡。预付卡接受退货后的卡内资金余额不得超过规定限额。

4. 发卡机构、受理机构应当加强对特约商户的巡检和监控

应要求特约商户在营业场所显著位置标明受理的预付卡名称和种类，按照预付卡受理协议的要求受理预付卡，履行相关义务。特约商户不得以任何形式存储与商户结算、对账无关的预付卡信息。特约商户出现损害当事人合法权益及其他严重违规违约操作的，发卡机构、受理机构应当立即终止其预付卡受理服务。特约商户不得协助持卡人进行任何形式的预付卡套现。

特约商户有下列情形之一的，中国人民银行及其分支机构责令支付机构取消其特约商户资格，其他支付机构不得再将其发展为特约商户；涉嫌犯罪的，依法移送公安机关处理：①为持卡人进行洗钱、赌博等犯罪活动提供协助的；②使用虚假材料申请受理终端后进行欺诈活动，或转卖、提供机具给他人使用的；③违规存储、泄露、转卖预付卡信息或交易信息的；④以虚构交易、虚开价格、现金退货等方式为持卡人提供预付卡套现的；⑤在持卡人不知情的情况下，编造虚假交易或重复刷卡盗取资金的；⑥具有其他危害持卡人权益、市场

秩序或社会稳定行为的。

三、预付卡的使用、充值和赎回

(一) 预付卡的使用限制

预付卡不得用于或变相用于提取现金；不得用于购买、交换非本发卡机构发行的预付卡、单一行业卡及其他商业预付卡或向其充值；卡内资金不得向银行账户或向非本发卡机构开立的网络支付账户转移。

预付卡不得用于网络支付渠道，下列情形除外：(1) 缴纳公共事业费；(2) 在本发卡机构合法拓展的实体特约商户的网络商店中使用；(3) 同时获准办理"互联网支付"业务的发卡机构，其发行的预付卡可向在本发卡机构开立的实名网络支付账户充值，但同一客户的所有网络支付账户的年累计充值金额合计不超过 5000 元。以上情形下的预付卡交易，均应当由发卡机构自主受理。

(二) 预付卡的充值限制

发卡机构办理记名预付卡或一次性金额 1 万元以上不记名预付卡充值业务的，应当参照发行预付卡时的实名要求办理。

预付卡只能通过现金、银行转账方式进行充值。同时获准办理"互联网支付"业务的发卡机构，还可通过持卡人在本发卡机构开立的实名网络支付账户进行充值。不得使用信用卡为预付卡充值。办理一次性金额 5000 元以上预付卡充值业务的，不得使用现金。单张预付卡充值后的资金余额不得超过规定限额。

预付卡现金充值应当通过发卡机构网点进行，但单张预付卡同日累计现金充值在 200 元以下的，可通过自助充值终端、销售合作机构代理等方式充值，收取的现金应当直接存入发卡机构备付金银行账户。

(三) 预付卡的挂失与赎回

发卡机构应当向记名预付卡持卡人提供紧急挂失服务，并提供至少一种24 小时免费紧急挂失渠道。正式挂失和补卡应当在约定时间内通过网点，以书面形式办理。以书面形式挂失的，发卡机构应当要求持卡人出示有效身份证件，并按协议约定办理挂失手续。发卡机构应当免费向持卡人提供特约商户名录、卡内资金余额及 1 年以内的交易明细查询服务，并提供至少一种 24 小时免费查询渠道。

记名预付卡可在购卡 3 个月后办理赎回，赎回时，持卡人应当出示预付卡及持卡人和购卡人的有效身份证件。由他人代理赎回的，应当同时出示代理人和被代理人的有效身份证件。单位购买的记名预付卡，只能由单位办理赎回。发卡机构应当识别、核对赎回人及代理人的身份信息，确保与购卡时登记的持卡人和购卡人身份信息一致，并保存赎回记录。

发卡机构按照规定终止预付卡业务的，应当向持卡人免费赎回所发行的全部记名、不记名预付卡。赎回不记名预付卡的，发卡机构应当核实和登记持卡人的身份信息，采用密码验证方式的预付卡还应当核验密码，并保存赎回记录。发卡机构办理赎回业务的网点数应当不低于办理发行销售业务网点数的70%。预付卡赎回业务营业时间应当不短于发行销售业务的营业时间。

预付卡赎回应当使用银行转账方式，由发卡机构将赎回资金退至原购卡银行账户。用现金购买或原购卡银行账户已撤销的，赎回资金应当退至持卡人提供的与购卡人同名的单位或个人银行账户。单张预付卡赎回金额在 100 元以下的，可使用现金。

第六章　网　上　证　券

第一节　网上证券概述

一、网上证券的发展

一般来说，证券指有价证券，是用来证明证券持有者有权按照其所载明的内容取得相应权益的凭证。有价证券包括商品证券、货币证券以及资本证券三种存在形式。商品证券指把某种货物转化为有价证券，如提单、运货单等；货币证券一般指经济活动中的信用工具，如支票、汇票以及本票等，在一定条件下可以流通转让；资本证券是指代表资本投资和获得收益的权利凭证，如股票、公司债券、国家债权等。本章所指证券是指资本证券，其中主要是股票和债券。传统的证券以有形的纸质凭证形式存在。随着信息技术的发展，有形的纸质凭证开始走向虚拟化，以电子符号形式存储在电脑中，这种证券被称为电子证券，随着网上证券交易的兴起，又称为网上证券。从狭义上看，证券的网上发行、承销以及网上委托交易这两种形式都包括在内。从广义上看，还应该包括对网上证券业务的监管以及其他管理活动。

美国是最早开展网上证券交易的国家，同时也是网上证券经纪业最发达的国家。1995年，客户首次通过互联网完成交易委托。我国大陆地区网上证券经纪业务起步较晚，1997年3月，中国华融信托投资公司湛江营业部推出了视聆通多媒体公众信息网网上交易系统，这标志着我国网上证券交易的开始。但是，由于网络基础设施、相关立法的不足，发展非常缓慢。从2000年开始，我国颁布了一系列的法律规章制度，例如，中国证券监督管理委员会（以下简称"证监会"）于2000年1年内颁布了《中国证监会国际互联网站管理暂行办法》、《网上证券委托暂行管理办法》以及《证券公司网上委托业务核准程序》。此后，随着网上证券交易市场得到逐步规范，众多券商才投入大量的人力、财力来发展网上证券交易，网上证券交易才得到快速发展。时至今日，几乎所有的证券投资者都通过网上交易进行投资。

从事网上证券业务的公司主要有两种：（1）传统的证券经纪商兼营网上证券经纪业务。现在，几乎所有的证券经纪商都已推出网上证券经纪业务。（2）纯粹的网上证券经纪商。比如，美国 E-Trade 公司，并无有形的营业网点存在，完全以虚拟的互联网为载体进行网上证券交易，故其可以以尽可能低的折扣吸引对价格在意而对服务要求不高的投资者。

二、网上证券的优点

网上证券业务具有低成本、打破时空限制、增加证券市场的流动性、为投资者提供更全面快捷的信息服务等优势。对于券商：首先，网上证券有助于券商降低成本，扩展业务，开拓市场，扩大市场份额，提高服务质量。尤其是有利于中、小券商以较低成本扩张业务，尽量和大券商站在同一起跑线上竞争。据估计，在支持同等客户的条件下，网上交易的投资是传统营业部的 $1/2 \sim 1/4$，日常月营运费用是传统营业部的 $1/4 \sim 1/5$。其次，在非典期间等特殊时期，股民进行网上交易，可最大程度地避免现场交易造成的人员拥挤，避免传染病的传播，更能产生巨大的社会效益。最后，网上交易还提高了效率。网上证券委托交易的实时性和互动性，有利于券商为客户提供更加及时、个性和全面的证券增值服务，增强券商竞争力。

对于投资者的优点：首先，可以突破地域限制。只要有网络终端和网络的地方都能成为投资者的投资场所，因此可以促使更多的投资者参与股票交易。提高了投资者选择的自由度，增加证券市场的流动性。其次，节省时间，提高资源配置效率。在传统情况下，交易者往往需要买报纸或通过电视再补充接收更多的信息，以支持基本面的行情分析。网上信息服务注重主动性、动态性，用户到提供这种证券信息服务的网站，不仅可以看到行情，同时也可以动态接收信息，而且可以分类查询，甚至可以设定关注的信息种类，系统会自动帮助投资者动态检索信息。最后，提高证券市场信息流通速度，使投资者之间获得信息的差距减少，改变目前大户与散户之间存在的信息不对称状态。

三、网上证券所带来的问题

网络突破了时间和空间的限制，更好地满足了各市场主体的需求。但同时也带来以下问题：

首先，安全性问题。网上证券交易建立在开放性互联网架构之上，而互联网有太多的不确定因素会对网上证券交易的顺利完成造成程度不同的影响。目前市场上销售的软件都有类似于"本软件对用户所造成的一切损失不承担任何明示或者暗示的保证责任"的免责声明，这就很能够说明问题。而交易数据的改变或者丢失可能导致成千上万元的经济损失，这就需要从技术和法律两个层面作出妥善的规定。而在技术迅猛发展的背景下，对网上证券作出什么样的法律规定，才能够既保证网上证券交易的安全，又不会对网上证券技术的将来发展造成阻碍，就成为一个世界各国必须仔细考虑的课题。

其次，投资者保护问题。在网上证券的交易过程当中，所适用的软件以及遵循的规则都由证券公司制定，数据也由证券公司保存。因此，投资者处于一种在资金、技术以及信息等各个层面都处于劣势的状态。所以，如何保护投资者的应有权益，防止券商滥用其优势地位，就成为网上证券法律规定的重要内容。

最后，虚假信息问题。由于在互联网上人们可以自由快捷地发布信息，操作简单灵活，加之很多网站都允许匿名登录，使得互联网成为一些别有用心者发布误导信息、进行诈骗或操纵股市的理想媒介，同时，误导或虚假信息很容易被删除或改变，这将给监管部门调查取证增加难度。

四、网上委托交易账户的开立

与传统证券业务一样，网上证券业务必须为客户分别开立资金账户和证券账户。传统证券业务主要采取直接开户方式，即客户持本人有效身份证件到证券公司下属营业部开户。网上证券业务除了亲自到证券公司的营业所开户外，还可以通过网上开户的方式来达到与营业所开户同样的效果。客户在证券公司网上开户网页填写完相应信息后，通常会以视频方式记录下此时开户主体确实属于其所提交身份证照片的本人。不过，客户希望销户的话，目前却是必须亲自到证券公司营业所去完成相关程序。

在申请开设网上证券委托业务前，投资者应认真阅读证券公司提供的《网上证券委托风险揭示书》，并有权要求证券公司就该风险揭示书进行必要的解释，以充分了解相关风险。网上证券经纪公司的工作人员应客观地向客户揭示网上证券交易方面的风险，不能故意回避和隐瞒相关的风险，误导和欺骗客户。投资者签订的《网上证券委托协议书》与《证券买卖委托协议书》构成统一整体，约定双方权利义务。一般认为，投资者一旦签订该协议，就表示对国家法律法规和交易所规定、对证券交易的风险、对证券公司的各项声明（包括《网上证券委托风险揭示书》等）、对拟买卖的证券品种有充分了解，投资者在开立网上证券委托账户前，须明确与交易相关的各操作环节之含义。

投资者开户后，证券公司应为投资者管理其账户并接受下列委托事项：
（1）接受并即时执行投资者通过网上证券委托系统发出的有效买卖委托指令；
（2）代理保管投资者买入或存入的有价证券；（3）代理投资者进行每次交易
成交后的资金清算和交割，同时根据有关规定向投资者收取并代理投资者交付
证券交易手续费、税金及其他相关费用。

除了互联网络外，网上证券经纪公司还必须为客户提供电话委托等其他必
要的替代交易方式，通过银证合作，为客户提供更多选择。还应向客户提供与
证券交易相关的信息查询服务，包括委托、成交、清算、资金与股份余额等交
易相关数据的查询。

第二节　网上证券相关法律规则

一、网上披露招股说明书

招股是指发行人向特定或者不特定的投资者筹集股份的行为，而网上招股
是指发行人通过互联网络向投资者筹集股份的行为。对网上招股行为加以规范
可以起到保证及时有效的披露有关发行信息、建立发行公司和投资者之间的直
接沟通渠道以及发挥社会公众的舆论监督等作用，既能保护投资者的应有权
益，又能促进证券市场的健康发展。

（一）网上披露招股说明书概述

披露招股说明书是信息披露制度的要求。信息披露制度又叫信息公开制
度，是指上市公司在证券发行、交易、上市公司的收购、上市公司的退市这些
过程当中，根据有关法律、行政法规的规定，把公司的经营、财务状况以及和
公司有关的其他重大事项向证监会报告，同时向社会公众及时、准确、完整地
公布，以供投资者作出投资价值判断的法律制度。

公司发行股票之前，应该通过"招股说明书"的方式向公众披露其与股
票发行有关的信息，以让投资者了解该公司的发展情况，并决定是否购买其股
票。因此，"招股说明书"的公开至关重要。传统公开方法是把该"招股说明
书"在发行人公司所在地、承销商公司所在地、拟上市证券交易所所在地以
及有关报刊上加以公布，供投资者阅读。互联网的出现和广泛应用给"招股
说明书"的公布提供了一种新的媒介。

而且，通过互联网公布"招股说明书"具有跨越地理空间、节省时间、
降低成本的优点。网上披露"招股说明书"可以极大地方便投资者，可以不

用跑到发行人公司所在地、承销商公司所在地或者拟上市证券交易所所在地，也不用购买报刊，只要在家里的网络终端前就可以了解所有公司在网上披露的"招股说明书"。

（二）网上披露招股说明书的法律规定

为确保首次公开发行股票公司发行前招股说明书的及时有效披露，保护投资者合法权益，提高证券市场效率，促进证券市场的健康发展，中国证监会于2001年针对证券公司、拟上市公司颁布《关于首次公开发行股票公司招股说明书网上披露有关事宜的通知》（以下简称《通知》）。该《通知》对招股说明书网上信息披露的有关事宜作了规定。其具体内容有：

1. 同时性和强制性

发行人及其主承销商除须按规定将招股说明书的书面文本备置在发行人公司住所、主承销商公司住所和拟上市证券交易所外，同时还应按照拟上市交易所的有关规定在其指定网站上披露，以供公众查阅。① 主承销商指在证券承销活动中起组织牵头作用，并且承担最大数量份额证券销售的证券公司。《通知》中的"主承销商"包括承销团中的主承销商和单独承销的证券承销商。

从中可以看出：

（1）通过网络披露招股说明书并不能代替在发行人公司住所、保荐机构（主承销商公司住所）以及拟上市证券交易所披露该股说明书；

（2）通过互联网披露招股说明书是强制性的；

（3）通过哪个网站予以披露招股说明书，应该由拟上市证券交易所加以指定。按照2004年5月20日发布的《深圳证券交易所首次公开发行股票发行与上市指引》规定，保荐机构（主承销商）联系巨潮网站，确定招股说明书全文、发行公告、路演公告等相关文件网上披露事宜。

2. 时间和内容

股票发行前，主承销商须在刊登招股说明书概要的当日上午10：00之前（但不得早于招股说明书概要刊登日之前），将招股说明书正文及部分附录和必备附件（审计报告、法律意见书、拟投资项目的可行性研究报告、盈利预测报告（如有）、如公司成立不满两年的还包括资产评估报告）在拟上市交易所指定的网站上公布。②

---

① 《关于首次公开发行股票公司招股说明书网上披露有关事宜的通知》第1条。
② 《关于首次公开发行股票公司招股说明书网上披露有关事宜的通知》第2条。

网上披露的招股说明书应当与中国证监会核准的招股说明书版本一致,①招股说明书正文内容应该包括:招股说明书关键内容摘要、释义,也就是对特定含义词汇的解释;绪言;发售新股有关当事人;风险和对策;筹集资金的运用;股利分配政策;验资报告;承销;发行人概况;发行人公司章程或者草案摘要;高级管理人员简历;经营业绩;股本;债项;主要固定资产;财务会计资料;资产评估;盈利预测;公司发展规划;重要合同及重大诉讼事项;董事会成员以及承销成员签署的意见以及其他重要事项,等等。

3. 责任

出现差错的,中国证监会将对有关责任人和责任人所在单位进行公开批评。虽然公开批评是证监会对有关责任人和责任人所在单位的一种比较轻的行政处罚措施,但是,对于上市公司和证券公司等当事人的影响还是会非常大。经过媒体的广泛报道和宣传,会在很大程度上损坏其信誉。主承销商应指定专人负责办理新股招股说明书的网上披露工作。因主承销商工作失误给投资者造成损失的,主承销商应承担全部责任,并及时采取措施补救。

另外,为规范证券发行上市行为,提高上市公司质量和证券经营机构执业水平,保护投资者的合法权益,促进证券市场健康发展,根据有关法律、行政法规,中国证监会于2009年修订了《证券发行上市保荐业务管理办法》。该办法规定了保荐机构应当承担的相应法律责任。

二、股票推介和网上推介

股票推介或股票路演,指股票承销商在新股发行前或者招股时,帮助发行人安排的针对机构投资者而举行的股票推介报告活动,已成为国际上广泛采用的一种动态股票发行推介方式。路演的目的在于促进投资者与股票发行人之间的沟通和交流,以保证股票的顺利发行。一般运作方式是,在上市公司的招股说明书和分析报告完成以后,分析员和销售员逐个拜访大户,选择潜在机构投资者,了解投资者的投资意向。同时介绍公司的买点和定位,逐步积累定单,从而发现需求并调整价格。路演结束之后,上市公司就能根据股票发行人和承销商在路演时的情况来决定发行量、发行价格和发行时机。如果认购量很少,则降低价格或推迟发行;如果超额认购非常多,则调高价格。②

---

① 《关于首次公开发行股票公司招股说明书网上披露有关事宜的通知》第3条。

② 参见陈章水、华武、陈刚:《网上路演及其运作模式初探》,载《华东经济管理》,2001年第5期,第94页。

而网上推介或网上路演，是证券公司借助互联网实时、开放、交互的网络优势，为证券市场的股票发行方及交易方建立的方便、安全、双向的信息交流平台。网上推介与传统的推介方式相比，具有以下优点：（1）网上推介属于跨地区、跨国界的交流，演讲者的发言可以实时传播到各个地面会场和网上虚拟会场，极大地降低发行人的时间成本；（2）网上推介中，商家可以将相关上市资料存放在数据库中，供人们随时、反复浏览；（3）传统推介会后，发行人和承销商要采用人工计算和评估相关数据，速度慢，耗时长。而网上推介可利用软件自动统计调查结果。

为进一步强化新股发行公司的信息披露，建立投资者与新股发行公司的直接沟通渠道，中国证监会于 2001 年制定了《关于新股发行公司通过互联网进行公司推介的通知》，对新股发行公司通过互联网进行公司推介有关事宜作了规定。2006 年，该《通知》被废止，其中有的内容被吸收进《证券发行与承销管理办法》。

被废止的《关于新股发行公司通过互联网进行公司推介的通知》第 1 条明确规定："新股发行公司在新股发行前，必须通过互联网采用网上直播（至少包括图像直播和文字直播）方式向投资者进行公司推介，也可辅以现场推介。"换言之，网上推介是强制性的。2015 年修订后的《证券发行与承销管理办法》第 30 条第 1 款的规定是："首次公开发行股票招股意向书刊登后，发行人和主承销商可以向网下投资者进行推介和询价，并通过互联网等方式向公众投资者进行推介。""并通过互联网等方式"这一表述，似乎仍然保留了网上推介的强制性。

同时，《证券发行与承销管理办法》规定，发行人和主承销商向公众投资者进行推介时，向公众投资者提供的发行人信息的内容及完整性应与向网下投资者提供的信息保持一致。承销商还应当保留推介、定价、配售等承销过程中的相关资料至少 3 年并存档备查，包括推介宣传材料、路演现场录音等，如实、全面反映询价、定价和配售过程。

三、证券公司的技术规范监管

中国证监会 2012 年的《证券期货业信息安全保障管理办法》规定，信息安全保障工作实行"谁运行、谁负责，谁使用、谁负责"、安全优先、保障发展的原则。证券公司应当执行国家信息安全相关法律、行政法规和行业相关技术管理规定、技术规则、技术指引和技术标准，开展信息安全工作，保护投资者交易安全和数据安全，并对本机构信息系统安全运行承担责任。

（一）信息安全保障的基本要求

该《证券期货业信息安全保障管理办法》规定了信息安全保障的基本要求：

（1）应当具有合格的基础设施。机房、电力、空调、消防、通信等基础设施的建设符合行业信息安全管理的有关规定。

（2）应当设置合理的网络结构，划分安全区域，各安全区域之间应当进行有效隔离，并具有防范、监控和阻断来自内外部网络攻击破坏的能力。

（3）应当建立符合业务要求的信息系统。信息系统应当具有合理的架构，足够的性能、容量、可靠性、扩展性和安全性，能够支持业务的运行和发展。

（4）应当具有防范木马、病毒等恶意代码的能力，防止恶意代码对信息系统造成破坏，防止信息泄露或者被篡改。

（5）应当建立完善的信息技术治理架构，明确信息技术决策、管理、执行和内部监督的权责机制。同时，应当建立完善的信息技术管理制度和操作规程，并严格执行。

（二）信息安全的持续保障要求

该《证券期货业信息安全保障管理办法》还规定了持续保障要求：

（1）应当保障充足、稳定的信息技术经费投入，配备足够的信息技术人员。应当对信息技术人员进行培训，确保其具有履行岗位职责的能力。

（2）应当根据行业规划和本机构发展战略，制订信息化与信息安全发展规划，满足业务发展和信息安全管理的需要。

（3）开展信息系统新建、升级、变更、换代等建设项目，应当进行充分论证和测试。应当规范开展信息技术基础设施和重要信息系统的运行维护，保障系统安全稳定运行。

（4）应当建立数据备份设施，并按照规定在同城和异地保存备份数据。应当建立重要信息系统的故障备份设施和灾难备份设施，保证业务活动连续。应当按照规定向中国证监会指定的证券期货业数据中心报送数据。报送的数据必须真实、完整、准确、及时。

（5）应当建立网络与信息安全风险检测、监测、评估和预警机制，发现风险隐患应当及时处置，并按照规定进行报告。应当建立信息安全应急处置机制，及时处置突发信息安全事件，尽快恢复信息系统的正常运行，并按照规定进行报告，不得迟报、漏报、瞒报。

（6）应当对信息安全事件进行内部调查、责任追究和采取整改措施，并配合中国证监会及其派出机构对事件进行调查处理。应当建立信息安全内部审计制度，定期开展内部审计，对发现的问题进行整改。

（7）应当加强信息安全保密管理，保障投资者信息安全。

（三）网上证券信息系统应遵循的基本原则

根据中国证券业协会 2015 年《证券公司网上证券信息系统技术指引》的规定，该指引中的各项要求，是各证券公司网上证券信息系统应达到的基本要求。证券公司在开展网上证券信息系统建设和运行过程中，应符合本指引规定的相关要求。由中国证券业协会对证券公司执行本指引的情况实施自律管理。

证券公司网上证券信息系统是证券公司通过互联网、移动通信网络、其他开放性公众网络或开放性专用网络基础设施等开放性网络，向其客户提供金融业务和服务的信息系统，包括证券公司的网络设备、计算机设备、软件、数据、专用通信线路，以及客户端软件等。

证券公司利用网上证券信息系统开展证券业务应当遵循如下基本原则：（1）安全性原则：网上证券信息系统的建设应当建立风险防范意识，保证在网上开展证券业务的安全性。通过技术措施和管理手段，实现信息的保密性、完整性和服务可用性。（2）系统性原则：网上证券信息系统的建设应当覆盖安全保障体系的各个方面，包括但不限于：安全体系规划和建设、证券业务安全运行、运维和安全保障、灾难恢复和应急措施等。（3）可用性原则：网上证券信息系统的建设应当在保障安全的原则下，确保在网上开展证券业务的连续性和可靠性。

（四）对相关信息、敏感数据的管理、备份与保护

中国证券业协会 2015 年《证券公司网上证券信息系统技术指引》还规定了相关信息与敏感数据方面的内容。证券公司通过网上证券信息系统向客户提供证券交易的行情信息，应当提示行情来源、行情站点名称等信息；向客户提供资讯信息的，应当说明信息来源。

证券公司应当根据国家相关法律法规以及行业制度和规范要求、结合自身实际情况制订网上证券信息系统的数据备份计划并落实执行。备份的数据包括但不限于：系统程序、配置参数、系统日志、安全审计数据、门户网站信息（资讯类数据除外）、客户数据等。

证券公司应当采用多种技术手段加强网上证券信息系统敏感数据的保护，技术手段包括但不限于：敏感数据在开放性网络加密传输，加解密在客户与证券公司实际控制的系统中进行，不得在任何中间环节对数据进行解密；口令和密钥全程加密传输，且加密存储于后台区；严格授权访问存储敏感数据的数据库。

敏感数据指影响网上证券信息系统安全和客户信息安全的数据，包括但不限于：口令、密钥，以及客户账号、身份信息、联系方式、交易数据、资产数据、支付或转账数据、包含以上数据的客户日志，以及其他若发生泄露可能损害客户合法权益的数据。

证券公司应当保证网上证券敏感数据传输的可用性、保密性、完整性、真实性和可稽核性。网上证券信息系统未经证券公司授权不得与第三方进行任何形式的敏感数据交换，并具备经过认证后仅向授权的第三方指定地址发送信息的功能，数据交换应当加密传输或使用专线、VPN 等可靠通道，并确保数据在传输过程中不在所经过的设备或系统上被复制或保存。

证券公司网上证券信息系统敏感数据复用时应当遵循最小化原则。另外，该《指引》还对证券公司网上证券信息系统的网上证券客户端和服务端规定了所要达到的具体要求。

四、证券公司相关信息的适当性责任

实践中，证券公司开展网上委托业务的网站都会对投资者提供行情数据信息、资料等内容，同时又规定有免责条款，如"不保证信息的可靠性、真实性与正确性，股民依此进行投资决策造成的经济损失本网站不承担任何经济和法律责任"等。这些免责条款是否有效？证券公司网站上所提供的有关数据如果严重失实、故意歪曲，则是否也"不承担任何经济和法律责任"？

我国 1998 年 4 月 1 日起施行的《证券、期货投资咨询管理暂行办法》对证券、期货投资咨询业务进行了规制。其第 2 条规定，证券、期货投资咨询，是指从事证券、期货投资咨询业务的机构及其投资咨询人员以下列形式为证券、期货投资人或者客户提供证券、期货投资分析、预测或者建议等直接或者间接有偿咨询服务的活动：

（1）接受投资人或者客户委托，提供证券、期货投资咨询服务；

（2）举办有关证券、期货投资咨询的讲座、报告会、分析会等；

（3）在报刊上发表证券、期货投资咨询的文章、评论、报告，以及通过电台、电视台等公众传播媒体提供证券、期货投资咨询服务；

（4）通过电话、传真、电脑网络等电信设备系统，提供证券、期货投资咨询服务；

（5）中国证监会认定的其他形式。

可见，证券公司开展网上委托业务的网站对投资者提供行情数据信息、资料等内容的行为也要受该《证券、期货投资咨询管理暂行办法》约束，并不是不受法律规章制约、自己说免责就可免责的事情。

那么，这些行为应该负有什么样的义务呢？按照《证券、期货投资咨询管理暂行办法》的规定，证券、期货投资咨询机构及其投资咨询人员，从事证券、期货投资咨询业务，必须：

（1）遵守有关法律、法规、规章和中国证监会的有关规定，遵循客观、公正和诚实信用的原则；

（2）应当以行业公认的谨慎、诚实和勤勉尽责的态度，为投资人或者客户提供证券、期货投资咨询服务；

（3）应当完整、客观、准确地运用有关信息、资料向投资人或者客户提供投资分析、预测和建议，不得断章取义地引用或者篡改有关信息、资料；引用有关信息、资料时，应当注明出处和著作权人；

（4）不得以虚假信息、市场传言或者内幕信息为依据向投资人或者客户提供投资分析、预测或建议；

（5）证券、期货投资咨询机构就同一问题向不同客户提供的投资分析、预测或者建议应当一致；

（6）证券、期货投资咨询机构应当将其向投资人或社会公众提供的投资咨询资料，自提供之日起保存 2 年。

同时，《证券、期货投资咨询管理暂行办法》对违反行为分别规定了由证监会单处或者并处警告、没收违法所得、罚款、暂停或者撤销业务资格，乃至刑事责任的处理程序。

但是，这些规定仍然过于抽象，要具体落实到对证券公司在网站上对投资者提供行情数据信息、资料等内容的行为加以规制还比较困难。在此，本书拟借鉴"适当性责任"来区分这些行为在什么样的情况下应该承担什么样的责任。适当性概念来自美国自律组织（Self-Regulatory Organization，简称 SRO）章程以及招牌理论①：

（1）美国自律组织章程。1939 年，美国全国证券交易商协会（The National Association of Securities Dealers，简称 NASD）第一次采用适当性准则，作为公平交易准则的一部分。这项准则要求 NASD 会员公司要有充足的理由，使人相信他们对客户所作的投资推荐是适当的。判断是否足够的理由可以从客户对有关证券、财务情况和某种信息需求的表述中找到根据。因此这些要求被

---

① 李为、葛蓉蓉、姚前编译：《股票在线经纪：迅速开拓网络空间——美国证监会研究报告》，中国经济出版社 2000 年版，第 27 页。

叫做"客户特定"（customer-specific）适当性。这个准则不仅禁止作出不合适的推荐，而且还要求推荐者有责任在推荐前作出可靠的决定。他们必须在为非机构客户执行所推荐的交易之前，通过合理的渠道来获得以下信息：（1）客户的财务状况；（2）客户的税务状况；（3）客户的投资目的；（4）推荐者认为决定这一推荐所必须获得的其他信息。

除了"客户特定"适当性，这个准则还要求推荐者必须有"充分和合理的根据"向客户推荐。这项要求被叫做"合理根据"（reasonable basis）适当性。合理根据适当性与某一特定投资有关，而与特定客户关系不大。换言之：如果一个推荐者不能从根本上理解其投资推荐的后果，以致此项投资对任何投资者都不适宜——无论投资者财富有多少，是否愿意承担风险，年龄大小等其他个人特征——那么它就违背了 NASD 适当性准则。

其他自律组织也有类似原则，他们基于以下理念：专业化主义、公平、公正、平等交易原则。虽然这些原则对一些用于保护交易及会员免受不讲信用的客户的危害，但现在已被称做客户保护及适当行动准则。

（2）招牌理论。招牌理论来自普通法，只要证券商打出证券专家的照牌，它就向客户默示自己将公正地按照专业标准对待他们。作为公正交易义务的一部分，证券商必须作出客户特定适当性的决定。另外，招牌理论要求证券商有合理根据令人相信他们所推荐的股票是适合任何投资者的。

本书认为，以上所述"客户特定适当性"、"合理根据适当性"确定券商责任的方法可以很好地借用过来。我国的监管法律应加入该方面的内容。

网上证券经纪公司在向投资者所提供的信息当中是否向投资者作了推荐，应该承担什么样的责任，应该根据情况具体分析：

（1）如果网上证券公司仅仅接受投资者通过网络发出交易的指令，并且加以执行，那么在这种情况下，网上证券经纪公司并没有向投资者作出推荐。相应地，不需要承担特定适当性责任。

（2）如果网上证券公司除了在网页上公布证券方面的新闻之外，还提供了证券方面的研究报告、市场报道等内容，而且，每个投资者都可以从中获取相同的信息，那么，该证券公司不对投资者承担"客户特定适当性责任"。但是，该证券公司应该让投资者相信网站上所提供的研究报告、市场报道具有合理的根据，所提出的结论至少对某一些投资者比较合适。这时，该证券公司承担"合理根据适当性责任"。

（3）在许多情况下，网上证券公司根据对所收集到的投资者信息加以分析、分类，并向每一类投资者提供特定信息。比如，根据投资者的持股数额、账户余额以及交易频率等对投资者作出细致的划分，并把与投资者的这些资料相匹配的投资信息推荐给投资者。当看到投资者总是在具有某些特征的公司股票下跌时大量买进股票，券商就在发生类似情况时，对投资者发出通知。在这样的情况下，公司对投资者承担客户特定适当性责任。

（4）网上证券公司常常还提供在线投资组合管理。比如，网站上提供类似于"资产分配计算器"的计算公式，投资者把其基本信息输进去之后的，可以得到应该购买百分之多少的股票、百分之多少债券的建议。这种推荐与一般性推荐性质相同，公司不承担客户特定适当性责任，但是，应承担合理根据适当性责任。

如果投资者把其所有投资资产信息输入到这样的计算器后，得到建议其投资组合中某种股票或者债券比例过大或者太小，则建议买入或者卖出某类股票或者债券。这时，公司承担客户特定适当性责任。

总之，有效的法律监管能促进网上证券交易在规范的法律环境下健康有序地发展。

五、网上委托交易的风险责任分担

中国证券业协会秘书处颁布的《证券交易委托代理业务指引》第4号"网上委托协议书"中的第2章对网上证券公司的风险披露制定得较为详细："甲方（投资者）已详细阅读本章，认识到由于互联网是开放性的公众网络，网上委托除具有其他委托方式所有的风险外，还充分了解和认识到其具有以下风险：（1）由于互联网数据传输等原因，交易指令可能会出现中断、停顿、延迟、数据错误等情况；（2）投资者密码泄露或投资者身份可能被仿冒；（3）由于互联网上存在黑客恶意攻击的可能性，互联网服务器可能会出现故障及其他不可预测的因素，行情信息及其他证券信息可能会出现错误或延迟；（4）投资者的电脑设备及软件系统与所提供的网上交易系统不相匹配，无法下达委托或委托失败；（5）如投资者不具备一定网上交易经验，可能因操作不当造成委托失败或委托失误；上述风险可能会导致投资者（甲方）发生损失。"

网上证券交易的过程当中存在着各种各样的风险，在网上证券公司和投资者之间采取什么样的风险分担机制，是一个影响到网上证券行业发展的重要问题。根据网上证券交易过程当中发生问题的各种情况，分别从投资者操作失误、证券公司操作失误、网络故障以及不可抗力几个方面加以讨论。

（一）投资者操作失误

投资者操作失误可以分为两种情况。第一种情况是，从事网上证券交易的证券公司提供给投资者用于网上证券交易的软件中，没有给投资者的可能操作失误行为提供适当的纠正机会。在我国目前的法律规定当中，这种操作失误所带来的后果由投资者承担。但是，在应然的法律状态中，由于投资者操作失误的概率非常大，而网络信息的传递速度又非常快，如果因为从事网上证券交易的证券公司没有给投资者提供纠正错误的机会而可能使投资者承担不利后果，则对投资者是不公平的。所以，在这种情况下，不应该由投资者来承担这种风险。这就如同前面"电子合同"章中所讨论的对"电子错误"的处理方法一样。

第二种情况是，从事网上证券交易的证券公司提供给投资者用于网上证券交易的软件中，给投资者的可能操作失误行为提供了适当的纠正机会。那么，若投资者仍然操作失误，则由其自己承担责任。

（二）证券公司操作失误

从事网上证券交易的证券公司自己制作或者委托他方制作并管理所使用的软件，工作人员也是其自主雇佣并管理，也就是说，公司对工作人员以及所使用的软件、硬件都有完全的决定权。所以，证券公司工作人员的操作失误由该公司自己承担责任。

（三）网络故障和不可抗力

网络常常会出现各种各样的故障，给投资者带来风险。比如，投资人通过网上证券交易系统进行证券交易时，投资人电脑界面虽然已显示委托成功，但券商服务器却没有接到指令，从而使投资人存在利益不能增加或损失不能停止的风险；同样，反之，投资人电脑界面对委托指令没有显示成功而再次发出委托指令时，券商服务器就可能会收到投资人的两次委托指令，从而让投资人存在重复买卖的风险。

实践中，证券公司开展网上委托业务的网站一般有免责条款等内容。如某网站主页上的免责条款部分内容如下："因电信部门的通信线路故障、通信技术问题造成网上交易系统不能正常运转而给广大股民带来的经济损失，本网站不承担任何经济和法律责任"；"本网站将尽全力保障本网络系统的安全、稳定运行，如网络系统发生故障，公司负责及时修复，但因网络系统发生故障造成股民的经济损失，本网不承担任何经济和法律责任"。本书认为，这些格式条款的效力应当根据具体情况具体分析。

首先，我国法律、法规、证监会的规定等都对券商及其网站所应该达到的技术、管理等条件均作了相应规定，如果券商从事网上证券交易的有关人员、软件、硬件等各种条件没有达到法律、法规、证监会所规定的有关条件，那么，说明券商存在过失，这些免责条款当然无效，券商应该承担责任。

其次，如果券商从事网上证券交易的有关人员、软件、硬件等各种条件达到了我国法律、法规、证监会所规定的有关条件，那么这些免责条款是不是就当然有效呢？

本书认为，首先判断相关故障是否源于不可抗力。如果是，则这些免责条款有效。网上证券交易中的不可抗力风险，一般是指自然界的灾难事件以及现有技术水平无法预测或无法防范的外来力量的攻击，导致网络局部运行受阻或整个网络系统瘫痪，投资者的交易委托无法成交或者无法全部成交就属于该风险范畴。根据《民法通则》和《合同法》等法律规范的规定，投资者面临这类风险，不能请求或主张损害赔偿。不可抗力风险的确定需要如下前提条件：相关事件为现有科技水平或正常的智力水平所无法预见的，或即使能够预见也是为一切现有技术所无法预防和阻止的；投资者存在损害的事实；不可抗力与损害事实之间存在直接的因果关系等条件下才能免责。

如果不属于不可抗力，则这些免责条款应属无效，证券公司应该承担责任。理由如下：

（1）网上证券交易所使用软件的选择和维护、网站的建设和维护、选择某个网络公司对互联网络加以维护等都是有证券公司全权决定，投资者并不能对此表达自己的观点。让证券公司承担责任，也是对其"决定"错误的惩罚。就如同日本"《因特网法》商务法务研究会"的观点，"当通信线路发生阻塞等事故时，网上交易的'提供者'应该负有债务不履行责任，对于因债务不履行而造成的损失应该进行赔偿，这样，网上交易的'提供者'几乎要承担无限责任"。[①]

（2）如果这些免责条款有效，那么，实际上投资者独自承担这些网络故障所带来的后果。这无疑是不公平的。和证券公司相比，投资者无论在技术、资金还是经验等各个方面都处于劣势，而证券公司处于优势地位，只享受到网上证券交易所带来的低成本竞争优势而不愿承担网络故障所带来的任何风险，却让投资者承担后果，其不公平性是显而易见的。在这里，让证券公司承担风险是保护弱势方基本原则的体现。

（3）让证券公司承担风险，可以促进证券公司采取各种方法尽量减少网络故障发生的责任心。

当然，如果网络故障所带来损失远远超过了证券公司的承受能力，就可能

---

① 葛成主编：《网上证券交易》，经济科学出版社2001年版，第286页。

会影响到整个网上证券行业的发展。所以，可以采取最高限额的办法，对证券公司因此所承受的赔偿作出最高限制。这样，就可以做到既保护好投资者的应有权益，又可以促进网上证券行业的迅速发展。

同时，还可以采用网上证券交易保险的方法来解决这个问题。比如，在美国，大多数网上证券经纪公司为自己的网上交易客户提供高额的商业保险，这在很大程度上消除了客户对网上证券交易安全性的后顾之忧，极大地推动了美国网上证券经纪业的发展。①

---

① 比如，美国某公司为客户账号的保费可高达 2500 万美元。为此，可以考虑由券商、系统集成商对系统的可靠性进行投保，当交易系统出现问题导致投资者损失时，因多方共同承担责任。该公司打出了为每个账户免费提供 1 亿美元保险的牌子。这 1 亿美元的保险首先是美国政府为每个资金账户提供 10 万美元的现金险，再者是美国证券投资者保护公司为每个资金账户提供 50 万美元的保险（其中包含 10 万美元的现金险），此外，该公司又为每个账户向美国国家联合火灾保险公司购买了 9950 万美元的保险（其中包含 90 万美元的现金险）。参见 葛成主编：《网上证券交易》，经济科学出版社 2001 年版，第 286 页。

第七章　网上保险

第一节　网上保险概述

一、网上保险与网上保险法律规范

与发达国家相比，我国的网上保险业务起步较晚，但发展较快。早在
1997 年，中国保险学会和北京维信投资顾问有限公司就已经共同发起成立了
我国第一家保险网站——中国保险信息网（china-insurance.com），同年，由
中国保险信息网为新华人寿公司促成的国内第一份网上保险单，标志着我国保
险业迈入了网上保险的大门。尤其是 2000 年以来，越来越多的保险公司开通
了网上保险业务。

我国《保险法》（2015 修订版）第 2 条对保险下了一个定义："本法所称
保险，是指投保人根据合同约定，向保险人支付保险费，保险人对于合同约定
的可能发生的事故因其发生所造成的财产损失承担赔偿保险金责任，或者当被
保险人死亡、伤残、疾病或者达到合同约定的年龄、期限等条件时承担给付保
险金责任的商业保险行为。"有观点认为，保险法有广义和狭义之分。广义的
保险法，包括保险公法和保险私法；狭义的保险法，仅指保险公法。所谓保险
公法，是指有关保险的公法性质的法律规范。保险私法，是指有关保险的私法
性质的法律规范，其调整自然人、法人和其他组织之间保险关系的法律规范，
包括保险合同法和保险特别法。[1]

网上保险法律规范也有广义和狭义之分。本书所指的网上保险法律规范，
是指广义的保险法律规范，包括国家对网上保险监督管理方面的、带有公法性
质的法律规范以及调整自然人、法人和其他组织之间保险关系的、带有私法性
质的法律规范。

---

[1]　温世扬主编：《保险法》，法律出版社 2003 年版，第 21 页。

二、网上保险的优点

与其他行业开展电子商务的情况有所不同，保险作为一种传统的金融服务，其经营活动仅仅涉及资金和信息的流动，而不会有物流配送的瓶颈问题。所以，和其他行业相比，保险业务似乎天然的就适合于在网上开展。

而和传统保险业务相比，网上保险又具有以下优点：

1. 降低成本

保险公司只需要支付低廉的网络费用，就可以免去代理人、经纪人等中介环节，节省大笔的佣金和管理费。保险经营要花费极大比例的时间同保户进行交流。而利用网络来完成这个功能，可以超越时空和传统习惯的限制，为客户提供 24 小时不间断的、全球性的服务，降低时间成本。投保人从消极接受保险中介的硬性推销，转变为根据自己的主观需求，积极自主地选择和实现自己的投保意愿。投保人可以足不出户，在线投保，通过网络选择自己认为最合适的险种，在网上完成保险的全过程，如填投保单、承保、交保费、出险报案、索赔等。

2. 防止重复骗赔

重复报案是在车辆保险诈骗中最常见的手段。其形式主要有：①不同地点骗赔。这主要是利用保险公司各个机构之间信息传递慢、信息共享差的特点；②不同时间的骗赔。车主在取得第一次赔款后不进行修理，一段时间后又以不同的理由找保险公司申请赔偿；③在不同保险公司间进行重复骗赔。比如，两车相撞，在一家保险公司索赔之后，其中一方又找自己的承保公司声明是单方事故再次索取赔款。这些骗赔行为都是利用保险公司信息传递缓慢、不能共享的特点。网上理赔就可以防止发生这些行为。每当一个赔偿案件发生，系统就能够自动查找其历史资料，把前一次的出险记录连同事故照片通过互联网络立即提示给当地的理赔人员。理赔人员通过比较，就可以达到防止重复骗赔的目的。如果不同保险公司之间的系统可以互相访问，那么还可以防止在普通保险公司之间进行重复骗赔的行为。

3. 理赔决策从分散转向集中，提高效率

保险公司通常必须建立和培养一支庞大的理赔定损队伍。在顾客出险后，他们就赶到事故现场进行查勘和定损工作。大部分的情况下是由理赔人员在现场分散决定的。上级管理人员无法对分散在各个现场的理赔人员进行监控。而网上理赔就可以解决这个问题。查勘人员通过互联网络可以在很短的时间之内将事故现场的音像资料以及其他相关材料发送到公司总部。公司选择出最优秀的专业人员组成理赔中心，通过互联网实时根据现场情况确定保险责任、评估赔偿金额。这样可以让最优秀的定损员和核赔员把其精力全部放在其最擅长的技术工作上，节省来回奔波的时间，提高效率，简单的查勘工作可以由具有一般保险知识的普通工作人员完成。如果保险公司与医院系统实现计算机联网，那么保险公司就能够及时地通过互联网了解到被保险人的既往病史，提高了核保工作的效率。

4. 防止损害被保险人的索赔权益

有的保险会由于手工出单和电脑不联网带来问题。例如航意险整个流程中，用手工操作整个销售过程，一旦发生笔误（尤其是航班号的笔误），且没有及时发现，保单正本又由乘客带上飞机，发生空难后保单正本保存的可能性很小。家属手里又没有任何证据，全凭保险公司留下的底单赔付。另外，机票销售实现了全国联网，可以在其他地方、其他航空代理点购买航意险。空难发生后，能否根据遇难旅客实际购票的时间对全国各地代理销售点的保单存根进行清点，存在技术和操作上的困难，这有可能直接损害被保险人的索赔权益。① 而通过网上保险，则可在很大程度上防止损害被保险人的索赔权益。网上投保完成后，乘客即可获得电子保单和纸质保单及发票，并可随时查询投保信息和保单记录。

三、网上保险所带来的问题

网络突破了时间和空间的限制，更好地满足了各市场主体的需求。但同时也带来以下问题：

（1）网上证券交易建立在开放性互联网架构之上，而互联网有太多的不确定因素会对网上保险交易的顺利完成造成程度不同的影响。交易数据的改变

---

① 比如，2002年"5·7"北航大连空难发生后，最开始的新华社通稿说，投保"航意险"的遇难旅客是39人。很快39人的数字改成"根据民航售票点调查反馈的情况显示，'5·7'空难中有42位旅客购买了'航空意外保队'共保保单。"再后来又有消息说，经进一步清理，发现该空难中遇难的大连旅客张某某一人购买了5份"航意险"。5月13日再报道的消息又说："购买航意险的遇难旅客增加，一旅客至少购买7份。通过人工清查，投保航空意外险的'5·7'空难遇难旅客增至44人，共购买了50份。目前北京保险行业协会在北京的360家航意险代售点，正在对遇难旅客投保情况进行人工清查。"有人还出示了分别在首都机场和无锡购买的两份"航意险"保单，两张保单上受益人和受益人住址栏目全是空白。参见《空难赔付内外差九倍 为何三次空难三种赔偿?》，载 http://news3. xinhuanet. com/newscenter/2002-05/21/content_401864. htm. 2004年6月8日访问。

或者丢失可能导致成千上万保险费用的纠纷，这就需要从技术和法律两个层面作出妥善的规定。在技术迅猛发展的背景下，对网上保险作出什么样的法律规定，才能够既保证网上保险交易的安全，又不会对网上保险技术的将来发展造成阻碍，就成为一个必须仔细考虑的课题。

（2）和网上证券类似，在网上保险的交易过程当中，所适用的软件以及遵循的规则都由保险公司制定，数据也由保险公司保存。因此，投资者处于一种在资金、技术以及信息等各个层面都处于劣势的状态。所以，如何保护客户的应有权益，防止保险机构滥用其优势地位，就成为网上保险法律监管的重要内容。

四、网上保险合同的成立

参与网上保险的实体主要有四类：投保人、保险公司、银行以及认证中心。认证中心为从事网上保险的投保人和合作伙伴颁发认证证书和提供认证服务，银行为其客户（投保人）提供网上保险的支付服务。要实现完整的保险电子商务会牵涉很多方面，如发卡机构、支付网关、医院等相关机构进行验证、核实等环节的进行。在网上投保的过程中，对于保险公司来说，投保信息必须安全地从客户网络终端传入保险公司主机。加密后的客户信息、银行账号则要传入银行主机，保险公司和银行之间也需要进行数据传递。此时，除了需要加密算法保证数据的安全流通之外，还需要引入电子证书和电子签名实现用户身份的鉴别。

但是，对于网上保险合同来说，其主体只有投保人和保险人。

根据我国《保险法》第13条规定："投保人提出保险要求，经保险人同意承保，保险合同成立。保险人应当及时向投保人签发保险单或者其他保险凭证。保险单或者其他保险凭证应当载明当事人双方约定的合同内容。当事人也可以约定采用其他书面形式载明合同内容。依法成立的保险合同，自成立时生效。投保人和保险人可以对合同的效力约定附条件或者附期限。"有学者认为，保险合同属于不要式合同，所以，保险单证的签发并不是保险合同成立的特殊要求。① 第13条第2款应该是一种宣示性的规定，而不是强制性规定，不能以此推断所有保险合同都要以书面形式订立。在一方提出要约之后，另一方以包括口头在内的方式承诺，保险合同就可成立。如果当事方约定以保险单证的签发作为保险合同的生效条件，那么，保险单证的签发就是保险合同的生

① 温世扬主编：《保险法》，法律出版社2003年版，第54页。

效要件。

另外，现代民事立法，为了促进交易的迅速和方便，保护交易安全，贯彻意思自治的宗旨，将绝大多数合同设定为诺成性合同。保险合同是有偿合同，但是并不属于实践性合同，保险费缴付与否不影响保险合同的成立。保险合同是债权合同，只要当事人双方约定，一方负担交付保险费的义务，另一方于保险事故发生或者保险期限届满时履行给付保险金的义务，保险合同即可成立。① 我国《保险法》第14条规定："保险合同成立后，投保人按照约定交付保险费；保险人按照约定的时间开始承担保险责任。"在保险合同成立后至保险费交付前的时间内发生保险事故，保险人不能以保险费未交付为由，主张保险合同不成立，从而拒绝承担保险责任。

所以，投保人和保险人意思表示的一致，首先由投保人向保险人发出投保的意思表示，通常以填写投保申请书的方式进行，原则上这就是要约；保险人收到投保申请书以后，综合考虑各种具体情况，再决定是否同意承保，如果同意，就是承诺。保险人在其网站上公布的险种等具体情况介绍可以看作是要约邀请。

在电子商务中，网上交易量越来越大。最简便的方式是在订立电子合同的同时，有个保险的选项。选项中列明保险费用与其他关键内容。客户只要在保险选项之前打上钩就可以了。

各个公司网上保险业务的具体流程都大同小异，以网上货物运输保险为例，网上保险系统流程一般是：（1）客户登录保险公司网站，申请并且获得用户名和密码。（2）客户登录网上保险系统，输入用户名和密码，进入系统。（3）用户选择询价，按照网页上的要求填写有关数据：如被保险货物名称、包装、运输航程、运输方式、保险金额等，还要选择承保条件。（4）如投保条超出系统核保权限的范围之外，系统将自动转到人工核保。工作人员将根据具体情况与客户通过电子邮件、电话、登门拜访等方式和客户取得联系，进一步沟通并确定费率和有关具体条款。在双方协商好重要内容之后，可以再一次转回到保险公司互联网上的自动系统，完成整个流程。（5）如投保条件在系统核保权限的范围之内，系统将自动厘订费率、拟订条款并且显示报价网页。（6）客户如果接受报价，就可以通过互联网支付保险费用。（7）系统确认保险费用已经支付后，生成虚拟保单。（8）发生货损后，客户可以登录保险公司的网上自动系统报告损失，系统再把损失报告即时传送到理赔部门由专业人

① 温世扬主编：《保险法》，法律出版社2003年版，第91页。

员加以处理。

第二节 网上保险业务相关法律规则

中国保监会按照保险法规履行保险监管职责,监管的目的是为了保护被保险人的利益。对保险公司的经营,保监会从保险公司的市场行为和偿付能力两个方面进行监管。保险监管者应该要求在网上保险产品的销售、购买以及传送在安全环境下进行,并且保单持有者得到了充分保护。保险监管者的最主要责任在于对保险人权限的监管。国际保险监管协会(IAIS)① 鼓励会员国采用并实施三个基本原则,以实现对网上保险业务的有效监管:一是监管方法的一致性原则。对于网上保险业务的监管方法应该与被保险人通过其他媒介的保险业务的监管保持一致性。保险监管者和应该力求对网上保险业务的消费者保护与非网上保险服务的消费者保护实行统一标准。二是透明度和信息披露原则。保险监管者应当要求管辖权限内的保险人和保险中介人确保在网上进行的保险交易行为与通过其他媒介进行的保险交易行为所应用的透明度及披露原则是一致的。三是合作监管原则。在监管网上保险业务的过程中,必要时,监管者之间应当相互合作。网上保险业务的监管仅仅依靠一个国家的行为是不够的,它需要有关国家保险监管者之间更大程度的合作。②

从事网上保险业务,首先要服从我国针对网上保险的有关法律规章、保监会作出的种种规定、指引或者业界规则。如果没有针对网上保险这些法律规章、规定、指引或者业界规则,则无疑要遵守针对传统保险业务的种种法律规章、规定、指引或者业界规则。2015 年中国人民银行、工业和信息化部、公安部等《关于促进互联网金融健康发展的指导意见》规定:"专业互联网保险公司应当坚持服务互联网经济活动的基本定位,提供有针对性的保险服务。保险公司应建立对所属电子商务公司等非保险类子公司的管理制度,建立必要的

---

① 国际保险监管协会的前身是美国保险监管协会定期主办的国际保险监管年会,1993 年,来自 53 个国家的保险监督官员在美国芝加哥召开会议,正式成立了国际保险监管协会(International Association of Insurance Supervisors, IAIS)。其宗旨是保障各国保险监管机构的共同利益,通过这个独立的论坛,使各国的保险监管机构增强对有关共同利益和共同关注问题的认识,鼓励保险监管机构之间展开广泛的个人和官方接触,增强保险监管机构在保护投保人利益、维护和提高保险市场效率方面的能力。

② 更详细介绍,参见孟龙著:《保险监管国际规则述要》,中国金融出版社 2003 年版,第 84~86 页。

防火墙。保险公司通过互联网销售保险产品，不得进行不实陈述、片面或夸大宣传过往业绩、违规承诺收益或者承担损失等误导性描述。互联网保险业务由保监会负责监管。"

为规范互联网保险经营行为，保护保险消费者合法权益，促进互联网保险业务健康发展，中国保监会 2015 年制定了《互联网保险业务监管暂行办法》。以下介绍该办法规定的监管措施。

一、网上保险的经营条件

根据《互联网保险业务监管暂行办法》的规定，互联网保险业务，是指保险机构依托互联网和移动通信等技术，通过自营网络平台、第三方网络平台等订立保险合同、提供保险服务的业务。互联网保险业务应由保险机构总公司建立统一集中的业务平台和处理流程，实行集中运营、统一管理。《互联网保险业务监管暂行办法》不适用于再保险业务。

对保险机构通过即时通信工具、应用软件、社交平台等途径销售保险产品的管理，参照适用《互联网保险业务监管暂行办法》。《互联网保险业务监管暂行办法》分别对其中的"保险机构"、"自营网络平台"以及"第三方网络平台"这三个要素规定了需要达到的标准。

（一）从事互联网保险业务的保险机构条件

保险机构的从业人员不得以个人名义开展互联网保险业务。此处的保险机构是指经保险监督管理机构批准设立，并依法登记注册的保险公司和保险专业中介机构。保险专业中介机构是指经营区域不限于注册地所在省、自治区、直辖市的保险专业代理公司、保险经纪公司和保险公估机构。只有符合这些定义的保险公司和保险专业中介机构才能经营互联网保险业务。

目前从事网上保险业务的多为传统保险机构。尚未出现只在互联网上从事保险业务的"专业互联网保险公司"。2015 年《国务院关于积极推进"互联网+"行动的指导意见》规定："扩大专业互联网保险公司试点，充分发挥保险业在防范互联网金融风险中的作用。"《互联网保险业务监管暂行办法》第27 条规定，专业互联网保险公司的经营范围和经营区域，中国保监会另有规定的，适用其规定。

（二）开展互联网保险业务的保险机构自营网络平台条件

自营网络平台，是指保险机构依法设立的网络平台。保险机构开展互联网保险业务的自营网络平台，应具备下列条件：

（1）具有支持互联网保险业务运营的信息管理系统，实现与保险机构核心业务系统的无缝实时对接，并确保与保险机构内部其他应用系统的有效隔离，避免信息安全风险在保险机构内外部传递与蔓延。

（2）具有完善的防火墙、入侵检测、数据加密以及灾难恢复等互联网信息安全管理体系；

（3）具有互联网行业主管部门颁发的许可证或者在互联网行业主管部门完成网站备案，且网站接入地在中华人民共和国境内；

（4）具有专门的互联网保险业务管理部门，并配备相应的专业人员；

（5）具有健全的互联网保险业务管理制度和操作规程；

（6）互联网保险业务销售人员应符合保监会有关规定；

（7）中国保监会规定的其他条件。

（三）承担互联网保险业务的第三方网络平台条件

保险机构可自己不建立网站，而是通过第三方网站开展网上保险业务。这时，如果客户把该第三方网站的经营者错以为是有资格从事网上保险业务的保险机构并依此采取行动的话，就有可能损害其利益。我国目前许多这一类网站并没有对自己的身份明确地作出真实有效的说明。因此，应该对这种情况加以规制。

此处，第三方网络平台，是指除自营网络平台外，在互联网保险业务活动中，为保险消费者和保险机构提供网络技术支持辅助服务的网络平台。互联网保险业务的销售、承保、理赔、退保、投诉处理及客户服务等保险经营行为，应由保险机构管理和负责。第三方网络平台经营开展上述保险业务的，应取得保险业务经营资格。保险公司、保险集团（控股）公司下属非保险类子公司依法设立的网络平台，参照第三方网络平台管理。

保险机构通过第三方网络平台开展互联网保险业务的，第三方网络平台应具备下列条件；否则，保险机构不得与其合作开展互联网保险业务。

（1）具有互联网行业主管部门颁发的许可证或者在互联网行业主管部门完成网站备案，且网站接入地在中华人民共和国境内；

（2）具有安全可靠的互联网运营系统和信息安全管理体系，实现与保险机构应用系统的有效隔离，避免信息安全风险在保险机构内外部传递与蔓延；

（3）能够完整、准确、及时向保险机构提供开展保险业务所需的投保人、被保险人、受益人的个人身份信息、联系信息、账户信息以及投保操作轨迹等信息；

（4）最近两年未受到互联网行业主管部门、工商行政管理部门等政府部门的重大行政处罚，未被中国保监会列入保险行业禁止合作清单；

（5）中国保监会规定的其他条件。

二、网上保险经营区域的扩展

对于网上保险业务的经营区域范围的监管，可以分别从两个层面来考虑。第一个层面是大陆地区内经营区域范围的监管，第二个层面是国际经营区域范围的监管。

（一）大陆地区内经营区域范围的监管

对于保险公司经营区域范围的监管，根据保监会《保险公司管理规定》（2015年修订）第15条的规定，保险公司可以根据业务发展需要申请设立分支机构。保险公司分支机构的层级依次为分公司、中心支公司、支公司、营业部或者营销服务部。保险公司可以不逐级设立分支机构，但其在住所地以外的各省、自治区、直辖市开展业务，应当首先设立分公司。保险公司可以不按照前款规定的层级逐级管理下级分支机构；营业部、营销服务部不得再管理其他任何分支机构。另外，根据《保险专业代理机构监管规定》（2015年修订）第27条的规定，保险专业代理公司在注册地以外的省、自治区或者直辖市开展保险代理活动，应当设立分支机构。保险专业代理公司分支机构的经营区域不得超出其所在地的省、自治区或者直辖市。如果保险专业代理机构"超出核准的业务范围、经营区域从事业务活动"或者"超出被代理保险公司的业务范围、经营区域从事业务活动"，则由中国保监会"责令改正，给予警告，没有违法所得的，处1万元以下罚款，有违法所得的，处违法所得3倍以下的罚款，但最高不得超过3万元"。

如果网上保险业务的开展也遵守以上这些经营区域范围的规定，就不能充分发挥互联网络的虚拟性这一优越特征。尤其是将来专门从事网上保险业务的网上保险公司的设立，更加需要超越以"直辖市、省会城市、计划单列市分公司及地（市）级分支公司"等这些人为的以行政区域为标准来划分业务经营区域范围的限制性规定。

《互联网保险业务监管暂行办法》初步解决了这一问题。根据该办法，保险公司在具有相应内控管理能力且能满足客户服务需求的情况下，可将下列险种的互联网保险业务经营区域扩展至未设立分公司的省、自治区、直辖市：

（1）人身意外伤害保险、定期寿险和普通型终身寿险；

（2）投保人或被保险人为个人的家庭财产保险、责任保险、信用保险和保证保险；

（3）能够独立、完整地通过互联网实现销售、承保和理赔全流程服务的财产保险业务；

（4）中国保监会规定的其他险种。

中国保监会可以根据实际情况，调整并公布上述可在未设立分公司的省、自治区、直辖市经营的险种范围。除这些险种外，其他险种不得跨区域经营。

对投保人、被保险人、受益人或保险标的所在的省、自治区、直辖市，保险公司没有设立分公司的，保险机构应在销售时就其可能存在的服务不到位、时效差等问题作出明确提示，要求投保人确认，并留存确认记录。针对不能保证异地经营售后理赔服务、导致出现较多投诉的保险机构，监管部门将及时采取措施停止其相关险种的经营。

保险专业中介机构开展互联网保险业务的业务范围和经营区域，应与提供相应承保服务的保险公司保持一致。

（二）国际经营区域范围的监管

对于国际经营区域范围的监管，我国《保险法》（2015 年版）第 79 条规定，保险公司在中国境外设立子公司、分支机构，应当经国务院保险监督管理机构批准。《保险公司设立境外保险类机构管理办法》（2015 年版）则详细规定了设立境外保险类机构所需要具备的审批条件、提交的材料、保险公司对境外机构的管理以及监督检查规则。但是，其中并没有关于保险公司通过互联网方式向境外销售保险产品的规则。

我国保险机构如果没有在国外设立分支机构，国外居民自然就无法投保。然而，由于互联网络的虚拟性和全球性，只要我国保险机构通过互联网络开展网上保险业务，即使没有在国外开设分支机构，其他国家或地区居民仍然可以通过互联网络进入我国保险机构设在国内的网站，购买保险产品。而在目前，各国法院都有一种扩大本国法院管辖权的倾向，特别是在电子商务的情况下，有关管辖权如何确定的理论还并没有统一，并没有形成对各国有约束力的公约，也没有形成国际习惯法规则。这样，一旦产生纠纷，就容易被国外法院行使管辖权，并根据其本国法律作出对其国民有利的判决。如此一来，我国从事网上保险业务的保险机构就有可能面对意料不到的世界各国法院的管辖和诉讼。所以，很有必要对此作出规制。

比如，可以采取作出声明、明确自己经营区域范围等种种方法表明从事网上保险业务的保险机构所不欲接受某个国家或者地区居民购买保险产品的意愿，同时可以采取技术方法辨认出某个交易客户的 IP 地址是否位于保险公司不欲从事交易的某个国家或者地区，并对这种交易行为作出限制。在这一方面，香港地区的《网上保险活动指引》规定得比较全面、具体，很值得我们借鉴。该《网上保险活动指引》的第 8、9、10 条分别为：

第 8 条：由于互联网属 "无疆界" 性质，在香港以外地方居住的人士可接达由服务供应商设立的保险网站。同样，在香港居住的人士亦可接达海外的保险网站。为免因进行跨国网上交易而无意中触犯海外保险法例，服务供应商须在其网站注明其在香港或其他地方的授权、注册或认可情况（视属何情况而定）；它也可在免责声明上显著地注明不拟进行保险业务的地区。

第 9 条：一般来说，在香港以外地方进行的网上保险活动并不属于该条例所涵盖的范围。但是，若任何人士透过该等活动在香港或从香港经营，或显示自己在经营保险业务或保险中介业务，他便被纳入该条例的范围以内。保险业监督在决定该等活动是否属于该条例所涵盖的范围之前，会从整体角度研究有关保险活动的性质，并会考虑其他因素，例如，（1）有关网站的广告是否透过本地传媒发出；（2）推广或宣传活动是否在本港进行；（3）互联网上展示的销售资料是否以在香港居住的某个或某几个特定组别的人士为对象；（4）有关网站的内容表面看来是否以在香港居住的人士为对象，如提供本地联络地址、保费以港元列出等；（5）网站是否载有显眼的免责声明，明确表示不会为在香港居住的人士提供有关的保险产品及服务；（6）有关人士是否已采取合理措施，以避免接受在香港居住人士的保险申请或向这些人士提供保险服务，如在提供任何服务前，要求潜在的保单持有人提供通信地址或电话号码等数据，以确定其居住地方。

第 10 条：就上文第 9 条第（5）项而言，若有关人士在免责声明中清楚订明下列事项，则不会被视为向在香港居住的人士提供保险产品及服务：（1）不会为在香港居住人士提供有关的保险产品及服务；（2）只限在指定国家或地区（不包括香港）提供有关的保险产品及服务；或（3）只会在香港以外的国家或地区提供有关的保险产品及服务。

三、网上保险的信息披露要求

保险机构开展互联网保险业务，不得进行不实陈述、片面或夸大宣传过往业绩、违规承诺收益或者承担损失等误导性描述。

（一）相关网络平台需列明的信息

保险机构应在开展互联网保险业务的相关网络平台显著位置，以清晰易懂的语言列明保险产品及服务等信息，需列明的信息包括下列内容：

（1）保险产品的承保公司、销售主体及承保公司设有分公司的省、自治区、直辖市清单；

（2）保险合同订立的形式，采用电子保险单的，应予以明确说明；

（3）保险费的支付方式，以及保险单证、保险费发票等凭证的配送方式、收费标准；

（4）投保咨询方式、保单查询方式及客户投诉渠道；

（5）投保、承保、理赔、保全、退保的办理流程及保险赔款、退保金、保险金的支付方式；

（6）针对投保人（被保险人或者受益人）的个人信息、投保交易信息和交易安全的保障措施；

（7）中国保监会规定的其他内容。

（二）保险产品销售页面需列明的信息

互联网保险产品的销售页面上应包含下列内容：

（1）保险产品名称（条款名称和宣传名称）及批复文号、备案编号或报备文件编号；

（2）保险条款、费率（或保险条款、费率的链接），其中应突出提示和说明免除保险公司责任的条款，并以适当的方式突出提示理赔要求、保险合同中的犹豫期、费用扣除、退保损失、保险单现金价值等重点内容；

（3）销售人身保险新型产品的，应按照《人身保险新型产品信息披露管理办法》的有关要求进行信息披露和利益演示，严禁片面使用"预期收益率"等描述产品利益的宣传语句；

（4）保险产品为分红险、投连险、万能险等新型产品的，须以不小于产品名称字号的黑体字标注收益不确定性；

（5）投保人的如实告知义务，以及违反义务的后果；

（6）保险产品销售区域范围；

（7）其他直接影响消费者利益和购买决策的事项。

网络平台上公布的保险产品相关信息，应由保险公司统一制作和授权发布，并确保信息内容合法、真实、准确、完整。

（三）保险机构互联网保险信息披露专栏中的信息要求

开展互联网保险业务的保险机构，应在其官方网站建立互联网保险信息披露专栏，需披露的信息包括下列内容：

（1）经营互联网保险业务的网站名称、网址，如为第三方网络平台，还要披露业务合作范围；

（2）互联网保险产品信息，包括保险产品名称、条款费率（或链接）及批复文号、备案编号、报备文件编号或条款编码；

（3）已设立分公司名称、办公地址、电话号码等；

（4）客户服务及消费者投诉方式；

（5）中国保监会规定的其他内容。

保险专业中介机构开展互联网保险业务的，应披露的信息还应包括中国保监会颁发的业务许可证、营业执照登载的信息或营业执照的电子链接标识、保险公司的授权范围及内容。

四、网上保险的经营规则要求

（一）保险机构与第三方网络平台之间的关系

保险机构应将保险监管规定及有关要求告知合作单位，并留存告知记录。保险机构与第三方网络平台应签署合作协议，明确约定双方权利义务，确保分工清晰、责任明确。因第三方网络平台原因导致保险消费者或者保险机构合法权益受到损害的，第三方网络平台应承担赔偿责任。

第三方网络平台应在醒目位置披露合作保险机构信息及第三方网络平台备案信息，并提示保险业务由保险机构提供。第三方网络平台为保险机构提供宣传服务的，宣传内容应经保险公司审核，以确保宣传内容符合有关监管规定。保险公司对宣传内容的真实性、准确性和合规性承担相应责任。

（二）交易信息、客户信息的传递、保密与保存

第三方网络平台应于收到投保申请后24小时内向保险机构完整、准确地提供承保所需的资料信息，包括投保人（被保险人、受益人）的姓名、证件类型、证件号码、联系方式、账户等资料。除法律法规规定的情形外，保险机构及第三方网络平台不得将相关信息泄露给任何机构和个人。

保险机构应加强客户信息管理，确保客户资料信息真实有效，保证信息采集、处理及使用的安全性和合法性。对开展互联网保险业务过程中收集的客户信息，保险机构应严格保密，不得泄露，未经客户同意，不得将客户信息用于所提供服务之外的目的。

保险机构应完整记录和保存互联网保险业务的交易信息，确保能够完整、准确地还原相关交易流程和细节。交易信息应至少包括：产品宣传和销售文本、销售和服务日志、投保人操作轨迹等。第三方网络平台应协助和支持保险机构依法取得上述信息。

（三）互联网保险产品的管理

保险机构应科学评估自身风险管控能力、客户服务能力，合理确定适合互联网经营的保险产品及其销售范围，不能确保客户服务质量和风险管控的，应

及时予以调整。保险机构应保证互联网保险消费者享有不低于其他业务渠道的投保和理赔等保险服务，保障保险交易信息和消费者信息安全。

保险公司应加强对互联网保险产品的管理，选择适合互联网特性的保险产品开展经营，并应用互联网技术、数据分析技术等开发适应互联网经济需求的新产品，不得违反社会公德、保险基本原理及相关监管规定。

对因需要实地核保、查勘和调查等因素而影响向消费者提供快速和便捷保险服务的险种，保险机构应立即暂停相关保险产品的销售，并采取有效措施进行整改，整改后仍不能解决的，应终止相关保险产品的销售。

（四）通信方式的管理

保险公司应加强互联网保险业务的服务管理，建立支持咨询、投保、退保、理赔、查询和投诉的在线服务体系，探索以短信、即时通信工具等多种方式开展客户回访，简化服务流程，创新服务方式，确保客户服务的高效和便捷。

这种"探索以短信、即时通信工具等多种方式开展客户回访"的要求，似乎不足以保护客户权益。购买网上保险产品的客户通常也需要正常上班，客户并没有义务每天都上网查看相关信息。所以，如果保险公司仅以电子方式对其客户发出通知，客户因为没有及时上网、电脑损坏或者网络故障等原因，没有及时查看该通知从而导致利益的损失，那么这对客户无疑是不公平的。所以，应该规定，对于会影响客户利益的通知，保险机构除了以电子方式通知客户以外，还应该同时以电话等其他有效方式通知客户。

香港地区《网上保险活动指引》的相应规定很值得我们借鉴："同意以电子方式交易的保单持有人，其后可选择以非电子方式与有关服务供应商联络或进行其他交易。因此，除非获得保单持有人明示或隐含的同意，否则服务供应商不得单以电子方式通知保单持有人某些事宜，例如，特别指明保单持有人须作响应，又或会影响其利益的事宜。无论如何，服务供应商必须与其客户保持有效通信。"还有其关于"客户资料隐私保护"的第 15 条："为保密起见，服务供应商如要通过互联网把同一份通告发给两名或以上的保单持有人，必须确保通告不会载有任何个人数据。此外，如以电邮方式发出通告，必须确保每名收件人不会知道其他收件人的身分（如选择以隐去原收件人姓名的方式发出文件）。"

（五）相关费用的要求

投保人交付的保险费应直接转账支付至保险机构的保费收入专用账户，第三方网络平台不得代收保险费并进行转支付。保费收入专用账户包括保险机构依法在第三方支付平台开设的专用账户。保险机构及第三方网络平台以赠送保险、或与保险直接相关物品和服务的形式开展促销活动的，应符合中国保监会有关规定。不得以现金或同类方式向投保人返还所交保费。

保险公司向保险专业中介机构及第三方网络平台支付相关费用时，应当由总公司统一结算、统一授权转账支付。保险公司应按照合作协议约定的费用种类和标准，向保险专业中介机构支付中介费用或向第三方网络平台支付信息技术费用等，不得直接或间接给予合作协议约定以外的其他利益。

保险机构应建立健全客户身份识别制度，加强对大额交易和可疑交易的监控和报告，严格遵守反洗钱有关规定。保险机构应要求投保人原则上使用本人账户支付保险费，退保时保险费应退还至原交费账户，赔款资金应支付到投保人本人、被保险人账户或受益人账户。对保险期间超过1年的人身保险业务，保险机构应核对投保人账户信息的真实性，确保付款人、收款人为投保人本人。

（六）安全管理与打击犯罪的规定

保险机构应加强业务数据的安全管理，采取防火墙隔离、数据备份、故障恢复等技术手段，确保与互联网保险业务有关交易数据和信息的安全、真实、准确、完整。保险公司应制定应急处置预案，妥善应对因突发事件、不可抗力等原因导致的互联网保险业务经营中断。保险机构互联网保险业务经营中断的，应在自营网络平台或第三方网络平台的主页显著位置进行及时公布，并说明原因及后续处理方式。

保险机构应防范假冒网站、APP应用等针对互联网保险的违法犯罪活动，检查网页上对外链接的可靠性，开辟专门渠道接受公众举报，发现问题后应立即采取防范措施，并及时向保监会报告。保险机构应建立健全互联网保险反欺诈制度，加强对互联网保险欺诈的监控和报告，第三方网络平台应协助保险机构开展反欺诈监控和调查。

（七）日常监管、现场检查与自律管理

中国保监会及其派出机构依据法律法规及相关监管规定，对保险机构和第三方网络平台的互联网保险经营行为进行日常监管和现场检查，保险机构和第三方网络平台应予配合。

中国保险行业协会依据法律法规及中国保监会的有关规定，对互联网保险业务进行自律管理。中国保险行业协会应在官方网站建立互联网保险信息披露专栏，对开展互联网保险业务的保险机构及其合作的第三方网络平台等信息进行披露，便于社会公众查询和监督。中国保监会官方网站同时对相关信息进行披露。

五、对网上保险的处罚

开展互联网保险业务的保险机构具有以下情形之一的，中国保监会可以责令整改；情节严重的，依法予以行政处罚：（1）擅自授权分支机构开办互联网保险业务的；（2）与不符合要求的第三方网络平台合作的；（3）发生交易数据丢失或客户信息泄露，造成不良后果的；（4）未按照要求披露信息或作出提示，进行误导宣传的；（5）违反关于经营区域、费用支付等有关规定的；（6）不具备开展互联网保险业务条件的；（7）违反中国保监会规定的其他行为。

开展互联网保险业务的第三方网络平台具有以下情形之一的，中国保监会可以要求其改正；拒不改正的，中国保监会可以责令有关保险机构立即终止与其合作，将其列入行业禁止合作清单，并在全行业通报：（1）擅自与不符合规定的机构或个人合作开展互联网保险业务；（2）未经保险公司同意擅自开展宣传，造成不良后果的；（3）违反关于信息披露、费用支付等规定的；（4）未按照规定向保险机构提供或协助保险机构依法取得承保所需信息资料的；（5）不具备开展互联网保险业务条件的；（6）不配合保险监管部门开展监督检查工作的；（7）违反中国保监会规定的其他行为。

中国保监会统筹负责互联网保险业务的监管，各保监局负责辖区内互联网保险业务的日常监测与监管，并可根据中国保监会授权对有关保险机构开展监督检查。

保险机构或其从业人员违反本办法，中国保监会及其派出机构可以通过监管谈话、监管函等措施，责令限期整改；拒不整改、未按要求整改，或构成《保险法》等法律、行政法规规定的违法行为的，依法进行处罚。

第八章　电子商务中的税收法律制度

第一节　电子商务税收法律体系的构建

一、电子交易给税收征管带来的困难

传统的税收制度是建立在税务登记、查账征收和定额征收基础之上的。这种面对面的操作模式在电子商务时代显然不能适应实际需要。电子交易的虚拟化、无形化、隐匿化给税收征管带来前所未有的困难：

1. 电子交易的电子化、无纸化，加大了税收征管和稽查的难度

传统的税收征管和稽查，是建立在有形的凭证、账册和各种报表的基础上，通过对其有效性、真实性、逻辑性和合法性的审核，达到管理和稽查的目的。而电子商务的各种报表和凭证都是以电子凭证的形式出现和传递的，并且凭证可修改、删除而不留痕迹和线索，这使得传统的税收征管稽查失去了直接可靠的审计基础。

2. 加密措施为税收征管加大了难度

数据信息加密技术在维护电子交易安全的同时，也成为企业偷漏税行为的天然屏障，使得税务征管部门很难获得企业交易状况的有关资料。纳税人可以使用加密、授权等多种保护方式掩藏交易信息。

3. 电子交易引发的国际避税问题

电子交易增加了避税和转移定价的可能性。电子交易的高流动性和隐匿性使得征税依据难以取得。企业可以通过变换在互联网上的网站，选择在低税率或免税国家设立网站，达到避税的目的。电子商务的发展还促进了跨国公司集团内部功能的完善化和一体化，使得跨国公司操纵转让定价从事国际税收筹划更加容易。关联企业可以快速地在各成员之间有目的地调整国际收入，分摊成本费用，轻而易举地转让定价，逃避巨额税款，以达到整个集团的利益最大化。

二、我国是否应对电子交易征税

对电子交易是否应该征税的争论已有多年。本书认为，我国应该对电子交易征税，理由如下：

（1）法律的规定。《宪法》第56条规定："中华人民共和国公民有依照法律纳税的义务。"《税收征收管理法》和其他税收单行法规中也明确规定了公民应予纳税的范围，所以一切符合税收法规定的应税行为都应征税。而通过互联网络进行的交易行为，只不过是采用了更为先进的手段，把以往有形的交易行为通过网络转为无形，实质并没有改变。虽然交易的全过程或大部分过程是通过网络进行的，但双方所要达到的目的均已实现，应税行为也均已发生，电子交易中的应税行为也只是应税行为的一种。所以从我国已有法律角度来说，电子交易并没有超出税法规定的应税范围之外，对于电子交易应予征税。

（2）调整国民经济秩序的需要。作为主权国家，对于境外公司和我国公司、公民所发生的经济关系享有当然的管辖权；作为发展中国家，如果对网上交易不征税，任凭其绕过我国海关，则将导致境外公司对国内经济秩序的过度冲击，从而不利于我国电子商务的发展，不利于税收作为国民经济宏观调控手段的发挥。

（3）在实践中，各国考虑更多的已不是要不要征税，而是征什么税与如何征的问题。欧盟、日本的电子商务比较发达，对电子商务的征税问题不但已提上了议事日程，而且已进入实质性操作阶段。比如，欧盟委员会1999年宣布，如果电子商务企业没有在欧盟登记，那么，即使消费者从这些企业的网址或者服务器下载数字音乐，也需要征收增值税。随着数字音乐下载的品质越来越好，消费者在网上可以选购到越来越多的数字化产品。更多中间商将因此消失，所以对电子商务征收增值税有其必要性。美国亚马逊网站在客户结算时，会根据客户收货地址，根据不同州法所规定的不同税率计算出应纳税额，并加入到总的价款当中。印度税务当局规定，对在印度境外使用计算机系统，而由印度公司向美国公司付款的，均视为来源于印度的特许权使用费，并在印度征收预提税。

国家税务总局2015年1月5日公布的《税收征收管理法修订草案（征求意见稿）》曾规定网上交易纳税的内容。例如，第33条要求网络交易平台向税务机关提供电子商务交易者的登记注册信息。但在正式通过的法案中删掉了这一规定。在实践中，如京东、亚马逊等网上商城在销售自营商品时会随商品附上发票，但第三方卖家则通常会在买家明确要求发票时才会提供。

有观点认为不仅应该把现行税法适用于电子交易从严征税，而且还要开征新税。这些方案包括对电子商务开征比特税①、交易税②、电信税③、个人计算机税④等新税。但如上所述，目前已经对电子商务征税的国家基本上是采取把电子商务纳入到现行税制征税范围的做法，并没有开征新税。本书认为，对于那些只是把已有的商品销售和服务搬到网上来加以完成的情况，如果现有的税收法律制度可以有效应对，不应征收新税。如果现有税法在税种或某个征收环节上有问题而无法实现征收目的，则可以考虑征收新税以代替，但目前并没发现存在此种情况。

三、构建电子商务税收法律体系的基本原则

网上交易对于税收原则的冲击，主要体现在对税收公平原则造成的冲击。由于电子商务带给用户更便捷的交易方式和更便宜的交易成本，以致电子商务越来越被跨国公司所采用。电子商务的迅猛发展，致使税务管理部门缺乏系统的法律法规来及时规范和约束企业的电子交易行为，出现税收管理真空和缺位。这就导致传统贸易主体与电子商务主体之间税负不公，从而对税收公平原则造成冲击。

尽管我国税制改革的压力暂时还没有美国和欧盟那样迫切，但是自 2000 年以来，从我国地方到中央的税务部门已经纷纷开展各种活动以研究制定有关电子商务的税收对策。国家税务总局成立了制定有关电子商务税收对策的研究小组。法学界也提出了不少观点。通过对各种观点的分析和比较，根据我国的现实情况，本书认为，我国的有关电子交易税收立法应遵循以下基本原则：

1. 公平原则

---

① "比特税"由加拿大税收专家 A. Cordell、荷兰学者 Lue Suete 提出。联合国还在《人类发展报告》中推荐过比特税，即根据互联网上传输的数据字节长度来计征税收。A. J. Cordell and L. Suete, Multi-jurisditional Taxation of Electronic Commerce, Harvard Symposium, 1997.

② 交易税是对互联网上及在线服务的资金流所征的税。但是，纳税人可以轻而易举地通过在某一离岸银行划拨资金以支付电子现金的方式来避开交易税。H. Vording, Internet en de Transactiebelasting! Weekblad Fiskaal Recht, 1997/6229, 23 January 1997, 100 (based on ideas of Tobin and Feige).

③ 电信税是对电信公司向用户收取的基本电信服务费按一定百分比征收的税。但是，电信公司及其通信营业仍然可以迁往不开征电信税的第三国。

④ 个人计算机税是对位于征税国领土内的提供互联网访问的个人计算机和调制解调器的登记所收的税。

按照税法公平原则的要求，电子交易与传统贸易应该适用相同的税法，负担相同的税负。因为从交易的本质来看，电子交易和传统交易是一致的。但是，基于鼓励和支持电子交易发展的目的，对电子商务课税不应影响企业在电子交易方式与传统交易方式之间的经济选择，不应对高新技术发展构成阻力。

2. 维护国家税收主权的原则

在电子交易领域，我国将长期处于净进口国的地位。为此，我国应在借鉴其他国家电子商务发展成功经验的同时，结合我国实际，探索适合国情的电子商务发展模式。在制定电子商务的税收方案时，既要有利于与国际接轨，又要考虑维护国家税收主权和保护国家利益。

3. 效率和便利原则

交易方采取电子方式交易的初衷就是为了享受互联网带来的效率和便利，因此，在对电子交易征税过程中贯彻效率和便利原则，一方面，可以尽量少地给交易方带来不便；另一方面，可以降低征税所花费的成本。

四、"互联网+税务"行动计划

为了克服电子交易给税收征管带来的问题，我国提出了"互联网+税务"行动计划。该行动计划重点提出两大方面的改革：一是建立电子税务局，以后国税地税等各项税收全部实现网上办税；二是推广电子发票制度。这两个方面的改革可在很大程度上因应电子交易的快速发展。

（一）电子税务局的建立

我国税收征管已相继涌现出多种纳税申报方式，这些申报方式的出现，推动了税务电子化、税收现代化和信息化的发展。国务院办公厅 2015 年发布了《深化国税、地税征管体制改革方案》，宣称实施"互联网+税务"行动计划，建设融合国税、地税业务，标识统一、流程统一、操作统一的电子税务局，2017 年基本实现网上办税。

2015 年国家税务总局在《"互联网+税务"行动计划》中认为，"互联网+税务"是把互联网的创新成果与税收工作深度融合，拓展信息化应用领域，推动效率提升和管理变革，是实现税收现代化的必由之路。行动目标是，到2020 年形成线上线下融合、前台后台贯通、统一规范高效的电子税务局。另外，该行动计划还提到需要"制定信息共享及获取机制"：适应互联网时代企业组织结构、经营方式、交易类型日趋复杂化的新要求，突出数据思维，加强风险应对，为涉税大数据分析提供制度保障。加强与公共部门及第三方的数据协作，不断加大信息共享的广度和深度，积极推动数据的互通共享。建立与大型电商平台的数据对接渠道，及时获取有关数据，发现涉税风险点。完善获取企业电子记账、电子合同、电子支付等相关数据信息的机制与手段。

当 2016 年 1 月"税务总局有关负责人就《深化国税、地税征管体制改革方案》落实情况答记者问"时认为，从 2016 年起，开展国税、地税互相委托代征税收工作，使纳税人在同一税务机关即可完成原本分属国税、地税两家的缴税业务，实现"进一家门、办两家事"。要求各级国税、地税局依托税务信息专网实现涉税信息共享，采取联合采集财务报表、共享涉税信息、联合开展税收调查等 5 项具体措施，推动信息高度聚合，进一步夯实国税地税合作信息基础，有效解决纳税人反映的资料"多头报"的问题。推行办税双向预约，纳税人通过移动平台、网络等方式向办税服务厅预约办理涉税事项，税务机关主动预约纳税人实行错峰办税；加快推行办税无纸化、免填单；为纳税人提供依申请非即办事项和服务投诉事项的办理进度网上查询等。

2015 年《中华人民共和国税收征收管理法实施细则》第 30 条规定，税务机关应当建立、健全纳税人自行申报纳税制度。纳税人、扣缴义务人可以采取邮寄、数据电文方式办理纳税申报或者报送代扣代缴、代收代缴税款报告表。数据电文方式，是指税务机关确定的电话语音、电子数据交换和网络传输等电子方式。

（二）电子发票的推广运用

2013 年国家发展和改革委员会办公厅、财政部办公厅、农业部办公厅等《关于进一步促进电子商务健康快速发展有关工作的通知》规定，加快网络（电子）发票推广与应用。财政部、税务总局负责研究跨境贸易电子商务适用的税收政策及相关管理制度和标准规范。税务总局会同财政部继续加强电子商务企业的税收管理制度研究，完善网络（电子）发票的管理制度和信息标准规范，建立与电子商务交易信息、在线支付信息、物流配送信息相符的网络（电子）发票开具等相关管理制度，促进电子商务税务管理与网络（电子）发票的衔接，继续推进网络（电子）发票应用试点工作，推广网络（电子）发票在各领域的应用。

根据国务院办公厅 2015 年《深化国税、地税征管体制改革方案》，2016 年实现所有发票的网络化运行，推行发票电子底账，逐一实时采集、存储、查验、比对发票全要素信息，从源头上有效防范逃骗税和腐败行为。2018 年实现征管数据向税务总局集中，建成自然人征管系统，并实现与个人收入和财产信息系统互联互通。

2015 年国家税务总局在《"互联网+税务"行动计划》中认为，挖掘互联网与税收工作融合发展潜力,重点推进"互联网+税务"5 大板块、20 项行动。这 5 大板块分别是"社会协作"、"办税服务"、"发票服务"、"信息服务"、"智能应用"。其中,"办税服务"板块的行动有:"互联网+在线受理"、"互联网+申报缴税"、"互联网+便捷退税"、"互联网+自助申领(发票)"。"信息服务"板块的行动计划有:"互联网+移动开票"、"互联网+电子发票"、"互联网+发票查验"、"互联网+发票摇奖"。

(三) 建议

为了完善对网上交易税收的征管,除了以上"互联网+税务"行动计划中的内容外,还可考虑以下几点:(1) 从支付体系入手解决网上交易是否实现及交易内容、数量的确认问题,实现真正的网上监控与稽查。在销售方网址上,通常有要求购买方填写有关银行卡信息等栏目,税务机关通过对这些栏目的管理,可以有效地堵住"地下收入"的漏洞。银行、海关等部门建立网络连接,便于税务机关在必要时监控纳税人的资金流动情况。(2) 加强国际间的合作与交流。要防止网上贸易所造成的税收流失,只有通过我国与世界各国税务机关的密切合作,运用国际互联网等先进技术,加强国际情报交流,才能深入了解纳税人的信息,使税收征管、稽查有更充分的依据。在国际情报交流中,尤其应注意有关企业在避税地开设网站及通过该网站进行交易的情报交流,防止企业利用国际互联网贸易进行避税。

总之,根据电子商务的发展,确定电子交易经营行为的征税范围,对电子交易的不同发展阶段分步考虑和实施征税。还需要完善《会计法》等相关法律,明确电子发票作为记账核算及纳税申报凭证的法律效力。

第二节　跨境电子商务中的税收法律规则

一、跨境电子商务零售进出口商品税收的监管

(一) 跨境电子商务零售进口税收政策

2016 年 4 月实施的《财政部、海关总署、国家税务总局关于跨境电子商务零售进口税收政策的通知》规定,为营造公平竞争的市场环境,促进跨境电子商务零售进口健康发展,将跨境电子商务零售(企业对消费者,即 B2C)进口税收政策有关事项通知如下:

(1) 跨境电子商务零售进口商品按照货物征收关税和进口环节增值税、消费税,购买跨境电子商务零售进口商品的个人作为纳税义务人,实际交易价

格（包括货物零售价格、运费和保险费）作为完税价格，电子商务企业、电子商务交易平台企业或物流企业可作为代收代缴义务人。

（2）跨境电子商务零售进口税收政策适用于从其他国家或地区进口的、《跨境电子商务零售进口商品清单》范围内的以下商品：①所有通过与海关联网的电子商务交易平台交易，能够实现交易、支付、物流电子信息"三单"比对的跨境电子商务零售进口商品；②未通过与海关联网的电子商务交易平台交易，但快递、邮政企业能够统一提供交易、支付、物流等电子信息，并承诺承担相应法律责任进境的跨境电子商务零售进口商品。不属于跨境电子商务零售进口的个人物品以及无法提供交易、支付、物流等电子信息的跨境电子商务零售进口商品，按现行规定执行。

（3）跨境电子商务零售进口商品的单次交易限值为人民币2000元，个人年度交易限值为人民币20000元。在限值以内进口的跨境电子商务零售进口商品，关税税率暂设为0%；进口环节增值税、消费税取消免征税额，暂按法定应纳税额的70%征收。超过单次限值、累加后超过个人年度限值的单次交易，以及完税价格超过2000元限值的单个不可分割商品，均按照一般贸易方式全额征税。

（4）跨境电子商务零售进口商品自海关放行之日起30日内退货的，可申请退税，并相应调整个人年度交易总额。跨境电子商务零售进口商品购买人（订购人）的身份信息应进行认证；未进行认证的，购买人（订购人）身份信息应与付款人一致。

（二）跨境电子商务零售进出口商品的监管

2016年4月实施的海关总署《关于跨境电子商务零售进出口商品有关监管事宜的公告》规定，电子商务企业、个人通过电子商务交易平台实现零售进出口商品交易，并根据海关要求传输相关交易电子数据的，都根据该公告接受海关监管。"电子商务企业"是指通过自建或者利用第三方电子商务交易平台开展跨境电子商务业务的企业。"电子商务交易平台企业"是指提供电子商务进出口商品交易、支付、配送服务的平台提供企业。

1. 对企业的管理

参与跨境电子商务业务的企业应当事先向所在地海关提交以下材料：（1）企业法人营业执照副本复印件；（2）组织机构代码证书副本复印件（以统一社会信用代码注册的企业不需要提供）；（3）企业情况登记表，具体包括企业组织机构代码或统一社会信用代码、中文名称、工商注册地址、营业执照注册号，法定代表人（负责人）、身份证件类型、身份证件号码，海关联系人、移动电话、固定电话，跨境电子商务网站网址等。企业在提交复印件时应当同时向海关交验原件。如需向海关办理报关业务，应当按照海关对报关单位注册登记管理的相关规定办理注册登记。"参与跨境电子商务业务的企业"是指参与跨境电子商务业务的电子商务企业、电子商务交易平台企业、支付企业、物流企业等。

2. 通关管理

（1）跨境电子商务零售进口商品申报前，电子商务企业或电子商务交易平台企业、支付企业、物流企业应当分别通过跨境电子商务通关服务平台（以下简称服务平台）如实向海关传输交易、支付、物流等电子信息。进出境快件运营人、邮政企业可以受电子商务企业、支付企业委托，在书面承诺对传输数据真实性承担相应法律责任的前提下，向海关传输交易、支付等电子信息。"电子商务通关服务平台"是指由电子口岸搭建，实现企业、海关以及相关管理部门之间数据交换与信息共享的平台。

（2）跨境电子商务零售出口商品申报前，电子商务企业或其代理人、物流企业应当分别通过服务平台如实向海关传输交易、收款、物流等电子信息。

（3）电子商务企业或其代理人应提交《海关跨境电子商务零售进出口商品申报清单》（以下简称《申报清单》），出口采取"清单核放、汇总申报"方式办理报关手续，进口采取"清单核放"方式办理报关手续。《申报清单》与《中华人民共和国海关进（出）口货物报关单》具有同等法律效力。

（4）电子商务企业应当对购买跨境电子商务零售进口商品的个人（订购人）身份信息进行核实，并向海关提供由国家主管部门认证的身份有效信息。无法提供或者无法核实订购人身份信息的，订购人与支付人应当为同一人。

（5）跨境电子商务零售商品出口后，电子商务企业或其代理人应当于每月10日前（当月10日是法定节假日或者法定休息日的，顺延至其后的第一个工作日，第12月的清单汇总应当于当月最后一个工作日前完成），将上月（12月为当月）结关的《申报清单》依据清单表头同一收发货人、同一运输方式、同一运抵国、同一出境口岸，以及清单表体同一十位海关商品编码、同一申报计量单位、同一币制规则进行归并，汇总形成《海关出口货物报关单》向海关申报。

（6）除特殊情况外，《申报清单》、《海关进（出）口货物报关单》应当采取通关无纸化作业方式进行申报。《申报清单》的修改或者撤销，参照海关《海关进（出）口货物报关单》修改或者撤销有关规定办理。

3. 税收征管

（1）跨境电子商务零售进口商品按照货物征收关税和进口环节增值税、消费税，完税价格为实际交易价格，包括商品零售价格、运费和保险费。

（2）订购人为纳税义务人。在海关注册登记的电子商务企业、电子商务交易平台企业或物流企业作为税款的代收代缴义务人，代为履行纳税义务。

（3）代收代缴义务人应当如实、准确向海关申报跨境电子商务零售进口商品的商品名称、规格型号、税则号列、实际交易价格及相关费用等税收征管要素。

（4）为审核确定跨境电子商务零售进口商品的归类、完税价格等，海关可以要求代收代缴义务人按照有关规定进行补充申报。

（5）海关对满足监管规定的跨境电子商务零售进口商品按时段汇总计征税款，代收代缴义务人应当依法向海关提交足额有效的税款担保。海关放行后30日内未发生退货或修撤单的，代收代缴义务人在放行后第31日至第45日内向海关办理纳税手续。

4. 物流监控

（1）跨境电子商务零售进出口商品监管场所必须符合海关相关规定。监管场所经营人、仓储企业应当建立符合海关监管要求的计算机管理系统，并按照海关要求交换电子数据。

（2）跨境电子商务零售进出口商品的查验、放行均应当在监管场所内实施。

（3）当海关实施查验时，电子商务企业或其代理人、监管场所经营人、仓储企业应当按照有关规定提供便利，配合海关查验。

（4）电子商务企业或其代理人、物流企业、监管场所经营人、仓储企业发现涉嫌违规或走私行为的，应当及时主动报告海关。

5. 退货管理

在跨境电子商务零售进口模式下，允许电子商务企业或其代理人申请退货，退回的商品应当在海关放行之日起30日内原状运抵原监管场所，相应税款不予征收，并调整个人年度交易累计金额。在跨境电子商务零售出口模式下，退回的商品按照现行规定办理有关手续。

二、电子商务中的"常设机构"原则

（一）电子交易对常设机构原则的冲击

对非居民营业所得（又称营业利润），国际上一般采用常设机构原则通过对营业利润来源国税收管辖权的限制来划分居住国和来源国的征税权。来源国只有在跨国纳税人营业活动已经达到构成常设机构的标准时，才可以行使税收管辖权。而且只限于可以归属于纳税人在来源国设立的常设机构的那部分营业利润，低于常设机构标准的营业活动所产生的利润由居住国课税。

根据经济合作与发展组织颁布的《关于避免对所得和财产双重征税的协定范本》（简称 OECD 范本）和联合国颁布的《关于发达国家与发展中国家间避免双重征税协定范本》（简称 UN 范本）中第 5 条关于常设机构的规定，常设机构可以基于物的因素或者人的因素构成。当基于物的因素构成时，常设机构是指，"一个企业进行全部或者部分营业的固定营业场所"。其范围包括管理场所、分支机构、工厂、办事处、车间、矿场、油井和气井、采石场或者任何其他开采自然资源的场所。建筑安装工程活动持续一段时间的，也可以构成常设机构。但是常设机构不包括：专门为储存、陈列或者交付本企业货物或者商品的目的而使用的场所，专门为储存、陈列或者交付的目的而保存本企业货物或者商品的库存，专为通过另一企业加工的目的和保持本企业货物或者商品的库存，专为本企业采购货物或者商品或者收集情报目的而设有的固定营业场所，专为本企业进行任何其他性质或者辅助性质活动的目的而设立的营业场所。基于人的因素构成时，常设机构是指缔约国一方企业虽然没有设立固定营业场所，但是仍然可以因为其营业代理人的活动而构成常设机构，只要该营业代理人是依附于该企业的非独立代理人，而且企业授权营业代理人从事特定性质的营业活动（如授权其经常代表委托企业签订合同）。但是这种意义上的常设机构不包括企业"仅仅通过经纪人、一般佣金代理人或者任何其他以独立地位的代理人在缔约国另一方营业，而这些代理人又按常规进行其本身业务"的情况。

虽然都规定了常设机构，但是，OECD 范本和 UN 范本对常设机构的规定又有所不同。OECD 范本倾向于发达国家利益，UN 范本倾向于发展中国家利益，世界上大多数国家都并行采用来源地税收管辖权和居民（公民）税收管辖权。一般来说，发达国家的公民有大量的对外投资和跨国经营，能够从国外取得大量的投资收益和经营所得。因此，发达国家侧重于维护自己的居民税收管辖权，而发展中国家则侧重于维护自己的地域税收管辖权。OECD 范本把"专门为交付本企业货物或者商品而使用的设施及保有的库存"，以及"专门为上述各种辅助性活动综合设立的营业场所，只要其全部活动仍然属于辅助性质或者准备性质"，排除于常设机构范围之外，UN 范本对此没有规定。UN 范本规定，即使非独立代理人没有被企业授权签订合同，但是只要它经常为委托企业保存货物或者商品库存并且代表委托企业交付货物或者商品，也应该认为构成常设机构，而 OECD 范本没有这个规定。UN 范本还规定，如果独立代理人的活动全部或几乎全部代表该企业，那么不认为是独立地位代理人。

按国际上一般做法，只有在某个国家设有常设机构，并取得归属于该设机构的所得，才能被认为从该国取得所得，由该国行使地域税收管辖权征税。但在电子商务中这一概念无法界定。首先，电子交易是一种全新的商业运作模式，其运作媒介不是有形的商业场所，而是虚拟的数字化空间，一家在线网络公司不需要在客户所在国设有场所、场地、设施或者设备，就可以把产品销售到互联网络连接的任何地方。因此，以物的要素"固定的营业场所"来判断电子交易环境下是否存在常设机构将会困难重重。其次，在整个电子交易过程中，当事方直接通过网络订立合同、支付款项。如果直接通过网络传送商品和服务，则并不需要在进口国雇佣代理人。所以，以人的要素来判断电子交易环境下是否存在常设机构也行不通。

（二）电子交易中常设机构确定方法的建议

对于电子交易中如何确定常设机构，存在过多种观点。这些观点有其合理性，但又存在不足。OECD 于 2001 年认为计算机服务器在某些情况下可认定为常设机构。这一观点的不合理性显而易见。例如，天猫或京东商城可把服务器设在中国境内，但境外客户通过天猫或京东商城的销售网页进行互动从而完成相关交易。按 OECD 的这一观点，这两家企业都没有在境外设立常设机构，从而不用在境外纳税。但事实上，这两家企业却有可能在境外产生持久且大量的交易利润，与在境外设立物理性常设机构并无实质区别。

常设机构标准是在传统交易的背景下，针对各公司在国外进行实质交易所需要具备的物和人的因素进行提炼后，再经各国互相妥协而形成的标准，是对这些物的因素和人的因素之共性的描述。换言之，常设机构构成要素的形成并没有考虑到电子交易的情况。所以，把产生于通过固定机构等要素进行传统交易之中的常设机构原则来确定电子交易中是否存在常设机构这种做法，类似于这种情况：根据古代的笔都是由笔杆和笔毛构成的这种现象，推导出"笔毛是笔的必备部分"的判断标准。再用这个标准来衡量我们今天所用的"钢笔"，从而得出因为"钢笔"的构成部分中没有笔毛，所以"钢笔"不是笔的结论。这很明显是不妥当的。

所以，我们不能从传统常设机构的标准出发来判断电子交易中的常设机构。正如有学者认为："应该突破传统的以非居民在境内具有某种固定或者有形的物理存在，作为行使来源地税收管辖权前提的观念，寻求更能在网络数字信息经济时代下反映经济交易联系和营业实质的来源地课税连接因素，而不宜试图在传统的那些固定、有形的物理存在的概念框架内摸索电子商务交易存在的标记。"①

实际上，联合国贸法会《电子商务示范法》中提出的"功能等同原则"可以很好地为我们解决这个问题。国外企业在国内设立常设机构无非是为了达到更好地从事营业活动的目的。换言之，常设机构的功能在于使得国外企业得以在国内开展实质性的营业活动，并产生所得。而所谓"物的要素"、"人的要素"只不过是完成这一功能的工具而已。互联网环境下从事"业务活动、产生所得"并不是一定要使用传统环境下的"工具"，电子交易有其自己的"工具"。

鉴于传统的常设机构原则已在国际范围内经过斗争和妥协得到广泛认同，而如果让各国接受某些新标准则又要花费大量时间、精力，所以，我们可以对传统常设机构作出改造，使其适合电子交易环境。

在电子交易中，销售方的网址与网页是当事方订立合同、付款、完成交付的虚拟场所，其在电子交易中的作用类似于"固定营业场所"在传统交易中的作用。而对于该网址与网页存在哪个服务器上，该服务器的地理位置和服务器的拥有方这些情况，买方是不会注意的。这些情况不会对电子交易产生影响。所以，外国销售商在来源国没有服务器或者其服务器处于不断移动当中，仍然可构成"常设机构"。网址与网页在许多国家是可以访问的，效果就如同在这些国家分别设立了营业场所，其活动如果满足"从事营业活动"以及质、量上的要求，则也可构成在有关国家设立常设机构。

首先，判断外国企业是否在来源国持续进行不是属于准备、辅助性质的"营业活动"。其次，判断相关"营业活动"是否符合"质"的要求。外国企业从事的应该是"实质性"营业活动，如能事实上完成订单、支付等活动。而不只是准备性、辅助性的营业活动。"准备型"、"辅助型"活动通常指供应商与顾客之间的通信、广告信息等活动。最后，判断相关"营业活动"是否符合"量"的要求。外国企业在来源国所从事的营业活动客观上应该达到"连续的、系统的、集中的"标准。如交易的数量、频率、持续时间、给其所有人带来的财政关系上的影响等。外国企业通过网址在来源国从事的营业活动，要同时满足上述要求，才可以构成"常设机构"。

这时，会遇到一个似乎是致命的问题，即通过该网站从事交易的公司有可

---

① 廖益新：《跨国电子商务的国际税收法律问题及中国的对策》，载《东南学术》，2000年第3期，第10页。

能会被其意料之外的许多国家判断为在国内设立了常设机构，从而被这些意料之外的许多国家征税。或者说使用该网站从事交易的公司有可能被全世界的国家都认为在其国内设立了常设机构，从而被全世界的国家征税。

实际上，这个问题非常类似于从事电子商务的公司在司法管辖权方面的问题（后文再对该司法管辖权问题加以讨论），并不是从表面上看来那么难以解决：

首先，如果该公司和全世界每个国家境内的居民都从事交易并达到了有关质和量的要求，那么，该公司被全世界每个国家征税是顺理成章的事情。从另一个角度来考虑，如果该公司不是通过网址从事交易，而是在全世界每个国家都设立了公司、派遣了人员，达到了传统常设机构的判断标准，那么该公司被全世界每个国家征税，相信没有人持反对意见。通过网址从事交易并达到有关质和量的要求而被征税，又有何不妥之处呢？如前所述，无非是采用了不同的"工具"，采用了更低成本、更高效率的"工具"而已。两者的"功能"完全是"等同"的。在国际公法上，也有以效果及于本国为由而适用属地管辖原则的情况。① 事实上，这样以网址的互动性程度作为"常设机构"判断依据的做法，非常类似于美国以网址的互动性程度作为司法管辖权判断依据的方法。

其次，在传统交易环境下，如果某公司认为在某国境内从事交易会承受太多的经济或者法律风险，从而不在该国境内设立常设机构，就不会被该国征税。同样，通过网址从事交易的公司可以采取许多技术手段达到同样的目的。比如，（1）在网页的醒目位置标明该公司所愿意从事交易的国家或地区，标明其不愿意从事交易的国家或地区，并在所合同样本当中表明此意愿；（2）网站上尽量避免使用其不愿从事交易的国家或者地区的语言、货币等要素；（3）要求潜在顾客提供居住国家或者地区等信息，当潜在顾客所填写的是该

---

① 属地管辖原则的延伸适用通常有两种情况：一种情况是犯罪的终结地以及犯罪的效果地都在要求行使属地管辖权的国家境内，如一个外国人站在邻国边境线的那一边，开枪杀死了一国位于这一边的国民。这时，常常有属地管辖原则延伸适用的主张；另一种情况是只有犯罪的效果地在该国境内，也常常有属地管辖原则延伸适用的主张。英国和法国法院以及国际常设法院都曾经承认犯罪效果地的管辖权。根据德国刑法典，行为地和效果发生地都是犯罪地。美国法院曾经坚持被告犯罪行为虽然不在美国发生，但是犯罪目的在美国达成，美国法院仍然有管辖权。本书以为，虽然这些是国际公法上的情况，但是其确定管辖依据的精神、理论和原则却未尝不可以在讨论互联网上的税收管辖权、司法管辖权时加以参考。参见王铁崖主编：《国际法》，法律出版社1997年版，第126～127页。

公司想避免从事交易的国家或者地区时，系统会自动告知该顾客因为这个原因而使得交易无法完成；（4）设计一套软件，当潜在顾客进入网站，该软件可以自动探测到该潜在顾客的 IP 地址，从而确定其所在国家或者地区，并判断是否进一步与该潜在顾客发生交易。现有技术完全可以轻而易举地做到这一点。

我国宜基于这些考虑，制定、调整我国有关税收法律。同时，可积极推动国际社会从这些认识出发，对"常设机构"原则加以改进。

第九章　电子商务中的消费者权益保护法律制度

第一节　网上消费者个人数据的法律保护

一、隐私权和个人数据

理论界对隐私权概念的描述大同小异。《法学大辞典》认为：隐私权是"以公民自己个人生活秘密和个人生活自由为内容，禁止他人干涉的一种人格权"。① 国内代表性的定义是："隐私权是自然人对其享有的、与公共利益无关的个人信息、私人活动和私有领域进行支配的一种人格权。"②隐私权的客体一般是包括："（1）身体秘密，身体隐秘部位，即生殖器官、身高、体重、健康状况、身体缺陷等；（2）私人空间，即个人住宅及居住环境、私人专用箱包、日记等；（3）个人事实，指个人生活经历、生活习惯、性格爱好、社会关系、学历、婚恋状况、家庭住址、电话、收入情况等；（4）私人生活，指一切与社会无关的个人生活，如日常生活、社会交往、性生活等。"还有观点直接认为隐私权的客体就是私人秘密。③

可见，对隐私权客体的范围可以从广义和狭义两个角度来考虑，从狭义上看，某信息成为隐私权客体的前提是具有"秘密性"，没有被公开，这是从"隐私"的"隐"字出发的。从广义上看，"与公共利益无关的个人信息、私人活动"、"个人事实"、"私人生活"或者说个人资料，都可以属于隐私权的客体。

随着信息技术的发展，获得信息越来越具有广泛性和容易性。这些私人秘

---

① 邹瑜、顾明主编：《法学大辞典》，中国政法大学出版社 1991 年版，第 1500 页。
② 王利明主编：《人格权法新论》，吉林人民出版社 1994 年版，第 487 页。
③ 江平主编：《民法学》，中国政法大学出版社 1998 年版，第 298 页。

密、个人信息、个人数据会面临很大的被他人取得、泄露的风险，所以，应对信息社会的个人隐私进行针对性的保护。不过，不管对个人隐私如何进行界定，不管个人隐私的哪个方面的内容，在各种信息传播媒介中，都是以数据形式存在。而且，电子商务对侵犯个人本身有关权益的主要方式是对与个人有关资料的商业利用。所以，在电子商务环境下，应强调对广义的隐私权客体的保护，即对"个人资料"、"个人数据"的保护。因此，"网上个人数据保护"这一提法比起"网上隐私权保护"的提法更为科学、更加形象，也更加能够体现信息社会里个人数据和信息的商业利用问题。在目前与这方面有关的文章和书籍中，这两种提法是并存的，所引用的文章中这两种提法可能会同时使用。所以，在本书中，"网上隐私权保护"表达着和"网上个人数据保护"一样的意思。

对于"个人数据"，不同国家的法律有不同的表述。英国 1984 年的《数据保护法》给个人数据下的定义是："个人数据是由有关一个活着的人的信息组成的数据，对于这个人，可以通过该信息（或者通过数据用户拥有的该信息的其他信息）识别出来，该信息包括对有关该个人的评价，但不包括对该个人数据用户表示的意图。"1995 年 7 月 26 日，在布鲁塞尔部长级会议上通过的《欧洲联盟数据保护规章》中的个人数据下的定义是："有关一个被识别或者可识别的自然人（数据主体）的任何信息；可以识别的自然人是指一个可以被证明，即可以直接或间接的，特别是通过对其身体的、生理的、经济的、文化的或者社会身份的一项或者多项的识别。"欧洲理事会对 1992 年的《理事会数据保护条例》的修改建议稿中新规定的"个人数据"、"个人数据库"、"个人数据的处理"的含义都比以前更广泛。该建议规定："个人数据是指有一个可识别的自然人的任何信息，不局限于以可处理形式存在的信息，它包括任何种类和任何形式的信息，只要这种信息是有关个人的，不论是活动的或者死去的人，并且只要这个人或者这些人是可以识别的。"

我国的电子商务飞速发展，电话、传真、电报、互联网已成为我们生活的必备工具，而且新的技术不断涌现。但是，这些高技术工具如被滥用，将对个人数据造成严重威胁。在个人权利日益提升、重视的今天，我国对与电子商务有关的个人数据保护立法却存在严重不足。有证据证明，美国微软公司在 Win98 中留有"后门"，通过这个后门，该公司可以轻而易举地从网上将个人电脑中的资料和个人信息提取到它的数据库中。同样，美国英特尔公司曾在其产品奔腾 III 电脑 CPU 芯片中，制作有"序列码"。通过该"序列码"，英特尔公司可以在网上追踪上网用户的踪迹，获取其资料。这些都很能说明问题。

二、电子商务对个人数据的侵犯

电子商务对个人数据的侵犯主要有两种情况。首先是在电子商务中对个人资料的收集问题。常用的方法是，网络服务商通过"网络小甜饼"（cookies）之类的追踪软件来追踪对象在网上的行为，收集其兴趣或者其他个人可识别信息。然后根据这些信息，向消费者有针对性的发送广告，或者把这些信息出售给他人。"cookies"是网站服务器用来辨别网站用户的一条短数据。它可被用来追踪互联网用户的习惯，他们的习惯表明他们对某特定产品感兴趣，因此这些信息能用来直接对顾客推销特定的广告。① 不难想象，我们在任何时间登录上任何一家网站，浏览任何一条新闻，选择、比较任何一件商品，都会被别人详细记录在册。这会是一件多么恐怖的情形，就像我们的日常生活里有一位隐形人拿着摄像机跟着我们旁边一样。

收集个人数据的另一种常用方法是，当消费者在上网浏览或者购物的时候，总会被要求填写含有大量个人数据的表格。这些表格中的个人数据非常详尽，不仅包括姓名、性别、出生年月、身份证号、家庭地址、电话号码、电子邮箱，而且还包括个人收入、信用卡号。还有的经营者以市场调查的方式收集个人数据，或者通过赠送礼品、免费空间的方式诱使消费者填写。这时所收集的个人数据是否超过必要范围，收集目的是什么，网站有没有采取安全保障措施，这些都是消费者难以知悉和控制的。

从一定程度上来讲，这些收集顾客习惯的商业信息，最终有益于顾客。因为知道顾客的兴趣后，可以有针对性地向顾客提供商品，因而可以增加可选择货物以及降低成本。另外，如可用来监视个人浏览什么网站的"cookies"一

---

① 这个问题已被美国能源部考证：在由某单一推销站点提供服务的多客户站点上，"cookies"能被用来追踪你在所有客户站点上的浏览习惯。它工作的方式是推销公司和多客户站点间签订合同以展示它的广告。这些客户站点简单地在他们的网站页面上放置一个〈IMP〉标记，展示包含有推销公司广告的图像。该标记不指向客户机器（client's machine）上的图像档案，而是包括推销公司广告服务器的统一资源定位符（URL），其中还包含有客户页面的统一资源定位符（URL）。因此当你打开客户站点的页面时，你所看到的广告事实上是从广告公司站点获得。随同广告，广告公司送出一个"cookies"程序，下一次你再看任何一个包含有它的广告的页面时，该"cookies"被送回广告公司。如果许多网站支持同一个广告公司，那么该公司将有能力在所有的客户站点范围内从网页到网页追逐你的浏览习惯。他们能知道你所见到的东西、浏览的频繁程度和你的计算机的 IP 地址。针对你的目标广告就建立在这些参照物上。See http：//www. ciac. org/ciac/bulletins/1-034. shtml.

类的技术可监视人们在想什么，监视有谁进入属于邪教组织的或由恐怖主义组织运作的站点，这对于国家和社会安全可能具有意义。

但是，本书认为，就前者而言，这种"最终有利于顾客"的调查至少应该在顾客自愿的前提下进行，这就像超市不能强迫对顾客进行问卷调查是一样的。至于有利于国家和社会安全的理由，即使成立，也应该由国家安全局之类的国家机构来执行，而不能由各个商家来"通过监视许许多多人们的习惯来维护国家安全"。对适当的大量数据的处理除了能够监视许许多多人的习惯，还能够确定对某种经济、政治、宗教和社会观点感兴趣的人。如果这种"监视"成为普遍行为的话，无疑将极大地阻碍人们上网的热情。

电子商务对个人数据侵犯的第二种情况是信息的收集或控制者在收集信息时，得到了当事人的同意，但是把这些信息用于当事人同意时所不知道或者同意范围之外的目的上。美国联邦贸易委员会（U. S. Federal Trade Commission，简称 FTC）的一次调查表明，在互联网上，顾客几乎拥有不了多少隐私。这次调查涉及 1400 多个网站。调查发现：调查涉及的商业网站中有 92% 收集过个人信息，但对他们如何运用信息提出过任何提示的只有 14%。仅有 2% 具有完整的隐私政策。

实际上，因为个人数据在电子商务中的特有价值，已经成为商品在网络上买卖，甚至出现了专门的公司公开在网站上推销个人数据。据报道，美国有家网站花几百美元就能买到某人银行账号以及十年内的住址、电话号码、出生日期等信息。国内个人数据泄露的情况也非常糟糕。例如，京东商城三名没有登录客户信息系统权限的员工，"共享使用"另一有登录权限主管之登录用户名与密码，从客户信息系统里把信息导出并制成 Excel 表格格式。然后，这三名员工以每条客户信息 1.5~4 元的价格卖给诈骗犯。于是短时间内大量客户反映遭遇电话诈骗向京东投诉，经报案后公安机关于 2015 年将三名员工抓获。[1]该案中登录用户名与密码"共享使用"，而且凭借一个登录账号即可全权决定把客户信息批量下载，这反映出存在较为严重的内部控制问题。与此类似，当当网、支付宝等众多网上商城都存在泄露客户数据的问题。[2]

---

[1]　《京东商城员工 9313 条客户信息卖诈骗犯 3 人获刑》，载 http://news. xinhuanet. com/finance/2016-04/26/c_128933436. htm.

[2]　《支付宝当当京东卷入泄密门　电商行业也被波及》，载 http://tech. ifeng. com/ internet/detail_2011_12/30/11670077_0. shtml.

三、我国的电子商务个人数据保护法律规定

我国《宪法》第 38 条规定："中华人民共和国公民的人格尊严不受侵犯。禁止用任何方法对公民进行侮辱、诽谤和诬告陷害。"我国《民法通则》第 101 条规定："公民、法人享有名誉权，公民的人格尊严受到法律保护，禁止用诽谤、侮辱等方式损害公民、法人的名誉。"无论是《宪法》还是《民法通则》，都没有对人格尊严作出详细界定，也没有提到隐私权这个概念。在 1993 年 8 月 7 日公布的《关于审理名誉权案件若干问题的解答》中采取隐私权与名誉权混同的做法：对未经他人同意，擅自公布他人隐私致人名誉受到损害的，应认定为侵害他人名誉权。以前针对侵犯隐私权提起的诉讼都是作为侵犯名誉权来提起的，而且，因为我国历史、文化基础的一些原因，对人格尊严的保护也仅仅停留在禁止损害公民法人名誉的程度。在市场经济的时代里，人格尊严的内涵还包括个人信息的商业利用问题。对这一点，《民法通则》只对肖像权的商业利用作了禁止规定，其第 100 条规定："公民享有肖像权，未经本人同意，不得以获利为目的使用公民的肖像。"在电信技术飞速发展到其已经成为生活、工作一部分的今天，为了真正地做到维护私权、切实保护人格尊严，迫切需要通过立法明文规定保护隐私权，尤其应强调对个人资料的收集、利用的保护。

另外，我国《计算机信息网络国际联网安全保护管理办法》（2011 年修订版）第 7 条规定："用户的通信自由和通信秘密受法律保护。任何单位和个人不得违反法律规定，利用国际联网侵犯用户的通信自由和通信秘密。"我国 1998 年《计算机信息网络国际联网管理暂行规定实施办法》第 18 条规定："用户应当服从接入单位的管理，遵守用户守则；不得擅自进入未经许可的计算机系统，篡改他人信息；不得在网络上散发恶意信息，冒用他人名义发出信息，侵犯他人隐私；不得制造、传播计算机病毒及从事其他侵犯计算机网络和他人合法权益的活动。"这两条中的"侵犯用户的通信自由和通信秘密"、"侵犯他人隐私……合法权益的活动"用词都太抽象，虽然提到了保护隐私和其他合法活动，但是，并没有给"隐私和其他合法活动"下一个具体的概念，没有具体表明其客体包括什么。

《消费者权益保护法》（2014 年版）第 29 条与 2014 年国家工商行政管理总局《网络交易管理办法》第 18 条的内容基本相同，都比较详细地规定了收集个人信息时应该遵守的规则：

（1）网络商品经营者、有关服务经营者在经营活动中收集、使用消费者

或者经营者信息，应当遵循合法、正当、必要的原则，明示收集、使用信息的目的、方式和范围，并经被收集者同意。网络商品经营者、有关服务经营者收集、使用消费者或者经营者信息，应当公开其收集、使用规则，不得违反法律、法规的规定和双方的约定收集、使用信息。

（2）网络商品经营者、有关服务经营者及其工作人员对收集的消费者个人信息或者经营者商业秘密的数据信息必须严格保密，不得泄露、出售或者非法向他人提供。网络商品经营者、有关服务经营者应当采取技术措施和其他必要措施，确保信息安全，防止信息泄露、丢失。在发生或者可能发生信息泄露、丢失的情况时，应当立即采取补救措施。

（3）网络商品经营者、有关服务经营者未经消费者同意或者请求，或者消费者明确表示拒绝的，不得向其发送商业性电子信息。

这些个人数据保护规则非常抽象，尚不足以充分保护消费者的个人数据。例如，如果用户是儿童，那么是否需要进一步得到监护人的同意呢？"有关服务经营者应当采取技术措施和其他必要措施"确保信息安全，谁来监督所采用的技术措施能足以确保信息安全？消费者在同意后是否可撤回其同意或修改其被收集的个人数据？这些问题都需要日后立法中进行规定。以下介绍美国与欧盟的相关规则。

四、美国《儿童在线隐私权保护规则》的借鉴

鉴于儿童更加缺乏自我防护意识，而且心理承受能力更为脆弱，所以，一旦针对儿童收集个人信息的网站滥用信息，那么对儿童的危害更大。所以有必要对儿童的在线个人资料保护作出特别规定。美国的《儿童在线隐私权保护规则》值得我们在这方面的立法中加以借鉴。

美国联邦贸易委员会在 1999 年发布了《儿童在线隐私权保护规则》（*Children's Online Privacy Protection Rules*），并于 2000 年生效。[①] 该规则规定，网站经营者在向 13 岁以下儿童收集信息前，必须向儿童的父母提供隐私权保护政策的通知，以儿童为目标的网站必须在网站主页上或者是从儿童处收集信息的每一网页上提供链接连向此通知；面向公众网站的经营者必须在针对儿童的网页上张贴通知。此通知必须清楚、显著，语言浅显易懂，应该包括以下信息：（1）网站经营者的名字和联系方式；（2）从儿童处收集信息的种类，收

---

① https：//www.ftc.gov/enforcement/rules/rulemaking-regulatory-reform-proceedings/childrens-online-privacy-protection-rule.

集方式；（3）信息的使用；（4）向第三方转让信息时，所转让的种类、目的，是否被转让人作出了确保信息的秘密性和安全性的承诺；（5）父母在同意信息收集时拥有不同意向第三方转让的权利；（6）网站不得要求儿童透露超过其经营所必需的信息的义务；（7）父母拥有审查收集信息的权利，要求信息被删除和拒绝对儿童信息作进一步处理的权利，同时还须附上一个如何行使这些权利的解释。

在向儿童收集信息前，网站经营者必须从其父母处获得一个"经过确认的同意"。经营者必须向其父母发一个通知，告诉他们网站经营者打算从他们子女处收集信息，希望得到他们的同意，在通知上还应附上一个表示同意方法的解释说明。同时，上面提到的各种信息应包含在通知里。网站经营者应该使用多种方式和父母取得联系，包括普通邮件和电子邮件。为了取得一个经过确认的同意，网站经营者应该作出合理努力，利用现有一切可利用的方式确保父母得到通知并且作出了同意。因为网站经营者对信息的使用方式不同，所以将采用一个"滑动标尺"的方法来决定何为合理的努力。如果收集的信息仅仅是为网站内部使用，要求就不太严格；如果收集的信息要透露给第三方，那么需要采用严格的方式，取得父母的同意。

五、欧盟两个《指令》的借鉴

在网络的个人数据保护方面，欧盟主张应采取严格的保护标准，并且设立特别委员会，对和欧盟有电子交易的其他国家的隐私保护提出要求，将欧盟所确立的网络个人资料保护标准提升为国际标准，这使得在国际范围内出现了大规模的网络隐私保护的立法活动。本书拟介绍 1998 年《关于个人资料的运行和自由流动的保护指令》以及 1997 年《电信领域个人数据和隐私保护指令》。这两项《指令》中的内容能很有效地解决一些当前急需作出应对的问题。

（一）1998 年生效的《关于个人资料的运行和自由流动的保护指令》（以下简称《指令》）

该《指令》在 1995 年 10 月 24 日由欧洲议会和欧洲理事会共同发布，采用综合立法的模式，把网络隐私的保护问题包含在个人资料隐私的保护中。所以，在该指令里面，没有出现网络隐私的字样，实际上，网络隐私保护中的网络服务提供商就是指令中所称的资料控制人（data controller）。

该指令先对一些基本概念进行了定义，然后是内容原则、一般限制和例外、执行原则。

1. 内容原则

（1）同意原则。

该《指令》第 7 条规定了个人资料处理的同意原则及例外。个人资料的处理必须得到资料主体的明确同意，除非该处理：对于履行以资料主体为当事人的合同来说必不可少，或者是在订立合同以前，应资料主体的要求所采取的必要措施，比如，为了将网上消费者所订购的商品交给消费者，必须把他的地址告知送货人；或是资料控制人所必须遵从的法定义务；或者对于保障资料主体的利益至关重要，或者对于履行公益任务必不可少或由于对资料控制人和第三方的官方授权的必要；或对于资料控制人和获得资料的第三方的合法目的必不可少，除非该利益为资料主体的基本自由和利益所排除。

（2）告知原则（透明度原则）。

第 10 条规定，资料控制人及其代表在收集个人资料时，至少应向资料主体披露或者告知这些信息：资料控制人及其代表的身份、资料处理的目的；任何进一步的信息，包括资料的接受人或接受人的类型，个人资料的询问是否必须答复以及未予答复的后果，资料主体的查阅权和修改权；资料收集的特定条件以及保证资料的公平处理。

第 11 条规定了对潜在资料主体的告知义务。当资料并非从资料主体处收集到时，资料控制人和处理者有以下告知义务：当资料的控制者及其代表将通过该方式收集的个人资料进行备案或者计划把它披露给第三人时，应该向资料主体告知有关信息。

（3）查阅权与参与权原则。

第 12 条规定了资料主体的查阅权与参与权，包括：第一，应该保证资料主体能够从资料的控制者处：确认有关他的资料是否正在处理以及告知该处理的目的、有关资料的种类、接受者以及接受者类型；以简单明了的方式知悉资料的处理形式以及该资料的任何可得来源；有关资料处理过程方面的信息。第二，对于不符合指令规定的内容，提出适当的改正、清除、或限制资料处理的要求——尤其对于那些属于不完整、不确切的资料。第三，如果资料已经披露给第三方，则应告知有关的改正、消除限制的情况，除非有证据表明这样做已经不可能或者需要作出的努力与获得的效果显然不成比例。

（4）秘密性和安全性原则。

第 16 条规定了秘密性原则：除非法律有要求，任何在资料控制人和处理者授权之下的行为或有权查阅个人资料的，包括处理者本人，在没有得到控制者的指示之前，不得处理这些个人资料。

第 17 条规定了安全性原则：资料的控制者应该采取适当的技术和组织上的措施保护个人资料免受意外的非法损坏或意外灭失、变动、未经授权披露和查阅。特别是当该处理涉及在网络中传递个人资料时，应该使其免受任何其他形式的非法处理。关于执行安全原则的技巧和成本，应该使这些措施保证与处理所代表的风险以及所保护的个人资料的性质相符。

（5）特别资料的特别保护原则。

主要包括三类个人资料：第一，对于第 8 条所列出的敏感个人资料（如有关金融资料、医疗资料、种族来源、宗教信仰等），应当提供额外的保障，而且应该得到资料主体的明确同意，只适用第 13 条所规定的例外，不适用第 17 条中规定的例外；第二，对于用于市场直销为目的的个人资料的处理，资料主体应该能够在任何时候"确定"用于该类目的的个人资料的处理；第三，如传送个人资料是采用自动处理的方式，资料主体应当知道该自动决定的过程以及其他旨在维护个人合法利益的措施。

2. 一般例外和限制

（1）第 13 条规定了一般例外和限制，是指成员国可以采取立法措施限制第 6 条第 1 款、第 10 条、第 11 条第 1 款、第 12 条以及第 21 条中所规定的权利和义务，只要该限制对于维护下列事项属于必要：国家安全；国防、公共安全；为了调查、侦查、起诉以及防止有关的刑事犯罪或者有关的违反职业道德规范等需要，成员国或者欧盟重要的经济和金融利益，包括货币、预算和税收；监督、检查或者其他规范功能的需要，甚至是为了行使前三种例外中的官方授权；为了保护资料主体和他人的权利和自由。

（2）言论自由例外。成员国可以为了协调隐私权与言论自由的冲突，规定一些例外条款，使言论自由不受资料隐私保护的限制。但是，网络服务提供商基于营利的目的而收集使用个人资料的情况就不属于该例外调整范围。

3. 执行原则

（1）向监督机关通报的义务。《指令》第 18 条至第 21 条规定，资料控制人及其代表有义务向第 28 条所称的监督机关通报有关资料处理情况，只要该处理全部或者部分是为了满足单一的或相关的数个目的。通告内容包括：资料的控制者及其代表的姓名和住址、资料处理的目的、资料主体的类型以及关于他们个人资料的类别、向第三国转移资料；概括描述其依据第 17 条所采取的保证处理安全措施的先行评测。监督机关可以先行检查那些可能给资料主体的权利自由导致危险的处理操作，监督机关会把该处理操作登记备案并进行公告。

（2）监督机关的权力。第 28 条规定了监督机关的权力，包括：第一，作为个人资料隐私保护的监督机构，在成员国起草自身的资料隐私保护行政规章和条例时，应当参考监督机关的意见；第二，调查权。有权查阅构成处理操作标的资料或者有权收集对于履行其监督职责所必要的信息；第三，介入权。在运行操作开始以前，根据第 20 条发布意见，并且保证该意见的发布，发布禁止、消除或破坏个人资料的指令，或对于处理施加临时和特定的禁令，警告或者建议资料的控制者或将事项提交国家议会和其他的政治机构；第四，提起法律程序的权利。当根据本条例所制定的规定遭到违反时，提起司法程序或者把这些违反情况提请司法机关予以注意。

（3）司法救济、责任和罚则。这里规定了司法救济与惩罚措施。成员国应该规定：任何由于非法处理或者与根据该《指令》所通过的国内法不相符而导致损害的个人，对于他所受到的损害，有权从资料控制人处获得赔偿。但是，如果资料控制人能证明其对于那些导致损害的情况不负责任，则可以部分或者全部免责。换言之，举证责任在于资料的控制者（第 23 条）。

（二）1997 年的《电信领域个人数据和隐私保护指令》（以下简称《指令》）

该《指令》在一开头就宣布："为了避免给予《公约》第 7 条确立的目标相一致的电信内部市场造成阻碍，必须对各成员国采用的关于电讯部门中个人数据、隐私和法人合法权益保护的法律、规章和技术规则，加以协调；……这种协调限制于以下要求所必须——保护成员国间新电信服务和网络的促进和发展，使之不受阻碍。"该《指令》试图在单一市场的需要和个人隐私权的保护之间作出平衡。《指令》不适用于涉及公共安全、防卫、国家安全（当活动牵涉国家安全事务时包括国家经济状况）的行为和在刑法领域的国家行为。以下只介绍《指令》中适用于公用电信服务中的隐私保护。

《指令》规定，"签署方"（subscriber）指："与公众电信服务提供方为了服务的提供所签合同的自然人或法人。""用户"（user）指："为私人或商业目标，不需对该服务签名（subscribe）而使用公用电信服务的任何自然人或法人。"

1. 安全（security）

《指令》要求电信服务商必须保护他们的网络，如果某服务商意识到存在某一破坏安全的潜在可能，那么该服务商必须通知签署方。第 4 条规定："公用电信服务商必须采用合适的技术和机构措施以保护它的服务安全，若有必要，则可以和公用电信网络服务商联合处理网络安全问题。注意到执行的技术和成本状况，这些安全措施应确保一个对现有风险而言属于合适的安全水平。""当网络安全遭受破坏风险时，公用电信服务商必须通知签署方注意提防这样的风险以及任何可能的救济措施，包括所涉花费。"为进一步确保对通信的信任，第5条规定各成员国必须禁止窃听、录音、储存和其他未经所涉用户同意的对通信的干涉或监视。这里创设了一个例外：按照条款14（1），这样的干涉经政府合法授权的话。但是，该条款不适用于电信系统的用户，因此用户可继续记录自己的通信，该条款不影响为了给商业交易或任何其他商业通信提供证据为目的、经合法授权在合法商业实务过程中所作的通信记录。因此，销售部门可以继续记录电话内容。

2. 话费单（Phone Bill）

《指令》第6、7条表明，分项列出的话费单据更有利于签署方确认服务商所要求的费用是否存在错误。然而，这可能会使公用户的隐私承受风险。私人话费单可被用来获取大量关于私人的信息。一张详细分项列出的话费单可被用来发现如某人何时在家或他们的朋友是谁等信息。因此，为保护用户隐私，根据《指令》，签署方有权利要求接受非逐项列出的单据。成员国必须鼓励多种电信服务选择的发展，比如，允许选择匿名或严格的私人付费设备。例如，通过电话卡和通过信用卡付费的设备，或者，成员国可以为同样的目的，要求消除前面提及的分项列出单据中的一定数据号码。

为了向顾客收费，电信公司收集了大量此类信息。很明显，为维持商务运作，他们不得不对这些信息进行处理，但是这一点也很重要：确保这些信息不会以可能会违背数据保护规则的方式被加以使用。为建立通话，签署者和用户的数据被加以处理并被公用电信网络和/或公用电信服务所储存，这些数据必须被消除，或在通话结束时匿名，仅在以下情况中例外："为签署者付话费和互相联系付费的目的，附件表明的数据——即包括签署者的身份、地址以及站点种类、地址的数据——可以被特别处理；只有在话费单可被合法质疑或对付费进行控诉这一期间结束以前，这样的特别处理才是允许的；另外，如已经过签署方同意，为了电信服务市场化的目的，公用电信服务商可以处理这些（以上提及的）数据。"《指令》规定，必须是公众电信网络服务商授权工作的个人才能处理交易和单据数据。另外，为控制诸如单据、交易管理、顾客质询、诈欺侦察或促进电信服务市场化等的公用电信服务这些目的，可以处理这些数据。然而，这些处理必须限制于对这样的行为目的而言属于必要。

3. 数字网络中的来电显示（calling line identification）

"来电显示"的使用会引起有关隐私的特别问题。在该显示中，允许受叫方辨别来电号码。但是在某些情况下，主叫方可能不愿意自己的号码显示在被叫方屏幕上，被叫方也可能不愿意第三方知道自己在和谁通话，从而不愿意显示主叫方号码。所以，《指令》承认这种情况可能是必要的：限制来电身份显示以保护主叫方的权利，拒绝接听身份不明的通话以保护被叫方权利；为保护被叫方的权利和合法权益，限制主叫方的身份显示，然而，在特定情况下，使清除来电身份显示属于无效也可能是正当的。《指令》表明公用电信服务商必须通知他们的签署方存在着对这种来话和网络中连结线路的身份识别，通知他们基于来话和连接线路身份识别而提供的服务，还有可获得的隐私选择。希望这将有利于签署方对想使用的隐私权设施作出各种可能的选择。基于每一线路提供的隐私保护选择并不必然地作为一种自动网络服务被获得，但可简单地通过对公用电信服务商提出要求而得到。

第8条规定，如果提供来电身份显示，则主叫用户必须能够基于每个呼叫消除来电身份显示。这种能力必须是通过简单的方法即可获得，并且是免费的，必须是主叫签署方在每个呼叫线路的基础上可以获得。这些条款也可适用于从共同体打往共同体外的第三国的通话。如果提供了来电身份显示，那么被叫签署方必须能够避免显示来电身份。同样，为有利于对该功能的合理使用，这种能力必须是通过简单的方法即可获得，并是免费的。当提供了来电身份显示，在通话正式接通以前，被叫签署方必须能够通过简单的方法拒绝接听那些已被来电用户或签署方消除来电身份显示的来话。当提供了连线身份显示，被叫签署方必须能够通过免费、简单的方法清除来电用户身份显示。后面这些条款也适用于源于共同体外第三国的来话。成员国必须确保当提供了来电或连线身份显示，则公用电信服务商必须通知公众这种事实，通知公众他们有权利像上面阐明的那样限制或控制这些功能。第9条说明了对这些权利的例外。成员国须确保对此的管理程序具透明度：公用电信网络或公用电信服务商可使消除来电身份显示变得无效。签署方可以申请追查恶意或骚扰电话。在这种情况下，按照国家法律，包含于来电签署方身份中的数据将被公用电信网络和/或公用电信服务商获得并暂时储存，或者"经成员国确认为处理紧急电话的机构，包括执法机关、急救服务和消防机构，为回应电话的目的，在每个线路上"可做到这一点。最后，第10条表明成员国必须："……确保提供给任何签署者以免费通过简单的方法停止第三方呼叫签署者自动电话终端的可能。"

4. 电话号码本

《指令》表明电话号码本的出版及公开发行，对于推销公司来说，是非常有价值的数据源泉。如果欧洲形成单一市场，那么拥有一个单一电话号码本将极为有利。《指令》表明这种观点：自然人的隐私权和法人的合法权益要求签署方有能力决定他们的个人数据在多大程度上可被印刷在号码本上。成员国可在这方面对自然人签署方加以限制。包含于签署方印刷的或电子的号码本中的、可公开或通过号码咨询服务获得的个人数据应该限制于对于确认某特定的签署方属于必要的程度，除非该签署方对额外的个人数据出版已毫无疑义地表示同意。

该签署方被授权在要求时得以免费从印刷或电子号码本中删除。他或她也有权指示他或她的个人数据不可为直接的推销目的而使用。如果从语言学角度合适的话，则把他或她的地址部分地加以省略，没有参照物表明他或她的性别。这些权利属于自然人签署方。同时，成员国也必须保证非自然人签署方的合法权益，即自然人签署方和非自然人签署方在公共电话号码本中的记载，都要得到充分的保护——要同时考虑到共同体法律框架和国内法。成员国可允许运作者从那些希望自己的具体信息不进入到号码本中的签署方那里要求付费。假设所收费用不会对这种权利的享有产生抑制作用的话，这种收费行为是允许的。这种费用应局限于运作者在使得签署方的改编的和最新的信息不被包括进公用电话本时所产生的实际花费，同时考虑到这种公用号码本着眼于广泛服务的高质量要求。该条款不适用于按《指令》修改后的国内法生效之前已出版号码本的编辑。

5. 垃圾电话

《指令》采取坚定立场，反对自动电话体系的使用。它表明，必须为签署方抵制他方的自动电话骚扰而提供保护。在这种情况下，必须让签署方可以简单地对公用电信服务商提出要求而阻止这种来话进入他们的终端。另外，必须为签署方反对垃圾电话或电传对隐私的非法侵入而提供保护。然而，成员国可限制对于自然人签署方的这种保护。为什么一台给人打电话的机器和这样做的人相比更糟糕这一点没得到解释。制定这些条款的动机可能是希望保护欧盟公民免受非人格机器侵扰，或者是希望改进欧洲僵化的劳动力市场和高失业率。第12条第（1）款表明，只有在签署方已先予同意的条件下，才允许为推销市场的目的，使用无人干预的自动呼叫系统或无线电传真机。

《指令》还对以直接推销为目的的电话采取坚定立场。成员国必须采取适当措施确保：没有有关签署方的同意，免费禁止为直接推销目的的垃圾电话。国家法律可以规定由签署方在这些选项间作出选择。这些权利属于自然人签署方。成员国还必须保证在垃圾电话方面，非自然人签署方的合法权益也受到充分保护。必须在共同体法的框架内和适当的国内法范围内做到这一点。应该注意，按照《远程销售指令》（*Distance Selling Directive*），在电话通信的情况下，和顾客的任何谈话的一开头就必须明示表达清楚供应商身份和电话的商业目的。

第二节 垃圾邮件的法律调整

一、垃圾邮件的含义与危害

各国并没有对什么是"垃圾邮件"形成一个统一的定义。垃圾邮件给消费者所带来的危害主要是因为其"不请自来"而产生的,所以,许多著作又称为"未经请求的电子邮件"。不过,垃圾邮件的提法更为通俗,且似乎已为业界广为接受。

我国尚未就电子邮件服务问题进行立法,只有一些行业性规范。2002 年 5 月 20 日,中国教育和科研计算机网公布了《关于制止垃圾邮件的管理规定》,其中对垃圾邮件的定义为:凡是未经用户请求强行发到用户信箱中的任何广告、宣传资料、病毒等内容的电子邮件,一般具有批量发送的特征。2003 年 2 月,中国互联网协会发布的《中国互联网协会反垃圾邮件规范》第 3 条规定:"本规范所称垃圾邮件,包括下述属性的电子邮件:(1)收件人事先没有提出要求或者同意接收的广告、电子刊物、各种形式的宣传品等宣传性的电子邮件;(2)收件人无法拒收的电子邮件;(3)隐藏发件人身份、地址、标题等信息的电子邮件;(4)含有虚假的信息源、发件人、路由等信息的电子邮件。"

早在 2004 年 6 月,以色列一家反垃圾邮件技术公司公布了 2004 年上半年全球垃圾邮件现状调查报告。该报告显示,大部分垃圾邮件都是用英文写的,只有 5.77% 采用了其他语言。2003 年 6 月全球 55.69% 的垃圾邮件来自美国,亚洲也逐渐成为垃圾邮件的主要发源地之一。① 中国拥有庞大网络用户,而且中国网络用户大多懂中英文两种语言,中国正成为垃圾邮件的重灾区。商家通过群发邮件,只要有 1% 的人感兴趣的话,所取得效果就会和做电视广告差不多,但是成本却是连电视广告 1% 的费用都不到。

这些未经请求的商业电子邮件广告会给消费者带来以下问题:(1)浪费

---

① 《垃圾邮件总量依然直线上升——多半来自美国》,载 http://www. iresearch. com. cn/email_service/detail_news. asp? id = 7139。2004 年 7 月 7 日。《近 74% 垃圾邮件"谎称"来自中国》,载 http://www. iresearch. com. cn/email_service/detail_news. asp? id = 7033。2004 年 7 月 2 日。

消费者宝贵的上网时间。许多广告无法从标题上辨认出来，要一封封的删除很浪费时间。而如果单纯从标题上加以判断，则又可能误删除有用的邮件；（2）有可能给消费者带来精神上的不愉快。如相当比例的垃圾邮件都是关于性产品、邪教方面的内容；（3）许多垃圾邮件都带有病毒或者木马程序，给用户带来极大危害。因此，对垃圾邮件进行管制，不仅可以保护用户的合法权益，而且还可以有效地规范这种新的商业信息传播方式，使其健康发展。

二、我国对垃圾邮件的立法规制

在北京市工商行政管理局于 2000 年 5 月颁布的《关于对利用电子邮件发送商业信息的行为进行规范的通知》中有这样的规定：因特网使用者在利用电子邮件发送商业信息时应本着诚实、信用的原则，不得违反国家的法律法规，不得侵害消费者和其他经营者的合法权益。因特网使用者利用电子邮件发送商业信息时，应遵守以下规定："（1）未经收件人同意不得擅自发送；（2）不得利用电子邮件进行虚假宣传；（3）不得利用电子邮件诋毁他人商业信誉；（4）利用电子邮件发送商业广告的，广告内容不得违反《广告法》的有关规定。"

信息产业部发布的《互联网电子邮件服务管理办法》于 2006 年生效。该《办法》规定的内容有：

1. 事先许可与备案制度

提供互联网电子邮件服务，应当事先取得增值电信业务经营许可或者依法履行非经营性互联网信息服务备案手续。未取得增值电信业务经营许可或者未履行非经营性互联网信息服务备案手续，任何组织或者个人不得在中国境内开展互联网电子邮件服务。

2. 电子邮件服务器 IP 地址的管理以及技术标准管理

国家对互联网电子邮件服务提供者的电子邮件服务器 IP 地址实行登记管理。邮件服务提供者应当在电子邮件服务器开通前 20 日将服务器所使用的 IP 地址向信息产业部或者省、自治区、直辖市通信管理局登记。服务提供者拟变更电子邮件服务器 IP 地址的，应当提前 30 日办理变更手续。

服务提供者应当按照信息产业部制定的技术标准建设互联网电子邮件服务系统，关闭电子邮件服务器匿名转发功能，并加强电子邮件服务系统的安全管理，发现网络安全漏洞后应当及时采取安全防范措施。服务提供者应当记录经其电子邮件服务器发送或者接收的互联网电子邮件的发送或者接收时间、发送者和接收者的互联网电子邮件地址及 IP 地址。上述记录应当保存 60 日，并在国家有关机关依法查询时予以提供。

　　未履行上述义务的，由信息产业部或者通信管理局依据职权责令改正，并处 5000 元以上 1 万元以下的罚款。

　　3. 邮箱信息的保密及其垃圾邮件的规制

　　服务提供者对用户的个人注册信息和互联网电子邮件地址，负有保密的义务。不得非法使用用户的个人注册信息资料和互联网电子邮件地址；未经用户同意，不得泄露用户的个人注册信息和互联网电子邮件地址，但法律、行政法规另有规定的除外。违者由信息产业部或者通信管理局依据职权责令改正，并处 1 万元以下的罚款；有违法所得的，并处 3 万元以下的罚款。

　　任何组织或者个人不得有下列行为：（1）未经授权利用他人的计算机系统发送互联网电子邮件；（2）将采用在线自动收集、字母或者数字任意组合等手段获得的他人的互联网电子邮件地址用于出售、共享、交换或者向通过上述方式获得的电子邮件地址发送互联网电子邮件。

　　任何组织或者个人不得有下列发送或者委托发送互联网电子邮件的行为：（1）故意隐匿或者伪造互联网电子邮件信封信息；（2）未经互联网电子邮件接收者明确同意，向其发送包含商业广告内容的互联网电子邮件；（3）发送包含商业广告内容的互联网电子邮件时，未在互联网电子邮件标题信息前部注明"广告"或者"AD"字样。

　　互联网电子邮件接收者明确同意接收包含商业广告内容的互联网电子邮件后，拒绝继续接收的，互联网电子邮件发送者应当停止发送。双方另有约定的除外。互联网电子邮件服务发送者发送包含商业广告内容的互联网电子邮件，应当向接收者提供拒绝继续接收的联系方式，包括发送者的电子邮件地址，并保证所提供的联系方式在 30 日内有效。

　　违反上述规定的，由信息产业部或者通信管理局依据职权责令改正，并处 1 万元以下的罚款；有违法所得的，并处 3 万元以下的罚款。

　　4. 举报与处理

　　互联网电子邮件服务提供者、为互联网电子邮件服务提供接入服务的电信业务提供者应当受理用户对互联网电子邮件的举报，并为用户提供便捷的举报方式。在接到举报后应当及时向国家有关机关报告（涉及国家安全时）或者向信息产业部委托中国互联网协会设立的互联网电子邮件举报受理中心报告；后者依照信息产业部制定的工作制度和流程开展以下工作：受理有关互联网电子邮件的举报；协助追查相关责任人。

　　对于用户而言，可以采用一些技术性方法把收到垃圾邮件的可能性减低到最小。例如，给自己的信箱起个不容易猜测出来的"好名字"、避免泄露邮件地址、不要随便回应垃圾邮件、借助反垃圾邮件的专门软件、使用好邮件系统本身的管理与过滤功能、选择服务好的网站申请电子邮箱地址。有的服务提供商限制用户每天发送的电子邮件数量不能超过 500 封或者每小时发送的电子邮件数量不能超过 100 封。

第三节　电子合同履行中消费者权益的法律保护

电子合同的订立一般是在双方当事人没有谋面的情况下进行的，互联网络的虚拟性、开放性、高技术性特征使得网络合同比一般合同具有更多、更复杂的不利于消费者权益的问题，如合同缔结前的知情权问题、合同缔结后的撤销权问题、格式合同条款问题等。这些问题如得不到很好的解决，将不利于消费者信心的建立。消费者信心和信任的建立是消费者参与信息社会的前提条件。要建立这种信心和信任，除了把传统交易中对消费者的保护规则适用于电子交易中对消费者的保护之外，还应该根据电子交易的特别情况采纳特殊的保护规则。传统交易中消费者权利一般包括知情权、选择权、公平交易权、寻求救济权等，本书不再重复。在电子交易中，对消费者比较特殊的几项保护权益包括电子格式合同中消费者的保护、信息知情权与退货权。鉴于电子格式合同的消费者保护问题在前面"电子合同"一章中已经讨论过，下面仅对电子交易中消费者应享有的知情权和退货权这两种主要权利加以探讨。

一、消费者的信息知情权

（一）我国的消费者知情权

我国《消费者权益保护法》（2014 年版）第 8 条规定："消费者享有知悉其购买、使用的商品或者接受的服务的真实情况的权利。消费者有权根据商品或者服务的不同情况，要求经营者提供商品的价格、产地、生产者、用途、性能、规格、等级、主要成分、生产日期、有效期限、检验合格证明、使用方法说明书、售后服务，或者服务的内容、规格、费用等有关情况。"第 18 条第 1 款规定："经营者应当保证其提供的商品或者服务符合保障人身、财产安全的要求。对可能危及人身、财产安全的商品和服务，应当向消费者作出真实的说明和明确的警示，并说明和标明正确使用商品或者接受服务的方法以及防止危害发生的方法。"

上述知情权规则同样适用于电子交易环境下的消费者保护。另外，《消费者权益保护法》还特别制定了电子交易环境下的知情权保护规则。其第 28 条规定，采用网络、电视、电话、邮购等方式提供商品或者服务的经营者，以及提供证券、保险、银行等金融服务的经营者，应当向消费者提供经营地址、联系方式、商品或者服务的数量和质量、价款或者费用、履行期限和方式、安全注意事项和风险警示、售后服务、民事责任等信息。

《消费者权益保护法》第 44 条规定，消费者通过网络交易平台购买商品或者接受服务，其合法权益受到损害的，可以向销售者或者服务者要求赔偿。网络交易平台提供者不能提供销售者或者服务者的真实名称、地址和有效联系方式的，消费者也可以向网络交易平台提供者要求赔偿；网络交易平台提供者作出更有利于消费者的承诺的，应当履行承诺。网络交易平台提供者赔偿后，有权向销售者或者服务者追偿。网络交易平台提供者明知或者应知销售者或者服务者利用其平台侵害消费者合法权益，未采取必要措施的，依法与该销售者或者服务者承担连带责任。

2014 年国家工商行政管理总局《网络交易管理办法》更为详细地规定了网络商品经营者应该向消费者披露的信息：

1. 对网络商品经营者的信息知情权

网络商品经营者向消费者销售商品或者提供服务，应当向消费者提供经营地址、联系方式、商品或者服务的数量和质量、价款或者费用、履行期限和方式、支付形式、退换货方式、安全注意事项和风险警示、售后服务、民事责任等信息，采取安全保障措施确保交易安全可靠，并按照承诺提供商品或者服务。

网络商品经营者、有关服务经营者提供的商品或者服务信息应当真实准确，不得作虚假宣传和虚假表示。

2. 对第三方交易平台经营者的信息知情权

相应管理制度的知情权。第三方交易平台经营者应当建立平台内交易规则、交易安全保障、消费者权益保护、不良信息处理等管理制度。各项管理制度应当在其网站显示，并从技术上保证用户能够便利、完整地阅览和保存。第三方交易平台经营者应当采取必要的技术手段和管理措施保证平台的正常运行，提供必要、可靠的交易环境和交易服务，维护网络交易秩序。

对经营者真实信息的知情权。第三方交易平台经营者应当建立消费纠纷和解和消费维权自律制度。消费者在平台内购买商品或者接受服务，发生消费纠纷或者其合法权益受到损害时，消费者要求平台调解的，平台应当调解；消费者通过其他渠道维权的，平台应当向消费者提供经营者的真实的网站登记信息，积极协助消费者维护自身合法权益。

对自营与非自营的信息知情权。第三方交易平台经营者在平台上开展商品或者服务自营业务的，应当以显著方式对自营部分和平台内其他经营者经营部分进行区分和标记，避免消费者产生误解。

对终止第三方交易平台的知情权。第三方交易平台经营者拟终止提供第三方交易平台服务的，应当至少提前三个月在其网站主页面醒目位置予以公示并通知相关经营者和消费者，采取必要措施保障相关经营者和消费者的合法权益。

对推广服务的知情权。为网络商品交易提供宣传推广服务应当符合相关法律、法规、规章的规定。通过博客、微博等网络社交载体提供宣传推广服务、评论商品或者服务并因此取得酬劳的，应当如实披露其性质，避免消费者产生误解。

3. 信息披露与不正当竞争

《网络交易管理办法》规定，网络商品经营者、有关服务经营者销售商品或者服务，应当遵守《反不正当竞争法》等法律的规定，不得以不正当竞争方式损害其他经营者的合法权益、扰乱社会经济秩序。经营者的这些不正当竞争方式，在损害其他经营者的同时，也损害了消费者的知情权。因此，从消费者知情权的角度，以下行为也是不得采取的：（1）擅自使用知名网站特有的域名、名称、标识或者使用与知名网站近似的域名、名称、标识，与他人知名网站相混淆，造成消费者误认；（2）擅自使用、伪造政府部门或者社会团体电子标识，进行引人误解的虚假宣传；（3）以虚拟物品为奖品进行抽奖式的有奖销售，虚拟物品在网络市场约定金额超过法律法规允许的限额；（4）以虚构交易、删除不利评价等形式，为自己或他人提升商业信誉；（5）以交易达成后违背事实的恶意评价损害竞争对手的商业信誉。

（二）我国消费者知情权规则的不足

上述确保消费者知情权规则似乎比较全面。但以下"两张手机卡"的案例表明，这些规则仍然需要进一步改进。兹以一消费者（以下以"他"指代）亲身经历说明。

2014年，S商城在他购物达到一定金额时赠送给他一张手机卡。他在手机卡免费期间过后交了年费。两个月后，他发现手机卡无法使用，以为是信号不好。又过一月有余，该手机卡仍然处于无法使用状态。于是，他在2015年3个月的时间与苏宁商城售后联系，被告知"该手机卡由于从事非法活动已在数月前被公安机关查封"。而所谓"非法活动"是大量发送垃圾短信。他感到极为诧异：由于该手机卡套餐不包括发送短信，故他从来不使用该手机卡发送信息，该手机卡唯一的用途就是与数个家庭成员通电话。他甚至没把该号码向家庭成员以外的人公开过。他再请售后查看一下数个月来的通话账单，就能明白该手机卡从没发送信息、通话对象也极为有限这一事实。但售后说因为该手机卡已被查封故无法查看任何信息，然后给了他一个据说是某地公安机关的电话号码，说请直接拨打该电话讨论解封事宜。接下来，他连续多天拨打该电话，可结果是要么没人接，要么就是占线，有时候明显有人拿起话筒再挂掉。

在此案例中，S 商城明显没有确保消费者的知情权。首先，消费者交纳手机卡年费后，双方合同便已成立。但商城自称有正当理由单方面停止合同，是否应该预先告知消费者其手机卡将于某时停止服务这一事实？即使是情况紧急必须马上停止手机卡的服务，是否也应同时给消费者发送一条信息告知？在信息时代，手机服务扮演着非常重要的角色。电子邮箱密码、QQ 密码、微信密码、网上购买火车票账号密码、银行账号密码等生活中必备工具的密码修改都依赖于手机卡的信息验证。尤其是，电子银行款项的付出严重依赖着手机信息的验证。换言之，手机卡已相当于我们在信息时代的特殊"身份证"。这种没有任何告知而单方面突然停止手机服务的情况极有可能给消费者造成极为严重的恶劣后果。其次，在该案例中，商城没有确保消费者知情权并不是缺乏联系渠道。商城以往每次收到订单后，都会给他日常使用的邮箱发送确认邮件。在单方面停止他手机卡服务后完全可以通过发送电子邮件的方式进行告知。但在长达近 3 个月的时间里，商城没有采取任何确保消费者知情权的举动。最后，在消费者反复与售后人员沟通时，售后人员只提供一个没人接的电话号码让消费者自行沟通，也没提供任何进一步的资料表明确实是"公安机关"查封了该号码。

在交涉无果后，他在 J 商城上瞧到"购物 2 元即赠送 1 通信 B，1 通信 B 等于 1 分钟语音"的广告。于是，他直接点击该广告页面提供的链接，进入了一个"5 元卡"套餐购买页面。收到货后，他发现并不能使用广告中的"购物 2 元即赠送 1 通信 B"。在联系售后时被告知：该"5 元卡"套餐不能使用"通信 B"。然而，他在购物的整个流程中，没得到任何此种提示。售后承认确实在 J 商城整个网站中没有任何地方提示过"5 元卡套餐不能使用通信 B"，但也没任何地方明确提示过该套餐可以使用"通信 B"，故商城无过错。

到此，问题的焦点在于，J 商城有无义务在购买流程中明确提示"5 元卡套餐不能使用通信 B"？从 J 商城提供的广告网页来看，"购物 2 元送 1 通信 B，可兑换话费……"这句广告词用大大字号占据了整个电脑屏幕。消费者需要向下拉，才能瞧到使用小字号标明两个套餐下通信 B 的兑换方式。套餐右边有一个大大的"选靓号"按钮。在点选之后，呈现在消费者眼前的就是"5元卡"套餐具体选号购买流程。但是，请注意，从上述广告页面点击"选靓号"按钮之时，给消费者的预期就是上述广告内容应该涵盖所进入的页面套餐。但点击"选靓号"按钮进入的该"5元卡"套餐，实际上并不能享受上面广告内容。此时，J 商城有义务对其前页面广告（先前行为）已对消费者形成的心理预期进行相反的如实提示。换言之，从广告页面提供的特别链接进入新页面之后，若相应产品不被前页面广告所涵盖，则商城有义务明确提示，以确保消费者的知情权。

各大商城基本上或多或少都存在此种情况。可见，目前我国电子交易下消费者知情权的保障并不能让人满意。相应的法律规则也需要不断改进。在实践中，消费者宜尽量多地就相关事宜咨询客服并留下证据。也许，消费者基于惯性思维的"想当然"就是商家有意无意留下的陷阱。

（三）经合组织《电子商务消费者保护指南》的借鉴

消费者的知情权是以商家的信息披露义务为基础的。经合组织《电子商务消费者保护指南》要求商家至少披露以下三大信息：

（1）商家自身信息。包括：①身份信息，包括法人名称、贸易商号名称、主要营业地地址、电子邮件地址或电子通信方式或电话、登记地址、相关政府登记资料及许可证号码。②通信信息，使得消费者可以迅速、简便、有效地与商家进行联络。③争议解决信息。④法律处理服务信息，联络司法执法部门的地址。⑤当商家公开声明其为某种自律性方案、商业协会、争议解决机构或认证组织的成员时，应当向消费者提供这类组织的联络资料，使消费者能确认商家的会员身份并得到这些组织如何操作的细节。

（2）提供的货物、商品信息。商家对所提供的货物、商品的描述应当是正确，足以使消费者作出是否完成交易的决定，并使消费者能对这类信息进行保留。

（3）交易信息。提供有关交易条款、价格、费用的足够信息，这类信息应当清晰、正确、易于得到，并提供消费者在交易前进行审查的机会，包括：①商家所收取全部费用的详细列明。②通知消费者存在商家不收取但消费者日常发生的费用。③交货或履行条款。④支付条款、条件与方式。⑤购买的限制（如需要父母或监护人的批准）、地理限制或时间限制。⑥正确使用方法的提示，包括安全、人身健康的警示。⑦售后服务信息。⑧撤回、撤销、归还、调换、取消、退款方面的详细规定。⑨担保与保证。

二、消费者的退货权

我国《产品质量法》、《合同法》都规定了消费者退货的情况。这些规定同样可适用于网上交易环境。《产品质量法》第 40 条第 1 款规定："售出的产品有下列情况之一的，销售者应当负责修理、更换、退货；给购买产品的用户、消费者造成损失的，销售者应当赔偿损失：（1）不具备产品应当具备的使用性能而事先未作说明的；（2）不符合在产品或者其包装上注册采用的产品标准的；（3）不符合以产品说明、实物样品等方式表明的质量状况的。"《合同法》第 111 条规定："质量不符合约定的，应当按照当事人的约定承担违约责任。……受损害方根据标的性质以及损失的大小，可以合理选择要求对方承担修理、更换、重作、退货、减少价款或者报酬等违约责任。"

可见，《产品质量法》与《合同法》对消费者行使退货权、合同解除权的要求很高，一般为产品质量不合格，对消费者造成损害等。一直到 2014 年，《消费者权益保护法（2014 年版）》第 25 条与国家工商行政管理总局《网络交易管理办法（2014 年）》第 16 条才同时规定了电子交易环境下的退货权规则。

网络商品经营者销售商品，消费者有权自收到商品之日起 7 天内退货，且无须说明理由，但下列商品除外：（1）消费者定作的；（2）鲜活易腐的；（3）在线下载或者消费者拆封的音像制品、计算机软件等数字化商品；（4）交付的报纸、期刊。除前款所列商品外，其他根据商品性质并经消费者在购买时确认不宜退货的商品，不适用无理由退货。

消费者退货的商品应当完好。网络商品经营者应当自收到退回商品之日起 7 天内返还消费者支付的商品价款。退回商品的运费由消费者承担。网络商品经营者和消费者另有约定的，按照约定。所谓"另有约定"，多是指卖家声明给消费者赠送有"运费险"。如果消费者退货，则由保险公司补给消费者一定额度的退货运费。这样，消费者在确保商品完好的前提下，只要不满意即可退货并由保险公司补偿运费，免除消费者的后顾之忧。

不过，这些退货权规则仍然存在一些不足之处。例如，商家利用独家销售渠道优势或者价格优势，对本应享有退货权的商品标注"本商品不享有 7 天无理由退货权"，此时应如何处理？这一标注实质上类似于电子格式条款对消费者的权利排除规则，其效力值得讨论。再如，对于享有退货权的商品，商家没有告知消费者这一权利，消费者是否仍然享有退货权？如果仍然享有退货权，那么此一退货权期间从何时开始计算？还有，如果货物或服务价款全部或部分由供应商同意赊购，或者根据第三人和供应商的协议，那么该价款全部或部分由第三人向消费者提供赊款的；如果消费者行使撤销合同的权利，那么赊购协议是否也予以撤销并无须赔偿？这些空缺，需要在日后对相关法律规则进行修订时予以增加。

第十章　电子商务中的知识产权法律问题

电子商务涉及知识产权的各个方面，如专利权、商业秘密权、版权等。但是，鉴于篇幅所限，本书仅仅讨论企业在从事网上交易时最直接面对的，同时其他论著又较少涉及的几个知识产权问题。首先，国务院颁布的《信息网络传播权保护条例》（2013 年版）解决了大多数情况下信息网络侵权的规制问题。故第一节拟介绍其中的相关规则。其次，技术措施的运用目前比较普遍，虽然已在《信息网络传播权保护条例》中进行规制，但由于其具有一定的专业性，故拟在第二节进行分析。最后，域名问题有了新的发展，而且与商标相对应的域名对于企业从事电子商务有着重要意义。故第三节介绍域名方面的法律问题。

第一节　信息网络传播权的监管规则

为保护著作权人、表演者、录音录像制作者（以下统称权利人）的信息网络传播权，鼓励有益于社会主义精神文明、物质文明建设的作品的创作和传播，国务院颁布了《信息网络传播权保护条例》（2013 年版）（以下简称《条例》）以保护信息网络传播权。同时，最高人民法院通过的《关于审理侵害信息网络传播权民事纠纷案件适用法律若干问题的规定》（以下简称《规定》）于 2013 年施行。信息网络，包括以计算机、电视机、固定电话机、移动电话机等电子设备为终端的计算机互联网、广播电视网、固定通信网、移动通信网等信息网络，以及向公众开放的局域网络。信息网络传播权，是指以有线或者无线方式向公众提供作品、表演或者录音录像制品，使公众可以在其个人选定的时间和地点获得作品、表演或者录音录像制品的权利。

本节根据上述《条例》与《规定》介绍信息网络传播权的监管规则。

一、传播的许可与权利管理电子信息

除法律、行政法规另有规定外，任何组织或者个人将他人的作品、表演、

录音录像制品通过信息网络向公众提供，应当取得权利人许可，并支付报酬。但是，依法禁止提供的作品、表演、录音录像制品，不受《条例》保护。权利人行使信息网络传播权，不得违反宪法和法律、行政法规，不得损害公共利益。

未经权利人许可，任何组织或者个人不得进行下列行为：（1）故意删除或者改变通过信息网络向公众提供的作品、表演、录音录像制品的权利管理电子信息，但由于技术上的原因无法避免删除或者改变的除外；（2）通过信息网络向公众提供明知或者应知未经权利人许可被删除或者改变权利管理电子信息的作品、表演、录音录像制品。

权利管理电子信息，是指说明作品及其作者、表演及其表演者、录音录像制品及其制作者的信息，作品、表演、录音录像制品权利人的信息和使用条件的信息，以及表示上述信息的数字或者代码。

二、侵权的认定及其法院管辖权

（一）侵害信息网络传播权的"提供"行为

根据《规定》第3、5条的规定，网络用户、网络服务提供者未经许可，通过信息网络"提供"权利人享有信息网络传播权的作品、表演、录音录像制品，除法律、行政法规另有规定外，人民法院应当认定其构成侵害信息网络传播权行为。

此处的"提供"行为，包括通过上传到网络服务器、设置共享文件或者利用文件分享软件等方式，将作品、表演、录音录像制品置于信息网络中，使公众能够在个人选定的时间和地点以下载、浏览或者其他方式获得的。

此种"提供"行为，还包括网络服务提供者以提供网页快照、缩略图等方式实质替代其他网络服务提供者向公众提供相关作品的。如果这一"提供网页快照、缩略图"的行为不影响相关作品的正常使用，且未不合理损害权利人对该作品的合法权益，网络服务提供者主张其未侵害信息网络传播权的，则人民法院应予支持。

（二）法院管辖权的确定

人民法院审理侵害信息网络传播权民事纠纷案件，在依法行使裁量权时，应当兼顾权利人、网络服务提供者和社会公众的利益。侵害信息网络传播权民事纠纷案件由侵权行为地或者被告住所地人民法院管辖。侵权行为地包括实施被诉侵权行为的网络服务器、计算机终端等设备所在地。

侵权行为地和被告住所地均难以确定或者在境外的，原告发现侵权内容的计算机终端等设备所在地可以视为侵权行为地。这一规定大大扩展了法院的管辖权并极大方便了原告的起诉。随着佩戴产品数码化的发展，随身物品都有可能发展成为网络终端，从而成为"发现侵权内容的计算机终端"。换言之，"人之所往"，即"发现侵权内容的计算机终端"设备所在地。

三、信息网络传播权的合理使用制度

（一）适用合理使用制度的两种情况

第一种情况是，根据《条例》第6条规定，通过信息网络提供他人作品，属于下列情形的，可以不经著作权人许可，不向其支付报酬：

（1）为介绍、评论某一作品或者说明某一问题，在向公众提供的作品中适当引用已经发表的作品；

（2）为报道时事新闻，在向公众提供的作品中不可避免地再现或者引用已经发表的作品；

（3）为学校课堂教学或者科学研究，向少数教学、科研人员提供少量已经发表的作品；

（4）国家机关为执行公务，在合理范围内向公众提供已经发表的作品；

（5）将中国公民、法人或者其他组织已经发表的、以汉语言文字创作的作品翻译成的少数民族语言文字作品，向中国境内少数民族提供；

（6）不以营利为目的，以盲人能够感知的独特方式向盲人提供已经发表的文字作品；

（7）向公众提供在信息网络上已经发表的关于政治、经济问题的时事性文章；

（8）向公众提供在公众集会上发表的讲话。

第二种情况是，根据第7条规定，图书馆、档案馆、纪念馆、博物馆、美术馆等可以不经著作权人许可，通过信息网络向本馆馆舍内服务对象提供本馆收藏的合法出版的数字作品和依法为陈列或者保存版本的需要以数字化形式复制的作品，不向其支付报酬，但不得直接或者间接获得经济利益。当事人另有约定的除外。此处规定的"为陈列或者保存版本需要以数字化形式复制的作品"，应当是已经损毁或者濒临损毁、丢失或者失窃，或者其存储格式已经过时，并且在市场上无法购买或者只能以明显高于标定的价格购买的作品。

（二）合理使用制度的限制

《条例》第10条对合理使用施加了一些限制：

（1）对于"向公众提供在信息网络上已经发表的关于政治、经济问题的

时事性文章"、"向公众提供在公众集会上发表的讲话"这两类作品，如果作者事先声明不许提供，则不适用于合理使用制度。

（2）指明作品的名称和作者的姓名（名称）。

（3）当根据上面第 7 条"图书馆、档案馆、纪念馆、博物馆、美术馆等"机构适用合理使用制度时，应该采取技术措施，防止服务对象以外的其他人获得著作权人的作品，并防止本服务对象的复制行为对著作权人利益造成实质性损害。

（4）不得侵犯著作权人依法享有的其他权利。

四、信息网络传播权的法定许可制度

（一）法定许可制度的两种情况

第一种情况是，根据《条例》第 8 条的规定，为通过信息网络实施九年制义务教育或者国家教育规划，可以不经著作权人许可，使用其已经发表作品的片断或者短小的文字作品、音乐作品或者单幅的美术作品、摄影作品制作课件，由制作课件或者依法取得课件的远程教育机构通过信息网络向注册学生提供，但应当向著作权人支付报酬。

第二种情况是，根据《条例》第 9 条的规定，为扶助贫困，通过信息网络向农村地区的公众免费提供中国公民、法人或者其他组织已经发表的种植养殖、防病治病、防灾减灾等与扶助贫困有关的作品和适应基本书化需求的作品，网络服务提供者应当在提供前公告拟提供的作品及其作者、拟支付报酬的标准。自公告之日起 30 日内，著作权人不同意提供的，网络服务提供者不得提供其作品；自公告之日起满 30 日，著作权人没有异议的，网络服务提供者可以提供其作品，并按照公告的标准向著作权人支付报酬。网络服务提供者提供著作权人的作品后，著作权人不同意提供的，网络服务提供者应当立即删除著作权人的作品，并按照公告的标准向著作权人支付提供作品期间的报酬。不过，据此提供作品的，不得直接或者间接获得经济利益。

（二）法定许可制度的限制

《条例》第 10 条规定，适用法定许可制度时，应当遵守下列规定：

（1）适用法定许可制度时，不得提供作者事先声明不许提供的作品；

（2）指明作品的名称和作者的姓名（名称）；

（3）依照《条例》规定支付报酬；

（4）采取技术措施，防止适用法定许可制度服务对象以外的其他人获得著作权人的作品；

（5）不得侵犯著作权人依法享有的其他权利。

五、网络服务提供者承担多种责任的划分

（一）承担连带责任

根据《规定》第 4 条的规定，有证据证明网络服务提供者与他人以分工合作等方式共同提供作品、表演、录音录像制品，构成共同侵权行为的，人民法院应当判令其承担连带责任。网络服务提供者能够证明其仅提供自动接入、自动传输、信息存储空间、搜索、链接、文件分享技术等网络服务，主张其不构成共同侵权行为的，人民法院应予支持。

（二）承担教唆、帮助方面的侵权责任

根据《规定》第 7 条的规定，网络服务提供者在提供网络服务时"教唆或者帮助"网络用户实施侵害信息网络传播权行为的，人民法院应当判令其承担侵权责任。与前述连带责任相比较，此处"教唆、帮助"的责任在程度上来说相对较轻，但仍然属于侵权。

关于"教唆"的责任。网络服务提供者以言语、推介技术支持、奖励积分等方式诱导、鼓励网络用户实施侵害信息网络传播权行为的，人民法院应当认定其构成"教唆"侵权行为。

关于"帮助"的责任。网络服务提供者"明知或者应知"网络用户利用网络服务侵害信息网络传播权，未采取删除、屏蔽、断开链接等必要措施，或者提供技术支持等帮助行为的，人民法院应当认定其构成"帮助"侵权行为。

承担"教唆、帮助"侵权责任的前提是有"过错"。人民法院应当根据网络服务提供者的过错，确定其是否承担教唆、帮助侵权责任。网络服务提供者的"过错"包括对于网络用户侵害信息网络传播权行为的"明知或者应知"。网络服务提供者未对网络用户侵害信息网络传播权的行为主动进行审查的，人民法院不应据此认定其具有过错。网络服务提供者能够证明已采取合理、有效的技术措施，仍难以发现网络用户侵害信息网络传播权行为的，人民法院应当认定其不具有过错。

关于"明知"的判断。根据《规定》第 13 条的规定，网络服务提供者接到权利人以书信、传真、电子邮件等方式提交的通知，未及时采取删除、屏蔽、断开链接等必要措施的，人民法院应当认定其"明知"相关侵害信息网络传播权行为。

关于"应知"的考虑因素。人民法院应当根据网络用户侵害信息网络传播权的具体事实是否明显，综合考虑以下因素，认定网络服务提供者是否构成

"应知"：（1）基于网络服务提供者提供服务的性质、方式及其引发侵权的可能性大小，应当具备的管理信息的能力；（2）传播的作品、表演、录音录像制品的类型、知名度及侵权信息的明显程度；（3）网络服务提供者是否主动对作品、表演、录音录像制品进行了选择、编辑、修改、推荐等；（4）网络服务提供者是否积极采取了预防侵权的合理措施；（5）网络服务提供者是否设置便捷程序接收侵权通知并及时对侵权通知作出合理的反应；（6）网络服务提供者是否针对同一网络用户的重复侵权行为采取了相应的合理措施；（7）其他相关因素。

网络服务提供者在提供网络服务时，对热播影视作品等以设置榜单、目录、索引、描述性段落、内容简介等方式进行推荐，且公众可以在其网页上直接以下载、浏览或者其他方式获得的，人民法院可以认定其"应知"网络用户侵害信息网络传播权。

有下列情形之一的，人民法院可以根据案件具体情况，认定提供信息存储空间服务的网络服务提供者"应知"网络用户侵害信息网络传播权：（1）将热播影视作品等置于首页或者其他主要页面等能够为网络服务提供者明显感知的位置的；（2）对热播影视作品等的主题、内容主动进行选择、编辑、整理、推荐，或者为其设立专门的排行榜的；（3）其他可以明显感知相关作品、表演、录音录像制品为未经许可提供，仍未采取合理措施的情形。

另外，《规定》还明确了网络服务提供者"负有较高的注意义务"的情况。网络服务提供者从网络用户提供的作品、表演、录音录像制品中直接获得经济利益的，人民法院应当认定其对该网络用户侵害信息网络传播权的行为负有较高的注意义务。此处的"直接获得经济利益"，包括网络服务提供者针对特定作品、表演、录音录像制品投放广告获取收益，或者获取与其传播的作品、表演、录音录像制品存在其他特定联系的经济利益，但不包括网络服务提供者因提供网络服务而收取一般性广告费、服务费等。

（三）不构成侵权

原告有初步证据证明网络服务提供者提供了相关作品、表演、录音录像制品，但网络服务提供者能够证明其仅提供网络服务，且无过错的，人民法院不应认定为构成侵权。可见，网络服务提供者不承担赔偿责任的条件是"仅提供网络服务并无过错"。具体有：

（1）仅提供网络自动接入、传输服务的情况。网络服务提供者根据服务对象的指令提供网络自动接入服务，或者对服务对象提供的作品、表演、录音录像制品提供自动传输服务，并具备下列条件的，不承担赔偿责任：①未选择并且未改变所传输的作品、表演、录音录像制品；②向指定的服务对象提供该作品、表演、录音录像制品，并防止指定的服务对象以外的其他人获得。

（2）为提高传输效率自动存储的情况。网络服务提供者为提高网络传输效率，自动存储从其他网络服务提供者获得的作品、表演、录音录像制品，根据技术安排自动向服务对象提供，并具备下列条件的，不承担赔偿责任：①未改变自动存储的作品、表演、录音录像制品；②不影响提供作品、表演、录音录像制品的原网络服务提供者掌握服务对象获取该作品、表演、录音录像制品的情况；③在原网络服务提供者修改、删除或者屏蔽该作品、表演、录音录像制品时，根据技术安排自动予以修改、删除或者屏蔽。

（3）仅提供信息存储的情况。网络服务提供者为服务对象提供信息存储空间，供服务对象通过信息网络向公众提供作品、表演、录音录像制品，并具备下列条件的，不承担赔偿责任：①明确标示该信息存储空间是为服务对象所提供，并公开网络服务提供者的名称、联系人、网络地址；②未改变服务对象所提供的作品、表演、录音录像制品；③不知道也没有合理的理由应当知道服务对象提供的作品、表演、录音录像制品侵权；④未从服务对象提供作品、表演、录音录像制品中直接获得经济利益；⑤在接到权利人的通知书后，根据本条例规定删除权利人认为侵权的作品、表演、录音录像制品。

另外，网络服务提供者为服务对象提供搜索或者链接服务，在接到权利人的通知书后，根据以下规定断开与侵权的作品、表演、录音录像制品的链接的，不承担赔偿责任；但是，"明知或者应知"所链接的作品、表演、录音录像制品侵权的，应当承担共同侵权责任。可见，网络服务提供者在对侵权行为不知情时，若接获侵权举报并根据以下步骤予以积极配合，则不承担赔偿责任：

（1）对提供信息存储空间或者提供搜索、链接服务的网络服务提供者，权利人认为其服务所涉及的作品、表演、录音录像制品，侵犯自己的信息网络传播权或者被删除、改变了自己的权利管理电子信息的，可以向该网络服务提供者提交书面通知，要求网络服务提供者删除该作品、表演、录音录像制品，或者断开与该作品、表演、录音录像制品的链接。通知书应当包含下列内容：①权利人的姓名（名称）、联系方式和地址；②要求删除或者断开链接的侵权作品、表演、录音录像制品的名称和网络地址；③构成侵权的初步证明材料。权利人应当对通知书的真实性负责。

（2）网络服务提供者接到权利人的通知书后，应当立即删除涉嫌侵权的作品、表演、录音录像制品，或者断开与涉嫌侵权的作品、表演、录音录像制品的链接，并同时将通知书转送提供作品、表演、录音录像制品的服务对象；服务对象网络地址不明、无法转送的，应当将通知书的内容同时在信息网络上公告。人民法院认定网络服务提供者采取的删除、屏蔽、断开链接等必要措施是否及时，应当根据权利人提交通知的形式，通知的准确程度，采取措施的难易程度，网络服务的性质，所涉作品、表演、录音录像制品的类型、知名度、数量等因素综合判断。因权利人的通知导致网络服务提供者错误删除作品、表演、录音录像制品，或者错误断开与作品、表演、录音录像制品的链接，给服务对象造成损失的，权利人应当承担赔偿责任。

（3）服务对象接到网络服务提供者转送的通知书后，认为其提供的作品、表演、录音录像制品未侵犯他人权利的，可以向网络服务提供者提交书面说明，要求恢复被删除的作品、表演、录音录像制品，或者恢复与被断开的作品、表演、录音录像制品的链接。书面说明应当包含下列内容：①服务对象的姓名（名称）、联系方式和地址；②要求恢复的作品、表演、录音录像制品的名称和网络地址；③不构成侵权的初步证明材料。服务对象应当对书面说明的真实性负责。

（4）网络服务提供者接到服务对象的书面说明后，应当立即恢复被删除的作品、表演、录音录像制品，或者可以恢复与被断开的作品、表演、录音录像制品的链接，同时将服务对象的书面说明转送权利人。权利人不得再通知网络服务提供者删除该作品、表演、录音录像制品，或者断开与该作品、表演、录音录像制品的链接。

六、侵权行为与处罚标准

著作权行政管理部门为了查处侵犯信息网络传播权的行为，可以要求网络服务提供者提供涉嫌侵权的服务对象的姓名（名称）、联系方式、网络地址等资料。网络服务提供者无正当理由拒绝提供或者拖延提供这些资料的，由著作权行政管理部门予以警告；情节严重的，没收主要用于提供网络服务的计算机等设备。

有下列侵权行为之一的，根据情况承担停止侵害、消除影响、赔礼道歉、赔偿损失等民事责任；同时损害公共利益的，可以由著作权行政管理部门责令停止侵权行为，没收违法所得，非法经营额 5 万元以上的，可处非法经营额 1 倍以上 5 倍以下的罚款；没有非法经营额或者非法经营额 5 万元以下的，根据情节轻重，可处 25 万元以下的罚款；情节严重的，著作权行政管理部门可以没收主要用于提供网络服务的计算机等设备；构成犯罪的，依法追究刑事责任：

（1）通过信息网络擅自向公众提供他人的作品、表演、录音录像制品的；

（2）故意避开或者破坏技术措施的；

（3）故意删除或者改变通过信息网络向公众提供的作品、表演、录音录像制品的权利管理电子信息，或者通过信息网络向公众提供明知或者应知未经权利人许可而被删除或者改变权利管理电子信息的作品、表演、录音录像制品的；

（4）为扶助贫困通过信息网络向农村地区提供作品、表演、录音录像制品超过规定范围，或者未按照公告的标准支付报酬，或者在权利人不同意提供其作品、表演、录音录像制品后未立即删除的；

（5）通过信息网络提供他人的作品、表演、录音录像制品，未指明作品、表演、录音录像制品的名称或者作者、表演者、录音录像制作者的姓名（名称），或者未支付报酬，或者未依照本条例规定采取技术措施防止服务对象以外的其他人获得他人的作品、表演、录音录像制品，或者未防止服务对象的复制行为对权利人利益造成实质性损害的。

有下列行为之一的，由著作权行政管理部门予以警告，没收违法所得，没收主要用于避开、破坏技术措施的装置或者部件；情节严重的，可以没收主要用于提供网络服务的计算机等设备；非法经营额 5 万元以上的，可处非法经营额 1 倍以上 5 倍以下的罚款；没有非法经营额或者非法经营额 5 万元以下的，根据情节轻重，可处 25 万元以下的罚款；构成犯罪的，依法追究刑事责任：

（1）故意制造、进口或者向他人提供主要用于避开、破坏技术措施的装置或者部件，或者故意为他人避开或者破坏技术措施提供技术服务的；

（2）通过信息网络提供他人的作品、表演、录音录像制品，获得经济利益的；

（3）为扶助贫困通过信息网络向农村地区提供作品、表演、录音录像制品，未在提供前公告作品、表演、录音录像制品的名称和作者、表演者、录音录像制作者的姓名（名称）以及报酬标准的。

第二节　技术措施的法律保护问题

版权作品的网络传输在快速、方便地向公众传播信息的同时，也增加了版权保护的难度，因为他人可以对网上作品进行简单而快速的非法复制与再传递。因此，版权人仅享有网络传输权还不足以完全维护自己的权利，还需要借助一定的技术措施来维护其权利。然而，随着技术的发展，一些人出于各种目的，设计甚至提供破解他人技术措施的设施或服务。这样，为了能够落实对版权人的著作权保护，法律就必须对版权人设置的技术措施加以保护。

一、技术措施概述

采取技术措施保护作品版权，是版权人或者与版权有关的权利人保护自己作品版权的一种私力救济方式。根据我国国务院《信息网络传播权保护条例》（2013年版）的规定，技术措施是指用于防止、限制未经权利人许可浏览、欣赏作品、表演、录音录像制品的或者通过信息网络向公众提供作品、表演、录音录像制品的有效技术、装置或者部件。

一般认为，技术措施主要可以分为控制"接触（或访问）作品"的技术措施和控制"使用作品"的技术措施。控制"接触作品"的技术措施可以阻止用户在未获得登录口令、解密码或某些验证装置的情况下接触网站或网站中的作品和信息。这类技术措施大体可分为三种层次。第一种相当于现实生活中房门的锁，没有经过允许任何人无法进入房间。这种技术措施使得他人根本无从知道网站中究竟有什么东西。第二种允许他人进入网站，允许他人将网站上的信息或者作品下载，但是看不到作品或者信息的具体内容。第三种允许他人下载或者使用，但是有时间或者内容量的限制，如只能使用50次或100次或者只能够阅读文章的前3页。

控制"使用作品"的技术措施，是指版权人所采取的控制他人未经授权使用其作品的技术措施。它又可以分为控制单纯使用作品行为的技术措施和保证支付报酬的技术措施。前者旨在禁止他人未经授权而以复制、发行、公开表演等各种方式使用作品。后者并不直接阻止他人未经授权接触或使用作品，但可以计算出他人接触或使用作品的次数和频率，从而作为在法庭上举证和索赔的依据。

二、美国有关技术措施保护的立法借鉴

1998年美国《千年数字化版权法》（DMCA）的出台，对版权作品的技术措施提供了全面而充分的保护。从结构上看，《千年数字化版权法》从控制访问作品和控制使用作品两个方面对技术措施的保护作了规定。

针对控制访问的技术措施，《千年数字化版权法》规定：（1）禁止任何人破解有效控制版权作品访问的技术措施；（2）任何人不得制造、进口、向公众推销、提供或者运送任何技术、产品、服务、设备、零部件，其（a）设计、生产的主要目的在于规避有效控制受保护作品之访问的技术措施；（b）除了规避有效控制受保护作品之访问的技术措施之外，仅具有有限的商业意义或用途；（c）由某人或在其授意下为破解有效控制访问受保护作品的技术措施之目的而在市场上销售。

关于控制使用的技术措施，《千年数字化版权法》规定，任何人不得制造、进口、向公众推销、提供或者运送任何技术、产品、服务、设备、零部件，其（a）设计、生产的主要目的在于规避技术措施所提供的，而且该技术措施是为了有效保护版权人依法享有的作品或其一部分的权利；（b）除了规避技术措施所提供的保护之外，只有有限的商业意义或用途。而且该技术措施是为了有效保护版权人依法享有的作品或其一部分权利；（c）由某人或者在其授意下上市销售，并且知道可用于规避技术措施所提供的保护，而且该技术措施是为了有效保护版权人依法享有的作品或其一部分的权利。

此外，《千年数字化版权法》还对技术措施权利保护的例外情形进行了详细规定。这些例外情形主要包括：

（1）政府的执法、情报等活动。对技术措施提供权利保护，并不禁止政府机构及其雇员所从事的经合法授权的调查、保护、信息安全或情报活动。其中，"信息安全"是指发现和纠正政府计算机、计算机系统和计算机网络的脆弱之处，从而保护美国的国家安全和经济安全。

（2）反向工程。对于合法的计算机软件，可以破解其控制访问的技术措施，但其目的必须是发现或分析该软件与其他软件之间的兼容性。

（3）加密研究。为了提高加密技术水平或促进加密产品的开发，在法律规定的某些特定条件下，可以研究和分析加密技术中的弱点和薄弱之处。

（4）安全测试。主要是为了检测、查清和纠正计算机系统或网络的缺点、薄弱之处，可以利用有关的技术措施访问该计算机系统或网络。

（5）非营利性图书馆、档案馆和教育机构的免责。《千年数字化版权法》第1201条规定，非营利性图书馆、档案馆和教育机构规避了版权人采取的控制接触的技术措施的，可以不视为侵权，但其前提是：（a）图书馆、档案馆必须向公众开放，或者除了向该图书、档案机构中的研究人员和该图书馆、档案馆下属机构的研究人员开放之外，也向相关专业的其他人员开放；（b）对相同的作品复制件，除了规避控制接触的技术措施之外，不能以任何其他方式合理获得；（c）对于规避了控制接触作品的技术措施后的作品，只能复制一份，而且保存时间不得超过作出该善意决定的必要时间，也不得用于其他任何目的。

（6）保护私人信息的例外。针对目前许多网站采用"cookies"之类的技术手段，收集和发送反映来访用户在线活动的私人信息，《千年数字化版权法》允许用户在无法有效控制此类信息的收集和发送的前提下，在保护私人信息所必需的范围内，规避版权人所采取的技术保护措施。

（7）保护未成年人的免责。为保护未成人，《千年数字化版权法》还规定，如果有关技术、产品、服务、设备作为整体，产生规避作品技术措施的效果，其目的在于防止未成年人接触互联网上的不健康内容，则不违反法律。

三、我国的技术措施保护

（一）我国对技术措施的法律规制

在信息技术日益发达的今天，法律赋予版权人采取技术保护措施的权利尤为重要而且必须。目前我国《著作权法》第 48 条第 6 项规定，未经著作权人或者与著作权有关的权利人许可，故意避开或者破坏权利人为其作品、录音录像制品等采取的保护著作权或者与著作权有关的权利的技术措施的，为著作权侵权行为。这说明我国已考虑到技术措施已作为网络环境下各种类型的权利人普遍采用的版权保护措施这一事实，并认识到，建立广泛的技术措施法律保护已成为国际性趋势。因此我国也将技术措施的法律保护纳入了版权法体系。

根据国务院《信息网络传播权保护条例》(2013 年版)（以下简称《条例》）第 4 条，为了保护信息网络传播权，权利人可以采取技术措施。任何组织或者个人不得故意避开或者破坏技术措施，不得故意制造、进口或者向公众提供主要用于避开或者破坏技术措施的装置或者部件，不得故意为他人避开或者破坏技术措施提供技术服务。但是，法律、行政法规规定可以避开的除外。

上述"不得故意制造、进口或者向公众提供主要用于避开或者破坏技术措施的装置或者部件"这一表述说明，如果某一装置或部件有多项主要功能，只是同时也可用于避开或破坏某技术措施，而且后者并不是其主要功能，则不受到禁止。换言之，只要某一装置或部件不是制造商专门为了规避版权人采取的技术措施而制造和生产的，则不属于"主要用于"避开或者破坏某项技术措施。这一规定与美国《千年数字化版权法》中的规定相类似。

另外，该《条例》第 18、19 条还分别规定了相应的惩罚措施。例如，对"故意避开或者破坏技术措施的"行为的惩罚是：根据情况承担停止侵害、消除影响、赔礼道歉、赔偿损失等民事责任；同时损害公共利益的，可以由著作权行政管理部门责令停止侵权行为，没收违法所得，非法经营额 5 万元以上的，可处非法经营额 1 倍以上 5 倍以下的罚款；没有非法经营额或者非法经营额 5 万元以下的，根据情节轻重，可处 25 万元以下的罚款；情节严重的，著作权行政管理部门可以没收主要用于提供网络服务的计算机等设备；构成犯罪的，依法追究刑事责任。

对于"故意制造、进口或者向他人提供主要用于避开、破坏技术措施的装置或者部件，或者故意为他人避开或者破坏技术措施提供技术服务的"这些行为，由著作权行政管理部门予以警告，没收违法所得，没收主要用于避开、破坏技术措施的装置或者部件；情节严重的，可以没收主要用于提供网络服务的计算机等设备；非法经营额 5 万元以上的，可处非法经营额 1 倍以上 5 倍以下的罚款；没有非法经营额或者非法经营额 5 万元以下的，根据情节轻重，可处 25 万元以下的罚款；构成犯罪的，依法追究刑事责任。

（二）我国关于技术措施规制的不足与完善

《条例》关于技术措施的规制存在以下不足之处：

1. 对技术措施的攻击性规范不足

从权利人采取的技术措施本身来看，它应该只具防御性而不应带有攻击性，这样就不至于对无辜的用户或合法的软件复制者造成损害。而且技术措施不得超出制止侵权行为所必需的限度。比如，1997 年发生在我国的"江民公司"事件最能说明问题。江民公司是国内一家主要从事软件开发的企业，它开发的 KV3000 杀毒软件很受市场青睐，然而，该软件的加密措施被一网站破解并且向用户免费提供破解该加密措施的软件。江民公司的损失可想而知。为了对付破解软件，江民公司在其新开发的软件中设置"逻辑锁"保护程序。一旦有人使用上述网站提供的"解密匙"复制出盗版软件并上机运行，"逻辑锁"就会自动开启，锁住使用者的硬盘并死机。后来，江民公司的行为被北京市公安局以危害计算机系统安全为由行政罚款了事。

为防止以后出现类似问题，建议对技术措施施加"不得对用户软件与硬件带来任何负面影响"这一限制。

2. 对技术措施的例外规定不足

《条例》在技术措施剥夺合理使用权方面考虑不足，因此，技术措施的运用有可能侵害公共利益。

根据《条例》第 12 条，属于下列情形的，可以避开技术措施，但不得向他人提供避开技术措施的技术、装置或者部件，不得侵犯权利人依法享有的其他权利：

（1）为学校课堂教学或者科学研究，通过信息网络向少数教学、科研人员提供已经发表的作品、表演、录音录像制品，而该作品、表演、录音录像制品只能通过信息网络获取；

（2）不以营利为目的，通过信息网络以盲人能够感知的独特方式向盲人提供已经发表的文字作品，而该作品只能通过信息网络获取；

（3）国家机关依照行政、司法程序执行公务；

（4）在信息网络上对计算机及其系统或者网络的安全性能进行测试。

除了以上四种情况外，《条例》并没有规定其他几种合理使用情况下可规避技术措施。例如，《条例》第 7 条所规定的有权合理使用相关作品的"图书馆、档案馆、纪念馆、博物馆、美术馆等"并没有纳入上面有权规避技术措施的范围之内。相反，《条例》规定某些合理使用与法定许可下，相关主体有义务施加技术措施以避免服务对象以外的其他人获得相关作品。例如，"图书馆、档案馆、纪念馆、博物馆、美术馆等"在"合理使用"相关作品时应该采取技术措施，防止服务对象的复制行为对著作权人利益造成实质性损害。同时，"图书馆、档案馆、纪念馆、博物馆、美术馆等"在"合理使用"相关作品时，以及根据《条例》第 8 条、第 9 条适用"法定许可制度"的相关主体，都应该采取技术措施，防止服务对象以外的其他人获得著作权人的作品。

关于技术措施权保护的例外，我国可以参考美国的立法经验，扩大有权规避某些技术措施权的情形：非营利性图书馆、档案馆和教育机构的免责、反向工程的免责、加减密研究、保护个人信息的例外、保护未成年人的免责等。

如何在保护技术措施和公众的合理使用权益之间设置一个平衡点，是一个困惑各国的难题。不过，在妥善的解决方法出来以前，鼓励使用那些限制使用次数的技术措施倒不失为一个好方法。比如，现在网上下载的许多软件都属于"限次版"软件。允许自由使用 50 次或者 100 次等，在用尽设定好的使用次数后，会弹出一个对话框，告知使用者如欲继续使用可以通过什么途径购买或者注册。这样，至少保证了部分合理使用权的实现。

第三节　关于域名的法律规制

一、域名与商标之间的冲突

在互联网上，域名不仅仅具有识别计算机地址的作用，而且更为重要的是识别用户，以及用户向公众提供的商品和服务等。因此，商业组织会尽量使用自己的商号、商标或者特有的标志性词语作为域名，以吸引原来的消费者和潜在客户，争取把现实世界的良好商誉扩大到互联网络中来。如果商业组织的网上域名和其现实世界的商标、商号或者其特有的标志性词语一样，那么消费者可以很容易地在网络上通过这些词语进入该商业组织的网站。这样，该商业组织并不需要花费太多的宣传费用，就可以让其在互联网上的网站具有和现实世界的商标、商号一样的知名度。如果商标、商号或者其他标志性词语被其他的商业组织作为域名在网上抢先注册之后，那么消费者根据相关商标、商号或者其他标志性词语在网上寻找就会进入"其他人"的网站。

域名注册和商标注册在制度上的差异使得域名和商标的潜在冲突成为现实。域名注册采用申请注册在先原则，并且不允许两个完全相同的域名存在。就我国而言，现行的域名注册制度并非真正的域名注册审查制度，域名注册管理机构对于申请人所申请的域名是否使用了他人的注册商标名称实际上并不进行审查。而且，我国现行制度没有限制一个注册人可以注册多少域名，这就为专门从事抢注域名再加以出卖、谋取利益的机构提供了方便条件。比如北京某公司一度曾经通过注册了 2000 多个域名，几乎占 CNNIC 注册域名的 1/10。

域名和商标冲突的表现形式主要有以下两种：

1. 恶意抢注域名

"域名抢注"这一名词最早大概出现于 1995 年，据当时有关统计，我国有 600 多个著名企业的商标在互联网上的对应域名被抢注，其中包括长虹、全聚德、五粮液、红塔山等。全球性的域名抢注比中国还早一两年。早在域名制度产生之初，就有域名抢注发生，最为典型的例子就是负责全球域名注册登记的机构——全球互联网络信息中心的域名被抢注。

任何一个想在网上盈利的企业，都必须在相对短的时间段里尽量吸引最多的浏览者，这样，域名的知名度就成为决定浏览次数的决定因素，而该域名的知名度在很大程度上取决于企业在现实社会中的地位和知名度。所以许多企业抢先将他人的知名商标注册为自己控制下的域名，以利用该商标所有人在现实生活中的广告效应、良好商誉。恶意抢注域名的另一种情况是恶意域名抢注者首先有目的地寻找知名企业，并且抢注他人的商标名称作为域名，然后再向这些企业转让抢注域名以获取利益。实际上，恶意抢注域名和商标之间的冲突，其根本原因在于商标所具有的无形资产的价值与域名的使用利益之间存在冲突。域名所有人并非作为相应商标的商家所有人，其对该域名的使用不仅有可能妨碍商标权人在互联网上继续使用该商标，更加有可能给域名的所有人创造其不应当取得的获利机会，产生"搭便车"这种不正当竞争行为的现象。还有可能造成普通消费者产生域名所有人和商标权人之间存在某种联系的误会，从而损害社会公众的利益。

恶意抢注域名违反诚实信用原则，属于不正当竞争行为。损害了注册商标所有人的利益，应当受到商标法的约束。但是，因为域名的"先注先得"原则，所以单纯的"抢注域名"并不违法。只有为了不法目的抢先注册他人商标为域名的行为是违法行为，"抢注域名"和"恶意抢注域名"是两个不同的概念，这里格外强调的是域名所有人在注册域名时的主观心理状态。

2. 域名合法持有人（注册者）与商标权人的冲突

有时候，域名注册人主观上没有恶意，仅仅由于自身的原因使用了某一域名，这个域名与其他人的商标或者商号相同，由于域名的唯一性，该商标持有者就不能够以其商标申请域名了。该域名持有者和该商标持有者之间就产生了权利冲突。

另外，根据我国《商标法》有关规定，不同的商家就相同的商标可以分别享有商标权，如"长城"这个商标就可能被不同企业同时采用，只要所经营的商品或者服务种类不同就不会产生冲突，他们可以"相安无事"地使用同一个"长城"（或者英文 Greatwall）。但是在网络里面，在同一个域位（如.com）上面，就不容许两个同时出现，不管他们是否使用在同类商品或者服务上，都会立即发生"撞车"。①在这种情况下，只要一个企业以该商标申请了域名，那么其他使用该商标的企业就不能够再次以该商标申请域名。在他们之间也会产生权利冲突。

还有，商标的显著性特征也在互联网域名这个问题上受到了挑战。比如，商标"长城"这两个汉字，在汉语拼音和英文里面可以表述为"Chang Cheng"以及"Great Wall"。国内的计算机厂商长城公司的注册商标就是"Great Wall"，这时，如果还有另一个计算机厂商打出"Chang Cheng"这个商标，就会因为触犯了商标法关于不得和他人商标构成近似的规定而不予注册。但是，按照域名的注册在先原则，上述两种商标都可以作为域名出现在互联网上，这是否会大大损害"长城"这一商标的显著性呢？

二、域名争端中独特的"专家组争议解决制度"

目前，可用来解决网络域名争端的法律规则，主要有两大类。第一类是最高人民法院于 2001 年颁布的《关于审理涉及计算机网络域名民事纠纷案件适用法律若干问题的解释》以及原信息产业部颁布的《中国互联网络域名管理办法（2004）》。这是法院在审理域名问题时的主要法律根据。第二类是中国

---

① 郑成思著：《知识产权论》，法律出版社 1999 年版，第 179 页。

互联网络信息中心（CNNIC）颁布的《域名争议解决办法》（2012年修订）、《域名争议解决程序规则》（2012年修订）以及《域名注册实施细则》（2012年修订）。这几项规则并不是正式意义上的立法，但对于域名的注册、管理、撤销等方面的事务都有约束力。而且，根据《域名争议解决办法》（2012年修订）设立的"专家组争议解决制度"在解决域名争议时也主要根据这几项规则来裁决。

《域名争议解决办法》（2012年版）规定了独特的"专家组争议解决制度"。根据其第3条与第4条，域名争议由中国互联网络信息中心认可的争议解决机构受理解决。争议解决机构实行专家组负责争议解决的制度。专家组由一名或三名掌握互联网络及相关法律知识，具备较高职业道德，能够独立并中立地对域名争议作出裁决的专家组成。域名争议解决机构通过在线方式公布可供投诉人和被投诉人选择的专家名册。

在专家组就有关争议作出裁决之前，投诉人或者被投诉人认为专家组成员与对方当事人有利害关系，有可能影响案件的公正裁决的，可以向争议解决机构提出要求专家回避的请求，但应当说明提出回避请求所依据的具体事实和理由，并举证。是否回避，由争议解决机构决定。专家组根据投诉人和被投诉人提供的证据及争议涉及的事实，对争议进行裁决。专家组认定投诉成立的，应当裁决注销已经注册的域名，或者裁决将注册域名转移给投诉人。专家组认定投诉不成立的，应当裁决驳回投诉。

不过，根据《域名争议解决办法》（2012年版）第15、16条的规定，上述"专家组争议解决制度"并不排斥法院与仲裁庭的管辖权。在当事方"提出投诉之前"，"争议解决程序进行中"，或者"专家组作出裁决后"，投诉人或者被投诉人均可以就同一争议向中国互联网络信息中心所在地的中国法院提起诉讼，或者基于协议提请中国仲裁机构仲裁。

最高人民法院2001年《关于审理涉及计算机网络域名民事纠纷案件适用法律若干问题的解释》（以下简称《网络域名民事纠纷的解释》）第2条也规定了法院的管辖权。涉及域名的侵权纠纷案件，由"侵权行为地"或者"被告住所地"的中级人民法院管辖。对难以确定侵权行为地和被告住所地的，"原告发现该域名的计算机终端等设备所在地"可以视为侵权行为地。

尤其值得注意的是，依据上述"专家组争议解决制度"作出的裁决，其效力不得对抗法院判决与仲裁庭的裁决，甚至不能对抗当事方达成的和解协议。通常，争议解决机构裁决注销域名或者裁决将域名转移给投诉人的，自裁决公布之日起满10日的，域名注册服务机构予以执行。但是，如被投诉人自裁决公布之日起 10 日内提供有效证据证明有管辖权的司法机关或者仲裁机构已经受理相关争议的，争议解决机构的裁决暂停执行。对于暂停执行的争议解决机构的裁决，域名注册服务机构视情况作如下处理：（1）有证据表明，争议双方已经达成和解的，执行和解协议；（2）有证据表明，有关起诉或者仲裁申请已经被驳回或者撤回的，执行争议解决机构的裁决；（3）有关司法机关或者仲裁机构作出裁判，且已发生法律效力的，执行该裁判。

其中，第（2）种情况是"有关起诉或者仲裁申请已经被驳回或者撤回的"，如诉讼或仲裁案件仍然处于程序进行中，又当如何？从逻辑角度推断，似乎在诉讼或仲裁程序在 10 天内还没有结论的情况下，域名注册服务机构会先执行依据"专家组争议解决制度"作出的裁决。那么，当执行完毕后，法院或仲裁庭解决了争端作出了结论相反的判决书或裁决书，当事方就需要拿着判决书或裁决书再次申请域名注册服务机构予以执行了。

三、最高人民法院《关于审理涉及计算机网络域名民事纠纷案件适用法律若干问题的解释》的判案标准

根据最高人民法院的 2001 年《网络域名民事纠纷的解释》的规定，法院审理域名纠纷案件，对符合以下各项条件的，应当认定被告注册、使用域名等行为构成侵权或者不正当竞争：（1）原告请求保护的民事权益合法有效；（2）被告域名或其主要部分构成对原告驰名商标的复制、模仿、翻译或音译；或者与原告的注册商标、域名等相同或近似，足以造成相关公众的误认；（3）被告对该域名或其主要部分不享有权益，也无注册、使用该域名的正当理由；（4）被告对该域名的注册、使用具有恶意。

对于其中第（4）项"被告对该域名的注册、使用具有恶意"这一条件，被告的行为被证明具有下列情形之一的，法院应当认定其具有"恶意"：（1）为商业目的将他人驰名商标注册为域名的；（2）为商业目的注册、使用与原告的注册商标、域名等相同或近似的域名，故意造成与原告提供的产品、服务或者原告网站的混淆，误导网络用户访问其网站或其他在线站点的；（3）曾要约高价出售、出租或者以其他方式转让该域名获取不正当利益的；（4）注册域名后自己并不使用也未准备使用，而有意阻止权利人注册该域名的；（5）具有其他恶意情形的。被告举证证明在纠纷发生前其所持有的域名已经获得一定的知名度，且能与原告的注册商标、域名等相区别，或者具有其他情形足以证明其不具有恶意的，人民法院可以不认定被告具有恶意。

法院在审理域名纠纷案件中，对符合上述情形依照有关法律规定构成侵权

或构成不正当竞争的，则根据相关侵权或不正当竞争的法律规定进行处理。法院认定域名注册、使用等行为构成侵权或者不正当竞争的，可以判令被告停止侵权、注销域名，或者依原告的请求判令由原告注册使用该域名；给权利人造成实际损害的，可以判令被告赔偿损失。

人民法院审理域名纠纷案件，根据当事人的请求以及案件的具体情况，可以对涉及的注册商标是否驰名依法作出认定。

四、"专家组争议解决制度"的裁决标准

中国互联网络信息中心《域名争议解决办法》（2012 年版）第 8、9、10 条规定了"专家组争议解决制度"的裁决标准。

符合下列条件的，投诉应当得到支持：（1）被投诉的域名与投诉人享有民事权益的名称或者标志相同，或者具有足以导致混淆的近似性；（2）被投诉的域名持有人对域名或者其主要部分不享有合法权益；（3）被投诉的域名持有人对域名的注册或者使用具有恶意。

这三项条件中，第二、三项条件比较依赖于主观判断，需要根据以下条件进一步判断。

被投诉的域名持有人具有下列情形之一的，其行为构成"恶意注册或者使用"域名：（1）注册或受让域名的目的是为了向作为民事权益所有人的投诉人或其竞争对手出售、出租或者以其他方式转让该域名，以获取不正当利益；（2）多次将他人享有合法权益的名称或者标志注册为自己的域名，以阻止他人以域名的形式在互联网上使用其享有合法权益的名称或者标志；（3）注册或者受让域名是为了损害投诉人的声誉，破坏投诉人正常的业务活动，或者混淆与投诉人之间的区别，误导公众；（4）其他恶意的情形。

被投诉人在接到争议解决机构送达的投诉书之前具有下列情形之一的，表明其对该域名享有"合法权益"：（1）被投诉人在提供商品或服务的过程中已善意地使用该域名或与该域名相对应的名称；（2）被投诉人虽未获得商品商标或有关服务商标，但所持有的域名已经获得一定的知名度；（3）被投诉人合理地使用或非商业性地合法使用该域名，不存在为获取商业利益而误导消费者的意图。

如上所述，"注册或受让域名的目的是为了向作为民事权益所有人的投诉人或其竞争对手出售、出租或者以其他方式转让该域名，以获取不正当利益"，这有利于证明域名持有人恶意注册或使用域名。但是，有观点认为，只要域名持有人参与有关域名转让的谈判并且其报价高于域名注册时所支出的费

用，就被认定其具有恶意注册域名的嫌疑，却并不符合域名争议解决的初衷，其结果是阻塞了通过和解解决纠纷的途径。有关"要约出售域名"的行为指的应是那些"域名经营者"的行为，即域名持有人主要以出售其所注册的域名、谋取利益为目的，几乎没有自己使用该域名的意图的行为。其典型表现为选择多个他人有知名度的商标注册为域名，并采取积极的促销手段，要挟商标权人高价买回其所注册的域名。①

在"中国北方工业公司诉沈阳筑邦电信器材有限公司域名争议"一案中，② 被投诉方于 2000 年 11 月 1 日前在中国互联网络信息中心注册中文域名"北方·中国"，投诉人于 2001 年 1 月 1 日向域名争议解决中心提出投诉。专家组认为，中文"北方"是投诉人依法注册的商标，投诉方据此拥有受中国法律保护的商标权；被投诉方注册的中文域名"北方·中国"中的二级域名"北方"和投诉人的商标相同；被投诉人在申请域名注册以前，针对"北方"不享有受中国法律保护的商标权，也没有其他可以依法主张的权益。

但是，投诉方并没有提供足够的证据来证明被投诉方注册和使用域名的恶意及其给投诉方造成的损害或者造成损害的可能性。虽然投诉方已在 7 个类别的商品（服务）上申请商标注册，其企业规模远远大于被投诉方，但是注册商标的专用权以核准注册的商标和核定使用的商品为限。就本案而言，将投诉方拥有商标权的字符用作互联网域名，甚至用做网页或网站名称，只要没有和注册商标核定使用的特定商品（服务）相联系，都不能构成与受法律保护的商标专用权之间的冲突。从现有证据上看，被投诉人既没有主动向他人发出过出售争议域名的要约，对于投诉方发出的请示受让争议域名的电子邮件也没有给予承诺，甚至也没有提出任何旨在出售域名的反要约，仅仅表示其希望与有合作意向的公司"共建项目"。从而排除了以要约出售争议域名而推定恶意的可能性。

从目前中文域名系统运行的客观实际情况来看，仅凭在地址栏中填入一个中文域名后反馈信息为"该页无法显示或者不存在"这一事实并不能证明注册人注册该域名的目的并非在于自己使用。现实运作过程中，注册一个域名后一段时间不使用甚至长时间不使用的情形也属正常现象。如果没有其他证据支持，仅凭此一项就认定有关域名的注册和使用存在恶意，则对于域名注册人而

① 李虎：《CIETAC 域名争议解决中心典型中文域名争议案例点评》，载张平主编：《网络法律评论》第 2 卷，法律出版社 2002 年版，第 238 页。

② http://www.cnipr.net/article_show.asp? article_id=24173.

言是不公平的。因此，专家组裁决驳回投诉人的请求。

五、美国《反网络侵占消费者保护法》（ACPA）①

为了规范域名的注册登记，不会损害商标所有权人的利益，美国于 1999 年颁布了《反网络侵占消费者保护法》。该法明确规定恶意登记或者使用商标、服务标识作为域名的要承担一定的民事责任。该法还规定：（1）恶意从他人商标或者该法保护的个人名字中获利；而且（2）注册、买卖、使用相同或者相似以混淆已经具有特殊性的商标的域名；或者（3）注册、买卖、使用相同或者相似以混淆或者淡化其在注册时已经是著名商标的域名，要承担民事责任。根据该法规定，法官可以命令域名注册人放弃、取消该域名，或者将该域名转移给商标所有权人。该法提出 9 点要素来判断域名注册人是否具有恶意：

（1）注册人的域名是否包含有该注册人的自有商标或者其他智慧财产权；

（2）域名包含本名（legal name）的使用，是否是常见的人名；

（3）域名注册人在提供商品或者服务过程中可能存在的、对该域名的善意在先使用。

（4）通过域名进入的网站，其本意是善意、非商业性的，或者是合理使用该商标；

（5）为了商业利益故意败坏、贬低商标的意图、转移商标所有者互联网上的顾客到该域名所代表的网站；

（6）为了获得利益而将域名转移、贩卖、让与给商标所有人或者第三者，其本意并不在于使用该域名来提供商品或者服务，或者注册人此前的做法表明其一贯如此；

（7）在注册域名时，提供混淆或者错误的网络资讯；

（8）注册人是否注册或获取了多个域名，而且在注册域名时，已经知道这些域名和特殊性商标相同或者相似并且足以混淆、淡化他人的著名商标，此时不需要考虑商标所指定的商品或者服务；

（9）域名所包含商标的特殊性或者著名程度。

法院在判断域名注册人是否具有恶意时，不限于考虑以上几点因素。如果法院认为注册人相信而且有合理的理由相信使用该域名是基于合理使用或者具有其他合法目的，那么，按照《反网络侵占消费者保护法》的规定，注册人

---

① The AntiCybersquatting Consumer Protection Act，简称 ACPA。

的行为不属于恶意，这是该法提供给域名注册人的安全条款。

另外，《反网络侵占消费者保护法》还有保护个人姓名被他人抢注为域名的规定。某些有影响的个人姓名及具有历史意义的传统标识也是域名注册人及意图通过域名注册而发财的人所关注的目标。比如，在中国射击选手陶璐娜夺得奥运会女子气手枪冠军后的仅仅 5 分钟，其姓名即被申请注册为域名。《反网络侵占消费者保护法》关于个人姓名保护的规则可以概括为以下几点：

（1）有关的保护仅仅及于在世者（即域名注册时仍然活着的人）的姓名；

（2）被争议的域名由注册人以外的另一个在世者的姓名构成，或者与该在世者的姓名具有实质性且足以导致误认的相似性；

（3）对他人姓名的使用没有征得该人同意；

（4）域名注册人具有明确的利用该姓名获利的意图；

（5）其获利的方式是向被其使用的姓名权人或者任何第三人有偿出售域名；

（6）有权针对此种域名注册人提起诉讼者仅限于其姓名被使用的人，即姓名权人；

（7）适用于个人姓名保护的民事法律程序仅限于对人诉讼；

（8）相关法律程序可适用的救济方式包括：禁令性救济，又包括没收或注销域名，或者将域名移转给原告；基于法官自由裁量，责令败诉方承担胜诉方的诉讼支出与律师费；

（9）此种保护程序仅能对抗本法生效后注册的域名；

（10）在符合以下条件的情况下，域名注册人无须在上文所述的对人诉讼中承担责任：域名的注册没有恶意；把相关姓名使用于受美国版权法保护的作品，包括相关雇佣作品；域名注册人为版权所有人或者其被许可人；域名的出售与对作品的合法使用相联系；此种域名注册也不违反域名注册人与姓名权人之间的合同。

第十一章　WTO 与电子商务

　　1995 年成立的世界贸易组织（以下简称"WTO"）对我国经济、法律所产生的巨大影响是无可置疑的。电子商务作为一种经济模式，也必将受到 WTO 的规制。在目前，WTO 中已有许多规制电子商务的内容。与电子商务联系更为紧密的主要有《信息技术协议》与《基础电信协议》，涵盖了硬件、软件等信息技术产品的自由化以及基础电信服务业市场的开放等。同时，认识到电子商务在全球贸易发展中日益提高的重要性，WTO 积极关注这一新型的贸易形式，试图为电子商务的发展提供更好的、更全面的规则支持。但是又面对许多困难。其中最明显的就是对数字化产品的定性问题，究竟应该归入货物范围以《关税与贸易总协定》（以下简称"GATT"）规制，还是应该归入服务范围以《服务贸易总协定》（以下简称"GATS"）规制呢？

　　因此，本章拟先介绍 WTO 对电子商务的讨论进程，然后讨论数字化产品的定性问题，再简要介绍《信息技术协议》与《基础电信协议》。

第一节　WTO 对电子商务的考虑

一、WTO 研究电子商务的进程

　　由于电子商务发展很快，乌拉圭回合对其重要性估计不足。WTO 认识到这一点，并在 1996 年新加坡召开的 WTO 第一次部长级会议正式提出电子商务问题，并通过了《贸易与信息技术产品部长宣言》。该宣言促进各国取消一系列信息产品的税收，同时，WTO 将尽量促使"世界范围信息技术产品贸易自由的最大化"。

　　WTO 在 1998 年 5 月的日内瓦第二次部长级会议上通过一项《全球电子商务宣言》，并决定对电子传输行为暂时免税。WTO 各成员部长们一致声明：同意研究全球电子商务问题。该声明旨在指导 WTO 总理事会制订详尽的工作计划，对一切与贸易相关的电子商务问题进行审查。根据《全球电子商务宣言》

的要求，WTO 总理事会在 1998 年 9 月发布了《电子商务工作计划》，并根据
WTO 各机构的报告进行定期审议。

　　原计划在 1999 年 11 月底至 12 月初的西雅图第三次部长级会议上，由总
理事会提交《电子商务工作计划》的工作报告，其中包括行动建议。但是在
这次会议上，由于发达国家极力主张把劳工标准、环境标准等内容塞进到
WTO 新一轮谈判议题当中，引起发达国家和发展中国家间的巨大分歧，导致
会议失败，原定的电子商务议题也没有取得进展。

　　2001 年 11 月，WTO 在卡塔尔的首都多哈召开了第四次部长级会议，总理
事会向会议提交了《电子商务工作计划》的工作报告，报告得到了会议的认
可，一致同意继续推行该计划。电子商务作为一项议题单独写入《WTO 第四
次部长会议宣言》，该宣言称：迄今为止的工作表明，电子商务使各成员方各
发展阶段的贸易面临新的挑战，也带来新的机遇，因此创造和维持一个有利于
未来电子商务发展的环境是十分重要的。部长们督促总理事会考虑采取合适的
安排以继续开展电子商务工作计划，并就进一步研究进展情况在 2003 年第五
次部长级会议上向大会汇报。各成员方将保持目前的做法，即在第五次部长会
议前不对电子交易征收关税。①

　　2003 年 9 月 10—14 日，WTO 第五次部长级会议在墨西哥的坎昆举行，5
天的谈判进程异常艰难。世界贸易组织总理事会在坎昆会议前准备了一个
《坎昆部长级会议宣言》草案，在会议进行的第 3 天，会议又提交了新的《坎
昆部长级会议宣言》草案文本，但是，由于发达国家和发展中国家在农业、
"新加坡议题" 等问题上相持不下，坎昆部长级会议无果而终，原来准备的宣
言草案作废，最终发表了简短的《WTO 坎昆部长级会议声明》。电子商务议
题的进程也受到阻碍。

　　接下来分别在 2005 年香港、2009 年日内瓦、2011 年日内瓦、2013 年印
尼巴厘岛以及 2015 年肯尼亚内罗比举行的第六到第十次部长级会议上，会议
都注意到了总理事会根据《电子商务工作计划》提交的工作报告，并且指示
总理事会与相关下属机构继续研究电子商务问题。部长级会议还同意在下次会
议前继续对电子交易不施加关税。②

----

　　①　"Work continues on issues needing clarification"，http://www.wto.org/english/tratop_e/
ecom_e/ecom_briefnote_e.htm.2004 年 6 月 5 日访问。

　　②　https://www.wto.org/english/tratop_e/ecom_e/ecom_e.htm.https://www.wto.org/
english/thewto_e/minist_e/mc10_e/mc10_e.htm.

以上说明，虽然存在诸多曲折，但从总体上来看，WTO 对电子商务和其对全球贸易发展的重要性，有了更深刻的认识，正由过去一般意义上的审查研究，走向具体的制度安排，为将来进行全球电子商务谈判和签署专门的《全球电子商务协议》做准备。

综合各项报告和会议，WTO 对电子商务研究取得了一些进展：WTO 成员方普遍同意将在线交易分为三类。第一类，从选择、购买到送货完全通过互联网络完成的交易；第二类，不论交易的是商品还是服务，选择和购买通过网络进行，但按照传统方式完成交付的交易；第三类，涉及电信传输功能的交易，包括提供互联网服务。WTO 成员方政府普遍认为，互联网上实现的大部分交易是 GATS 管辖范围内的服务性交易，因此应当受 GATS 的管辖。成员方一般认为 GATS 的所有条款均应适用于通过电子方式进行的服务贸易。

二、WTO《电子商务工作计划》的内容

在 1998 年 5 月召开的瑞士日内瓦第二次部长级会议上，WTO 各成员的贸易部长们一致同意研究全球电子商务问题，并通过《全球电子商务宣言》。该宣言称：认识到全球电子商务日益发展，并不断创造新的贸易机会，WTO 总理事会应建立一个"综合工作计划"，来审查与全球电子商务有关的所有贸易方面的议题，包括由各成员方提出的有关这方面的议题。

按照《全球电子商务宣言》的要求，WTO 总理事会于 1998 年 9 月 25 日发布了《电子商务工作计划》。该《电子商务工作计划》共分为八个部分：

第一部分说明建立工作计划的依据是 WTO 第二次部长级大会所通过的《全球电子商务宣言》。

第二部分规定了总理事会在工作计划实施中的作用和日程安排。总理事会在该计划的实施中将发挥中心作用，根据日程安排对工作计划实施经常性的检查回顾；总理事会将考虑具有交叉性质的所有与贸易有关的问题；工作计划中凡是涉及电子交易征税的问题应由总理事会审查。

第三部分对"电子商务"下了一个定义："通过电子方式实现的货物和服务的生产、分配、营销、销售和交付活动"。同时，该计划也将与电子商务基础设施发展有关的问题包括在内。

第四部分要求工作计划中所涉及的 WTO 有关机构，应把其他政府间国际组织在推动电子商务发展中的工作成果考虑在内，考虑从有关非政府间国际组织（NGOs）获得信息的可能方法和途径。

第五部分是对 WTO"服务贸易理事会"的工作规定。服务贸易理事会应该对《服务贸易总协定》(GATS) 法律框架内的电子商务待遇问题进行审查和报告。具体包括：(1) 提供服务的范围（包括提供方式）（第 1 条）；(2) 最惠国待遇问题（第 2 条）；(3) 透明度原则（第 3 条）；(4) 发展中成员方的不断参与（第 4 条）；(5) 国内规定、标准与承认（第 6 条与第 7 条）；(6) 竞争问题（第 8 条和第 9 条）；(7) 保护隐私、公共道德和防止欺诈（第 14 条）；(8) 服务电子方式提供的市场准入承诺，包括基础和增值电讯服务承诺、分销服务承诺（第 16 条）；(9) 国民待遇（第 17 条）；(10) 接入和使用公共电讯传输网及其服务（GATS 关于电讯的附件）；(11) 关税问题；(12) 电子商务分类问题。

第六部分是对 WTO "货物贸易理事会" 的工作规定。货物贸易理事会应该对与《GATT1994 条款》、与《WTO 协议》附件 1A 项下的多边贸易协定和本工作计划有关的电子商务问题进行审查和报告。具体包括：(1) 与电子商务有关的产品市场准入；(2) 由于应用 "关于实施 GATT1994 第 7 条协议"（即《海关估价协议》）而引起的各种海关估价问题；(3) 由于应用《进口许可证程序协议》而引起的各种问题；(4)《GATT1994》第 2 条定义的关税和其他税费问题；(5) 与电子商务有关的标准化问题；(6) 原产地规则问题；(7) 电子商务下的货物分类问题；(8) 简化贸易手续。

第七部分是对 WTO "与贸易有关的知识产权理事会" 的工作规定。知识产权理事会负责对电子商务所引起的知识产权问题进行审查和报告。具体包括：(1) 版权及相关权利的保护与加强；(2) 商标的保护与加强；(3) 新技术与技术的使用权问题。

第八部分是对 WTO "贸易与发展委员会" 的工作规定。WTO 贸易与发展委员会负责在考虑经济、财政和发展中国家发展需要的前提下，对电子商务发展的意义加以审查并提出报告。具体包括：(1) 电子商务对发展中国家，尤其是这些国家里中小企业的贸易和经济前景的影响，使它们获得最大可能利益的途径；(2) 电子商务对发展中国家的挑战，增强发展中国家参与电子商务的途径，尤其对以电子方式交付产品的出口商而言，改善基础设施、技术转让和自然人流动的作用如何；(3) 多边贸易体制下，在发展中国家一体化进程中信息技术的应用；(4) 电子商务对货物传统交付方式的可能影响，以及对发展中国家的意义；(5) 电子商务对发展中国家的财政意义。

可见，WTO 的《电子商务工作计划》具有与 WTO 协议相似的结构，都是在货物、服务、与贸易有关的知识产权之市场准入的基础上，兼顾发展问题。

第二节 WTO 框架下对数字化产品的定性

一、问题的引出

WTO 在电子商务领域启动多边谈判，WTO 规则将适用于电子商务已是既定事实。在 WTO 框架下研究电子商务问题，主要应探讨的是如何将电子商务这一全新贸易形式融入到现行 WTO 框架内。WTO 已经基本具备处理电子商务的必要条件。WTO 的各种承诺已经涉及电子商务的许多方面。比如，对网上订购有形产品并以传统方式交付则可以与传统方式订购产品一样地适用 GATT 各项规则，通过互联网提供电信、医疗等服务可以适用 GATS。然而，对于报刊、音像制品、书籍等有形商品都可以通过互联网络传送、完成。这时，这些交易标的应该是 GATT 下的货物，还是 GATS 下的服务？还是应该属于 TRIPS 下的特许权使用？从前述《电子商务工作计划》中"电子商务"的定义来看，可以主要考虑把数字化产品归入货物还是服务。

由于目前 WTO 成员方之间货物贸易市场的开放程度与服务贸易市场的开放程度相距甚远，所以依照不同的定性开展电子商务，其结果将有很大区别。具体来说：①

（1）与货物贸易不同，阻碍服务贸易自由化的主要障碍不是关税，而是"法规"。有学者把"国内法规"依其对贸易的影响，分为四种类型：①直接的或明的歧视性的障碍。如规定电视与广播内容的国内含量，不许外国人经营。②间接的或暗的歧视性障碍。这类障碍并非直接对付服务贸易，而是一般性限制外国因素，诸如限制服务生产要素（人员、资金、信息）的国际流动。如为清偿目的对向外国汇出收益的管制等。③直接的或明的中性的障碍。绝大多数管理国内服务行业的规章或行规行法，都属于这一类。例如，对铁路或电讯网络实行国家垄断经营，对国内国外竞争者统统予以排除，并无歧视性，因此也无从违背对此类服务的国民待遇。④间接的或暗的中性障碍。这类障碍也是来自国内行业管理的种种规矩和标准，有些规矩或标准在国与国之间差异很大。外国服务业者进入一国服务市场，要适应这类行规必须付出额外代价，导致成本增高，在市场竞争中处于不利地位。各国对专业人员的学历和资格证书

---

① 赵维田著：《世贸组织（WTO）的法律制度》，吉林人民出版社 2000 年版，第 355~359 页。

的具体标准不同，而且一般不承认在外国获得的文凭和证书。

（2）对服务贸易障碍更增一层复杂性，是这些国内法规和管理制度，不限于全国性的，或者中央政府制定的，按照 GATS 第 1 条第 3（a）款规定，还包括"地区或地方政府和当局"共三级政府机构，以及"由中央、地区或地方政府或当局授予行使权力的非政府团体"所采取的"影响服务贸易的措施"。将这类非政府团体的"措施"都包括进 GATS 的适用范围，区别于 GATT 只约束政府单位行为。其原因在于许多国家对有些服务门类实行"自律"或非自律式管理，尤其是专业性服务如律师、会计师、建筑师以及健康服务等。

（3）有两项条款在 GATS 与 GATT 中名称虽然相同，但不论它们在 GATS 中的处境或地位，还是具体规则都与 GATT 有重大不同。一项是第 2 条的最惠国待遇，受到众多保留性例外（列入《免除》第 2 条〔义务〕附件）的困扰，在短期内似乎很难再把它称做支撑服务贸易的"柱石"。另一项是"国民待遇"，在 GATS 中已不再把它像在 GATT 中一样列为"普通适用原则"，而是贬入另册，列为规定"具体承诺"的组成部分，受制于市场准入具体承诺表中所列的"限制或条件"。GATS 第 17 条对国民待遇规则的具体表述（共三款），也与 GATT 第 3 条不同。总之，它只是"一种具体承诺，仅适用于成员方列入承诺表的服务门类，并要遵守该表所列限制或条件"。这样，起码在表面上看，国际贸易中的不歧视原则在 GATS 中已大打折扣。

因此，对通过互联网络传送、完成的内容作出不同的定性，就会纳入到 WTO 不同的协议规制管辖范围之内，其所享受到的待遇和保护就会大大不同。

如果我们将电子传输的形式和内容定位为服务贸易，则由于网络的无国界特点，一国的工商企业或个人可以在该国为他国客户自由地提供可能是他国有限度开放的服务，因此 GATS 以及各成员方加入 WTO 时开放承诺应如何得到执行，是一个问题。如果将其定位为货物贸易，则这类贸易是否应按照各成员方的关税减让表征收关税，还是由于对之征税存在技术上的困难而应给予免税？由于数字化信息的易复制性以及网络传输空间的纵横交错，在确定某一次传输的真实来源地时会存在一定的困难，因此如果根据上述的定性《原产地规则》在一定情况下应被加以适用时，那么应如何使用这些规则确定货物的原产地？

二、分别界定为货物与服务的两种观点与理由

有观点认为，数字化产品应该享受 GATT 下适用于实物形式相似产品的全

面保护。其理由有：（1）如果因为产品交付方式的区别，而受到不同程度的保护，就会对经济贸易带来不公平的影响。（2）根据 WTO 贸易政策中立原则，相似产品常常适用相似的贸易规则。对相似产品的考虑主要在于是否"相似"或者"有直接竞争性或者替代性"，以下因素尤其重要：产品在一定市场的最终使用，消费者的品位和习惯，产品的特性、本质和质量。数字化产品可以代替实物形式的相似产品，根据贸易中立原则，该产品应该享受到不低于其相应实物形式产品的待遇。所以应该适用 GATT 规则。（3）GATS 承诺适用于"通过任何技术手段（如电缆、无线电和卫星等）提供的"服务。因此，传送技术的变化并不改变可以适用的贸易保护。以数字化方式传递的书或录音所受的保护不应低于以实物形式交付时所受到的保护。因此，为了避免不平等待遇，应该适用 GATT 规则。（4）WTO 的一个基本原则在于逐步实现贸易自由化。在 GATT 下，不得撤回对关税减让的承诺，而撤回对 GATS 的承诺就要求补偿受到影响的国家。该"只进不退"的原则在 GATT 下的关税减让方面非常有效，在 GATS 下已经开始发挥作用。数字化产品可以代替和其实物形式相似的产品，因此，只受到 GATS 下的较少保护而不是 GATT 适用于实物形式货物的保护，将和这一原则相抵触。①

　　有观点持相反意见，认为真正可选并现实的方案是把 GATS 适用于所有的通过网络传输的电子贸易。这种选择并不仅仅是因为其他方案的不合理，而且还因为其本身具备重大的支持理由：（1）把所有电子商务定位为服务与定位为货物相比明显更为合理。虽然计算机程序、书籍、电影和音乐制品在电子商务完成后可以以有形物的形式输出，从而存在与传统货物贸易相似的"有形对应物"，但是，电子传输在跨越国境之时并没有有形对应物。而且，传输的信息在许多时候最终根本没有转化成有形对应物。比如，接受方继续以数字形式保存这些电子信息，直接在屏幕上阅读或者播放、利用。（2）另一优势在于它不仅干净利落，而且有利于将国家间关于这类问题的争端减少到最小。现有的电子商务争端都源于一些国家把电子商务视为货物而另一些国家视为服务。如果以电子商务的最后结果是不是形成"相应有形物"，那么在处理相关争端时，专家组为了决定是适用 GATT 还是 GATS，继而先判令争议标的究竟是货物还是服务，这将增加纠纷的复杂性。（3）GATS 的《基础电信业务协议》的达成以及在这些服务领域贸易自由化程度的取得为电子商务技术设施

---

　　①　宋波、夏廷：《WTO 规则下的数字化产品定性之争》，载张平主编：《网络法律评论》第 3 卷，法律出版社 2003 年版，第 136 页。

的发展打下重要的基础，而这正是参与电子商务的前提条件。GATS 协议附件和《基础电信业务协议》都提供了一个进一步把电子商务纳入到其中的框架。(4) 近几年反全球化势力膨胀。在多边自由化谈判中必须更多考虑发展中国家的实际承受能力并照顾到其适当利益。对于广大电子商务发展相对落后的发展中国家来说，把电子商务视为服务并适用 GATS 比起适用 GATT 容易接受得多。因为在 GATS 下的国民待遇原则并不是一般性义务，发展中国家可以通过市场准入模式选择实现对跨国电子商务的有效控制，在税收管辖方面也有比适用 GATT 更大的自主权。①

三、评析与建议

对于服务，并没有统一的定义。许多学者所提出的尝试性定义也随着实践的发展而发展。1989 年，加拿大经济学家赫伯特·G. 格鲁伯和迈克·A. 沃克创造性地提出了"物化服务"的概念。"物化服务"即是在服务生产活动者改变了一些人或他们所拥有的商品状态以后，服务就被认为是"物化"了。这种改变对个人或者商品所有主是有价值的。如学生受益于教师的物化服务、病人受益于医生的物化服务；"物化服务"的概念彻底改变了过去那种认为服务是"看不见，摸不着"和不能储存的虚幻观念，服务不仅是精神的，也是物质的，这是一个很重要的哲学概念。② 菲利普·考特勒（Philip Kotler）分析了从纯商品到纯服务的 4 种变化类型：（1）纯有形商品，如香皂、牙膏等产品没有附带服务。（2）附带服务的有形商品，利用服务来吸引顾客，如计算机；（3）附带少部分商品成分的服务行为，如空中旅行的头等舱和维修业；（4）纯服务，如照顾小孩和心理、法律咨询等。③

由此可见，货物和服务之间并不存在一个绝对性的界分标准，甚至在许多情况下是混合存在的。把通过互联网传递的货物视为服务并不违反有关服务、货物的基本理论。因此，我们可以主要从把通过互联网传送的产品归入哪个类别对我们更有利作为出发点来展开讨论。

电子商务领域中有些可以适用 GATS 加以规制，有些领域不适合采用

---

① 刘志云：《WTO 规则与电子商务的发展》，载张平主编：《网络法律评论》第 3 卷，法律出版社 2003 年版，第 143~144 页。
② 汪尧田、李力著：《国际服务贸易总论》，上海交通大学出版社 1997 年版，第 2 页。
③ 陶明、吴申元等编著：《服务贸易学》，山西经济出版社 2001 年版，第 10 页。

GATS 加以规制。以下分别从"传统服务通过电子商务方式完成"以及"货物通过电子商务方式完成交付"这两个方面进行分析。

（一）传统服务通过电子商务方式完成

在 GATS 中，服务被分为 12 类，除建筑、运输服务等几类外，下列服务都是既可以通过四种传递方式又可以通过互联网进行：商业、通信、发行、教育、金融、医疗、旅游、娱乐等。传统服务通过网络完成，仍然属于服务的范畴，仍然属于 GATS 规制的范围。对于一个经济体来说，并不是自由化程度越高、对外开放程度越大就越好，对外自由开放的程度应该是和该经济体的发展水平相适应的。这也就是目前在 WTO 中为何对货物和服务的控制采取"双轨制"的原因。服务的自由化开放程度低于货物的自由化开放程度这种情况，是发展中国家通过艰难的斗争所争取到的成果，是发展中国家赖以维护经济主权的有力工具。如果某个国家认为其经济实力可以承受更大的开放程度，则其随时可以采取更自由、更开放的经济政策。WTO 只规定了对外开放的最低限度标准，并没有限制最高的对外开放程度。

同样，和货物贸易相比，通过互联网络所完成的服务受到发展中国家的更多控制，也是为了维护其经济主权的需要。相反，如果通过互联网络所完成的服务不受到 GATS 的规制，实际上就是让 WTO 中发达成员的优势企业"平等"和发展中成员的弱势企业相竞争，则其结果必然是，发展中成员的经济受到破坏，其在 WTO 当中的艰苦谈判成果付之东流。所以，把通过互联网络所完成的服务，仍然应该归入到受 GATS 规制的范围。

不过，这时还需解决一个问题，即这种服务应该归入越界服务（cross border supply）、境外消费（consumption abroad）、商业存在（commercial presence）、人员流动（movement of personal）中的哪个模式当中？一般来说，在通过互联网络完成服务的情况下，服务提供方在本国设立网站即可完成有关服务，可以在服务接收方所在地不设立机构、不派出人员，除非服务接收方所在地的政府有相反的强制性规定。所以，可以主要考虑应该归入于越界服务还是境外消费的哪一种模式当中。这时，可以根据服务提供方的具体情况来判断该服务提供方是否有意识地在某一国家或者地区开展越界服务。比如，该网站上是否有服务区域声明，是否采用某国家或者地区所使用的语言，是否采取了技术手段对某个国家或者地区的 IP 地址加以辨认并加以限制等方法。这就正如同前面讨论的网上证券、网上保险以及司法管辖权的跨境问题时所提出的建议是一样的。

（二）货物通过电子商务方式完成交付

在前面两种观点当中，本书比较倾向于把通过互联网络交付的货物视为服务的观点。不过，不宜把所有通过互联网络交付的货物视为服务，要根据具体情况具体分析。

这时，要解决两个问题：

第一，划分的标准是什么？换言之，通过互联网络交付货物，在什么情况下应该视为服务，在什么情况下应该视为货物。有些货物，通过互联网络交付之后，仍然可以在相当长的时间之内为接收方所保存，或者以数据形式保存在硬盘上，或者输出为有形形式，并且和有形货物具有直接竞争性或者替代性。这时，可以把它归入货物范围。这一部分的货物的范围非常小。比如书籍，以电子书籍形式交付之后，接收方或者在屏幕上阅读，或者打印输出再阅读，甚至可以把同一内容转借给他人阅读。而且，接收方在阅读完之后，不大可能再去书店购买同一内容的传统形式书籍。故与有形货物具有直接竞争性或者替代性，似乎其特性更加类似于"货物"。但是，承认这种类型的货物在通过互联网络交付之后仍然作为货物对待，要在各国对税收等方面的有效管制达成协议的基础之上再加采取方为妥当。

有些货物，通过互联网络交付之后，不能被接受方长期保持，和有形货物不具有直接竞争性或者替代性，这时，可以归入服务范围。这一部分货物的范围比较大。还是以书籍为例，提供方把书籍制作成特殊的格式放置在其网站上，购买者进入网上付费后，可以打开该特殊格式的书籍阅读。但是，读者不能把这种格式的书籍下载或者复制到其硬盘上，也不能打印输出，更加不能在阅读之后把该格式的书籍内容传递给第三方阅读。

第二，GATS 的自由化程度不够会导致许多贸易商放弃采取电子商务形式吗？

在 GATS 当中，是采取在单个的部门、类别基础上分别逐项确定对外开放程度的方法，所以，WTO 个成员可以通过对各类货物的分析，逐项同意自由化程度。电子商务的优点在于速度快、成本低，这对于经济贸易交往是非常重要的考虑因素。所以不能笼统地说把通过互联网而交付的某一类货物归入服务，接受 GATS 的规制，就一定会导致提供商因为 GATS 自由化程度不够而放弃采取电子商务形式。

反过来说，如果把所有数字化产品视为货物并且适用 GATT 规则，再加上对之传输的关税免征协议，那么成员方就等于承担了网上交易全面自由化的义务。国民待遇和最惠国待遇是 GATT 规则的一般性义务。适用 GATT 规则，并适用其下的国民待遇原则，成员方就需要放弃他们对通过互联网进口的产品在国内税收方面实行歧视待遇的权利。另外，免征关税还使得成员方对通过互联网进口的商品的税率约束在零关税水平。实际上，把这类货物采用 GATS 加以规制，是发展中成员自我保护的方法。否则，任意扩大货物的范围，在对网上交付货物缺乏有效管制方法的情况下，会导致关税的流失、市场准入控制的丧失。"两害相权取其轻"，与此相比，归入 GATS 的范围更为明智。

另外，这里同样会面对这种服务应该归入越界服务（cross border supply）、境外消费（consumption abroad）、商业存在（commercial presence）、人员流动（movement of personal）中的哪个模式当中的问题。这里可以参照前面的通过互联网络完成服务的相似方法加以考虑。

第三节 《信息技术协议》与《基础电信协议》

电子商务有两个重要的不可或缺的基础设施因素。第一是信息传输所必需的硬件和软件，第二是进入通信网络的机会。与此相应，乌拉圭回合部长级会议以后，在 GATS 框架下出台的、直接针对信息产业的主要有两个协议：《信息技术协议》（*Information Technology Agreement*，ITA，1996 年 12 月，新加坡）和《基础电信协议》（*Agreement on Basic Telecommunication Services*，ABTS，1997 年 2 月，日内瓦）。此外，与贸易有关的知识产权协定（Agreement on Trade-Related Aspects of Intellectual Property Rights，TRIPS）也涉及许多有关电子信息产品知识产权保护的内容。本书主要介绍《信息技术协议》和《基础电信协议》。

一、《信息技术协议》（ITA）

1996 年 12 月 13 日，在新加坡举行的 WTO 第一届部长级会议上，28 个 WTO 成员和正在申请加入的国家、单独关税区签订了《关于信息技术产品贸易的部长宣言》（*the Ministerial Declaration on Trade in Information Technology Products*）。由于信息技术产品对信息产业和世界经济蓬勃发展所具有的重要影响，宣言谋求在信息技术产品的国际贸易领域内实现最大程度的自由化，并鼓励全球范围内技术的继续发展。宣言签署方同意约束并削减一大批产品的关税和其他税费。《部长宣言》中包括的产品清单通常称为《信息技术协议》。

《信息技术协议》是旨在将 IT 产品关税降为零的多边协定。ITA 所列的产品范围包括：计算机产品及网络设备（CPU、键盘、打印机、显示器、硬盘、局域网和广域网设备、多媒体开发工具、机顶盒等)、电信产品(电话机、交换机、移动通信、可视电话、传真机、广播电视传输和接收设备等)、半导体及半导体生产测试设备、科学仪器(测量检测仪器、分色仪、光谱仪、光学射线设备、电泳设备等)和其他(文字处理机、POS 机、绘图仪、计算器、印刷电路等)共 5 大类 200 余种产品和设备。1998 年 2 月,ITA 成员方召开会议,提交了希望增加列入到 ITA 的产品目录,以形成 ITA Ⅱ。第二阶段的《信息技术协定》将电视、录像机、收音机、印制板制造设备、平板显示器、音频设备等消费类电子产品也纳入《信息技术协定》零关税产品清单中。

1998 年 4 月,在 WTO 中国工作组第七次会议上,中方代表团提交了中方出价表,共列税目 185 项。我国同意在 2005 年之前,取消半导体、计算机、通信设备以及半导体设备的关税,以换取美国对我国加入 WTO 的支持,并同意设定一个 6 年的减免信息产品关税时间表。2003 年 4 月 24 日,WTO 扩大信息技术产品贸易委员会第 35 次会议同意接受中国成为 WTO《信息技术协定》(ITA)第 43 个参加方。[1]

53 个世贸组织成员自 2012 年开始《信息技术协定》扩围谈判,至 2015 年 12 月达成全面协议,发表《关于扩大信息技术产品贸易的部长声明》。参加方扩围产品全球贸易额达 1.3 万亿美元,占相关产品全球贸易额的约 90%。协议在 1996 年《信息技术协定》产品范围基础上新增 201 项产品,包括信息通信技术产品、半导体及其生产设备、视听产品、医疗器械及仪器仪表等与当代科技发展密切相关的产品。所有产品计划于 2016 年 7 月 1 日起实施降税,绝大多数产品将在 3~5 年后最终取消关税,并在最惠国待遇的基础上对全体世贸组织成员适用。[2]

二、《基础电信协议》(ABTS)

69 个 WTO 成员方在日内瓦签署的《基础电信协议》于 1998 年 1 月 1 日生效,该协议正式名称为《服务贸易总协定第四议定书》。协议的核心是在客观公正的基础上,无差别地向缔约方承诺部分或全部开放国内的基础电信服务业市场,尤其就开放基础电信设施的步骤和时间作出承诺。

一旦公共电信传输网络和服务的接入达不成协议,其他服务种类的市场准

---

[1] http://sms.mofcom.gov.cn/article/200309/20030900124475_1.xml.2004 年 6 月 1 日访问。

[2] http://www.mofcom.gov.cn/article/ae/ai/201512/20151201212077.shtml.

入承诺就会因缺少传输信息手段而无法兑现。为解决这一问题，拟定了《电信附件》。《基础电信协议》至少起到两个作用：在新兴市场，它促进了电信业的改革；在发达国家，它加快了迈向电信自由化的步伐。其具体内容包括谈判各方所作具体承诺表，还有两个附件。

1. 《电信附件》

《电信附件》适用于所有影响接入使用公共电信传输网络和服务的措施，不适用于影响电台或电视节目的电缆或广播播送的措施，也不得解释为要求成员在其减让表规定之外授权其他成员的服务提供者建立、建设、收购、租赁、经营或提供电信传输网络或服务，不得解释为要求成员（或要求成员责成其管辖范围内的服务提供者）建立、建设、收购、租赁、经营或提供未对公众普遍提供的电信传输网络或服务。

我国在入世服务贸易水平承诺中专门说明："由于国内法规未有明确的外国企业分支机构法律定义，除非在具体分部门中另有说明，对于外国企业在中国设立分支机构不作承诺。"与此对应，我国在电信服务部门承诺表中并没有对电信服务的外企分支机构作出额外说明，同时我国电信服务的市场准入必须以中方控股的合资方式进行。

《电信附件》规定，每一成员应保证可公开获得影响接入使用公共电信传输网络和服务条件的有关信息，包括：服务的收费及其他条款和条件，此类网络和服务的技术接口规范，负责制订和采用影响接入使用标准的机构的信息，适用于终端连接或其他设备的条件及可能的通知、注册或许可要求。对于移动通信运营商，可能使用的电信传输网络和服务包括传输电路（各种类型的有线电缆、无线、卫星）设施或传输容量，话音、信令传输服务和数据传输服务，影响接入使用这些基础设施和服务的透明度信息。这些信息包括：传输电路收费，话音传输和数据传输服务收费，传输电路接口规范，话音和数据传输服务质量标准，有关的国际标准化机构信息，终端连接细则、维护界面，使用这些传输设施、容量和服务的许可要求等。根据透明度条款，电信传输网络和服务运营商应保证以上信息被提供和可公开获得。

为了保证公共电信传输网络和服务的接入使用，《电信附件》作了以下规定：

第一，每一成员应保证其他成员的服务提供者可按照合理的和非歧视（指最惠国待遇和国民待遇）的条件接入使用其公共电信传输网络和服务，以提供其减让表中包括的服务。从这个意义上，国内（合资）运营商原则上享有平等接入使用公共电信传输网络和服务的权利。

第二，每一成员应保证任何其他成员的服务提供者可接入使用其境内或跨境提供的任何公共电信传输网络或服务，包括专门租用电路。具体到移动通信，应允许移动运营商购买、租用和使用接入公共电信传输网络和服务所必需的网络接口设备作连接终端或提供服务用途，允许将自建或租用的传输电路与公网或其他运营商网络互联互通。除了保证公众可普遍使用电信传输网络和服务所必需的情况外，允许其在提供任何移动通信服务时使用自己规定的操作规程。

第三，各成员方应确保其他成员方的服务提供者可使用公共电信传输网络和服务，在其境内和跨境进行信息交流，包括该服务提供者的企业内部通信，以及获得任何成员方境内的数据库或其他机器可读形式储存的信息。成员方如要出台对此有重大影响的新措施，需要通知其他成员方并按《服务贸易总协定》规定的程序进行磋商，但这不影响成员方采取不构成对服务贸易的不合理歧视或潜在限制的必要措施，以确保信息的安全和保密。

第四，虽然各成员方应无条件允许其他成员方服务提供者接入使用公共电信传输网络和服务，但在保障公共电信传输网络和服务提供者的普遍服务责任，保护公共电信传输网络或服务的技术完整性，或保证任何其他成员的服务提供者不提供该成员减让表中承诺所允许之外的服务等情况下，一成员方可以对接入使用公共电信传输网及其服务规定一定的条件，包括：（1）限制服务的转售或共享使用；（2）要求使用特定的技术接口、接口协议进行互联；（3）要求服务互操作性达到国际电信服务标准化的目标要求；（4）终端和其他网络接口设备的选型和与网络连接的技术要求；（5）限制与此类网络或服务互联，或限制与另一服务提供者互联等。

据此，公共电信传输网络运营者可以出于保障普遍服务责任、保护传输网技术完整性和保证服务提供范围等原因，实施上述限制措施。这就要求国内移动运营商，一方面，注意在公共电信传输网的接入使用中不要超出以上保护的范围；另一方面，需要熟悉限制的使用条件，避免滥用。

第五，发展中国家成员方可根据其发展水平，在接入使用公共电信传输网络及服务方面维持合理的条件，以提高其国内通信设施水平和服务能力，增强其对国际电信服务贸易的参与，这些条件应在其承诺表中详细说明。

另外，《电信附件》还规定通过加强技术合作，包括各成员国及其网络、服务提供者参与国际和区域组织的发展计划，支持各国尤其是发展中国家发展高效和先进的电信基础设施，增强其国内电信服务能力，促进发展中国家在国际、区域和次区域的各级电信合作和与国际组织的合作，使发展中国家获得有关电信服务以及电信和信息技术发展情况的信息。应该向最不发达国家提供机会，鼓励外国电信服务提供者在技术转让、培训和其他活动方面为其提供帮助。这实质上是 GATS 第 4 条"发展中国家进一步参与"在电信服务领域的具体实现。

2. 《电信参照文件》

一般来说，绝大多数国家都把电信业当作公用事业，由法定的一家或者两、三家企业垄断经营，即使打破了垄断，允许私人资本进入，原来的垄断经营者在短期内仍然对市场占有支配地位。这对外国公司的进入是个最大的障碍。为解决这个问题，制定了一个指导性文件：《电信参照文献》（简称《参照文件》），这是为对付反竞争行为而设置的一种强制保障机制。《参照文件》是专门针对电信管制机构的，要求管制机构公平、无歧视监管电信市场，确保市场开放。

《参照文件》的适用范围是"基础电信服务"。《参照文件》的目标是，为前述对市场准入和外国投资所作具体承诺的真正有效实施，在国内法上提供必不可少的保障，把这种保障与 WTO 体制挂钩，以便遇到不予执行时诉诸 WTO 解决争端机制。

《参照文件》的目的是防止电信业的反竞争行为，保证电信网络的互连互通，创造一个公平竞争的市场法制环境。有以下几个原则：（1）公平竞争原则：《参照文件》要求在具体承诺里含有防止(制止)"主要提供人"采取反竞争手段的承诺。其中列出了三项反竞争手段："交叉补贴"（cross subsidization），利用从竞争者那里获得的信息，扣留技术与商业信息。（2）互连互通原则：文件规定的互连应该遵循的标准与规则，即不歧视原则、透明度原则、程序的通用性和争端解决。（3）普遍性服务原则：任何成员有权定义普遍服务义务的种类，这些义务将不被认为是反竞争的行为。但是普遍服务的管理必须透明、非歧视和保持中立。（4）独立监管机构的原则：电信监管机构是与任何基础电信服务提供者分离的，并对其没有责任。监管机构采取的决定和程序，对所有市场参与者都是公正的。（5）稀有资源分配和使用的原则：任何稀有资源的分配和使用过程，包括频率、码号和方式权，都要以客观的、及时的、透明的和非歧视的方式进行。现行的分配频段的状态，将使其公共可用，但是对具体政府用途的频率分配细则例外。（6）许可证条件的公开可用性原则：在需要许可证时，要保证申请许可证的条件和时间要公开。并且拒绝许可证的理由应该应要求公开。

3. 各国开放电信市场的承诺表

　　各国开放电信业务市场的承诺表是 WTO 基本电信协议最关键的部分，其主要内容包括每个成员国市场准入的承诺、国民待遇和可能的附加承诺。在承诺表中，成员可以允许充分的市场进入和国民待遇，也可以在这两项规定上添加一些限制、条件和资格认定，此外还需要指明承诺实施的时间。

第十二章　电子商务争端解决法律制度

第一节　关于电子证据的法律规制

一、电子证据的概念与特点

（一）电子证据的概念

与电子证据相关的概念主要有：计算机证据、数字证据等。本书采用电子证据这一提法，理由主要有：

1. 电子证据包括了计算机证据

有的电子证据与计算机有关，但也有一些与计算机无关。电子证据不限于借助计算机设备形成的证据，还包括借助其他电子设备形成的证据。电子证据一般表现为两种存在形式：一是机器中存储的机器可读资料；二是通过输出设备输出的人可读资料，如显示设备显示出来或者打印设备打印出来的资料。前种作为电子证据毫无疑问，而后者从表面看来似乎可以认定为书证。其实，此种人可读的输出资料仍然属于电子证据，因为这些资料来源于计算机设备，是在设备运行过程中取得的，其产生完全依赖于前者。人可读的资料是由机器可读的资料经过了一个技术转化过程而取得的，在内容上保持了一致性。这两种资料具有同质性，只是表现方式不同而已。后者的真实性等因素依赖于前者。

2. 电子证据包括数字证据

换言之，数字证据和电子证据之间的关系就类似于数字签名和电子签名之间的关系。基于电子证据和数字证据这种特殊关系，即使是认为电子证据和数字证据不同的观点，也认为在"谈到广义的电子证据时，可以说电子证据不限于数字证据；当我们谈到狭义的电子证据时，可以说基本等同于数字证据"。①

---

① 何家弘主编：《电子证据法研究》，法律出版社 2002 年版，第 11~12 页。

3. 从国内外的立法习惯上看，也多采用"电子证据"一说

比如，加拿大明确采取了电子证据概念，在《统一电子证据法》(*Uniform Electronic Evidence Act*) 的定义条款中规定，"电子证据，指任何记录于或产生于计算机或类似设备中的媒介中的资料，其可以为人或计算机或相关设备所读取或接收"。① 还有菲律宾的《电子证据规则》、美国的《统一电子交易法》、英国政府的《电子通信法案》、新加坡 1998 年的《电子交易法》乃至联合国的《电子商务示范法》均采用了"电子证据"一词。国家工商行政管理总局 2011 年《关于工商行政管理机关电子数据证据取证工作的指导意见》也采用了电子证据的提法，其第 2 条对电子证据下的定义是：电子证据是指以电子数据的形式存在于计算机存储器或外部存储介质中，能够证明案件真实情况的电子数据证明材料或与案件有关的其他电子数据材料。另外，我国《民事诉讼法（2012 年版）》第 63 条明确列明"电子数据"作为证据之一种。此处的"电子数据"等同于"电子证据"，可见该法也是采取电子证据的提法。

根据以上分析，本书采取"电子证据"的提法，对其作如下定义："电子证据是以电子形式存在的，用来证明案件真实情况的信息资料。"其中要注意以下几点：(1) 对"电子形式"做广义理解。例如，印度 1999 年《信息技术法》第 2 条第 1 款第 18 项，把"电子形式"概括为"由介质、磁性物、光学设备、计算机内存或类似设备生产、发送、接收、存储的任一信息的存在形式"。(2) "信息资料"应该包括存储在机器内的电子形式及其打印输出的纸面文件，只要能保证纸面文件和所存储的电子形式资料一致即可。

（二）电子证据的特点

对于电子证据的特点，有观点归纳为双重性、多媒性、隐蔽性；② 有观点认为其具有高科技性、无形性、复合性、易破坏性；③ 也有观点认为其具有内在实质上的无形性、外在表现形式的多样性、客观真实性、易破坏性。④

通过对以上观点的分析和比较，本书把电子证据的特点归结为以下几点：

1. 依赖性

电子证据依赖于一定的技术设备和技术手段而存在。电子证据的调取与再

① Definitions 1, Uniform Electronic Evidence Act , Canada.
② 张西安：《论计算机证据的几个问题》，载《人民法院报》，2000 年 11 月 7 日。
③ 吴晓玲：《论电子商务中的电子证据》，载《互联网世界》，1999 年第 7 期。
④ 韩鹰：《对电子证据的法律研究》，载《中国律师 2000 年大会论文精选（上卷）》，法律出版社 2001 年版，第 284~290 页。

现也必须依赖一定的技术手段，依赖一定的设备、依赖于一定的专业技术人员来实现。电子证据是电子技术的产物。磁带的发明、应用，产生了音、视频电子证据；磁盘、光盘的应用，产生了多媒体电子证据。随着电子技术的发展，电子证据在产生、存储、传递、加工以及显示等方面也会有相应的发展。

2. 精确性

电子证据可以非常逼真地表现其所包含的信息。尤其是以数字化形式储存的数据，甚至可以经过无数次复制或者在虚拟空间里一瞬间传播到世界的任何一个角落之后仍能保持其原有的内容不变。

3. 脆弱性

对于电子证据来说，不论是数字形式还是模拟形式，很容易因为使用中的过失或者故意而被破坏，产生它的人或其他接触它的人都有可能随时、随地、随意地对其进行编辑、修改，使其面目全非，甚至不留任何痕迹地予以删除，使其消失。电子证据的脆弱性，导致了电子证据的审查、认定难度。

二、电子证据的法律地位

关于电子证据到底该归入哪一类的问题，是法学界多年来一直争论的问题。从目前的争论焦点来看，主要有以下几种观点：

（一）单独归类说："书证说"与"视听资料说"等

随着电子证据的发展以及对电子证据的认识不断深化，有几种观点试图把电子证据单独归入某一类证据类型当中，分别形成"物证说"和"鉴定结论说"，① 还有"书证说"以及"视听资料说"。此处主要介绍"书证说"与"视听资料说"。

书证是指以文字、图画、符号等表达的思想内容来证明案件事实的资料。② "书证说"认为，电子证据应当归入"书证"。理由是：首先，根据我国《合同法》第 11 条的规定，"书面形式是指合同书、信件和数据电文（包括电报、电传、传真、电子数据交换和电子邮件）等可以有形地表现所载内容的形式"。该条规定明确了数据电文等电子形式也属于法律允许的书面形式，因此按照立法意图来说，《合同法》已经将"数据电文"这一典型的电子

---

① 认为是物证的有徐立根主编：《物证技术学》（第二版），中国人民大学出版社 1999 年版，第 759 页。持"鉴定结论说"的见冯大同主编：《国际货物买卖法》，对外贸易教育出版社 1993 年版，第 292 页。

② 江伟主编：《民事诉讼法》，中国人民大学出版社 2000 年版，第 154 页。

证据形式纳入了"书面形式"范围，这无异于已经在立法上明确了电子证据的法律地位。其次，普通的书证是将某一内容以文字符号等方式记录在纸张上，电子证据则只是以不同的方式（电磁、光等物理方式）将同样的内容记录在非纸式的存储介质上。两者的记录方式不同、记载内容的介质也不同，但却具有相同的功能，即都能记录完全相同的内容。最后，电子证据通常也是以其代表的内容来说明案件中的某一问题，而且必须输出、打印到纸张上（当然也可以显示在屏幕上），形成计算机打印材料之类的书面材料后，才能被人们看见、利用，因而具有书证的特点。① 这种观点存在不足之处。纸质形态与书面文件形式的证据并不一定就是书证，如证人证言、鉴定结论、勘验笔录都可能是书面形式，但是并不是书证。所以，数据电文为书面形式也不等于其可归于书证一列。而且，"书证说"难以解决计算机声像资料的证明机制问题。

诉讼法学界相当一部分学者从电子证据的可视性、可读性出发，对视听材料作出了扩大解释，突破了视听材料关于录音带、录像带之类证据的局限，把电脑储存的数据和资料归于视听材料的范畴。② 这种"视听资料说"的理由是：首先，视听资料是指可视的、可听的录音带、录像带等，电子证据的内容必须在计算机等终端上以图形、数字、符号等形式显示，表现为"可读形式"，因而也是"可视的"；其次，视听资料和电子证据在存在形式上有相似之处，都是以电磁或者其他形式而不是文字以符号形式储存在非纸质的介质上；最后，存储的视听资料及电子证据都需要借助一定的工具或者一定的手段转化为其他形式后才能被人们直接感知；另外，两者的正本与复本都没有区别，把电子证据归于视听资料最能反映其证据价值。③ 不过，在电子商务活动中通过 E-mail、EDI 方式签订的电子合同竟然属于以连续的声像来发挥证明作用的视听资料，显然有些牵强。④

上述观点都有其各自的合理性，都从某个侧面反映了电子证据的特征。但

---

① 李学军："电子数据与证据"，载《证据学论坛》第 2 卷，中国检察出版社 2001 年版，第 445~446 页。

② 江伟主编：《民事诉讼法学》，中国人民大学出版社 2000 年版，第 155 页；蒋志培主编：《网络与电子商务法》，法律出版社 2001 年版，第 564 页；张梅：《电子邮件能否作为诉讼证据》，载《华东政法学院学报》2001 年第 3 期；游伟、夏元林：《计算机数据的证据价值》，载《法学》2001 年第 3 期，第 45 页。

③ 魏士廪编著：《电子合同法理论与实务》，北京邮电大学出版社 2001 年版，第 130 页。

④ 何家弘主编：《电子证据法研究》，法律出版社 2002 年版，第 20~21 页。

是，又都有其不足。

（二）独立证据说

这种观点认为，由于电子证据与物证、证人证言、勘验笔录、鉴定结论等证据类别显而易见的区别，电子证据不可能成为它们其中一类。同时，该观点主要通过把电子证据和书证、视听资料相比较来说明：电子证据不属于书证或视听资料，而是可以取代视听资料而独立存在的一种证据类型，应当作为单独序列证据。理由如下：（1）电子证据与书证在性质上有着巨大的区别。书证是指用文字、符号、图画等所表达的内容来证明案件真实情况的一切物品。在书证与电子证据中，两者都是以其内容来证明案件事实的，但这并不是两者独有的特征，勘验笔录、鉴定结论也都是以其内容来证明事实真相的，但民诉法并未将这三者归为一类。从载体上看，书证中的文字、符号、图画等是以直接的方式存在于载体之上并能直观地再现。而电子证据则是以模拟和数字信号形式存在于载体之上的，不经过一定的技术手段不能直接显现。此外，书证的介质是多种多样的，纸张、布匹、塑料、泥土等都可以成其载体，而电子证据的介质则比较专一，主要是磁性介质和塑料，两者在储存方式、再现方式上都有区别。因此，将电子证据归为书证缺乏说服力。（2）电子证据与视听资料在内涵和外延上错位。从传播媒体来看，视听资料的本质是通过影像和声音来表现，以视觉和听觉来直接感知的。声音证据和书面证据一样，是通过单一媒体来表现的，影像证据有单一媒体形式（如照片），也有复合媒体形式（如影视节目），而电子证据则具有多媒体性质，它既可以是文字的，也可以是图像的（包括静态图片和动态影像），也可以是声音的，还可以是两者以上的组合。它可以以单一媒体和多种复合媒体形式来表现，这是其他视听资料所不具备的特点。从这点来看，视听资料实际上不仅不能包含电子证据，反而被电子证据所包含，因而以视听资料来包含电子证据是不符合事物本来面貌的。[1]

2000年8月12—13日，全国人大法工委民法室、中国人民大学法学院、最高人民法院、最高人民检察院以及北京大学、清华大学等单位的专家学者在北京研讨《中华人民共和国民事证据法（草案）》初稿时，有些专家就提出应当增加电子数据为新的证据种类，认为现在的电子文本越来越多，与其他证据相比有不同的属性，必须加以规定。会后的倾向性意见是：民事证据法的体例应当包括书证、物证、视听资料、证人证言、当事人陈述、鉴定结论、勘验笔录及电子数据。

---

[1] 张西安：《论计算机证据的几个问题》，载《人民法院报》，2000年11月7日。

有学者提出反对。理由是：要把握电子证据属于哪种证据类型抑或新的证据类型，必须弄清楚现行各种证据的证明机制。如果证明机制相同，则应该归入同一种证据；如果证明机制不同，则应该划分为不同的证据种类。电子证据和七种传统证据相比，并没有创造一种全新或者陌生的证明机制，如果说有所不同，则仅仅是外在形式的不同。"独立证据说"虽然在一定程度上是为了强调电子证据的重要性，但是难免有过于轻率之嫌。①

（三）"混合证据说"与"分别归类说"

"混合证据说"认为，电子证据既不属于某一种传统物证，也不是独立的新型证据，而是若干传统证据的组合。该观点认为：首先，从承载介质来看，如果输入、存储的信息记录在如硬盘、磁盘、光盘等介质上，就是准书证，在保证此类介质的内容能固定、不会消失或修改情况下，即可视为书证；从输出的形式来看，如果输出到打印纸上，则理当为书证。如果以声音、图像形式表现，则为视听资料。其次，利用计算机模拟是根据已知条件和事实，依照法律程序和技术要求进行计算机演示，以确定犯罪的可能性概率。因而，模拟结果可以列为勘验、检查笔录。最后，对计算机及其系统进行测试，是运用软件按照法律程序对机器及系统的性能、受损情况等进行测量、测算、鉴定，从而确定犯罪的危害程度，因而可列为鉴定结论证据。② 不过，有观点认为，"混合证据说"在一定程度上代表了解决电子证据问题的正确思路，但是，有关电子证据形式的概括是不周延的，以输出形式来区分书证与视听资料的做法缺乏理论依据。③

有学者在吸收以上各观点合理性的基础上，认为"电子证据不是一种独立的证据形式，而是分别属于 7 种传统证据类型"。④基于其"分别属于 7 种传统证据类型"的提法，本书把这种观点称为"分别归类说"。

这种观点认为，电子证据和传统证据相比，不同之处在于载体方式方面，而非证明机制方面。这就决定了电子证据绝非一种全新的证据，而是传统证据的演变形式，即我国所有传统证据都存在电子形式。传统证据大概可以分为物质、书证、视听资料、证人证言、当事人陈述、鉴定结论以及勘验检查笔录 7种。相应地，电子证据基本上也可以分为电子物证、电子书证、电子视听资

---

① 何家弘主编：《电子证据法研究》，法律出版社 2002 年版，第 25 页。
② 蒋平著：《计算机犯罪问题研究》，商务印书馆 2000 年版，第 254 页。
③ 何家弘主编：《电子证据法研究》，法律出版社 2002 年版，第 26~27 页。
④ 何家弘主编：《电子证据法研究》，法律出版社 2002 年版，第 30 页。

料、电子证人证言、电子当事人陈述、关于电子证据的鉴定结论以及电子勘验检查笔录 7 种：

（1）电子书证即电子形式的"书面证据"，它记录了当事人之间的书面意思表示。如当事人通过 E-mail 或 EDI 方式签订的商业合同，就是典型的电子书证。电子书证的重要特点是：第一，它主要是由计算机和类似设备纪录而形成的，在形成过程中计算机或类似设备基本上起一个记录员的作用；第二，它以其中所记载的文字内容来证明案件事实。

（2）电子物证是指以电子信息的存在与状况来证明案件事实。在现实生活中，犯罪方在破门而入时所使用的工具、在门上留下的痕迹等都可以做物证。在互联网中，入侵者在所侵入的计算机系统中留下的关于自己计算机的电子"痕迹"，就是电子物证。这种"痕迹"是计算机自动生成的，以其存在状态来证明案件事实。

（3）电子视听资料即电子形式的音像证据，同纸面形式的音像证据相对，如各种数码照相、摄影材料等，它的特点是以其中所记载的动态连续画面，而非静止的文字，来证明案件事实的。

（4）电子证人证言即电子方式的言词证据，如电子聊天记录，尤其是通过麦克风进行电子聊天的记录以及电话录音等。它属于英美法系所说的典型传闻证据。它的重要特点是以电子方式所表达的口头内容来证明案件事实，但需要考虑证人谈话时的举止、语境因素。

（5）电子当事人陈述同电子证人证言基本相似，只不过陈述的主体不同而已。如当事人的电子聊天记录、电话录音等。

（6）关于电子证据的鉴定结论，是指由电子专家对存在真伪问题的计算机记录等进行鉴定，所出具的鉴定书中所反映的鉴定结论。

（7）电子勘验检查笔录是指司法人员与行政执法人员在办理案件过程中，以电子形式作出的勘验、检查笔录。

（四）发展倾向

本书认为，传统的 7 种证据都可能在电子商务环境中以电子形式表现出来，所以，把电子证据单独归入哪一个传统证据类型都无法让人满意。那就只留下两种选择，即"独立证据说"和"分别归类说"。我国《民事诉讼法（2012 年版）》第 63 条规定："证据包括：（1）当事人的陈述；（2）书证；（3）物证；（4）视听资料；（5）电子数据；（6）证人证言；（7）鉴定意见；（8）勘验笔录。证据必须查证属实，才能作为认定事实的根据。"可见，该法似乎是把"电子数据"作为单独的证据类型来对待，即采"独立证据说"。

不过，本书认为，"分别归类说"的理由非常具有说服力，可用来解决实践中诸多问题。当然，还可以在该理论基础上继续深入下去解决进一步的问题。比如，该观点认为"电子书证即电子形式的书面证据，它记录了当事人之间的书面意思表示"。那么应该如何解决电子书证当中"原件"和"复制件"的问题呢？

书证可以区分为"原件"和"复制件"，这两者的证明效力是不同的。无法与原件、原物核对的复印件、复制品不能单独作为认定案件事实的依据。"复制件"如要被法庭所接受，就必须能够和原件核对无误或者有证据证明复制件与原件一致。① 那么，对于电子书证来说，应该属于原件还是应该属于复制件？如果作为原件处理，那么把书面合同（书面证据）的内容输入到计算机并保存在硬盘上，该硬盘上以电子形式保存的合同内容就属于电子书证原件了。书证原件主要有两个特点：一是以其本身所记载的内容来证明案件事实；二是通过其纸张本身的性质、墨水的性质及其对纸张的渗透以及当事方的亲笔签名这些特征来保证其原始性，一旦对其作出更改可以通过技术方式进行验证。其中第二个方面恐怕是更重要的。仅仅把书证的内容制作成电子形式只体现了前一个特点，该"电子形式"要成为电子书证原件就要能够体现出第二个特点。很明显，这种可以随便修改的电子形式在法庭上的可信度根本无法和当事双方所签订的书面合同原件相比。

如果把电子书证作为复制件处理，如前所述，就不能单独作为认定案件事实的依据，这实际上等于说网上交易要受到法律的保护，仍然要签订传统的书面合同，这就抵消了网上交易的快捷性优势。这是让人无法接受的。

实际上，只要当事方能够证明有关电子书证的原始性、没有经过篡改，就

---

①　比如，2002 年 4 月 1 日施行的《最高人民法院关于民事诉讼证据的若干规定》第10 条规定："当事人向人民法院提供证据，应当提供原件或者原物。如需自己保存证据原件、原物或者提供原件、原物确有困难的，可以提供经人民法院核对无异的复制件或者复制品。"第 49 条："对书证、物证、视听资料进行质证时，当事人有权要求出示证据的原件或者原物。但有下列情况之一的除外：（1）出示原件或者原物确有困难并经人民法院准许出示复制件或者复制品的；（2）原件或者原物已不存在，但有证据证明复制件、复制品与原件或原物一致的。"第 70 条："一方当事人提出的下列证据，对方当事人提出异议但没有足以反驳的相反证据的，人民法院应当确认其证明力：（1）书证原件或者与书证原件核对无误的复印件、照片、副本、节录本；（2）物证原物或者与物证原物核对无误的复制件、照片、录像资料等；（3）有其他证据佐证并以合法手段取得的、无疑点的视听资料或者与视听资料核对无误的复制件；（4）一方当事人申请人民法院依照法定程序制作的对物证或者现场的勘验笔录。"

应该认定为电子书证原件，具有和传统书证原件一样的证明效力。可以采用的方法比较多，比较典型的有电子签名和电子认证。我国 2002 年施行的《最高人民法院关于行政诉讼证据若干问题的规定》第 64 条就是如此规定的："以有形载体固定或者显示的电子数据交换、电子邮件以及其他数据资料，其制作情况和真实性经对方当事人确认，或者以公证等其他有效方式予以证明的，与原件具有同等的证明效力。"

根据我国《电子签名法》第 4 条规定，符合以下两点要求的数据电文才被视为符合法律、法规要求的书面形式：（1）能够有形地表现所载内容；（2）可以随时调取查用的数据电文。第 5 条规定，符合下列条件的数据电文，视为满足法律、法规规定的原件形式要求：（1）能够有效地表现所载内容；（2）并可供随时调取查用；（3）能够可靠地保证自最终形成时起，内容保持完整、未被更改；（4）但是，在数据电文上增加背书以及数据交换、储存和显示过程中发生的形式变化不影响数据电文的完整性。在这四个条件中，第一、第二个条件是满足"书面形式"所要求的条件，要满足"原件"的要求，则还要满足第三、第四个条件。

其他几种电子证据的归类也应该采用"功能等同法"来具体进一步加以确定。

另外，国家工商行政管理总局 2011 年《关于工商行政管理机关电子数据证据取证工作的指导意见》规定了取证的几种方法。从中可见，该意见实际上是把不同情况下的电子证据，作为不同证据类型来对待的，即该意见似乎采用的是"分别归类说"。按其规定，执法人员应当收集电子证据的原始载体。收集原始载体有困难的，可以采用以下四种方式取证，取证时应当注明制作方法、制作时间、制作人和证明对象等：

（1）书式固定。对于计算机系统中的文字、符号、图画等有证据效力的文件，可以将有关内容直接进行打印，按书面证据进行固定。书式固定应注明证据来源并保持其完整性。

（2）拍照摄像。如果电子证据中含有动态文字、图像、声音、视频或者需要专门软件才能显示的内容，可以采用拍照、录音或摄像方法，则将其转化为视听资料证据。

（3）拷贝复制。执法人员可以将涉嫌违法的计算机文件拷贝到 U 盘或刻录到光盘等计算机存储设备，也可以对整个硬盘进行镜像备份。在复制之前，应当检验确认所准备的计算机存储设备完好且没有数据。在复制之后，应当及时检查复制的质量，防止因保存方式不当等导致复制不成功或被病毒感染，同时要现场封存好复制件。案件当事人拒绝对打印的相关书证和转化的视听证据进行核对确认，执法人员应当注明原因，必要时可邀请与案件无关的第三方人员进行见证。

（4）委托分析。对于较为复杂的电子证据或者遇到数据被删除、篡改等执法人员难以解决的情况，可以委托具有资质的第三方电子证据鉴定机构或司法部门进行检验分析。委托专业机构或司法部门分析时，执法人员应填写委托书，同时提交封存的计算机存储设备或相关设备清单。专业机构按规定程序和要求分析设备中包含的电子数据，提取与案件相关的电子证据，并制作鉴定结论。

该意见还规定，在网络交易平台中进行电子证据取证时，网络服务经营者应提供有关数据，并在输出的电子证据书件上加盖公章予以确认。工商行政管理机关查处违法案件涉及电子证据时，执法人员在案件现场应制作现场检查记录，现场检查记录应客观、详细、真实地记录计算机系统中显示与违法事实相关的内容和储存位置。在案件调查阶段制作询问笔录中，对于现场检查记录、打印书证、拷贝复制文件时已经取得的电子证据内容，应专门询问案件当事人，并详细记载回答内容，使询问笔录与其他证据相互印证。

三、电子证据的采纳

我国《电子签名法》第 7 条规定，数据电文不得仅因为其是以电子、光学、磁或者类似手段生成、发送、接收或者储存的而被拒绝作为证据使用。也就是说，当事方可以对数据电文的证明力提出疑问，但是，不能以使用了数据电文本身作为唯一的理由。作为定案依据的证据，应当符合"真实性、合法性和关联性"这三者的要求，电子证据也不例外。

关联性是指证据必须与需要证明的案件事实或其他争议事实具有一定的联系。在审查电子证据与事实的关联性时，正如不能说物证是直接证据还是间接证据一样，也不能简单地说电子证据是直接证据还是间接证据，对此应根据电子证据与案件本身的联系来区分，但是目前许多学者的论述中却脱离案件来谈电子证据是直接证据还是间接证据。证据的证明力决定于证据同案件事实的客观内在联系及其联系的紧密程度，同案件事实存在着直接的内在联系的证据，其证明力较大；反之，则证明力较小。因此，如果查明一项电子证据自生成以后始终以原始形式显示或留存，同时如果该证据与案件事实有着内在的、密切的联系，则其为直接证据；反之，若该证据不足以单独证明待证事实，则属于间接证据。这一点并不因证据类型是否属于电子证据而不同。

合法性是指证据的主体、形式及收集程序或提取方法必须符合法律的有关规定，即证据是否通过合法手段收集，是否存在侵犯他人合法权益等。电子证据在这方面没有特殊之处。

电子证据的难点在于其"真实性"的证明问题。真实性是形式上真实性的简称，即是指用于证明案件事实的证据必须至少在形式上或表面上是真实的，完全虚假或者伪造的证据不得被采纳。由于数据电文所依赖的计算机系统或其他系统容易受到攻击、篡改且不易被发觉，容易遭受修改且不易留痕，所以各国法律重点解决电子证据的真实性问题。我国《电子签名法》第 8 条规定，审查数据电文作为证据的真实性，应当考虑以下因素：

（1）生成、储存或者传递数据电文方法的可靠性。可以考虑数据电文形成的时间、地点、制作过程，可以考虑数据电文产生的硬件与软件运行环境、系统的安全性以及内部管理制度，考虑是否能够有效地表现所载内容并可供随时调取查用，考虑数据电文的格式与其生成、发送或者接收时的格式是否相同，或者格式不相同但是能够准确表现原来生成、发送或者接收的内容，等等。

（2）保持内容完整性方法的可靠性。可以检查电子文件上是否有电子签名，该电子签名是否完整。是否有认证证书，其认证证书是否有效。采用电子签名的电子文件的证据力强于无电子签名的电子文件。尤其可以考虑无关第三方、CA 认证机构、网络服务商提供的电子证据。

（3）用以鉴别发件人方法的可靠性。可以通过对电子签名和电子认证证书的检验，来识别数据电文的发件人、收件人以及发送、接收的时间。

（4）还应该根据具体情况，考虑与案件有关的所有其他相关因素。

第二节　电子商务诉讼中的司法管辖

一、互联网对传统管辖权的冲击

互联网的虚拟性、全球性给各国对电子商务诉讼管辖权的确定带来了很大冲击，要很好地理解这个问题，有必要先了解传统司法管辖权的基础。

（一）传统司法管辖权的基础

各国法律对管辖基础规定的方式不尽相同，但可概括成以下三类：

1. 以地域为基础

诉讼所涉及的法律关系的要素，无论是主体、客体还是法律事实总是与某一国的管辖权具有空间上的关联，这种空间关联就构成该国行使管辖权的地域基础。具体表现为如下形式：（1）当事人住所。被告住所被多数国家确认为首要的管辖基础，如德国、瑞士、荷兰、日本等传统大陆法系国家均采此原则。英、美等普通法系国家也把被告住所作为管辖基础之一。原告住所作为管辖基础也被一些国家所采用。比利时和荷兰的法律规定，在比利时和荷兰有住所的人，可向比利时和荷兰的法院对外国的被告人提起诉讼。中国法律规定，对不在中华人民共和国领域内居住的人提起有关身份关系的诉讼，由原告住所地人民法院管辖。（2）被告人出现。被告人的出现（不论是长期的，还是暂时的）是普通法系国家所采用的首要的管辖基础。被告人出现并被送达了起诉书和传票，使法院的管辖权得以确立。（3）诉讼原因发生地。由于涉外民商事诉讼的原因发生在法院地国家，会导致该国享有管辖权。侵权行为地、侵权结果发生地、合同签订地、合同履行地都可能成为诉讼原因发生地。（4）诉讼标的所在地。诉讼标的就是诉讼当事人讼争的财产。诉讼标的处于一国领域内的事实是该国行使管辖权的重要基础。因不动产权利争议引起的诉讼，由不动产所在国国家专属管辖，这是各国普遍承认的原则。（5）被告财产所在地。尽管被告的财产可能与诉讼争议无关，但许多国家都将其作为管辖基础之一。这有利裁决的执行。

2. 以当事人国籍为基础

国籍是当事人成为一国国民的资格从而使个人和国家具备了某种联系，它可以脱离二者的空间关系而存在，具有相对稳固的特点，所以各国均不愿放弃属人管辖原则。

3. 以当事人意志为基础

在两种情况下，当事人的意志可以成为管辖基础。一是双方当事人达成协议，把他们之间的争议提交某一国法院审理，该国法院便可行使管辖权。这是意思自治原则的运用。我国《民事诉讼法》规定："涉外合同或者涉外财产权益纠纷的当事人，可以用书面协议选择与争议有实际联系的地点的法院管辖。"二是被告接受管辖。一国法院对接受管辖被告享有管辖权，这是国际上普遍承认的原则。1951年海牙《国际有体动产买卖协议管辖权公约》第3条规定，如果被告到某缔约国的法院出庭应诉，则应被视为已接受法院的管辖。此外，被告人提出答辩状、通过律师出庭辩护、提出反诉等行为也被视为对管辖的接受。

（二）从互联网的特性看其对传统管辖基础的动摇

1. 网络空间的虚拟性使传统的地域管辖基础陷入困境

当事人的住所、出现、财产等因素之所以能成为管辖的基础，是因为它们和某管辖区域存在着物理空间上的关联，如住所和财产的坐落、行为的发生等。然而，一旦将这些因素适用到网络空间，它们与管辖区域物理空间的关联性顿时丧失。在网络空间中无法找到住所、有形财产，也不容易确定一次远程登录发生的确定地点。只能知道某一对象的存在和活动内容，甚至很难确定登录者的真实身份。管辖总是以某种相对稳定的联系作为基础，网络空间的虚拟性使网络活动本身很难体现与物理空间有稳定联系的传统因素。

2. 网络空间的全球性使司法管辖区域的界限变得模糊

就某一特定的法院而言，它的管辖区域是确定的，有着明确物理空间边界。就网络空间中的活动者而言，他根本无视网络外地理边界的存在，一旦上网，他对自己所"进入"和"访问"的网址是明确的，但对该网址和路径所对应的司法管辖区域则难以查明和预见。某一次具体的网上活动可能是多方的，活动者分处于不同管辖区域或国家之内，这种随机性和全球性使几乎任何一次网上活动都可能是跨区域或跨国的，从而可能造成国内或国际司法管辖权的冲突。判断网上活动发生的具体地点和确切范围是很难的，将其对应到某一特定司法管辖区域之内就更难了。

不过，虽然传统的司法管辖权和管辖基础已受到如上的挑战，但各国法院还是不愿意放弃管辖权，仍旧在不断尝试着通过各种连接点为依据来对网络空间发生的种种争端实施着管辖。

二、电子交易合同诉讼中管辖权的确定

电子商务争端主要分为两大类：一是电子交易过程中由于合同纠纷引发的诉讼；二是电子商务中的侵权纠纷引发的诉讼。本部分拟针对第一类诉讼中的管辖权问题进行讨论，并拟在下一部分分析第二类诉讼中的管辖权问题。在第一类由于电子合同引发的诉讼中，又可区分为当事方有协议选择管辖法院的情况，以及当事方选择无效或者没有选择管辖法院这两种情况。

（一）当事方对司法管辖权的协议选择

根据我国《民事诉讼法（2012年版）》第34条的规定，合同或者其他财产权益纠纷的当事人可以书面协议选择被告住所地、合同履行地、合同签订地、原告住所地、标的物所在地等与争议有实际联系的地点的人民法院管辖，但不得违反本法对级别管辖和专属管辖的规定。

电子交易同样也可适用该条规定。可见，在当事方协议选择管辖法院的情况下，可选择范围比较大，只要是与争议有实际联系，"被告住所地、合同履

行地、合同签订地、原告住所地、标的物所在地等"这些可任意选择。如果约定了两个以上与争议有实际联系的地点的人民法院管辖，则原告可以向其中一个人民法院起诉。①

本书拟以笔者用得较多的"亚马逊商城"、"淘宝网"以及"京东商城"这三者来介绍实践中约定管辖法院的现状及其存在的问题。

首先，亚马逊商城的约定是："有关与您使用任何亚马逊服务或与通过本网站由北京世纪卓越信息技术有限公司销售的商品或服务相关的任何形式的任何争议或主张应提交北京市有管辖权的法院诉讼解决（服务条款另行规定的情形除外）。"② 可见，该约定把管辖法院限定在"北京市"。这样有助于防止该网上商城在北京市外的中国各省市法院被诉的情况出现，对其是非常有利的。但对于距离北京非常远的南部与西部消费者来说，却是极为不方便的。为了数百，甚至数十元标的额的商品纠纷，消费者从海南岛、南宁、昆明、拉萨或乌鲁木齐等地千里迢迢地多次奔赴北京完成诉讼材料的提交、庭审、上诉等环节，这是多么不容易完成的艰巨任务。可以想见，在多数情况下，消费者的理性选择是放弃诉讼。

其次，淘宝商城的约定是："您因使用淘宝平台服务所产生及与淘宝平台服务有关的争议，由淘宝与您协商解决。协商不成时，任何一方均可向被告所在地人民法院提起诉讼。"③ 该约定的管辖法院是"被告所在地人民法院"。这一约定表面看来似乎非常公平：如果被告是消费者的话，则在消费者所在地法院，这对消费者无疑极为方便。不过，这种情况发生的概率太低。因为商城消费者在交易中的主要义务就是付款，而通常要么是先付款再发货，要么是快递员送货时当面收款。在前一情况下，如果没付款，则不发货；在后一情况下，如果不付款，则快递员会把货物带回去。反过来，商城对消费者的义务则比较多，包括及时发货、售后服务、确保消费者的无理由退货权等。因此，绝大多数情况下，是消费者起诉商城，而不是相反。可见，约定"被告所在地

---

① 最高人民法院 2014 年《关于适用〈中华人民共和国民事诉讼法〉的解释》第 30 条规定：根据管辖协议，起诉时能够确定管辖法院的，从其约定；不能确定的，依照民事诉讼法的相关规定确定管辖。管辖协议约定两个以上与争议有实际联系的地点的人民法院管辖，原告可以向其中一个人民法院起诉。

② https://www.amazon.cn/gp/help/customer/display.html/ref = ap_register_notification_condition_of_use? ie=UTF8&nodeId=200347160,2016 年 5 月 27 日访问。

③ https://www.taobao.com/go/chn/member/agreement.php? spm = a2145.7268393.0.0.4KjBxk,2016 年 5 月 27 日访问。

人民法院"管辖，在效果上就几乎等同于约定由"网上商城一方所在地人民法院"管辖。与亚马逊商城类似，这种约定对消费者而言是极为不利的。

最后，京东商城的约定是："如缔约方就本协议内容或其执行发生任何争议，双方应尽力友好协商解决；协商不成时，任何一方均可向有管辖权的中华人民共和国大陆地区法院提起诉讼。"① 该约定的管辖法院是"有管辖权的大陆地区法院"。这种约定实际上等于没有约定，本书拟在下文分析其适用问题。

值得注意的是，消费者似乎只有一次机会了解上面几家网上商城的管辖法院约定条款。笔者在上述每一家商城的网页上至少花了 15 分钟来查找该管辖权约定条款，却总也找不到。后来发现，这些管辖权选择条款，包含于消费者在每一家网上商城的注册账号时的格式合同当中。换言之，消费者在初次注册账号时，在填写好拟使用的用户名与密码后，下面有个已阅读使用条件的选项。消费者只有确认同意该使用条件，才可以继续下一步。多数消费者根本不会真的去瞧该使用条件的具体内容，而是直接确认进入到下一步。例如，笔者自己在多个网上商城注册时就是如此。如果想要了解该使用条件的具体内容，则需要点击后才能在新页面中瞧到使用条件的具体内容。而且，使用条件往往篇幅很长，充满了种种专业术语。关于管辖法院的约定条款就藏于其中。但是，如果消费者在注册时的几分钟内没注意到该管辖法院的约定条款，此后可能就很难瞧到该约定条款了。

最高人民法院 2014 年《关于适用〈中华人民共和国民事诉讼法〉的解释》第 31 条规定："经营者使用格式条款与消费者订立管辖协议，未采取合理方式提请消费者注意，消费者主张管辖协议无效的，人民法院应予支持。"如果消费者据此主张网上商城关于管辖法院的约定条款无效并得到法院支付，则应进一步根据以下"当事方没有协议约定"的情况，来确定管辖法院。

（二）当事方没有协议选择时管辖权的确定

如果当事方关于管辖法院的约定条款无效或者没有选择管辖法院时，则按我国《民事诉讼法》（2012 年版）第 23 条规定："因合同纠纷提起的诉讼，由被告住所地或者合同履行地人民法院管辖。"可见，此时有两个选择：一是"被告住所地"法院；二是"合同履行地法院"。如前所述，电子交易情况下，多数情况下是消费者一方存在着起诉网上商城一方的需求。故由"被告住所

---

① https://reg.jd.com/reg/person? ReturnUrl＝http％3A％2F％2Fwww.jd.com，2016 年 5 月 27 日访问。

地"法院管辖，对于消费者而言是极为不便的。那么，消费者的更佳选择就只有"合同履行地法院"了。

何为"合同履行地法院"？最高人民法院 2014 年《关于适用〈中华人民共和国民事诉讼法〉的解释》第 18 条规定了如何判断合同履行地。例如，合同对履行地点没有约定或者约定不明确，争议标的为给付货币的，接收货币一方所在地为合同履行地；交付不动产的，不动产所在地为合同履行地；其他标的，履行义务一方所在地为合同履行地。即时结清的合同，交易行为地为合同履行地。

不过，该"解释"第 20 条专门针对"信息网络方式"交易情况下规定了如何判断履行地："以信息网络方式订立的买卖合同，通过信息网络交付标的的，以买受人住所地为合同履行地；通过其他方式交付标的的，收货地为合同履行地。合同对履行地有约定的，从其约定。"

可见，管辖法院的确定有以下两种方式：

（1）如果合同标的是虚拟物品并通过信息网络方式交付，则买方住所地为合同履行地。相应地，买方住所地法院有管辖权。

（2）如果通过传统快递方式交付标的物，则收货地为合同履行地。而消费者通常要求卖方"送货上门"，故收货地通常是买方住所地。相应地，买方住所地法院有管辖权。

换言之，在电子交易中消费者如欲起诉网上商城，无论通过哪种方式交付标的物，都可在消费者住所地法院维护其正当权益。

（三）企业的自我限制

由于在电子商务中，交互性和自动化程度较高，故网上商城上线后，其面对的是全国甚至全球消费者。相应地，可能受到全国法院或全球法院的管辖。因此，建立商业网站的经营者，在设计网站时就应该考虑到其可能因电子交易而不得不接受其意料之外的某省市或某国法院的管辖这一问题。

如果某公司打算接受某地或某国法院管辖，或者不愿意接受其他某地或某国法院管辖，则它可以通过采取以下措施表明其意愿：

（1）在其网页的醒目位置或者在其合同中以法院选择条款清楚表明，顾客一旦访问其网页或者签订合同，就表明该顾客同意以后的纠纷由该法院选择条款中所载明的法院管辖。不过，这一管辖法院约定条款应该以醒目的方式告知消费者，最好在每次订单确认之时都进行提示。

（2）开发一个要求潜在顾客提供居住地的人机会话接口，其中包括屏蔽技术，该技术可以把所填写的居住地属于网站不愿被诉的地区或国家的那些顾客剔除出去，以避免和那些顾客交易，从而避免被该地区或该国法院管辖。如果在电子商务中能够采取最严格的标准，以限制其不愿意被诉的那些地区或国家的顾客访问自己的网站并且交易，就能够最大限度地降低在那些地区或国家之法院被诉的可能。

（3）网站上尽量采用其愿意接受某个国家管辖的语言或者根据商业习惯确定所使用的语言，尽量避免这种可能：被认为故意使用其不愿意接受管辖的那些国家的语言，从而被那些国家的法院判定网站意图与该国消费者交易，从而使得管辖成立。

早在 1998 年 3 月，美国证券交易委员会就颁布了一项关于如何在境外证券市场的交易活动中使用互联网的指导准则。如果境外公司能够采取合理的预防措施，避免将美国人或者在美国居住的外国人作为交易对象，则证券交易委员会就不会把它们纳入证券法的管辖范围之内。如果美国投资者绕开了在交易时采取合理设计以避开美国投资者的程序，那么这些证券发行或者提供投资服务的网站将不会被视为以美国投资者为目标。只要境外的互联网站发表拒绝承担责任的声明，承诺其交易只针对美国以外的国家，那么将不会被认为以美国投资者为目标。避免同美国投资者交易的措施及程序是否合理取决于每一起案件的具体情况和当时的环境。① 这种方法很值得我们借鉴。

三、网上侵权诉讼中管辖权的确定

由于网上侵权而引发的诉讼管辖权问题，我国《民事诉讼法》（2012 年版）第 28 条规定："因侵权行为提起的诉讼，由侵权行为地或者被告住所地人民法院管辖。"可见，管辖法院主要有两个：一是"侵权行为地法院"；二是"被告住所地法院"。后者对于被侵权方的起诉而言是不方便的，那么前者"侵权行为地法院"应如何判定？对起诉方维权是否更为有利？

根据最高人民法院 2014 年《关于适用〈中华人民共和国民事诉讼法〉的解释》第 24 条的规定，上述"侵权行为地"，包括"侵权行为实施地"与"侵权结果发生地"。其第 25 条还规定，信息网络"侵权行为实施地"包括"实施被诉侵权行为的计算机等信息设备所在地"，"侵权结果发生地"包括"被侵权人住所地"。

换言之，对于网上侵权而言，"实施被诉侵权行为的计算机等信息设备所

---

① 简·考夫蔓·温、本杰明·赖特著：《电子商务法》，张楚、董涛、洪永文译，北京邮电大学出版社 2002 年版，第 70 页。

在地"与"被侵权人住所地"这两个地方的法院都有管辖权。

根据最高人民法院 2013 年《关于审理侵害信息网络传播权民事纠纷案件适用法律若干问题的规定》第 15 条的规定,侵害信息网络传播权民事纠纷案件由侵权行为地或者被告住所地人民法院管辖。"侵权行为地"包括"实施被诉侵权行为的网络服务器、计算机终端等设备所在地"。侵权行为地和被告住所地均难以确定或者在境外的,"原告发现侵权内容的计算机终端等设备所在地"可以视为侵权行为地。

最高人民法院 2001 年《关于审理涉及计算机网络域名民事纠纷案件适用法律若干问题的解释》第 2 条也规定了法院的管辖权。涉及域名的侵权纠纷案件,由"侵权行为地"或者"被告住所地"的中级人民法院管辖。对难以确定侵权行为地和被告住所地的,"原告发现该域名的计算机终端等设备所在地"可以视为侵权行为地。

可见,根据不同的侵权类型,"被告住所地法院"、"实施被诉侵权行为的网络服务器、计算机终端等设备所在地"、"被侵权人住所地"以及"原告发现侵权内容的计算机终端等设备所在地"等地区的人民法院都有管辖权。

第三节 电子合同的准据法选择

合同的准据法选择大体经历了以下三大主要发展阶段:第一阶段是以缔约地法为主的单纯依空间连接因素决定合同准据法的阶段。第二阶段是以意思自治原则为主,强调依当事人主观意向决定合同准据法的阶段。这种从依缔约地空间场所连结因素确定合同准据法向依当事人的自主选择确定准据法的转变,是完全以"契约自由"为契机的。第三个阶段是以合同自体法(Proper Law of Contract)为代表的开放性的、灵活的冲突规范指定准据法的阶段。合同自体法包括两个方面:一是指当事方所选择的法律;二是如果没有这种选择,则仅指与合同有最密切联系的法律。① 在合同关系上存在较大程度的自由是商品经济本身的客观要求。同时,人们也越来越清晰地认识到契约自由往往是建立在讨价还价能力不平等的基础上的自由。在复杂的经济活动中,国家也需要保护自己公民的利益,于是,从契约自由延伸而来的当事人选法自由也渐渐受到干

---

① 肖永平著:《肖永平论冲突法》,武汉大学出版社 2002 年版,第 52 页。

预。随后，利益分析说和特征性履行说等选择合同准据法的理论也接着产生了。①

网络空间的虚拟性以及与物理空间的非对应性，使得发生在网络空间的案件与发生在物理空间的案件有重要区别。但发生在网络空间的案件仍然需要由现实中的法院来解决。法官在进行识别时，一方面，传统的连接点的含义已根深蒂固；另一方面，也不得不考虑网络环境的特殊性。

以下先介绍中国就电子交易在合同自体法方面的适用与改进，再介绍美国对于电子交易如何更新其合同自体法的内容，最后通过一项美国典型案例来加深理解。

一、我国合同自体法的适用及改进

本部分拟从当事人缔约能力的法律适用以及电子合同实质内容的法律适用分别加以讨论。

（一）当事人缔约能力的法律适用

一般来说，只有当事人具有相应的民事行为能力时，所订立的合同才是有效的。

根据我国《涉外民事关系法律适用法》（2011年版）第11、12、20条的规定，自然人的民事权利能力与民事行为能力，适用经常居所地法律。自然人从事民事活动，依照经常居所地法律为无民事行为能力，依照行为地法律为有民事行为能力的，适用行为地法律，但涉及婚姻家庭、继承的除外。适用经常居所地法律时，自然人经常居所地不明的，适用其现在居所地法律。

可见，我国对于自然人行为能力依据"经常居所地法律"与"行为地法律"判断。这属于兼采属人法与与缔约地法的传统思路。

对于合同形式要件，由于受到国际上简式主义思想和意思自治原则的影响，基于尽量使法律行为有效成立的基本政策，各国普遍放弃了对合同形式的严格要求。在合同形式的法律适用上，对连结点作了改进，使之由僵硬向灵活方向发展，由简单向复杂方向发展，连结点呈多样化趋势，规定复数连结点以增加可选性。正如有观点认为，对于电子商务来说，由于比较多变复杂，兼采合同准据法，不仅有利于当事人预测交易后果，维护交易安全，而且在发生争

---

① 李双元：《涉外合同法律适用的理论与实践》，载《走向21世纪的国际私法——国际私法与法律的趋同化》，法律出版社1999年版，第250~251页。

议时，有利于法院迅速审结案件。① 因此，对于电子合同当事人缔约能力的法律适用，同时采用合同准据法更好。

（二）电子合同实质内容的法律适用

我国《合同法》第 126 条和《民法通则》第 145 条都规定：涉外合同的当事人可以选择处理合同争议所适用的法律，但法律另有规定的除外。涉外合同的当事人没有选择的，适用与合同有最密切联系的国家的法律。把我国的合同自体法适用于电子合同，需要对其作出新的理解，尤其是最密切联系原则的适用。

1. 意思自治原则的适用及限制

目前，国际上的趋向是放宽意思自治原则的适用，但是加强对消费者的保护。一是电子商务中消费者更加处于弱势地位，更容易受到损害；二是消费者对电子商务的安全性缺乏信心一直是电子商务发展的一个主要障碍，在这种情况下，必然倾向于对消费者的保护。对于意思自治原则，存在两个问题。第一个问题是，对于格式电子合同当中的法律选择条款的效力应该如何认定；第二个问题是，是否需要对当事方的法律选择作出限定。

我国《涉外民事关系法律适用法》（2011 年版）第 41 条明确规定，当事人可以协议选择合同适用的法律。这就解决了格式合同中法律选择条款的效力问题。由于格式合同所带来的巨大便利，又由于几乎不可能让消费者和商家为了一笔 20 元或者 200 元的交易而花上几个小时的时间对合同条款逐个加以约定，所以，承认格式电子合同当中的法律选择条款几乎是必然的选择。

不过，为了防止一当事方滥用其优势地位，又有必要对当事方之间的意思自治作出限制。这种限制主要有两个：

（1）提醒方式与消费者权利不得规避。根据《合同法》第 39 条、《消费者权益保护法》第 26 条以及 2014 年国家工商行政管理总局《网络交易管理办法》第 17 条的规定，电子格式条款需要 "采用显著的方式提请消费者注意与消费者有重大利害关系的条款"，并且不得 "排除或者限制消费者权利、减轻或者免除经营者责任、加重消费者责任等对消费者不公平、不合理的规定"。法律选择条款同样受此限制。

（2）中国法律明确规定可选择法律时，才能选择。2012 年最高人民法院《关于适用〈中华人民共和国涉外民事关系法律适用法〉若干问题的解释（一）》第 6、7 条的规定，中国法律没有明确规定当事人可以选择涉外民事

① 何其生著：《电子商务的国际私法问题》，法律出版社 2004 年版，第 212~214 页。

关系适用的法律，当事人选择适用法律的，人民法院应认定该选择无效。一方当事人以双方协议选择的法律与系争的涉外民事关系没有实际联系为由主张选择无效的，人民法院不予支持。可见，所选择的法律并不需要与"系争的涉外民事关系有实际联系"。

2. 最密切联系原则的适用

我国《涉外民事关系法律适用法》（2011 年版）第 41、42 条对"最密切联系原则"有新的阐述：当事人可以协议选择合同适用的法律。当事人没有选择的，适用"履行义务最能体现该合同特征的一方当事人经常居所地法律"或者其他"与该合同有最密切联系的法律"。如果是消费者合同，则适用"消费者经常居所地法律"；消费者选择适用商品、服务提供地法律或者经营者在消费者经常居所地没有从事相关经营活动的，适用"商品、服务提供地法律"。

可见，根据"最密切联系原则"确定的国家法律，非常宽泛。

首先，可根据"履行义务最能体现该合同特征的一方当事人经常居所地法律"来确定。这实际是"特征履行说"的体现。此处可借鉴最高人民法院 2014 年《关于适用〈中华人民共和国民事诉讼法〉的解释》第 20 条关于"信息网络方式"交易情况下判断履行地的方法："以信息网络方式订立的买卖合同，通过信息网络交付标的的，以买受人住所地为合同履行地；通过其他方式交付标的的，收货地为合同履行地。合同对履行地有约定的，从其约定。"

其次，"与该合同有最密切联系的法律"则可能包括合同谈判地、合同缔结地、合同标的所在地、住所等。

最后，由于多数消费者对其居所地法律比较熟悉，故适用"消费者经常居所地法律"当然有利于消费者运用法律知识来维护其正当权益。不过，有时"商品、服务提供地法律"（多数是卖家所在地）对消费者的保护标准更高，则可适用"商品、服务提供地法律"。不过此时应存在以下条件之一："消费者选择适用商品、服务提供地法律"，或者"经营者在消费者经常居所地没有从事相关经营活动"。

二、美国 UCITA 对合同自体法的更新及借鉴

美国全国统一州法委员会在 1999 年 7 月通过了《统一计算机信息交易法》（*The Uniform Computer Information Transactions Act*，简称 UCITA）供各州在立法时参考。该法和《统一电子交易法》相配套，主要解决电子交易中产生

的各种实际法律问题，如合同的订立、合同解释、保证义务、合同的履行、违约和救济等，被称为一部"信息经济时代的商事合同法"。

该法第 109 条对电子合同的法律适用问题作了规定。① 其中主要运用了意思自治原则和最密切联系原则。在当事方没有选择准据法的情况下，《统一计算机信息交易法》第 109 条规定除两种情况外，其他都采用"最密切联系"的连结点：

（1）访问合同（access contract）或规定拷贝的电子交付的合同应适用缔约时许可方所在地法。一方当事人的所在地，在其只有一个营业地的情况下，为该营业地；在有一个以上的营业地的情况下，为其管理中心所在地；在没有实际的营业地的情况下，为其成立地或主要注册地。在其他情况下，为其主要居所所在地；

（2）要求以有形介质交付拷贝的消费者合同应适用向消费者交付该拷贝的地方或本应向消费者交付该拷贝的地方的法律。UCITA 起草者认为这一规则对于消费者来说是符合其通常希望的，而对供应商来说也并不是不合理的，因为他们应当知道将要交付拷贝的所在法域；

（3）在其他任何情况下，合同应适用与该交易有最密切联系的法域的法律。在确定最密切联系原则时，起草者列出了所要权衡的标准：合同缔结地、合同谈判地、合同履行地、合同标的物所在地、当事人的住所、居所、国籍、公司成立地及营业地、州际或国际体制的需要、法院地州和其他州的相关利

①　第 109 条"法律选择"规定，(a) 双方可以协议选择应适用的法律，但如果在一项消费者合同中作出的此种选择改变了根据有管辖权地区的法律不得以协议加以改变的规则，则此种选择无效。该有管辖权地区的法律指根据下列 (b) 款和 (c) 款的规定在没有协议的情况下，其法律应予适用的地区。

(b) 如没有关于法律选择的有效协议，则下列规则将决定在合同法范围内应予适用的法律。(1) 访问合同或规定拷贝的电子交付的合同应适用缔约时许可方所在的法域的法律；(2) 要求以有形介质交付拷贝的消费者合同应适用向消费者交付该拷贝的地方或本应向消费者交付该拷贝的地方的法律；(3) 在其他任何情况下，合同应适用与该交易有最密切联系的法域的法律。

(c) 在 (b) 款得以适用的情形下，如其法律应予适用的法域在美国境外，则该法域的法律只有向没有位于该法域的一方当事人也提供了与本法类似的保护和权利时，才应予以适用。否则应适用美国与该交易有最密切联系的州的法律。

(d) 为本条之目的，一方当事人的所在地，在其只有一个营业地的情况下，为该营业地；在有一个以上的营业地的情况下，为其管理中心所在地；在没有实际的营业地的情况下，为其成立地或主要注册地。在其他情况下，为其主要居所所在地。

益、当事人正当期望的保护、结果的一致性、可预见性、确定性的提高等。

在以上三种情况下，若其法律应予适用的法域在美国境外，则该法域的法律只有向没有位于该法域的一方当事人也提供了与本法类似的保护和权利时，才应予以适用。否则，应适用美国与该交易有最密切联系的州的法律。

根据美国《统一计算机信息交易法》第 109 条的规定，当事双方可以协议选择应适用的法律，并且这种选择优先于前述"许可方所在地法"、"交付该拷贝的地方或本应向消费者交付该拷贝的地方的法律"以及"与该交易有最密切联系的法域的法律"。意思自治原则仍然是其基本原则之一，但是没有规定所选择的法律应该是和当事人或者交易有"合理联系"的限制条件。在其起草者看来，选择法律的权利在信息经济中尤其重要，如果没有这种权利，那么，"即使最小的企业有可能被迫受到任何其他州或者是世界上任何其他国家法律的约束"。这种权利也不应该加以《统一商法典》所规定的那种限制。"这种限制在全球信息经济背景下是不适当的，因为在虚拟空间中，当事人的实际所在地常常是无关紧要的或者不可知的，并且在当事人互不熟悉对方所在法域法律的情况下，他们希望选择一个中立的第三方法域的意图是合情合理的，即使所选择的法律可能与交易无任何关系。"①

不过，为防止当事方滥用其优势地位，《统一计算机信息交易法》对当事方意思自治权利的行使有以下限制：

（1）如果在一项消费者合同中作出的此种选择改变了根据前述这些法律（"许可方所在地法"、"交付该拷贝的地方或本应向消费者交付该拷贝的地方的法律"以及"与该交易有最密切联系的法域的法律"）当中不得以协议加以改变的规则，则此种选择无效；

（2）当事人的选择权受到以公共秩序和基本政策为依据的更为严格的审查。比如，对消费合同，所选择的法律不得改变有关消费者保护法所规定的不得以协议改变的规则；否则，在其改变的范围内法律选择没有执行力。② 根据《统一计算机信息交易法》第 105 条（b）款和第 111 条，合同中的法律选择条款不得违反法院地的基本公共政策和显失公平原则。

《统一计算机信息交易法》对意思自治原则的这种改进，既考虑到了如何

① See Comments to UCITA, http://www.law.upenn.edu/bll/ulc/ulc-frame.htm.

② 根据该法第 102 条的规定，"消费合同"指许可商和消费者之间订立的合同，而"消费者"指一定信息或信息权的被许可方，且该被许可方在订立合同时拟主要为个人或者家庭的目的使用此种信息或信息权。

克服电子合同在法律适用问题上的障碍以促进电子商务的发展，同时考虑了保护消费者的利益和有关法律基本政策的需要。在很大程度上反映了电子合同的特点，值得我们借鉴。一方面，我国应该大力加强我国消费者保护水平。在WTO和电子商务的双重冲击下，我国企业已经在和外国跨国公司同台竞技，可是我国目前消费者的保护水平却比发达国家的有关保护相差很远。像前几年的某些著名跨国公司在对汽车、手提电脑召回问题上的区别对待就很能说明问题。我国法律在可能造成消费者生命、资料潜在风险的产品召回制度方面存在不足，所以，不同时召回在我国市场上出售的"问题产品"并不会受到惩罚。更重要的是，这很可能导致我国网上公司在对外交易时选择我国法律为准据法的条款会被外国法院裁定无效。另一方面，在冲突法的制定和改进上，注意规定在何种情况下选择什么样的准据法才更有利于保护我国消费者。

三、美国 Mendoza 案及其评价

该案原告 Mendoza 是美国在线（AOL）的用户，住所在加利福尼亚州（以下简称弗州）。他和其他一些用户每月要向 AOL 缴纳 5 美元到 22 美元不等的费用，由他们授权 AOL 每月从其信用卡上自动扣除。后来包括 Mendoza 在内的一部分用户停止了对 AOL 服务的订购，但是 AOL 继续从其信用卡扣除费用。Mendoza 向加利福尼亚州 Alameda 县法院为其自己及其他有类似情况的用户提起集团诉讼（class action），要求法院对 AOL 发布禁令，并且判处其承担补偿性和惩罚性损害赔偿，返还非法扣除的费用。AOL 以"非方便法院"为由向法院提出延缓或者驳回起诉的动议。理由是原告和被告之间达成的服务合同中有一项法院地选择条款，规定用户和 AOL 之间的所有争议应该排他地由弗吉尼亚州（以下简称加州）法院管辖。该条款还规定该协议应该适用弗吉尼亚州的法律。AOL 认为这一条款是自愿达成的，没有违反加州的公共政策，根据加州的法律应该有效。县法院于 2000 年 9 月驳回了 AOL 的动议，理由是：（1）法院地选择条款是没有经过协商达成的，它载于一份标准格式合同并且其形式是原告不易注意的，因而是不公平的、不合理的；（2）AOL 没有证明执行该条款不会损害消费者根据加州法律所享有的权利；（3）弗州法律为消费者提供的救济无法与加州法律提供的救济相比。

AOL 向加利福尼亚州上诉法院上诉却被驳回。AOL 又向加州最高法院上诉。最高法院要求上诉法院说明理由。上诉法院在最终表明的理由中以下几点应该注意：

（1）法院同意，加利福尼亚州法律允许在合同中订立法院地和法律选择

条款，只要该条款是自由、自愿并且合理订立的。但是法院认为这种条款有效的前提是所选择的法院地与双方的争议应该以某种逻辑上的联系，并且加利福尼亚州消费者根据加利福尼亚州法律所享有的实质性权利不能因为执行这种条款受到实质上的损害。

（2）法院认为，对于"消费者实质性权利是否因为法律选择条款而受到实质损害"这一问题，应该由被告举证。根据加利福尼亚州《消费者法律救济法》，消费者对该法中任何规定的弃权都构成对该州公共政策的违反，因而属于不可执行，是无效的。被告必须证明执行合同中的法院地选择和法律选择条款并不导致加利福尼亚州消费者根据上述法律所享有的权利被实质性剥夺。法院认为 AOL 不能证明这一点。

（3）法院认为和加利福尼亚州《消费者法律救济法》相比，弗州《1977年消费者保护法》显然没有为消费者规定实质上相同的权利。两者有以下区别：（1）加州《消费者法律救济法》允许单个消费者为其自己和其他消费者的利益就一项侵权行为提起集团诉讼，并且可以申请一项普遍性的禁令以禁止侵权行为继续发生。而弗州《1977年消费者保护法》中没有任何规定允许消费者可以提起这种诉讼。受害的消费者只能为自己的利益提起诉讼和申请禁令。法院引用加州最高法院的判例指出集团诉讼救济的重要性，指出由于诉讼成本问题，消费者分别提起诉讼常常是不现实的，而集团诉讼可以产生许多有益的社会后果，并且据此认为，仅仅此种缺失就足以构成本案中法院地和法律选择条款不应予以执行的理由。（2）加州《消费者法律救济法》规定消费者提起诉讼的时效是 3 年，有权获得最低 1000 美元的赔偿，并且要求返还财产，可以取得禁令救济和惩罚性赔偿，可以在律师费及其他费用方面获得赔偿。此外，如果消费者属于老人或残疾人，则可以取得高达 5000 美元作为生理和精神方面受到折磨的补偿。而弗州《1977年消费者保护法》规定的诉讼时效是 2 年。消费者可以要求返还财产，并且就其实际损失取得赔偿，或者取得最低为 500 美元的赔偿，以高者为准。如果能够证明侵权行为是恶意，则最低损害赔偿可以高达 1000 美元。法院"可能"判给律师费和其他费用。如果侵权行为被认为是"无意"，则消费者只能够要求返还财产，并且就律师费和法院费用取得补偿。法院认为这些细微之处加起来也足以构成实质性差别。在这种情况下执行合同中的法院地和法律选择条款同样会违反加州在这方面的重要公共政策。因此，上诉法院认为该法院地和法律选择条款已经实质上构成消费者权利的放弃，违反加利福尼亚州关于消费者保护的重要公共政策，所以被加利福尼亚州法律所禁止。

这个案例说明，在对电子合同的准据法进行选择时，意思自治原则的运用受到消费者保护和公共秩序的严格限制。只要在"没有作出法律选择时本应适用的法律"对消费者规定了更高水平的保护，那么所选择的法律就很可能被认为无效。这样，对消费者的保护是极其有利的。

但是，从国际上来看，发展中国家对消费者提供的保护很少有达到美国标准的。例如，当我国的企业通过网络向美国客户提供商品或者服务，在合同中选择我国法律为准据法。很明显，我国法律对消费者提供的保护水平不能和美国对消费者的保护相比，在这种情况下，这种可能性是非常大：美国法院认为该法律选择条款违背了法院地的公共秩序或者改变某些依法院地不能改变的规则而被排除适用。虽然不能仅仅因为外国法和法院地法不同而排除适用，而且要求这种差别达到"实质性的和有害"的程度，但是法院的自由裁量权非常大。

第四节　在线争端解决机制

在线争端解决机制（Online Alternative Dispute Resolution，Online ADR or ODR）可以适用于包括产生于电子商务和传统商务的争议在内的各种争议。因为电子商务和在线争端解决机制在许多方面存在着共性，所以，本书更倾向于讨论在线争端解决机制在电子商务争议中的适用。同时，鉴于有较多的论著对传统争端解决方式作了介绍，所以，本节仅仅对在线争端解决方式不同于传统争端解决方式的内容进行探讨，不再介绍和传统争端解决方式相同的地方。

一、在线争端解决机制的类别及其优点

在线争端解决机制主要有以下三种类别：

（一）在线协商

这是目前在线争议中应用较多的一种解决方法。多适用于金钱争议，有时还同时处理人身伤害及其职工劳务补偿争议。

（二）在线调解

在传统调解中面对面的情况下，调解员可以充分发挥其交流技巧和个人魅力，缓和当事双方的紧张气氛，从而慢慢建立信任。而在线调解缺乏面对面交流，虽然可以通过视频会议，但是这很难与真正的面对面交流相比。这是在线调解的一个缺点。但是，这种方法又具有方便、快捷的优点。美国仲裁协会（AAA）在2001年建立了群体投诉解决设施，旨在通过在线机制协助解决群

体投诉案件。仲裁协会通过该设施在以在线调解或者仲裁方式解决群体投诉争议中，确立了一种在线调解和仲裁相结合的选择性争议解决方法。

（三）在线诉讼

这是指通过计算机网络技术完成诉讼程序的各个阶段的诉讼活动。民商事案件完全可以采取这种方式解决。和在线仲裁相似，它可以极大便利诉讼各方，降低诉讼费用。但是，与在线调解以及在线仲裁规则的修改程序不同，法律的修改要依照非常严格的法定程序。这就使得在短期内完整意义上的在线诉讼不可能变成现实。但是，鉴于在线诉讼的优越性，它无可置疑的会成为诉讼的发展方向。建议先把诉讼过程当中的某些环节先搬到网络上来完成，如当事方向法院提起诉讼、法院对当事方的起诉进行审查并通知起诉方是否受理、法院通知被诉方等诉讼的准备阶段等。也可先通过在线诉讼的方式解决诉讼标的比较小、案情不复杂、适合采取简易程序审理的案件。

由于传统仲裁在替代争端解决方法中的重要地位及其法律拘束力的特性，在线仲裁成为在线争端解决诸形式中备受关注的一种。而且和其他几种在线争端解决机制相比，在线仲裁的发展前途最大。因此，本节主要讨论在线仲裁中的法律问题。

和传统争端解决机制相比，在线争端解决机制的最大优点是可极大地节省费用和时间成本。由于互联网的虚拟性和全球性，极易引起跨省市或跨国纠纷。比如，在 B2C 这样的小额交易情况下，买卖双方位于不同省市，消费者不大可能愿意为了几百、几千元的货物或者服务，而花费几千、几万元金钱和大量的时间成本到另一个省市去要求赔偿。在跨国争端解决过程当中，相关纠纷大多规模和数目较小。为了去法院参加诉讼，当事方要办理特定国家的入境签证、预订国际机票、预订房间，还要向自己的工作单位请假，要遵循法院的一整套诉讼程序，等等。对于卖家而言，基于各个国家对消费者保护水平的不断提高，各国法院管辖权的不断扩大，如果和消费者发生纠纷，就有可能疲于奔命于不同的国家去应诉。如果败诉，除了要承担消费者的巨额律师费用以外，还有可能要承担高额的惩罚性赔偿。这些情况都是他们所不愿意见到的。而在线争端解决机制则可以免去这些麻烦。坐在办公室或家里电脑前就可以参加协商、调解、仲裁或者诉讼。所以，建立高效、公平的在线争端解决机制，无论对于消费者，还是对于商家来说，都是极其有利的。

联合国贸易和发展会议早在《2003 年电子商务与发展报告》中就曾探讨过在线争端解决问题。《报告》建议，想要提倡和便利采用在线争端解决，将其作为国内诉讼的一种替代办法的国家应当作为优先事项考虑对商人和消费者进行宣传教育问题，使他们认清替代争端解决方式/在线争端解决在解决商业争端方面的效果和日益增加的重要性。各国还应当确保国内立法承认电子交易的有效性和强制性，并为争端庭外解决办法的使用提供便利。各国应当考虑加入1958年《承认和执行外国仲裁裁决的纽约公约》，该公约使外国仲裁裁决能够得到执行。还鼓励各国提倡电子企业自愿加入信赖标志和可靠性计划，并注重影响到在线争端解决服务的提供的文化和语言差异。

二、在线仲裁简述

仲裁是指发生争议的双方当事人，根据其在争议发生前或者争议发生后所达成的协议，自愿将该争议提交中立的第三者进行裁判的争端解决制度和方式。在线仲裁是充分利用网络技术，把常规仲裁程序中的"仲裁机构、仲裁员和当事方三者之间信息的交换、仲裁文书及证据资料的提交与传递等"程序在不损害其原有法律内涵的前提下将传统的纸面文件提交改为以电子方式进行，从而实现"无纸仲裁"。同时，利用计算机网络技术（音频与视频会议）实现案件的网上虚拟庭审以及仲裁员之间的网上虚拟合议等其他程序性事项。仲裁机构应该首先在互联网上建立网站，建立虚拟仲裁庭，提供技术平台，可以在线接受当事人的仲裁申请，在线处理与仲裁程序相关的事项。这除了技术问题外还涉及在线仲裁管辖、在线仲裁的法律适用、文书和档案、在线仲裁协议和在线仲裁条款的效力、仲裁地点的确定、裁决的承认、执行和撤销等法律问题。对于在线仲裁管辖和在线仲裁的法律适用来说，当事方的意思自治可以发挥主要作用。而且，对于有关管辖权和法律适用问题，本章前面两节已经作了探讨。所以，本节仅仅对后面几个问题进行讨论。①

在线仲裁还处于发展过程当中，体现出各种形态。有的传统仲裁机构同时开展传统仲裁和在线仲裁，方式由当事人选择。有的同一案件中部分程序在网上进行、部分程序在物理空间完成。

中国国际经济贸易仲裁委员会于2000年10月成立CIETAC域名争议解决中心，接受国内外域名管理机构授权以"在线仲裁"方式解决相关域名争议。域名争议解决中心在CIETAC网站上为域名争议的解决建立了一个技术平台。中心可以在线处理域名以及案件程序有关的事务。案件程序都通过网络进行，投诉书、答辩书以及与案件有关的文书都以电子文本的方式在线提交。仲裁员

---

① 常规诉讼、仲裁的法律问题可以参见李双元、谢石松著：《国际民事诉讼法概论》，武汉大学出版社2001年版。

在线审理案件、在线进行合议并在线予以裁决。裁决以电子文本做成并在网站予以公布。如文书通过传真方式传送则以确认书所记载的日期为准；通过网络传达的，如果传输日期可以验证，则以该日期为准。暂时采取电子文档文件和书面有形文本书件相结合的方式进行案件程序。

另外，美国互联网络域名和地址管理机构在 2001 年 12 月 3 日正式宣布中国国际经济贸易仲裁委员会和香港国际仲裁中心合作成立的"亚洲域名争议解决中心"为国际通用顶级域名争议的解决机构。这是在继美国"公共资源(the Center for Public Resources，简称 CPR) 争议解决中心"(CPR Institute for Dispute Resolution)、美国"国家仲裁论坛"和日内瓦"世界知识产权组织仲裁与调解中心"之后的第四家国际通用顶级域名争议解决机构，同时也是亚洲地区第一家国际通用顶级域名争议解决机构。该"亚洲域名争议解决中心"在中国国际经济贸易仲裁委员会和香港国际仲裁中心下设北京秘书处和香港秘书处，主要为亚太地区乃至全世界的当事方就国际通用顶级域名如"．com、．net、．org、．biz、．info、．name、．museum、．coop"等提供快捷的在线争议解决服务。该"亚洲域名争议解决中心"于 2002 年 2 月 28 日正式接受申请。① 投诉方可以选择提交中心北京秘书处或者香港秘书处。

虽然在线仲裁目前的发展还很艰难，但其优点却注定其将来发展的辉煌。现在急需解决其中的一系列问题，把在线仲裁纳入法律框架内。在线仲裁为谋求实现其价值目标（公平和效率）本身需要法院的支持与协助，需由法律提供最低限度的保障。

三、在线仲裁协议和在线仲裁条款

仲裁协议是指双方当事人自愿将他们之间已经发生或者可能发生的争议提交仲裁解决的协议。仲裁条款是指双方当事人在签订的合同中订立的，将今后可能因该合同所发生的争议提交仲裁的条款。所谓在线仲裁协议，是指通过网络以电子数据交换、电子邮件或其他电子方式达成的把所涉争议提交仲裁的协议。在线仲裁条款是指通过网络以电子数据交换、电子邮件或其他电子方式达成的电子合同中载明的把所涉争议提交仲裁的条款。这里有两个问题：

1. 格式合同中仲裁条款的效力

在网上交易当中，为了追求高效率、低成本的目的，不可避免运用了大量的拆封授权合同以及点击合同等这样的格式合同，对于这样的格式合同当中的

---

① 其北京秘书处的网址为：http：//www.adndrc.org/adndrc/bj_home.htm。

仲裁条款的效力应该如何看待呢？

首先，应该承认，如果这样的格式合同制定的公平合理，就可以大量地节省当事方之间的协商时间，最大限度地体现电子商务高效力、低成本的优越性，可以满足当事方的需求，所以有必要承认其中的仲裁条款效力。

其次，格式合同当中的仲裁条款是由商家预先制定，其中难免会存在对商家有利而对消费者不利的规定。在这样的情况下，消费者往往很难认识到仲裁条款的重要性，认识到通过仲裁条款他们所放弃的权利和救济。订立这种仲裁条款的商家也知道只有很少一部分人在每件交易中都仔细阅读那些条款，当在买一本 20 美元的书时，显然一般人都不会花半个小时来阅读那些条款。消费者往往是点击一下鼠标就被迫接受有拘束力的仲裁条款。所以，承认这些仲裁条款效力的前提是消费者对于格式合同以及其中的仲裁条款有充分的时间预先加以阅读和判断，并且明示同意。

最后，协议仲裁条款优先。如果存在当事方另行达成的协议仲裁条款，则该协议仲裁条款的效力优先于格式合同中的仲裁条款。因为协议条款更确切地反映了当事方真实的意思表示。

2. 在线仲裁协议和在线仲裁条款的书面形式问题

各国通常都要求仲裁协议和仲裁条款以书面形式达成，我国也不例外。如果认为在线仲裁协议和在线仲裁条款不符合书面形式要求，则会导致仲裁庭无管辖权的后果。我国仲裁实践中已确认非纸质媒介的仲裁协议的效力。早在2001 年 3 月《上海市高级人民法院关于执行〈中华人民共和国仲裁法〉若干问题的处理意见》中，第 1 条就把"对以其他书面方式达成的仲裁协议"认定为：应当理解为各方当事人在纠纷发生前或者发生后通过信函、数据电文（包括电报、电传、传真、电子数据交换和电子邮件）等方式达成的请求仲裁的协议。我国《电子签名法》第 4 条、第 5 条对数据电文符合书面形式和原件所需要满足的条件作了规定，在前文已有介绍。

如果遇到有的国家法律不认可数据电文形式的在线仲裁协议和在线仲裁条款为书面，还可以采用合同约定方式加以解决。这种方式具体包括两种方法：（1）当事人以合同的形式约定数据电文形式仲裁协议的效力，将其视为"书面"，通过合意变成当事人主合同或仲裁协议的内容。（2）由当事人在协议中作出声明，放弃根据应适用的法律对数据电文形式仲裁协议有效性和强制执行力提出异议的权利，现在已有许多国家法律认可这种约定。但是，只有在有关国家的法律允许当事人对书面形式要求自由处分时才能有效，而且双方当事人不能以双方之间的约定去对抗第三方。

四、在线仲裁的开庭、合议和裁决

（一）文书和档案

文件的制作宜采用由争议解决机构统一制定的固定格式，包括证人证言在内的所有证据材料采用电子文本形式通过网络提交。在线仲裁可以极大地提高仲裁效率、降低成本、节省时间，但是同时也增加了仲裁文书在传送过程中被截获并且加以篡改或者被滥用的风险。为保证文件没有经过篡改，保证文件的完整性，保证发送和接收信息者的身份确认，可以采用前面所提到的、运用于电子合同中的电子签名和电子认证的方法。

（二）在线开庭和合议

可以通过电子邮件在当事方和仲裁员之间来传递各种信息和文件。现在已经有许多免费软件，可供多人同时进行网络会议。这就与各当事方在同一个会议室里开会讨论的效果相似。而且，这一切都不需要提供额外的费用。如果需要高等级的保密，则可以委托某一软件公司专门制作这方面的软件，对各方所发出的信息经过加密之后再在互联网上传输。

通过这些技术，仲裁庭成员和当事人间可以以视频会议形式举行在线听证会，开庭审理案件。开庭之后，仲裁员可以在线私下合议。

在线仲裁庭还可能涉及保全措施问题。仲裁中的财产保全是指仲裁机构在受理当事人仲裁申请后，对案件作出仲裁裁决以前，为保证将来仲裁裁决得以实现，而由法院对当事人的财产或者争执标的物采取强制措施的制度。在线仲裁的过程中，如果得到有关国家法律的支持，则可以由仲裁庭或者接受委托的首席仲裁员"签署"文件，并将当事人的请求、担保资料以及仲裁庭的有关文书以电子文本形式传送有关国家司法机构予以裁定。在我国，经当事方申请，由仲裁委员会提请人民法院下令采取保全措施，而不是由具体负责仲裁案件的仲裁庭向人民法院提出。如果有关国家法律不予以支持，就只有采取常规保全措施。

（三）在线仲裁裁决

在线仲裁裁决的实质要求和线下仲裁并没有区别，只在于裁决的形式不同。在线仲裁裁决是否能够以电子文本形式做成，受到裁决能否得到执行的限制。如果可以在内国法院得到强制执行，则以电子文本形式做成的电子裁决就不会有问题。各国仲裁法一般规定，裁决应以书面做成并且经仲裁员签署，裁决应载明裁决日期和裁决地点。国际上的发展趋势是采用"功能等同法"把电子文本形式包括在"书面"的范围之内。所以，法院接受以电子文本形式

做成的裁决只是时间问题。

五、仲裁地问题

从字面上理解，仲裁地应该是仲裁程序的进行地。从这个意义上说，仲裁地与仲裁申请、仲裁协议及证据的提交地、开庭审理地和裁决作出地应该是一致的，至少仲裁程序的各个环节应该主要在仲裁地进行。但是，现代国际商事仲裁更加倾向于从法律意义上来理解或使用"仲裁地"。仲裁地与仲裁程序的主要环节的实际进行地（如听审地）并不一定总是一致的。在离线仲裁中，仲裁地的确定主要有两种途径：第一，由当事人通过仲裁协议明确选定。第二，当事人没有选定仲裁地点时，由仲裁机构或根据仲裁协议推断或自行确定仲裁地点。仲裁地确定以后，并不必然意味着所有程序都必须在该地进行，出于当事人、证人或仲裁员各自便利的考虑，仲裁庭可以在仲裁地以外的任何其他国家或地区举行听审会。一个仲裁案件从仲裁申请的提交至裁决的作出，虽然可能发生于多个国家和地区，但把裁决视做是在仲裁地作出的。①

可以把在线仲裁分为两种情况：一种是传统的常设仲裁机构在原来的基础上新开设了在线仲裁业务，这样，在线仲裁的仲裁地还可以依照传统方法来确定，即仲裁地一般多为仲裁机构所在地，除非当事人另有约定。当事人没有约定时，仲裁机构有权决定仲裁地。第二种情况是纯在线仲裁。这时就很难说哪里是在线仲裁机构的所在地。如果又找不到其他连结点，如当事方没有约定仲裁地，仲裁员凭借"善良及公允"原则来仲裁，没有明确适用某国法律，各方身处异地，仲裁全过程（主要）在网上完成。那么，在确定仲裁地的过程中将会困难重重，甚至不能确定。这种情况被形象地称之为"仲裁地落空"。

仲裁地确定的困难，对在线仲裁主要有三个方面的影响：

1. 影响到仲裁法的选择

仲裁法是国家制定或认可的，规范仲裁法律关系主体的行为和调整仲裁法律关系的法律规范的总称。仲裁法支配着仲裁进程，既是仲裁程序合法性的依据又是仲裁顺利进行的保证。确定仲裁法的一般顺序为：首先由当事人意思自治，选择仲裁法；当事人未明示选择仲裁法，由仲裁庭推定当事人默示选择的法律或直接适用仲裁地法。实践中，当事人可能会疏忽选择仲裁法，而适用仲裁地法成为普遍的做法。仲裁庭的仲裁程序适用仲裁地法，而裁决有关争议时

---

① 韩健著：《现代国际商事仲裁的理论与实践》（修订本），法律出版社 2000 年版，第 219~220 页。

所适用的实体法也一般由仲裁庭根据仲裁地的冲突规范加以确定。所以，仲裁地的落空，有可能直接影响到仲裁的后果。

对此，可以强化当事人选择仲裁法的意识，提供在线仲裁服务的网站可以将"选择仲裁法"作为"必填信息"以保证当事人不能忽略这一步骤。

2. 影响到法院对仲裁的监督

在仲裁过程中，仲裁地的强行性规范常对仲裁协议的有效性、仲裁进程的合法性等事项具有决定意义。仲裁地的任何强制性规定都必须遵守。否则，仲裁地法院将有权根据当事人的申请审查并撤销裁决。而一项被仲裁地法院撤销的裁决，将无法在他国得到承认和执行。

如果裁决地很难甚至无法确定，则会使得这种裁决在申请强制执行之前，不受任何法院的监督。这和"非内国仲裁"有着极大的相似性。非内国仲裁的理论是 20 世纪 80 年代提出的一种新的理论。① 这一理论在我国有些论著中被称为非内国仲裁或非仲裁地化仲裁（denationalized or delocalized arbitration）。② "非国内化"包括两个方面：一是仲裁程序的非当地化，即国际商事仲裁的程序摆脱仲裁地国家法律的适用或控制；二是仲裁适用的实体法的非当地化，即仲裁庭基于当事人的选择，或在当事人没有选择时，仲裁庭可以不适用任何特定国家的法律而通过适用国际法、商人法、一般法律原则、合同条款来判定争议的是非曲直。按照该理论，如果属于非内国仲裁，则国际商事仲裁裁决在申请强制执行之前，不受任何国家法院的监督。任何国家的法院均不能行使撤销此项仲裁裁决的权力。对国际商事仲裁裁决的唯一的补救办法是：要么承认此项裁决的法律效力并予以强制执行；要么不承认该裁决的法律效力并拒绝执行。③ 与"非内国仲裁"相似，在线仲裁如无法确定仲裁地，则在申请强制执行之前，不受任何国家法院的监督。

3. 影响到仲裁裁决的承认和执行

仲裁裁决的"国籍"在许多情况下往往决定着该裁决在域外的承认和执行。而仲裁裁决的"国籍"在很大程度上、在许多情况下又由仲裁地所决定。

---

① Jan Paulsson, Arbitration Unbound, Award Detached from the Law of its Country of Origin, 30 Int'l & Comp. L. Q. 358, 1981, Delocalisation of International Commercial arbitration: When and Why it Matters, 32 Int'l & Comp. L. Q. 53, 1983.

② 参见韩健著：《现代国际商事仲裁法的理论与实践》，法律出版社 1993 年版，第 205~210 页；陈治东著：《国际商事仲裁法》，法律出版社 1998 年版，第 212~218 页。

③ 赵秀文：《论非内国仲裁》，载陈安主编：《国际经济法论丛》第 6 卷，法律出版社 2002 年版，第 541 页。

在无法确定在线仲裁裁决仲裁地的情况下，不利于依据《纽约公约》或互惠原则在有关法院强制执行，不过，其好处在于可以独立于仲裁地国的法院，可以不受仲裁地法中的强制性规则的约束，便于当事方意思自治原则的发挥。不过，如前所述，在线裁决和"非内国仲裁"有很大的相似性。在实践中，已经出现支持和承认国际商事仲裁"非国内化"的动向，并且随着时间的推移，接受"非国内化"的立法、司法及仲裁实践在增多。"非国内化"裁决适用《纽约公约》也没有多大法律障碍，存在着依《纽约公约》承认和执行"非国内化"裁决的实践。① 依据该理论，网上仲裁裁决不必再假定其仲裁地，而可以直接要求有关国家的法院承认与执行。非国内化仲裁理论的接受将在很大程度上解决在线仲裁中因仲裁地无法确定而引起的一些问题。

当然，类似于准据法的选择，可以通过让当事方协议选择仲裁地来解决这一问题。如果当事方拟不选择仲裁地，则仲裁庭应明确告知由此相应引发的可能后果。

六、在线仲裁裁决的执行

所谓仲裁裁决的执行，是指人民法院经当事人申请，采取强制措施将仲裁裁决书中的内容付诸实现的行为和程序。在传统商事仲裁中，如果当事一方拒不执行裁决，那么另一当事方可以提请有管辖权的法院承认裁决效力，并予以强制执行。

《纽约公约》第4条规定，申请执行的当事人应当向执行地法院提供"原裁决之正本或者其正式副本"，以及该裁决所依据的"仲裁协议之正本或者其正式副本"。在线仲裁所作出的终局裁决或者临时裁决都可以根据这一条请求执行。不过，首先要看执行地法院所在国是否已经通过立法的方式承认电子签名，如果没有，那么应当把裁决打印出来，形成书面可读形式，经过仲裁员亲笔签名以后，再加上当事双方签名后的仲裁协议打印文本，翻译成当地文字，经过公证、外交认证提交执行地国法院执行。如果该国通过立法承认电子签名，则还要看该国法院是否有技术设施通过网络接收仲裁协议和裁决电子文本，并认可其效力。随着技术和法律的发展，相信法院通过网络承认与执行在线仲裁裁决一定越来越普遍。

不过，对网上仲裁中胜诉的当事人而言，要到另一个国家法院申请承认与

---

① 宋航著：《国际商事仲裁裁决的承认与执行》，法律出版社2000年版，第200~201页。

执行裁决，还要承担该裁决并不一定能获得执行的风险，显得非常不经济。也不能充分发挥网上仲裁方便快捷的特点。解决方案是，应该大力采用类似于一些电子商务自律规范的督促机制。例如，在线仲裁网站可根据当事方参与程序及执行裁决的表现发放或收回网站徽章（web seals）、信任标记（trust mark）等网络信用记号，督促当事人配合在线仲裁的进程、履行裁决义务。这些网络信用记号表明该网站符合商业实践标准、隐私保护、履行义务良好或其他相关行为指南。①

为了获得"信任标记"，他们必须满足一系列条件，其中之一便是"对于消费者提交的诉状迅速作出令人满意的回应并妥善解决"。此后，如果出现了违反承诺的情况（如对消费者提出的仲裁申请不予理睬、对裁决拒不履行），则商家的"信赖徽章"就会被摘除并被作出信誉不良的记录以提醒其他的消费者。期望建立起"电子信任"的商家会尽量避免此类事件的发生，由此便能达到促使参与仲裁的商家积极配合仲裁程序、主动履行裁决的目的。

七、中国国际经济贸易仲裁委员会的《网上仲裁规则》（2014年版）

中国国际经济贸易仲裁委员会于2009年制定了《网上仲裁规则》，并于2014年进行修订。该仲裁规则共分为："总则"、"文件的提交、发送与传输"、"仲裁程序"、"裁决"、"简易程序"、"快速程序"以及"附则"。以下介绍《网上仲裁规则》的主要内容。

（一）《网上仲裁规则》的适用范围及其约定适用

该仲裁规则适用于解决电子商务争议（包括契约性或非契约性的经济贸易等争议），也可适用于解决当事人约定的其他经济贸易争议。几个重要定义是：

（1）仲裁委员会网上争议解决中心：指中国国际经济贸易仲裁委员会下设的、专门以网上争议解决方式解决网络域名、电子商务等争议的机构。

（2）仲裁委员会网上争议解决中心网站：指仲裁委员会网上争议解决中心建立的、主要从事网上争议解决的专门网站。仲裁委员会网上争议解决中心目前的网址是 www. cietacodr. org。

（3）书面形式：指合同书、信件和数据电文（包括电报、电传、传真、

---

① Mary Shannon Martin, Keep it Online: The Hague Convention and the Need for Online Alternative Dispute Resolution in International Business to Consumer Ecommerce, Boston University International Law Journal, Spring, 2002, p. 148.

电子数据交换和电子邮件）等能够有形地表现所载内容并可以随时调取查用的信息记载形式。

（4）电子证据：指以电子、光学、磁或者类似手段生成、发送、接收或者储存的数据电文。

（5）电子签名：指数据电文中以电子形式所含、所附用于识别签名人身份并表明签名人认可其中内容的数据。

（6）网上开庭：指利用互联网以网络视频会议及其他电子或者计算机通信形式所进行的庭审活动。

（7）网上调解：指利用互联网以网络视频会议及其他电子或者计算机通信形式所进行的调解活动。

《网上仲裁规则》由当事人约定适用。当事人也可约定对《网上仲裁规则》有关内容进行变更，但当事人约定无法实施或者与仲裁地强制性法律规定相抵触的除外。当事人约定按照《网上仲裁规则》进行仲裁但未约定仲裁机构的，均视为同意将争议提交仲裁委员会仲裁。

当事方间的仲裁协议应当采取书面形式。书面形式包括合同书、信件、电报、电传、传真、电子数据交换和电子邮件等可以有形地表现所载内容的形式。除非当事人另有约定或者仲裁庭另有决定，凡以电子邮件、电子数据交换和传真等方式提交或者发送并能提供提交或者发送记录的信息均符合《网上仲裁规则》有关通知、请求、文件等书面形式的要求。仲裁委员会有权对仲裁协议的存在、效力以及仲裁案件的管辖权作出决定。若有必要，则仲裁委员会也可以授权仲裁庭作出管辖权决定。当事人对仲裁协议和仲裁案件管辖权提出异议不影响仲裁程序的进行。

当事人约定仲裁地的，从其约定。当事人未作约定的，以仲裁委员会所在地为仲裁地。仲裁裁决视为在仲裁地作出。

（二）文件的提交、发送与传输

有关仲裁的一切文书、通知、材料等，仲裁委员会仲裁院采用电子邮件、电子数据交换、传真等方式发送给当事人或者其授权的代理人。根据案件程序进行的具体情况，仲裁委员会仲裁院或者仲裁庭也可以决定采用或者辅助采用常规邮寄和特快专递或者其他适当的方式向当事人发送文件。

向仲裁委员会仲裁院提交的有关仲裁申请、答辩、书面陈述、证据及其他与仲裁相关的文件和材料，当事人应当采用电子邮件、电子数据交换、传真等方式。根据案件的具体情况，仲裁委员会仲裁院或者仲裁庭有权要求当事人、当事人也可以在征得仲裁委员会仲裁院或者仲裁庭的同意后采用或者辅助采用常规邮寄和特快专递等其他方式提交文件。

案件文件的提交或发送应当符合下列要求：（1）仲裁委员会仲裁院向一方当事人发送的文件，可以同时向另一方当事人传送副本；（2）任何一方当事人或者其代理人均不得与仲裁员进行单方联络。当事人与仲裁庭之间的所有联络均应当通过仲裁委员会仲裁院进行；（3）文件发送方有义务为其发送的文件保留记录，以记载有关文件发送的具体事实和情况，供有关当事方查阅，并用以制作相应的报告；（4）当发送文件的一方当事人收到通知，被告知未收到其所发送的文件时，或者发送文件的当事人自己认为未能成功地发送有关文件时，该当事人应当立即将有关情况通知仲裁委员会仲裁院。此后，任何文件的发送与回复均应当依照仲裁委员会仲裁院的指示进行；（5）任何一方当事人如变更其通信方式或地址，或者更新其他联络信息，均应当及时通知仲裁委员会仲裁院。

依《网上仲裁规则》向申请人或者被申请人发送的任何文件均应当根据申请人或者被申请人确定的方式进行。在申请人或者被申请人没有确定时，仲裁委员会仲裁院可以按照以下优先顺序根据案件的具体情形从下述方式中确定一种或多种方式进行：（1）通过能获得传送记录的网络电子方式发送；（2）通过带有传输确认的传真方式发送；（3）通过可提供查询单的邮寄或邮政快递方式发送；（4）通过其他有效的方式发送。

除非当事人另有约定或者仲裁庭另有决定，《网上仲裁规则》规定的所有文件于下列情况下应当视为已经为收件人所收到：（1）通过网络以电子方式发送的，收件人指定特定系统接收数据电文的，以数据电文进入该特定系统的时间为准；未指定特定系统的，以数据电文进入收件人任何系统的首次时间为准；（2）通过传真方式发送的，以发送确认书上显示的日期为准；（3）通过邮寄或者邮政快递方式发送的，以查询单上记载的日期为准；（4）通过其他有效方式发送的，以该方式下文件为收件人所实际收到或者应当收到的日期为准。

仲裁委员会尽合理的努力为当事人、仲裁庭和仲裁委员会之间案件数据的在线传输提供安全保障，并采取为案件数据信息加密的形式为案件信息保密。仲裁委员会对仲裁程序中在线传输的数据因网络系统故障等原因为收件人以外的人士所获悉而造成的损失不承担责任。

（三）网上仲裁程序

1. 仲裁申请、答辩、反请求

申请人提出仲裁申请应当符合下列要求：（1）按照仲裁委员会设定并在

仲裁委员会网上争议解决中心网站上公布的"仲裁申请书格式"及"仲裁申请书提交指南"的要求向仲裁委员会仲裁院提交由申请人及/或申请人授权的代理人签名及/或盖章的仲裁申请书。仲裁申请书应写明：申请人和被申请人的名称、住所及其通信方式，包括邮政编码、电话、传真号码、电子邮箱或其他电子通信方式；申请人首选的通信方式；申请仲裁所依据的仲裁协议；仲裁请求；案情和争议要点；仲裁请求所依据的事实和理由。(2) 在提交仲裁申请书时，附具申请人请求所依据事实的证明文件。(3) 预缴仲裁费。

仲裁委员会仲裁院收到仲裁申请书之日起 5 日内，认为符合受理条件的，应当受理，并书面通知当事人；认为不符合受理条件的，应当书面通知当事人不予受理，并说明理由。仲裁委员会仲裁院向申请人与被申请人发出受理案件的仲裁通知，应当载明可在线查阅《网上仲裁规则》、仲裁委员会仲裁规则和仲裁委员会仲裁员名册的网址/网页；根据案件的具体情况，也可以随附《网上仲裁规则》、仲裁委员会仲裁规则和仲裁委员会仲裁员名册。同时，在向被申请人送通知时还应当载明可在线查阅申请人仲裁申请书副本或者随附申请人仲裁申请书副本。

除非当事人另有约定，被申请人应当在收到仲裁通知之日起 30 日内按照仲裁委员会设定并在仲裁委员会网上争议解决中心网站上公布的"仲裁答辩书格式"及"仲裁答辩书提交指南"的要求向仲裁委员会仲裁院提交答辩书和有关证据。答辩书由被申请人及/或被申请人授权的代理人签名及/或盖章，并应当包括下列内容：被申请人的名称、住所及其通信方式，包括邮政编码、电话、传真号码、电子邮箱或其他电子通信方式；被申请人首选的通信方式；对申请人仲裁申请的答辩及所依据的事实和理由；答辩所依据的证明文件。

除非当事人另有约定，被申请人提出反请求的，也应当在上述期限内按照仲裁委员会设定并在仲裁委员会网上争议解决中心网站上公布的"仲裁反请求书格式"书面提出。除非当事人另有约定，申请人应当在收到被申请人反请求书之日起 20 日内按照仲裁委员会设定并在仲裁委员会网上争议解决中心网站上公布的"反请求答辩书格式"向仲裁委员会仲裁院提交书面答辩。

仲裁庭认为有正当理由的，可以适当延长上述提交答辩书或反请求答辩书的期限。

2. 仲裁庭的组成

仲裁庭由 1 名或 3 名仲裁员组成。如当事人没有约定，则仲裁庭由 3 名仲裁员组成。仲裁员的指定方式有：

(1) 当事人从仲裁委员会提供的仲裁员名册中选定仲裁员。如果当事人约定在仲裁委员会名册之外选定仲裁员，那么，当事人选定的或者根据当事人之间的协议指定的人士经仲裁委员会主任依法确认后可以担任仲裁员。确认与否，不附具理由。

（2）仲裁庭由 1 名仲裁员组成的，除非当事人另有约定，申请人和被申请人应当在最迟收到仲裁通知的一方当事人收到仲裁通知之日起 6 日内协商共同选定或者共同委托仲裁委员会主任指定独任仲裁员。

（3）仲裁庭由 3 名仲裁员组成的，除非当事人另有约定，申请人和被申请人应当在各自收到仲裁通知之日起 6 日内各自选定一名仲裁员或者委托仲裁委员会主任指定，并在最迟收到仲裁通知的一方当事人自收到仲裁通知之日起 6 日内与对方当事人协商共同选定或者共同委托仲裁委员会主任指定第 3 名仲裁员。第 3 名仲裁员为首席仲裁员。

（4）仲裁案件有 2 个或者 2 个以上申请人及/或被申请人的，申请人之间及/或被申请人之间应当在上述期限内协商各自共同选定或者各自共同委托仲裁委员会主任指定一名仲裁员。

（5）除非当事人另有约定，当事人未按期选定仲裁员或者委托仲裁委员会主任指定仲裁员的，由仲裁委员会主任指定。由仲裁委员会主任指定仲裁员时，除非当事人另有约定，仲裁委员会主任在仲裁委员会提供的仲裁员名册中指定。

被选定或者被指定的仲裁员应签署声明书，向仲裁委员会书面披露可能引起对其公正性或独立性产生合理怀疑的任何事实或情况。

另外，经仲裁委员会仲裁院院长同意，上述指定仲裁员的期限可以适当延长。

3. 仲裁庭的审理

除非当事人另有约定，仲裁庭可以在遵守《网上仲裁规则》的前提下按照其认为适当的方式进行仲裁程序，但应当确保公平对待各方当事人，并使各方当事人有合理的陈述案情的机会。

就证据的提交与审查方面，有以下要点：

（1）仲裁庭有权决定证据的可采性、关联性、实质性和证明力。当事人提交的证据可以是以电子、光学、磁或者类似手段生成、发送、接收或者储存的电子证据。为证明电子证据的真实性，应当考虑以下因素：生成、储存或者传递电子证据方法的可靠性；保持内容完整性方法的可靠性；用以鉴别发件人方法的可靠性；其他相关因素。电子证据采用了可靠的电子签名的，与经手写签名或者盖章的文件具有同等的效力和证明力。

（2）当事人约定或者仲裁庭确定举证期限的，当事人应当在规定的期限内向仲裁庭提交证据材料。除非当事人另有约定或者仲裁庭另有决定，仲裁庭有权拒绝接受当事人在超过举证期限后提交的书面陈述和证据材料。仲裁庭有权要求当事人就案件的相关问题提交进一步的说明及相关证据材料。

（3）仲裁庭认为必要时，可以就案件所涉及的相关问题向电子商务服务提供商、物流配送公司及支付银行等机构调查事实，收集证据。仲裁庭有权要求当事人、当事人也有义务予以积极地协助与配合。仲裁庭自行调查收集的证据，应当经仲裁委员会仲裁院转交双方当事人，给予双方当事人提出意见的机会。

关于书面审理与开庭审理方面，有以下要点：

（1）除非当事人约定或者仲裁庭认为有必要开庭审理，仲裁庭只依据当事人提交的书面材料和证据对案件进行书面审理。

（2）开庭审理的案件，仲裁庭应当采用以网络视频会议及其他电子或者计算机通信形式所进行的网上开庭方式；根据案件的具体情况，仲裁庭也可以决定采用常规的现场开庭方式。开庭审理的案件，仲裁庭应当确定开庭的日期、时间和地点（若有必要）以及庭审方式。仲裁委员会仲裁院应当在开庭日前 12 日将开庭通知发送双方当事人。当事人有正当理由的，可以请求延期开庭，但应当在开庭日前 5 日以书面形式向仲裁庭提出；是否延期，由仲裁庭决定。第一次开庭审理后的开庭审理日期及延期后开庭审理日期的通知，不受上述 12 日的限制。

（3）开庭审理的案件，证据应当在开庭时出示，由当事人质证。对于庭审前已经交换且双方无异议的证据，仲裁庭可以在征求当事人同意后，简化质证程序，但应当记录在案。当事人开庭后提交的证据材料，仲裁庭决定接受但不再开庭审理的，可以要求当事人在一定期限内提交书面质证意见。

（4）开庭审理的案件，仲裁庭可以决定证人以网络视频会议方式作证，也可以决定证人以常规现场开庭的方式及其他适当的方式作证。

仲裁庭可以应双方当事人的请求或者经征得双方当事人的同意，在仲裁程序进行过程中采用网络视频会议及其他电子或者计算机通信方式对其审理的案件进行网上调解。仲裁庭也可以根据案件的具体情况决定采用常规现场方式进行调解。调解可以单独进行，也可以与案件开庭审理合并进行。

4. 裁决

除非当事人另有约定，仲裁庭应当在组庭之日起 4 个月内作出仲裁裁决。根据仲裁庭的要求，仲裁委员会主任如认为确有必要和确有正当理由的，可以延长该期限。

裁决书应当以书面形式制作，注明裁决作出日期及仲裁地，由仲裁员签署，并加盖仲裁委员会印章。仲裁庭应当在签署裁决书前将裁决书草案提交仲裁委员会核阅。在不影响仲裁庭独立裁决的情况下，仲裁委员会可以就裁决书的有关问题提请仲裁员注意。

（四）网上仲裁简易程序

适用简易程序的案件，由独任仲裁员成立仲裁庭进行审理。出现以下情况，可适用简易程序：（1）除非当事人另有约定，凡争议金额在人民币 10 万元以上但不超过人民币 100 万元的，或者争议金额超过人民币 100 万元但经当事双方书面同意的，适用简易程序。（2）没有争议金额或者争议金额不明确的，由仲裁委员会根据案件的复杂程度、涉及利益的大小以及其他有关因素综合考虑决定是否适用简易程序。

被申请人应当在收到仲裁通知之日起 15 日内向仲裁委员会仲裁院提交答辩书及有关证明文件；如有反请求，也应当在此期限内提交反请求书及有关证明文件。申请人应当在收到反请求书及其附件后 10 日内针对被申请人的反请求向仲裁委员会仲裁院提交答辩书。仲裁庭认为有正当理由的，可以适当延长上述期限。

仲裁庭应当在成立之日起 2 个月内作出裁决书。根据仲裁庭的要求，仲裁委员会主任如认为确有必要和确有正当理由的，可以延长该期限。

仲裁请求的变更或者反请求的提出不影响简易程序的继续进行。经变更的仲裁请求或者反请求所涉争议金额超过人民币 100 万元的，除非当事人约定或者仲裁庭认为有必要变更为普通程序，案件继续适用简易程序。

（五）网上仲裁快速程序

适用快速程序的案件，由独任仲裁员成立仲裁庭进行审理。存在以下情况的，可采快速程序：（1）除非当事人另有约定，凡争议金额不超过人民币 10 万元的，或者争议金额超过人民币 10 万元，经一方当事人书面申请并征得另一方当事人书面同意的，适用快速程序。（2）没有争议金额或者争议金额不明确的，由仲裁委员会根据案件的复杂程度、涉及利益的大小以及其他有关因素综合考虑决定是否适用快速程序。

被申请人应当在收到仲裁通知之日起 10 日内向仲裁委员会仲裁院提交答辩书及有关证明文件；如有反请求，也应当在此期限内提交反请求书及有关证明文件。申请人应当在收到反请求书及其附件后 5 日内针对被申请人的反请求向仲裁委员会仲裁院提交答辩书。仲裁庭认为有正当理由的，可以适当延长上述期限。

仲裁庭应当在成立之日起 15 日内作出裁决书。根据仲裁庭的要求，仲裁委员会仲裁院院长如认为确有必要和确有正当理由的，可以延长该期限。

仲裁请求的变更或者反请求的提出不影响快速程序的继续进行。经变更的仲裁请求或者反请求所涉争议金额超过人民币 10 万元的，除非当事人约定或者仲裁庭认为有必要变更为简易程序或普通程序，案件继续适用快速程序。

参 考 资 料

[1] 高富平著：《中国电子商务立法研究》，法律出版社 2015 年版。

[2] 张楚主编：《电子商务法（第 3 版）》，中国人民大学出版社 2011 年版。

[3] 李国旗著：《电子商务法实务研究》，浙江大学出版社 2015 年版。

[4] 孙占利主编：《电子商务法》，厦门大学出版社 2013 年版。

[5] 郭懿美，蔡庆辉编著：《电子商务法（第 3 版）》，厦门大学出版社 2013 年版。

[6] 郑远民，李俊平著：《电子商务法发展趋势研究》，知识产权出版社 2012 年版。

[7] 秦成德主编：《电子商务法》，中国铁道出版社 2010 年版。

[8] 齐爱民著：《电子商务法原论》，武汉大学出版社 2010 年版。

[9] 唐先锋主编：《电子商务法律实务》，清华大学出版社 2014 年版。

[10] 王贵国、蒋新苗主编：《国际 IT 法律制度》，中国方正出版社 2003 年版。

[11] 张楚著：《电子商务法》，中国人民大学出版社 2001 年版。

[12] 齐爱民、陈文成著：《网络金融法》，湖南大学出版社 2002 年版。

[13] 简·考夫蔓·温、本杰明·赖特 著：《电子商务法》，张楚、董涛、洪永文译，北京邮电大学出版社 2002 年版。

[14] 周忠海主编：《电子商务法导论》，北京邮电大学出版社 2000 年版。

[15] 李双元、王海浪著：《电子商务法若干问题研究》，北京大学出版社 2003 年版。

[16] 齐爱民、徐亮著：《电子商务法原则与实务》，武汉大学出版社 2001 年版。

[17] 杜颖著：《电子合同法》，湖南大学出版社 2002 年版。

[18] 万以娴著：《论电子商务之法律问题》，法律出版社 2001 年版。

[19] 郭卫华、金朝武、王静等著：《网络中的法律问题及其对策》，法律出版社 2001 年版。

[20] 齐爱民、王暄、张素华著：《电子合同的民法原理》，武汉大学出版社 2002 年版。

[21] 王利明：《电子合同的法律问题》，中国法制出版社 2001 年版。

[22] 蒋志培等主编：《网络与电子商务法》，法律出版社 2001 年版。

[23] 尹龙著：《网络金融理论初探——网络银行与电子货币的发展及其影响》，西南财经大学出版社 2003 年版。

[24] 王华庆主编：《网上银行风险监管原理与实务》，中国金融出版社 2003 年版。

[25] 唐应茂：《电子货币与法律》，法律出版社 2002 年版。

[26] 刘颖：《电子资金划拨法律问题研究》，法律出版社 2001 年版。

[27] 中国证券业协会编：《中国证券业发展报告（2003）》，中国财政经济出版社 2003 年版。

[28] 李为、葛蓉蓉、姚前编译：《股票在线经纪：迅速开拓网络空间——美国证监会研究报告》，中国经济出版社 2000 年版。

[29] 葛成主编：《网上证券交易》，经济科学出版社 2001 年版。

[30] 孟龙：《保险监管国际规则述要》，中国金融出版社 2003 年版。

[31] 中国保险监督管理委员会上海办公室编：《网络经济条件下的保险信息化》，中国金融出版社 2002 年版。

[32] 何其生：《电子商务的国际私法问题》，法律出版社 2004 年版。

[33] 吕国民：《国际贸易中 EDI 法律问题研究》，法律出版社 2001 年版。

[34] ［英］安德鲁·斯帕罗著：《电子商务法律》，林文平、陈耀权译，中国城市出版社 2001 年版。

[35] 田文英、宋亚明、王晓燕编著：《电子商务法概论》，西安交通大学出版社 2000 年版。

[36] 梅绍祖主编：《电子商务法律规范》，清华大学出版社 2000 年版。

[37] 何家弘主编：《电子证据法研究》，法律出版社 2002 年版。

[38] 龚炳铮主编：《EDI 与电子商务》清华大学出版社 1999 年版。

[39] ［美］Daniel Amor 著：《电子商务基础教程》，爱玲、熊志辉等译，北京希望电子出版社 2000 年版。

[40] 赵立平著：《电子商务概论》，复旦大学出版社 2000 年版。

[41] 宋玲、王小延主编：《电子商务实践》，中国金融出版社 2000 版。

[42] 赵家敏：《电子货币》，广东经济出版社 1999 年。

[43] 宋玲主编：《电子商务——21 世纪的机遇与挑战》，电子工业出版社

2000 年版。

[44] ［美］玛丽莲·格林斯坦、托德·法因曼著：《电子商务的安全与风险管理》，谢淳、天军、李霞译，于军校，华夏出版社 2001 年版。

[45] ［美］沃里克·福特、迈克尔·鲍姆著：《安全电子商务——为数字签名和加密构造基础设施》，劳帼龄等译，人民邮电出版社 2002 年版。

[46] 芮廷先、钟伟春、郑燕华：《电子商务安全与社会环境》，上海财经大学出版社 2000 年版。

[47] 李双元著：《走向 21 世纪的国际私法——国际私法与法律的趋同化》，法律出版社 1999 年版。

[48] 李双元、谢石松著：《国际民事诉讼法概论》，武汉大学出版社 2001 年版。

[49] 李双元等编著：《中国国际私法通论》，法律出版社 1998 年版。

[50] 温世扬主编：《保险法》，法律出版社 2003 年版。

[51] 赵秀文：《国际商事仲裁及其适用法律研究》，北京大学出版社 2002 年版。

[52] 沈宗灵主编：《法理学》，北京大学出版社 1999 年版。

[53] 郑成思著：《知识产权论》，法律出版社 1998 年版。

[54] 寿步著：《计算机软件著作权保护》，清华大学出版社 1997 年版。

[55] 肖永平著：《肖永平论冲突法》，武汉大学出版社 2002 年版。

[56] 王利明、杨立新：《侵权行为法》，法律出版社 1996 年版。

[57] 周升起、纪尚安、张锡宝编著：《国际电子商务》，中国对外经济贸易出版社 2002 年版。

[58] 张新宝：《中国侵权行为法》中国社会科学出版社 1995 年版。

[59] 王利明著：《民商法研究》第 5 辑，法律出版社 2001 年版。

[60] 杜涛："美国证券法域外管辖权：终结还是复活？——《评美国联邦最高法院 Morrison 案及《多德——弗兰克法》第 929P（b）条"，载《证券法苑》（2012），第 7 卷。

[61] 孙尚鸿：《中国涉外网络侵权管辖权研究》，载《法律科学》，2015 年第 2 期。

[62] 廖益新：《跨国电子商务的国际税收法律问题及中国的对策》，载《东南学术》，2000 年第 3 期。

[63] 李国安：《跨国银行风险的管理与规制》，载于陈安主编：《国际经济法论丛》，法律出版社版 2002 年版。

[64] 薛虹：《电子商务立法研究》，载《环球法律评论》，2001 年春季号。

[65] 唐文良：《美国"反网域霸占法"确立的域名争议规则》，载《环球法律评论》，2001 年春季号。

[66] 张乃根：《论全球电子商务中的电子商务产权》，载《中国法学》，1999 年 2 期。

[67] 单文华：《电子贸易的法律问题》，载于梁慧星主编：《民商法论丛》，法律出版社 1998 年，第 10 卷。

[68] 樊林波：《电子商务中的跨国电子认证问题初探》，载于陈安主编：《国际经济法论丛》，法律出版社版，2002 年版。

[69] 郑远民、易志斌：《关于电子认证机构责任机制的法律思考》，载《中国国际私法与比较法年刊》第 5 卷，法律出版社 2002 年版。

[70] 赵云：《试论电子合同中电子代理人的法律地位》，载于李双元主编：《国际法与比较法论丛》第 8 辑，中国方正出版社 2003 年版，第 257 页。

[71] 郑友德：《电脑信息网络知识产权若干问题探析》载《法商研究》，1999 年。

[72] 柴振国、姜南：《电子合同中的若干法律问题》，载《法律科学》2001 年第 1 期。

[73] ［美］罗伯特·莫杰斯：《关于网络中在线贸易的产权问题与合同问题》，王加斌译，载《中外法学》，1998 年 8 期。

[74] ［日］北川善太郎著：《网上信息、著作权与契约》，渠涛译，载《外国法译评》，1998 年 3 期。

[75] 李臣：《略论互联网对传统冲突法的挑战》，载《法学》，1999 年 11 期。

[76] 李虎：《CIETAC 域名争议解决中心典型中文域名争议案例点评》，载于张平主编：《网络法律评论》第 2 卷，法律出版社 2002 年版。

[77] 沈木珠：《论电子证据的法律效力》，载《河北法学》，2002 年第 2 期。

[78] 金振豹编译：《一部信息时代的商事合同法典》，载《民商法论丛》第 22 卷，法律出版社。

[79] 何其生：《冲突法的回应与变革——由美国与欧盟等的立法看电子商务冲突法的发展》，载《中国国际私法与比较法年刊》第 5 卷，法律出版社 2002 年版。

[80] 陈延忠：《电子商务环境下常设机构原则问题探析》，载于陈安主编：《国际经济法论丛》，第 5 卷，法律出版社 2002 年版。

［81］ 王利明：《对〈合同法〉格式条款规定的评析》，载《政法论坛》，1999年第6期。

［82］ 李明德：《网络环境中的版权保护》，载《环球法律评论》，2001年春季号。

［83］ 封思贤：《世界网上证券经纪公司的发展、监管及其启示》，载《世界经济与政治论坛》，2002年第1期。

［84］ 陈章水、华武、陈刚：《网上路演及其运作模式初探》，载《华东经济管理》，2001年第5期。

［85］ 中国证监会长沙特派办机构监管处课题组：《网上证券交易发展调查报告》，载《求索》，2002年第1期。

［86］ 姚文平：《我国网上证券经纪公司的设立与运作》，载《证券市场导报》，2002年3月号。

［87］ 胡冰融、易旭东：《保险电子商务：保险业的新趋势》，载《计算机世界》，2003年4月15日。

［88］ 陈秉正、代炎华：《电子商务走进保险》，载《中国保险论坛》，2003年2月号。

［89］ 王海浪：《论网络著作权侵权诉讼管辖》，载《律师世界》，2002年第7期。

［90］ Michael Chissick & Alistair Kelman：Electronic Commerce：Law and Practice，Sweet & Maxwell，2000.

［91］ Lue Hinnekens，Looking for an Appropriate Jurisdictional Framework for International Electronic Commerce in the Twenty first Century，Intertax，Vol. 28，Issue 6-7，1998.

［92］ Richard Hill and Ian Walden，The Draft UNCITRAL Model Law for Electronic Commerce：Issues and Solutions，http：//www. batnet. com/oikoumene/arbunc. html.

［93］ John Dickie，Internet and Electronic Commerce Law in the European Union，Hart Publishing，1999.

［94］ Benjamin Wright：The Risks of Electronic Signatures，Chicago：Journal of Computer & Information Law，1997.

［95］ Amelia Boss：Electronic Commerce & the Symbiotic Relationship Between International and Domestic Law Reform，Tulane Law Review，Vol. 72，1998.